MERKEL

DIE KRITISCHE BILANZ VON 16 JAHREN KANZLERSCHAFT

PHILIP PLICKERT (HRSG.)

Mit Beiträgen von
**Norbert Bolz,
Necla Kelek,
Alexander Kissler,
Thilo Sarrazin,
Joachim Steinhöfel,
Cora Stephan,
Roland Tichy**
und weiteren

Bibliografische Information der Deutschen Nationalbibliothek
Die Deutsche Nationalbibliothek verzeichnet diese Publikation in der Deutschen Nationalbibliografie.
Detaillierte bibliografische Daten sind im Internet über http://dnb.d-nb.de abrufbar.

Für Fragen und Anregungen:
info@finanzbuchverlag.de

2. Auflage der komplett überarbeiteten und erweiterten Taschenbuchausgabe, 2021

Das Buch ist erstmals 2017 unter dem Titel *Merkel: Eine kritische Bilanz* als Hardcover mit der ISBN 978-3-95972-065-6 erschienen.

© 2017 by FinanzBuch Verlag, ein Imprint der Münchner Verlagsgruppe GmbH
Türkenstraße 89
80799 München
Tel.: 089 651285-0
Fax: 089 652096

Korrektorat: Anja Hilgarth
Umschlaggestaltung: Isabella Dorsch
Umschlagabbildung: 2017 Getty Images / Sean Gallup
Satz: inpunkt[w]o, Haiger (www.inpunktwo.de)
Druck: CPI books GmbH, Leck
Printed in Germany

ISBN Print 978-3-95972-514-9
ISBN E-Book (PDF) 978-3-96092-979-6
ISBN E-Book (EPUB, Mobi) 978-3-96092-980-2

Wir produzieren
nachhaltig
www.m-vg.de

Weitere Informationen zum Verlag finden Sie unter

www.finanzbuchverlag.de

Beachten Sie auch unsere weiteren Verlage unter www.m-vg.de.

INHALT

PHILIP PLICKERT

Vorwort

Merkel als Scheinriese

Am Ende von 16 Jahren Kanzlerschaft stellt sich die Frage nach Angela Merkels politischer Bilanz und ihrem Erbe. Wie wird sie in die Geschichtsbücher eingehen? Als Riese oder Scheinriese? Strahlt ihr Bild in der Galerie der deutschen Nachkriegskanzler? So lange wie Helmut Kohl hat sie regiert, den sie auf dem Weg zur Macht vom Sockel der CDU stieß. Länger als Konrad Adenauer, der in der Nachkriegszeit die CDU formte. Adenauer ist als Architekt der Westbindung in die Geschichte eingegangen, Kohl als Kanzler der Wiedervereinigung. Als Willy Brandts wichtigste Leistung gilt die Neue Ostpolitik; Helmut Schmidt riskierte und verlor wegen der von ihm als richtig erkannten NATO-Nachrüstung den Rückhalt in seiner Partei. Gerhard Schröder hat in verzweifelter Lage sozial- und wirtschaftspolitische Reformen gewagt und diesen seine Kanzlerschaft geopfert, aber die Grundlage für den wirtschaftlichen Wiederaufstieg Deutschlands gelegt.

Was bleibt von Merkel? Sie wird als Krisenmanagerin in die Geschichtsbücher eingehen. Ihre 16 Jahre Kanzlerschaft waren geprägt von einer Abfolge unerwarteter und schwerer Krisen: die Finanzkrise 2007 bis 2009, ab 2010 die Euro- und Staatsschuldenkrise, 2015/2016 die Migrationskrise, zuletzt die Corona-Pandemie. Wie gut Merkel Deutschland durch diese Krisen hindurchmanövrierte, darüber gehen die Meinungen auseinander. Noch im Sommer 2020 veröffentlichte der britische Journalist John Kampfner eine Lobeshymne in Buchform mit dem Titel *Why the Germans Do it Better.*

Inzwischen bewundern nicht mehr viele Deutschland, vielmehr wundert sich das Ausland über ein Land, das einst für sein Organisationstalent berühmt war, nun aber vermehrt mit Pannen, Inkompetenz und einer schwerfälligen Verwaltung in der Corona-Krise auffällt. Im zweiten Corona-Jahr wurde viel kritisiert, dass die Impfstoffbeschaffung schlecht gelaufen war und die Impfkampagne im Winter und Frühjahr 2021 zunächst nur sehr schleppend vorankam, während Bürger und Wirtschaft unter immer neuen, teils willkürlich verhängten Lockdowns und Restriktionen litten.

Deutschland erscheint hochgradig nervös, das Vertrauen in das Krisenmanagement hat gelitten. Im Frühsommer gewann die Impfkampagne zwar deutlich an Tempo. Im Vergleich mit Ländern wie Israel oder Großbritannien, die viel schneller und effizienter geimpft haben, erscheint die Bilanz aber keineswegs glänzend. Dieses Versagen gefährdet Tausende Existenzen.

»Nach fast 16 Jahren Merkel ist Deutschland in vielen Bereichen ein Sanierungsfall«, meinte der frühere Linde-Topmanager Wolfgang Reitzle im April 2021 in einem Interview. Eine im Fax-Zeitalter steckengebliebene Bürokratie in Gesundheitsämtern, der eklatante Digitalisierungsrückstand, fehlendes schnelles Internet, massive Mängel in der Infrastruktur und marode Schulen seien Beispiele für Defizite, »die für ein führendes Industrieland beschämend sind«.

Dass Merkels Nachfolger als CDU-Chef, Kanzlerkandidat Armin Laschet, nun »ein Modernisierungsjahrzehnt« verspricht, wirkt wie ein unfreiwilliges Eingeständnis von anderthalb Jahrzehnten Modernisierungsversäumnissen. Auch seine Partei erscheint als Sanierungsfall. Nach dem schlechtesten Wahlergebnis seit 1949 für die Union bei der Bundestagswahl 2017 mit 32,9 Prozent droht ihr im September 2021 ein noch tieferer Absturz.

Eine Karriere scheinbar aus dem Nichts

»Sie kennen mich« – mit diesem Satz warb Angela Merkel vor acht Jahren für ihre Wiederwahl. Doch wer ist Merkel wirklich? Was sind ihre Überzeugungen, was ist Opportunismus? Die ewige Kanzlerin ist eine verschlossene, vorsichtig agierende Politikerin, sie bleibt vielen Beobachtern rätselhaft. Was sie denkt, wissen nur wenige Vertraute. Über ihre frühe Biographie ist kaum etwas bekannt. 1989 tauchte sie scheinbar aus dem Nichts auf der politischen Bühne auf, machte eine Blitzkarriere, die sie ins wichtigste Regierungsamt der Republik geführt hat. In ihrer Partei galt sie jahrelang als »alternativlos«. Doch was sind ihre Verdienste, was waren ihre größten Fehler? Die Meinungen darüber gehen weit auseinander.

Merkels politische Karriere erscheint im Rückblick unglaublich. Geboren 1954 in Hamburg als Angela Kasner, Tochter eines »roten« Pfarrers, der mitsamt Familie in die DDR überwechselte, hat die DDR-Zeit sie wohl tiefer geprägt, als viele annehmen. In der DDR konnte sie Physik studieren und arbeitete dann an der Akademie der Wissenschaften. Sie blieb scheinbar politisch unauffällig. Im Wendejahr 1989 wurde Merkel plötzlich auf die große politische Bühne katapultiert. 1990 trat sie in die CDU ein, schon zwei Jahre später saß sie als »Kohls Mädchen« im Bundeskabinett. Ende 1999 stürzte sie in der Spendenaffäre ihren politischen Ziehvater vom Sockel und eroberte die CDU-Spitze. 2005 gewann sie, allerdings knapp, die Bundestagswahl und wurde als erste Frau Bundeskanzlerin. Nach 16 Jahren wird sie das Kanzleramt im September 2021 verlassen. Kein anderer Regierungschef der westlichen Welt hat sich in stürmischen Zeiten so lange halten können.

Für ihre Fans war Merkel lange eine Lichtgestalt. Als »letzte Verteidigerin des liberalen Westens« bezeichnete die New York Times sie nach der Wahl Donald Trumps Ende 2016. Die Brüsseler Ausgabe von Politico verstieg sich zur selben Zeit zu der Überschrift, Merkels neuer Job sei »global savior« (globaler Heiland). Solch überzogene Erwartungen sind gefährlich, denn zwischen Schein und Sein klaffte eine Lücke. Je mehr man Merkels politisches Wirken näher untersucht, desto brüchiger wird der Heiligenschein, den ihr manche Journalisten andichteten, desto mehr schrumpft die politische Riesengestalt. Merkel ist ein Scheinriese, eine gewiefte, aber überschätzte Politikerin.

Lässt man die 16 Merkel-Jahre Revue passieren, findet man mehrere planlose Entscheidungen und abrupte, opportunistische Wenden – mit gravierenden Konsequenzen für Deutschlands gesellschaftliche Stabilität und Wohlstand. Das von ihren Spin Doctors gezeichnete Bild einer Kanzlerin, die alle Dinge »vom Ende her denkt«, die kühl-naturwissenschaftlich die Konsequenzen, Chancen und Risiken abwägt, ist Fiktion. Vielmehr hat Merkel in entscheidenden Phasen – in der Euro-Krise, bei der Energiewende und in der Asylkrise – ohne Plan gehandelt. Sie fuhr »auf Sicht« und hat sich dabei mehrfach verirrt. Bei der Energiewende ließ sie sich von Ängsten in Medien und Bevölkerung leiten. In der Migrationskrise hat sie kopflos gehandelt und nicht nur Deutschland, sondern ganz Europa ein gewaltiges Problem aufgeladen.

In der Corona-Krise schien sich Deutschland 2020 zunächst gut zu schlagen. Dann aber traf Merkel die Fehlentscheidung, die Impfstoffbeschaffung der EU-Kommission zu übertragen, die dafür keine Kompetenzen und keine Erfahrung in Verhandlungen mit globalen Pharmakonzernen besaß. Brüsseler Beamte feilschten über Monate mit potenziellen Impfstoffherstellern über Preise, Haftungsfragen und Mengen. Der bürokratische Einkauf führte dazu, dass Europa später und schlechter mit Vakzinen versorgt wurde. Dazu kam, dass die Immunisierungskampagne anfangs sehr inflexibel und schlecht organisiert war. Wertvolle Monate wurden verspielt, das hat weitere Menschenleben gekostet und volkswirtschaftliche Milliardenschäden verursacht. Das planlose Agieren der Politik bei der Bekämpfung der Seuche zog immer neue repressive Maßnahmen, serielle Lockdowns und Freiheitseinschränkungen nach sich, wie der Journalist Alexander Kissler in diesem Band analysiert.

Enttäuschung im liberal-konservativen Lager

In diesem Buch nähern sich renommierte Wissenschaftler, Publizisten und Publizistinnen dem Phänomen Merkel in seinen verschiedenen Facetten. Sie liefern differenzierte, kritische Analysen ihres Wirkens.

Die 24 Autoren entstammen einem liberal-konservativen intellektuellen Milieu, sind eigentlich Sympathisanten einer bürgerlichen Regierung; einige sind CDU-Mitglieder. Doch ist die Irritation bei vielen
groß. Durch opportunistische Kehrtwenden und die Linksverschiebung
der Union hat Merkel zur Entfremdung des klassischen Bürgertums
von der CDU beigetragen, es in Teilen politisch heimatlos gemacht. Die
vorliegende Merkel-Bilanz ist somit auch ein Dokument der Enttäuschung konservativer und liberaler Kreise über die Kanzlerin.

Der Kommunikationswissenschaftler Norbert Bolz befasst sich im
ersten Text des Bandes mit ihrem politischen Stil. Merkels modische
Unauffälligkeit, ihre kolportierte Uneitelkeit, ihr Fleiß und intelligenter Opportunismus, die Rolle als »Mädchen« in Kohls Kabinetten, das
von allen Konkurrenten unterschätzt wurde, die Merkel-Raute als Er-
kennungszeichen, die vage Rhetorik, das »Schweigen als Waffe«, der
Mythos der Naturwissenschaftlerin – all dies sind für Bolz Elemente
des merkelschen Erfolgsrezepts. Er zeigt, dass die Kanzlerin einen autoritären Politikstil betrieb, der nicht auf einem offenen, demokratischen Diskurs beruhte, sondern auf der Verweigerung von Debatten.

Ein Dauerbegleiter von Merkels Kanzlerschaft war die Euro-Krise. Das Projekt der europäischen Einigung bekam tiefe Risse. Dazu
hat die deutsche Regierungschefin beigetragen. De facto ist die Bundesrepublik Zahlmeister, wird aber im Süden wie ein Zuchtmeister
wahrgenommen. Noch folgenreicher war Merkels Alleingang in der
Flüchtlingskrise mit ihren Signalen zur unbegrenzten Aufnahme
von Asylbewerbern. Dies hat nicht nur ihre Partei und Europa gespalten, wie mehrere Autoren dieses Buches kritisieren, sondern beim
britischen EU-Referendum das Brexit-Lager zum Erfolg geführt – so
der Londoner Politikwissenschaftler Anthony Glees. Mit dem Brexit
verlor Deutschland einen wichtigen Verbündeten in der EU. Während Merkel in der Euro-Krise auf Dutzenden Gipfeltreffen darum
kämpfte, das kleine, periphere Griechenland an Bord zu halten, zeigte sie den Briten die kalte Schulter.

Die Flüchtlingskrise 2015/2016 ist die eigentliche Zäsur ihrer
Kanzlerschaft gewesen. Von »Merkel-Dämmerung« war plötzlich die
Rede. Die CDU hat danach in mehreren Landtagswahlen schwere

11

Niederlagen erlitten. Schon zuvor hatte es Merkel zugelassen, dass eine Partei rechts der Union aufsteigt: Die AfD wurde als Protestpartei gegen Merkels Euro-Politik gegründet, den richtigen Schub bekam sie durch ihre Flüchtlingspolitik. Damit zeichnet sich eine langfristige tektonische Verschiebung in der parteipolitischen Landschaft ab, analysiert der Politologe Werner Patzelt.

Mit ihrer Politik der anfangs unbegrenzten und unkontrollierten Aufnahme von Asylbewerbern und Migranten hat Merkel nicht nur Deutschland und die Unionsparteien, sondern ganz Europa gespalten, schreiben die Journalisten Andreas Unterberger und Boris Kálnoky in diesem Band. »Merkel, die bis dahin als nüchterne, gefühllose Pragmatikerin gegolten hatte, wurde in Mittelosteuropa zum Inbegriff überheblich moralisierender Inkompetenz am Steuer des mächtigsten Landes in Europa«, bemerkt Kálnoky. Während die Balkanländer die Hauptroute der Migranten schlossen, was Merkel kritisierte, fädelte sie etwas später den umstrittenen Deal mit dem türkischen Staatspräsidenten Recep Erdoğan ein. Damit wurde Deutschland abhängig von einem autoritären Neo-Sultan.

Die starke Wirtschaft als Erbe früherer Reformen

Wahlen werden oft mit Wirtschaftsthemen gewonnen oder verloren. »It's the economy, stupid«, sagte einmal ein Berater des früheren amerikanischen Präsidenten Bill Clinton. Auch die CDU verwies gerne auf die angeblich bärenstarke Wirtschaftsbilanz der Kanzlerin. Anders als in vielen Ländern Europas, besonders im Süden, ist die deutsche Arbeitslosigkeit niedrig. Das Land glich – vor Corona – einer Insel der Seligen inmitten eines Meeres von Euro-Schulden, chronischer Arbeitslosigkeit im Süden und stagnierender Einkommen. Die wirtschaftliche Stärke Deutschlands wurde im Ausland bewundert – und gefürchtet. Frankreichs Präsident Emmanuel Macron nannte sie im Wahlkampf »unerträglich«.

Man muss allerdings die Frage stellen, ob die starke Wirtschaft Merkels Verdienst ist. Henning Klodt und Stefan Kooths vom Kieler

Institut für Weltwirtschaft zeigen in ihrem Beitrag, dass Merkel vor allem von der Arbeit der Vorgängerregierung profitierte. Das »Beschäftigungswunder« ist größtenteils den Reformen ihres Vorgängers Gerhard Schröder, seiner »Agenda 2010«, zu verdanken, der dafür mit seinem Amtsverlust bezahlte. Hinzu kommt die lockere Geldpolitik der Europäischen Zentralbank (EZB), deren Nullzins- und sogar Negativzinspolitik der Konjunktur einen Extraschub gibt, den Sparern aber Milliardeneinbußen beschert.

Die Haushaltskonsolidierung unter den Finanzministern Schäuble und Scholz geschah größtenteils über die Einnahmeseite – durch eine steigende Steuer- und Abgabenlast. In den Merkel-Jahren ist die Abgabenquote kontinuierlich gestiegen und zählt für Normalverdiener zu den höchsten unter den OECD-Staaten. Gleichzeitig wurden Investitionen in die Infrastruktur über Jahre vernachlässigt, Deutschland lebte von der Substanz, indem der Staat weniger in Straßen, Brücken und öffentliche Gebäude investierte, als durch Verschleiß verlorenging. Die Bürger zahlen hohe Steuern, es bleibt wenig für den Vermögensaufbau. Auch wirtschaftlich kann daher die »reiche« Bundesrepublik zum Teil als Scheinriese gelten, der für angeschlagene Euro-Länder mithaftet.

Die Euro-Krise ist zudem noch nicht überstanden, wie der britische Währungsexperte David Marsh schreibt. Griechenland, obwohl aus den Schlagzeilen verschwunden, ist weiterhin ein Sorgenkind des Euroraums. Bei realistischer Betrachtung wird ein Großteil der an das Land vergebenen dreistelligen Milliarden-Hilfskredite abzuschreiben sein. Das kostet Deutschland einen zweistelligen Milliardenbetrag. In der Euro-Krise nach 2010 hat sich der Charakter der Währungsunion schleichend in eine Haftungsunion verwandelt. Das »No Bailout«-Prinzip als Sicherung gegen eine Schulden- und Transferunion, das die deutsche Politik beschwor, als Helmut Kohl die widerstrebenden Deutschen in die Währungsunion führte, ist ausgehöhlt worden. »Was kostet uns der Euro?«, hieß es auf einem inzwischen legendären CDU-Wahlplakat zur Europawahl 1999. »Muss Deutschland für die Schulden anderer Länder aufkommen? – Ein ganz klares Nein.« Aufgrund der Maastricht-Stabilitätskriterien könnten »die Euro-Teilnehmerstaaten ... auf Dauer ohne Probleme ihren Schuldendienst leisten«. Soweit das Versprechen, das nicht eingehalten wurde. Die Kanzlerin leistete in der Euro-Krise zwar Lippenbekenntnisse zum »No Bailout«-Prinzip. Faktisch kam es aber doch zu einer Vergemeinschaftung der Schulden, wie David Marsh beschreibt. Zum einen über die Rettungskredite, zum anderen über das Target-Zahlungssystem, eigentlich ein bloßes Zahlungsabwicklungssystem der Notenbanken, das aber seit Ausbruch der Euro-Krise für gigantische Überziehungskredite der Südländer genutzt wird. Im Corona-Jahr 2020 stiegen die Target-Schulden der Krisenländer weiter; die deutschen Target-Forderungen belaufen sich erstmals auf mehr als 1.000 Milliarden Euro. Fraglich ist, wie es um die demokratisch-rechtliche Legitimation der Euro-Rettungspolitik steht, die von Merkel als »alternativlos« durchs Parlament gepeitscht wurde.

Planwirtschaft statt Marktwirtschaft

Als zweites Milliardengrab entpuppt sich die sogenannte Energiewende. Kurz nach dem Fukushima-Unglück im März 2011 verkündete Merkel einen abrupten Schwenk hin zu einem beschleunigten Ausstieg aus der Atomenergie. Kein anderes Land der Welt folgte ihrem Beispiel, selbst Japan nicht, das von dem Unglück unmittelbar betroffen war.

Deutschland reist mit der Energiewende in eine ungewisse Zukunft. Der frühere Umwelt- und heutige Wirtschaftsminister Peter Altmaier hat die Gesamtkosten auf 1 Billion Euro geschätzt. Eine Studie des Düsseldorfer Instituts für Wettbewerbsökonomie DICE um den Ökonomen Justus Haucap kommt allein bis 2025 auf mehr als 500 Milliarden Euro Kosten zulasten der Verbraucher. Haucap kritisiert den energiepolitischen Sonder- und Irrweg in diesem Buch vor allem deshalb, weil er planwirtschaftlich angelegt ist und damit übermäßig hohe Kosten verursacht.

Das Absurde dabei ist, dass die klimapolitische Wirkung der deutschen Energiewende praktisch gleich null ist. Keine Tonne CO_2 wird in Europa eingespart, denn die Gesamtmenge der CO_2-Emissionen ist durch den europäischen Emissionshandel gedeckelt. Verbraucht Deutschland weniger CO_2-Zertifikate, fällt deren Preis, und andere Länder und Industrien kaufen mehr Zertifikate: Die Gesamtmenge der Emissionen bleibt absolut gleich. Die Kanzlerin, die sich von den Medien als »Klimakanzlerin« feiern ließ, ist hier eindeutig ein Scheinriese.

Der Publizist Roland Tichy vergleicht die Energiewende mit anderen technologiepolitischen Großprojekten wie dem amerikanischen Apollo-Raumfahrtprogramm und der sowjetischen Agrarforschung. Für ihn ist die deutsche Energiepolitik vor allem von Ideologie getrieben. Auch der von Merkel forcierte Plan zur Elektromobilität mit der bis heute nicht erreichten Zielvorgabe, bis 2020 eine Million Elektrofahrzeuge auf die Straße zu bringen und dafür hohe staatliche Kaufsubventionen zu zahlen, atme planwirtschaftlichen Geist.

Im direkten Vergleich mit Ludwig Erhard, dem Gründervater der Sozialen Marktwirtschaft, schneidet die Kanzlerin miserabel ab, resümiert der Historiker Daniel Koerfer. Merkel fehle der ordnungspolitische Kompass. Die wirtschaftlichen Grundprinzipien der Bundesrepublik – individuelle Freiheit und Verantwortung, Wettbewerb und stabiler staatlicher Rahmen – seien in ihrer Kanzlerzeit beschädigt worden. Die Steuer- und Abgabenquote liegt in Deutschland mit über 50 Prozent Grenzbelastung für einen Normalverdiener auf dem zweithöchsten Niveau aller Industrieländer. Aus liberaler Perspektive seien die Merkel-Jahre verlorene Jahre. Auch im Vergleich mit Margaret Thatcher, der früheren britischen Premierministerin, schneidet Merkel schlecht ab. Während die Britin als »Eiserne Lady« stets zu marktwirtschaftlichen Prinzipien stand, sei Merkel flexibel bis zur Beliebigkeit, schreibt der Historiker Dominik Geppert.

Im Migrationschaos: Wie »Mutter Angela« die Flüchtlinge einlud

Besonders aufgewühlt hat die Deutschen und alle Europäer Merkels Flüchtlings-, Migrations- und Integrationspolitik. Mehrere Beiträge in diesem Band analysieren, was bis heute falsch läuft und welche Verantwortung Merkel daran trägt. Die Publizistin Cora Stephan kritisiert ein eklatantes Regierungsversagen. Aus Angst vor »unschönen Bildern«, wenn Flüchtlinge und Migranten zurückgewiesen würden, scheute Merkel davor zurück, den schon vorliegenden Befehl an die Bundespolizei zur Grenzsicherung im Herbst 2015 zu unterzeichnen. Bis heute sind ihre Motive für die Flüchtlingspolitik umstritten. Merkel habe ein angeblich »warmes Herz« über den kühlen Verstand gestellt, meint Stephan, wohl auch, weil sie die medial inszenierte Willkommenseuphorie falsch einschätzte. Auch als die Stimmung längst gekippt war, hielt die Kanzlerin noch monatelang an ihrem »Wir schaffen das«-Kurs fest.

Für einen fundamentalen Kurswechsel in der Migrations- und Asylpolitik plädiert der frühere SPD-Politiker Thilo Sarrazin. Die langfristige finanzielle Belastung durch die Flüchtlinge schätzt er auf bis zu 1 Billion Euro. »Für noch schwerwiegender als die finanziellen Kosten halte ich die sozialen Kosten und die langfristigen Risiken einer millionenfachen Einwanderung aus islamischen Ländern«, schreibt Sarrazin. Nötig wäre ein radikaler Schwenk – hin zu einer nach Qualifikation steuernden Einwanderungspolitik und einem Asylsystem, das nicht länger faktisch ein Einfallstor für unkontrollierte Zuwanderung ist.

Aus einer anderen Perspektive beurteilt der Historiker und Publizist Michael Wolffsohn die Entscheidungen der Kanzlerin in der Flüchtlingskrise. Zwar kritisiert er, dass sie eine chaotische Immigration zugelassen habe. Dennoch, so betont Wolffsohn, leitete Merkel ein »humanitärer Imperativ«. Das sei lobenswert, gerade angesichts der deutschen Geschichte. Allerdings kritisiert auch er, dass die heutige Asylpolitik zu neuen Problemen führe. Man importiere mit der muslimischen Massenimmigration die Konflikte des Orients, neue Integrations- und Sicherheitsprobleme. Wer das aber kritisiere, werde als »Populist« rasch in die rechte Ecke gestellt und diffamiert.

Der deutsch-jüdische Schriftsteller Rafael Seligmann erklärt, dass viele Juden in Deutschland mit Blick auf Merkels Flüchtlingspolitik gemischte Gefühle haben: Einerseits unterstützen sie die Absicht,

Verfolgten zu helfen, doch angesichts der muslimischen Massenimmigration fürchten viele das Konfliktpotenzial und zunehmenden Antisemitismus. Noch deutlicher wurde der Philosoph Alain Finkielkraut in einem Interview mit der *ZEIT*: »Ich habe Angst vor Merkels Gesinnungsethik.« Die Deutschen unter Merkel seien blind für die mit einer muslimischen Masseneinwanderung verbundene Gefahr der Islamisierung, warnte der Philosoph aus Frankreich, das mit muslimisch-arabischen Parallelgesellschaften in seinen Vorstädten schlimme Erfahrungen macht. Islamistische Attentate kosteten in Frankreich seit 2015 mehr als 250 Todesopfer.

Die türkisch-deutsche Soziologin Necla Kelek analysiert in ihrem Beitrag die Entwicklung der Integration in Deutschland in den Merkel-Jahren. Ihr hartes Urteil: Es waren »verlorene Jahre«. Die Integration der Muslime sei zu einem großen Teil missglückt. »Integration ist das Fake-Wort des Jahrzehnts, die einzige Lüge, für die es eine eigene Beauftragte der Bundesregierung gibt«, schreibt Kelek. Die »Islamkonferenzen« wurden von Islamverbänden mit problematischem Hintergrund und fragwürdiger Verfassungstreue dominiert. Der türkische Präsident Erdoğan spielte sich auf, als wäre Deutschland seine Provinz. Mit Blick auf die hiesigen Türken beklagt Kelek sich verfestigende Parallelgesellschaften. In zahlreichen Moscheen werde gegen die Integration gepredigt. Die Regierung Merkel habe das zu lange geduldet.

Linksverschiebung, verflachtes Profil, offene Flanke

Zu Merkels bleibendem Erbe zählt die Verschiebung des Parteienspektrums. Eine Zeit lang war die als »Modernisierung« bezeichnete Linksverschiebung der Union und die Strategie der »asymmetrischen (De-)Mobilisierung« (eher linke Themen wurden übernommen, um linke Wähler einzuschläfern) für die Union wahltaktisch erfolgreich. Doch auf die Dauer hat Merkel damit viel Raum rechts neben der CDU gelassen. In diese Repräsentationslücke ist die AfD als neue Konkurrenz von rechts vorgedrungen. Nun rächt sich, dass Merkel den rechten Flügel der Union verdorren ließ. Enttäuschte CDU-Mitglieder gehörten zu den AfD-Mitgründern. Was CSU-Übervater Strauß verhindern wollte – die Etablierung einer demokratisch legitimierten Partei rechts der Union –, ist unter Merkel Realität geworden. Außerdem fremdelte die sozialdemokratisierte CDU in der Koalition mit der FDP und sah deren Absturz 2013 ungerührt zu – eine bittere Erfahrung für die Liberalen.

Auch das C-Profil der Union hat sich unter Merkel stark verwässert, kritisiert der Sozialethiker Wolfgang Ockenfels in seinem Beitrag. Aus dem hohen C drohe ein »hohles« C zu werden. Über die Sozialdemokratisierung der CDU-Familienpolitik schreibt die Publizistin Birgit Kelle. Den Lebensentwurf von Müttern, die sich auf die Erziehung der Kinder konzentrieren und keine Erwerbsarbeit ausüben, bezeichnete Merkel in anmaßender Weise als »Vergeudung weiblicher Potenziale«. Faktisch habe die CDU ihr altes Familienbild entsorgt und sich der SPD-Familienpolitik mit (meist staatlicher) Fremdbetreuung der Kinder angepasst. Es drohe eine »DDR 2.0«, meint Kelle.

Von der DDR-Prägung Merkels, ihrer »doppelten Biographie«, handelt der Beitrag des Historikers Ralf Georg Reuth. Merkel spreche nicht ehrlich über die Zeit vor der Wiedervereinigung. Reuth hat aus Archivquellen und Zeitzeugenbefragungen ein Bild ihres »ersten Lebens« rekonstruiert, das Merkel als eine intelligente Opportunistin im SED-Regime zeigt. Im Wendejahr 1989 schloss sie sich dem »Demokratischen Aufbruch« an, einer Partei von Reformsozialisten, die die DDR reformieren, nicht abschaffen wollten. Erst als diese Illusion platzte, wechselte Merkel das Vehikel, das sie zur Macht bringen sollte. Reuth bezweifelt, dass die Kanzlerin tiefe Grundüberzeugungen habe; sie sei vielmehr eine extrem wendige Frau, die Politik als kalkuliertes Machtspiel betreibt.

Der Jurist Joachim Steinhöfel analysiert in seinem Beitrag, wie das von der Merkel-Groko verabschiedete Netzwerkdurchsuchungsgesetz (NetzDG) eine fatale Dynamik in Gang gesetzt hat und die Meinungsfreiheit in den Sozialen Medien durch exzessives Blockieren und Löschen legaler Meinungsäußerungen gefährdet.

Ein schwieriges Erbe

Am Schluss des Buches werfen zwei Beiträge einen Blick auf die weltpolitische und sicherheitspolitische Lage. Der amerikanische Publizist Christopher Caldwell beschreibt die vier ungleichen transatlantischen Paare Merkel-Bush, Merkel-Obama, Merkel-Trump und Merkel-Biden. Mit Obama war das Verhältnis eng, mit Trump hatte sie es schwer. Ironischerweise war die Kanzlerin an Trumps Wahl nicht ganz unschuldig, ihre Flüchtlingspolitik hat ihm im amerikanischen Präsidentschaftswahlkampf 2016 als Negativbeispiel genutzt. Trump warnte, Hillary Clinton wolle »Amerikas Angela Merkel« sein und das Land mit Fremden fluten. Nicht wenige Medien beschrieben Obamas Abschiedsbesuch in Berlin Anfang 2017 als eine Staffelübergabe des scheidenden »Führers der freien Welt« an seine Nachfolgerin.

Aber es war natürlich eine Illusion, dass Merkel eine Weltführerin sein könnte, gar die »letzte Verteidigerin des liberalen Westens«, schreibt General Erich Vad, der mehrere Jahre lang führender sicherheitspolitische Berater im Kanzleramt war. Dafür sei Deutschland militärisch und außenpolitisch viel zu schwach. Deutschland fehle eine sicherheitspolitische Strategie, die marode Bundeswehr sei kaum einsatzbereit. Persönlich hat er die Kanzlerin als erstaunlich unerschrocken erlebt, etwa als ihr Hubschrauber einmal im afghanischen Grenzgebiet von Taliban mit Raketen beschossen wurde. Die Kontrolle über ihre Emotionen hat Merkel oft genutzt; in zentralen politischen Krisen hat sie die Kontrolle jedoch verloren und kopflos gehandelt.

Merkel war ein »Chamäleon der Macht«, das spielend seine Farbe wechselte und sich der Umgebung anpasste, sodass sie in der Bundesrepublik eine erstaunliche Karriere machte. Als Machiavellistin und geschickte Machttaktikerin hat sie sich 16 Jahre im Kanzleramt gehalten, Gegner und Konkurrenten kaltblütig abserviert, auf pragmatische, sehr flexible Weise inhaltliche Überzeugungen abgelegt, der politischen Konkurrenz Themen und Programmpunkte gestohlen, die CDU sozialdemokratisiert und vergrünt. Zu ihrem Erbe zählt eine vordergründig »modernisierte«, aber letztlich profillose, inhaltlich entkernte und beliebig gewordene Partei, die sich nur noch als Kanzlerwahlverein verstand und wenig profilierte und talentierte Nachwuchsköpfe hervorbrachte.

Das Bild von Angela Merkel, das die Autoren und Autorinnen dieses erweiterten und aktualisierten Bandes zeichnen, ist nicht schmeichelhaft. Sie sehen eine Politikerin, die trotz mancher Leistungen auch gravierende Fehler gemacht hat. Ihre Partei ist in eine äußerst schwierige Lage geraten. Merkel nutzte, dass die SPD nur schwache Herausforderer aufstellte. Der kurze Medien-Hype um den SPD-Kandidaten Martin Schulz im Frühjahr 2017 verpuffte, sein »Schulz-Zug« entgleiste.

Doch schon 2017 hatte Merkel den Zenit ihrer Macht überschritten. In der Endphase ihrer Kanzlerschaft nahmen die Konflikte in der Schrumpf-Groko und in ihrer Partei zu. Immer dringlicher wurde die Frage diskutiert, wer nach ihr kommt, denn nichts und niemand ist alternativlos. Nach der CDU-Niederlage bei der Landtagswahl in Hessen im Oktober 2018 erklärte sie ihren Rücktritt als Parteivorsitzende. Die von ihr geförderte Nachfolgerin Annegret Kramp-Karrenbauer, CDU-Vorsitzende seit Dezember 2018, erwies sich als blasse, glücklose Parteichefin, die angesichts des orientierungslosen Sinkflugs der Partei machtlos erschien.

Der letzte Akt des AKK-Trauerspiels kam im Winter 2020 mit der Wahl des FDP-Politikers Thomas Kemmerich zum Ministerpräsidenten in Thüringen. Dieses überraschende Wahlergebnis, zustande gekommen auch mit AfD-Stimmen (Merkel: »unverzeihlich«, »sofort rückgängig machen«), und die Reaktion der Landtagsfraktion in Erfurt auf AKKs Eingreifen zeigten die innere Zerrissenheit der CDU und den Autoritätsverlust der Parteivorsitzenden. Am 10. Februar kündigte AKK – nach nur 14 Monaten als CDU-Vorsitzende – ihren Rücktritt vom Parteiamt an. Ihr Scheitern war auch Merkels Scheitern, der es somit nicht gelungen war, die handverlesene Wunschnachfolgerin dauerhaft zu installieren. Nach coronabedingter Verschiebung gab Kramp-Karrenbauer endlich Anfang 2021 den Parteivorsitz ab. Der Merkelianer Armin Laschet besiegte (mit Unterstützung Merkels hinter den Kulissen) seinen (und ihren) Konkurrenten Friedrich Merz und konnte sich mit Ach und Krach gegen Markus Söder als Kanzlerkandidat von CDU und CSU durchsetzen.

Am Ende von Merkels Kanzlerschaft ist sogar ein Totalschaden der Union nicht ganz auszuschließen: eine Wahlniederlage im September 2021 und der Verlust des Kanzleramts. In einigen Umfragen ist die Union nach der Nominierung Laschets als Kanzlerkandidat hinter die Grünen mit ihrer Kanzlerkandidatin Annalena Baerbock gerutscht. Auf die CDU-Kanzlerin, die ihrer Partei schon einen Großteil grüner Agenda injiziert hatte, könnte tatsächlich eine Grünen-Kanzlerin folgen. Die Union dürfte dann nur noch als Juniorpartner fungieren. Das wäre eine Demütigung für die langjährig die Bundesrepublik dominierende Partei, ein Schock, der ihr Ende als letzte verbliebene Volkspartei einleiten könnte.

Der von vielen Medien befeuerte Grünen-Hype entspringt dem Traum des linksliberalen, ökosozialen Juste Milieu, unterstützt vom öffentlich-rechtlichen Rundfunk und angegrünten bürgerlichen Zeitungen. Erstaunlicherweise machte Merkel keine Anstalten, ihrer Partei zu helfen. Sie werde keine Wahlkampfauftritte absolvieren, hieß es aus dem Adenauer-Haus.

Auch wenn die Umfragewerte der Grünen nach dem extremen Höhenflug im April und Mai wieder etwas sanken, erscheint die Union schwer angeschlagen. Sie taumelt orientierungs- und hilflos, innerlich zerrissen. Selbst wenn sie das Szenario Machtverlust vermeiden kann, stehen der Union in der Zeit nach Merkel quälende Konflikte und Fragen nach ihrem künftigen Profil bevor.

London, im Mai 2021
Philip Plickert

NORBERT BOLZ

Merkels Erfolgsgeheimnis

Über den autoritären machtpolitischen Stil der Kanzlerin

Wie konnte aus Helmut Kohls »Mädchen« die mächtigste Frau der Welt werden? Um diese Frage zu beantworten, muss man beim Äußerlichen anfangen, nämlich ihrer Unauffälligkeit. Angela Merkel hat vor allem eines nicht: Charisma. Deshalb hat man sie von Anfang an unterschätzt. Als sich dann, nach ihrer erstaunlich dauerhaften Selbstbehauptung an der Machtspitze, weder die Politiker noch die Journalisten weiter trauten, sie als »Mädchen« zu belächeln, wurde sie Deutschlands »Mutti«. Aber auch durch diese ironisch-respektvolle Umetikettierung änderte sich das Entscheidende nicht.

Nach wie vor liegt der Akzent auf ihrem asexuellen Auftritt. Das hat Christine Eichel in ihrem schönen Buch über das deutsche Pfarrhaus als Hort des Geistes und der Macht überzeugend herausgearbeitet: »Die modische Zurückhaltung der Kanzlerin wirkt auch deshalb adäquat, weil sie mit ihren immer gleichen farbigen Blazern und schwarzen Hosen im Grunde die Uniform der Dienenden trägt. Nicht die Staatslenkerin steht am Rednerpult, sondern die Staatsdienerin. Keine modische Übertreibung, keine Weiblichkeit, keine Koketterie lassen das Amt hinter der Person zurücktreten. Sie gibt sich so asexuell, wie man die Frauen in Pfarrhäusern gern hatte. Schon in der Schule hieß es, sie hätte keinem Jungen die Augen verdreht. Uniformen wie auch der Talar des Pfarrers vermitteln eine Botschaft: Ich nehme mich nicht wichtig, ich gehe in meinem Berufsstand auf und ordne ihm Persönliches unter.«

Die Mutti eines neuen Biedermeiers

Am Beginn ihrer politischen Karriere war Angela Merkel nicht nur eine uninteressante Erscheinung, sondern geradezu auffallend unauffällig. Ihr Image hatte deshalb nur zwei Entwicklungsdimensionen: Fleiß und Selbstbeherrschung. Dass dies von den Deutschen als authentischer, überzeugender Auftritt empfunden wurde, kann man aber nur verstehen, wenn man sich daran erinnert, gegen wen sich das Pfarrhausmädchen aus der DDR durchgesetzt hat. Angela Merkel hatte das Glück, einen doppelten Kairos zu erwischen. Zum einen gab es mit dem Spendenskandal der CDU die unverhoffte Möglichkeit, den Koloss aus Oggersheim zu stürzen. Zum anderen hatte die »Agenda 2010« die rot-grüne Regierung in eine Krise gestürzt.

Durch diese Krise wurden zwei Figuren demontiert, die bisher souverän die politische Szene beherrscht hatten. Gerhard Schröder und Joschka Fischer waren Glamour-Boys mit männlichem Sex-Appeal, denen das Regieren Spaß machte. Schröder war der Genosse der Bosse, der gerne im Brioni-Anzug und mit Cohiba-Zigarre auftrat. Er war ein echtes politisches Tier, das ganz von unten kam und erfolgreich am Gitter des Kanzleramts gerüttelt hatte. Unvergessen ist sein »Basta!«, mit dem er im Herbst 2000 der Gewerkschaft ÖTV die Riester-Rente einbläute. Schon zwei Jahre zuvor hatte Schröder mit der flapsigen Formel »Familie und Gedöns« für das Familienministerium eine Probe seiner Macho-Rhetorik gegeben. Ähnlich faszinierend war auch der Auftritt des ehemaligen Taxifahrers und Straßenkämpfers Fischer, der zunächst als hessischer Turnschuh-Minister die Medienöffentlichkeit entzückte und schließlich als Außenminister für alle deutlich sichtbar die Last der Welt auf seinen Schultern trug. Angela Merkel war die exakte Gegenfigur zu diesen Machos Schröder und Fischer. Nach den Rock'n'Rollern und Streetfighting Men kam die Mutti eines neuen Biedermeier.

Nach dem Fall der Mauer betrat ein analytischer Kopf die politische Bühne. Sie war fleißig und diszipliniert, kinderlos, geschieden und, seien wir ehrlich, manchmal hässlich. Aber gerade das schützte sie vor der Eitelkeit, die Schröder und Fischer zu Fall gebracht hat.

Unter der kommunistischen Diktatur war Merkel keine Widerstands-
kämpferin gewesen. Aber sie hat den Zusammenbruch des Kommu-
nismus sofort entschlossen für einen Sprung in die Politik genutzt.
Nun könnte man vermuten, dass ihre Herkunft aus einem protestantischen Pfarrhaus sie für die Partei der reinen Gesinnungsethiker
disponieren würde. Aber Angela Merkel stammte eben nicht nur aus
einem protestantischen Pfarrhaus, sondern aus einem in der DDR.
Von Kindesbeinen an hatte sie einen intelligenten Opportunismus
im Verhältnis zur DDR eingeübt. Man könnte auch sagen: die Kunst
des Überlebens. Und deshalb war ihr Machiavelli genauso nah wie
die Bergpredigt.

Dafür gibt es ein interessantes Symptom. Wenn wir davon ausge-
hen, dass in der Medienwirklichkeit der Auftritt, die Performanz zählt,
dann muss sich unsere Aufmerksamkeit auf Merkels berühmte einge-
frorene Geste richten: die Raute. De facto resultiert sie aus dem Versuch, einen stabilen Platz für die Arme zu finden, mit denen sie nichts
anzustellen weiß. Mittlerweile aber ist sie zum weltweit bekannten
Symbol geworden. Für was? Für Ruhe und Kraft, Harmonie und Zu-
sammenführung, Besonnenheit und Status quo – you name it!

Wille zur Macht und alternativlose Politik

Für die CDU war die Raute schließlich das Nonplusultra des Wahlkampfs. Aber man kann in Angela Merkels Raute auch eine Demutsgeste sehen, die ihren Machiavellismus verdeckte. Und aus dieser Perspektive können wir schon eine erste Antwort auf unsere Ausgangsfrage
geben: Der Aufstieg von Kohls »Mädchen« zur mächtigsten Frau der
Welt war deshalb so verblüffend, weil man Angela Merkel aufgrund ihres bescheidenen, unprätentiösen Auftretens eines am allerwenigsten
zugetraut hätte: einen gewaltigen Willen zur Macht.

Demokratie muss man üben, und Menschen, die in der freien
Welt aufgewachsen sind, haben gute Chancen, sie von Kindesbeinen
an zu lernen. Aber Angela Merkel hatte vor ihrem Sprung in die west-
deutsche Politik nur unter der SED-Diktatur gelebt. Da konnte sich

Freiheitsverlangen bilden, aber kein alltägliches Demokratieverständnis. Demokratie hat sie sich buchstäblich angelesen. Ihre analytische Schärfe und ihre Durchsetzungskraft werden ja weltweit bewundert, aber sie gehen mit der autoritären Attitüde einher, stets die absolut richtige Entscheidung getroffen zu haben. Wer das in Zweifel zieht, wird aus dem Verkehr gezogen oder mundtot gemacht. Diese Rhetorik der Alternativlosigkeit hat für viele Menschen natürlich einen Entlastungseffekt. Man musste nur Mutti folgen, dann ordnete sich die Welt. Aber diese Rhetorik hat eben auch den Effekt, dass sich innerhalb der CDU und der Regierung gar kein Alternativenbewusstsein mehr bilden konnte. Deshalb war es gar nicht überraschend, dass sich angesichts der Euro-Krise und des Griechenland-Debakels, als Angela Merkel erstmals penetrant behauptete, es gebe zu ihrer Politik keine Alternative, eine neue Partei bildete, in deren Namen schon das ganze Programm steckte: Alternative für Deutschland. Was auch immer aus dieser neuen Partei geworden sein mag – ihr Gründungsimpuls war zutiefst demokratisch.

Alternativlos präsentierte sich aber nicht nur Merkels Politik, sondern auch ihre Person. Die seltenen Talkshows mit ihr, in denen sie natürlich der einzige Gast war, verwandelten sich in unterwürfige Hofberichterstattung. Als Merkel ein einziges Mal explizit einen Fehler zugab – nach dem Chaos um die zwangsverlängerten »Osterruhe-Tage« im Corona-Jahr 2021 (»Das war einzig und allein mein Fehler«) –, da priesen Medien ihre Größe, einen Fehler zuzugeben und ihn auf sich zu nehmen. In Peter Altmaier verfügte sie lange Zeit über eine rhetorische Dampfwalze, die den Weg ihrer alternativen Politik planierte. Und wer sonst noch als Christdemokrat öffentlichkeitswirksam auftreten wollte, musste sich der Schar der Schmeichler und Mutti-Anhänger anschließen. Über die meiste Zeit ihrer Kanzlerschaft wagte es fast niemand, gegen sie aufzustehen. Auch der damalige CSU-Chef Seehofer bildete da keine Ausnahme. Obwohl er mit seiner Forderung einer Obergrenze für den Flüchtlingszustrom 2015 bis 2017 die schärfste Antithese zur Politik von Angela Merkel formulierte, musste er sie dann doch als einzig mögliche Kanzlerin der nächsten vier Jahre anpreisen.

Es war Merkels größte Stärke, ihre Schwächen in Stärken verwandeln zu können. Wie geschickt sie ihre Unscheinbarkeit als Statement von Sachlichkeit und Glaubwürdigkeit inszenierte, haben wir bereits gesehen. Ähnliches galt für eine weitere Schwäche, die für einen Politiker eigentlich fatal sein müsste: Angela Merkel kann nicht gut reden. Max Weber hatte ja noch die Vorstellung, Politik sei Kampf, und dieser Kampf werde als Redeschlacht im Parlament ausgetragen. Davon haben wir uns mit der Pfarrerstochter aus der DDR unendlich weit entfernt. Doch wie kann man aus der Schwäche, nicht gut reden zu können, eine Stärke machen? Die Antwort findet sich bei dem antiken Philosophen Sokrates. Er hat die Rhetorik der Antirhetorik erfunden: Ich kann nicht gut reden, ich kann nur die Wahrheit sagen. Und genau so präsentierte sich Angela Merkel. Zu ihrem Kult der Einfachheit gehörte auch das Schweigen als Waffe. Es erstickte Debatten im Keim – ob innerparteilich, parlamentarisch oder kulturell. Viele empfanden dieses neue Biedermeier als durchaus angenehm. Mutti schwebte über den Parteien und behielt mit der Raute das letzte Wort.

Ein radikaler Umbau der Traditionspartei

Am Anfang war der Vatermord. Helmut Kohl hatte Angela Merkel als sein »Mädchen« aufgezogen und musste plötzlich erfahren, dass er eine Schlange an seinem Busen genährt hatte. Den tief in die CDU-Parteispendenaffäre verstrickten Altkanzler, der sein Ehrenwort über das Aufklärungsinteresse des Parlaments stellte, hat Merkel im Alleingang politisch ermordet. Das war scheinbar motiviert von protestantischer Rechtschaffenheit, aber gnadenlos machiavellistisch exekutiert. Seither liebte sie es, Alpha-Tiere abzuservieren. Es kann deshalb nicht überraschen, dass es über die meiste Zeit ihrer 16 Jahre im Kanzleramt für sie keine ernstzunehmenden Herausforderer gab, weder in der Partei noch im Parlament. Geräuschlos wurden innerparteiliche Gegner kleingehalten. Roland Koch und Friedrich Merz waren nur die bekanntesten Namen auf einer langen Opferliste. Ihre Nachfolgerin als Parteivorsitzende, Annegret Kramp-Karrenbauer (AKK), blieb glücklos, der nächste Parteivorsitzende wurde Anfang 2021 Armin Laschet. Es war Merkels machiavellistischer Geniestreich, Merz zu verhindern und Laschet zu installieren, damit wollte sie den Merkelismus auf Dauer etablieren. Doch als Unions-Kanzlerkandidat 2021 blickt Laschet auf schlechte Umfragewerte, es dürfte knapp werden.

Die unbequeme Situation der Union liegt auch daran, dass im 16. Jahr der Kanzlerschaft Angela Merkels wenig Politiker von Format übrig sind. Indem sie alle Kritiker ausschaltete, machte sie sich selbst alternativlos. Das hatte allerdings auch zur Folge, dass sich in der CDU niemand mehr profilieren konnte. Wer Karriere machen wollte, hatte nur noch die Option, in den Chor der Schmeichler einzustimmen. Deshalb machte sich auch niemand mehr über die unbeholfene Pfarrerstochter lustig. Denn jeder wusste, dass es lebensgefährlich war, sie zu unterschätzen. Tatsächlich hat Merkel eine eigentümliche Souveränität des Auftritts erreicht. Diese Souveränität zeigte sich in dem müden Blick, mit dem sie jedem Kritiker oder Gegner Langeweile und Verachtung zugleich signalisierte.

Nach dem politischen Vatermord hat Angela Merkel eine rigorose Strategie der Modernisierung der CDU verfolgt – mit so durchschlagendem Erfolg, dass man heute beim besten Willen nicht mehr sagen kann, was konservativ an dieser Partei sein soll. Seither waren die konservativen Bürger in Deutschland heimatlos. Durch eine konsequente Sozialdemokratisierung und Vergrünung hat Merkel die CDU entkernt. Machtpolitisch betrachtet war das ein genialer Schachzug. Da die SPD-Basis immer schon größte Vorbehalte gegen Schröders »Agenda 2010« gezeigt hat, war es für Merkel ein Leichtes, sich selbst als deren Verteidigerin zu positionieren. Dies – und nicht erst die Große Koalition – hat es der SPD fast unmöglich gemacht, sachliche Kritik an einer Kanzlerin zu artikulieren, die praktisch sozialdemokratische Politik exekutierte.

Gleichzeitig hat Angela Merkel den Grünen alle wesentlichen Themen weggenommen. Mit der Entscheidung, aus der Atomenergie auszusteigen, war das jedem deutlich geworden. Es ist deshalb nicht verwunderlich, dass die Kanzlerin gerade unter Grünen-Politikern viele Fans hatte. Zuletzt hat die Vergrünung der Union, ihre Übernahme vieler Themen der Grünen, jedoch den Weg zum sagenhaften Aufstieg der Grünen in Umfragen im Frühjahr 2021 geebnet, sodass sogar gut möglich erscheint, dass die Grünen bei der Bundestagswahl im September 2021 stärker als die Union werden und nach dem Kanzleramt greifen.

Der radikale Umbau der Union, eigentlich einer Traditionspartei, unter Merkel war nur möglich, weil Angela Merkel immer ein Fremdkörper in der CDU gewesen ist. Die bürgerlich-konservative Geschichte dieser Partei war für sie unverbindlich. Gerade deshalb konnte sie sich als politische Dialektikerin bewähren. Das Bild, das sie den Bürgern vermittelte, sah so aus: Sie präsentierte die ursprünglich ja einmal konservative CDU als die eigentliche zukunftsorientierte Partei, während die ursprünglich ja einmal reformorientierte SPD gegen ihre eigene »Agenda 2010« zurück in die Vergangenheit wollte. Wer dieser Dialektik nicht folgen konnte und einfach nur christdemokratisch wählen mochte, stand ratlos vor dem Wahlzettel.

Der Mythos der nüchternen Naturwissenschaftlerin

Auf der Suche nach dem Erfolgsgeheimnis von Angela Merkel stoßen wir schließlich auf den Mythos von der nüchternen Naturwissenschaftlerin. Dass sie an der Karl-Marx-Universität in Leipzig zur Physikerin ausgebildet wurde und heute mit einem Physikochemiker verheiratet ist, weckte die Erwartung von Sachlichkeit und analytischer Intellektualität. Und tatsächlich stand sie zunächst für eine durchaus ideenfreie Politik des Opportunismus und der »resilience«. Man muss wohl beide Begriffe angesichts der Komplexität der politischen Welt mit einem positiven Vorzeichen versehen, denn Opportunismus ist ja eigentlich nur der Sinn für die günstige Gelegenheit, die rechtzeitig zu ergreifen gerade den guten Politiker ausmacht. Und »resilience« ist der nicht elegant übersetzbare englische Begriff für die Fähigkeit, auf Unvorhergesehenes geistesgegenwärtig und elastisch zu reagieren. Es spricht also vieles für Charles Lindbloms Definition der Politik als Wissenschaft vom Sichdurchwursteln. Dass man nur »auf Sicht« fahren kann und die »Visionen« besser den Propheten überlässt, hat Angela Merkel anfangs überzeugend verkörpert.

Doch alles änderte sich am 11. März 2011 mit der Reaktorkatastrophe in Fukushima. Fügen wir hier gleich hinzu, dass schon zuvor und verstärkt dann 2012 in Griechenland Merkel aufgrund ihrer Euro-Politik mit Hitler verglichen wurde. Beides muss sie traumatisiert haben. Denn von nun an startete sie Alleingänge in Europa, ja in der Welt – ein Alleingehen, das natürlich als Vorausgehen interpretiert wurde. Mit der »Energiewende« nach Fukushima und der »Willkommenskultur«, die 2015/2016 mehr als eine Million Flüchtlinge vor allem aus dem Nahen und Mittleren Osten nach Deutschland gebracht hat, sind zwei emotionale Großentscheidungen gefallen, die unser Land in unabsehbarer Weise verändert haben und weiter verändern.

Wohlgemerkt: emotionale Großentscheidungen. Denn man kann nicht von Strategie, sondern nur von Hysterie sprechen, wenn ein Land aufgrund einer Havarie auf der anderen Seite des Globus plötzlich entscheidet, aus der Atomenergie auszusteigen, während die restliche Welt bis heute weiter Atomkraftwerke betreibt und neue baut, teils auch die Nachbarn Deutschlands, und eben auch nach wie vor Japan. Dieser deutsche Alleingang zwingt uns zu der Interpretation, dass wir die einzig Vernünftigen in einer Welt von Verblendeten sind. Das Gleiche galt für die Flüchtlingskrise. Kein anderes europäisches Land dachte auch nur im Traum daran, Flüchtlinge in ähnlicher Zahl wie Deutschland aufzunehmen. Mussten wir daraus schließen, dass wir die einzig Guten waren, der Rest der Europäer aber herzlos ist?

Man müsste tief in der deutschen Nachkriegsseele loten, um zu erklären, warum diese emotionalen Großentscheidungen fast widerstandslos akzeptiert wurden. Was sie Merkel politisch gebracht haben, ist allerdings leicht zu sagen. Mit der »Energiewende« hat sie das stärkste grüne Oppositionssymbol »Atomkraft? Nein danke« aus der Welt geschafft. Und mit der »Willkommenskultur« setzte sie sich an die Spitze der Gutmenschenbewegung. Die asexuelle Physikerin entpuppte sich als Mutter Teresa. Dass sie genau das kommunizieren wollte, machten die berühmten Selfies mit Flüchtlingen klar.

Das größte Selbstopfer seit dem Zweiten Weltkrieg: »Wir schaffen das«

Mit ihren emotionalen Großentscheidungen hat Angela Merkel den Deutschen das größte Selbstopfer seit dem Zweiten Weltkrieg zugemutet. Wer nach den Gründen fragt, wird zwangsläufig zum Hobbypsychologen. Hatte sie der Vergleich mit Hitler in Griechenland getroffen? Hatten sie die Bilder der weinenden syrischen Kinder erweicht? Man kann aber auch etwas härter und zynischer fragen: Spekulierte sie auf den Friedensnobelpreis? Es war ja leicht erkennbar, dass der Spruch »Wir schaffen das«, mit dem sie in die Geschichte eingehen wird, eine deutsche Kopie von Barack Obamas Wahlkampfslogan war. Aus dem »Yes, we can«, das dem amerikanischen Präsidenten schon kurz nach Amtsantritt, also ohne dass er schon etwas geleistet haben konnte, den Friedensnobelpreis einbrachte, wurde das merkelsche »Wir schaffen das«.

Diese Formel war erfolgreich, weil zwei Fragen nicht gestellt wurden. Erstens: Wer ist das »Wir«? War es der Pluralis Majestatis der Kanzlerin, die diese einsame Entscheidung getroffen hatte? Oder war die politische Verantwortung der Großen Koalition gemeint? Oder war es das »Wir« des deutschen Volkes, dem seine Kanzlerin gut zuredete, dass es die Folgelasten schon tragen können werde? Und die zweite Frage, die nicht gestellt wurde, lautete: Wollen wir das überhaupt schaffen? Der Merkel-Slogan mochte suggerieren, dass nicht die Kanzlerin allein, sondern wir alle diese Jahrhundertentscheidung getroffen hätten, mehr als eine Million Flüchtlinge und Migranten weitgehend unkontrolliert ins Land zu lassen. »Wir schaffen das« war das Spitzenprodukt einer Rhetorik der Alternativlosigkeit.

Natürlich gab es auch kritische Stimmen, aber sie waren in den Mainstream-Medien kaum präsent. Die politische Korrektheit hat sie von Anfang an als »rechtspopulistisch« marginalisiert – und das galt nicht nur für die AfD, sondern auch für die Regierungs-Schwesterpartei CSU. Dennoch war es erstaunlich, dass auch die prominenteste dieser kritischen Stimmen kaum Gehör fand. Auf Veranlassung des Freistaats Bayern legte der Verfassungsrechtler Udo di Fabio ein

Gutachten vor, das Merkels Politik fortdauernden Rechtsbruch bescheinigte. Indem sie die in Ungarn befindlichen Flüchtlinge nach Deutschland schleuste, setzte Angela Merkel das Dublin-Verfahren der EU und eine wirksame Kontrolle der eigenen Landesgrenzen außer Kraft. Als hätte die Pfarrerstochter über die Realpolitikerin gesiegt, galt humanitaristische Moral mehr als Verfassungsrecht.

Wir können dahingestellt sein lassen, ob di Fabios Gutachten zutreffend war oder nicht. Viel wichtiger erscheint in diesem Zusammenhang die Frage, warum dieser gravierende Vorwurf des Rechtsbruchs keine ernsthafte öffentliche Diskussion auslöste. Warum ließen sich die Massenmedien die Chance einer Skandalisierung entgehen? Die Antwort kann man an ähnlichen, aber kleinformatigeren Fällen ablesen, zum Beispiel Manfred Stolpe, der mit seiner Stasi-Vergangenheit konfrontiert wurde, und Joschka Fischer, dem man die aktive Teilnahme an gewalttätigen studentischen Demonstrationen nachweisen konnte. Der Medienwissenschaftler Hans Mathias Kepplinger hat sehr schön gezeigt, dass die Skandalisierung in diesen Fällen scheiterte, weil ihr die politischen Interessen der Journalisten selbst im Weg standen. Das gilt eben auch für Angela Merkel. Sie repräsentierte die humanitaristischen Positionen der meisten Journalisten. Dafür gab es weltweit Beifall, der allerdings von Heuchelei kaum zu unterscheiden war. Wer hierzulande naiv genug war, sonnte sich seither in dem Wohlgefühl: Wir sind Weltmeister im Guten.

Mit ihren Jahrhundertentscheidungen – Atomausstieg, Masseneinwanderung, EU-Schuldenunion – hat Angela Merkel sich selbst in die Geschichtsbücher geschrieben. Deutschland hat das mehrheitlich beifällig aufgenommen und sich damit als das Land der unbegrenzten Zumutbarkeiten präsentiert. In den 16 Jahren der Merkel-Regierung ist sein Charakter eines paternalistischen Wohlfahrtsstaates deutlich geworden, in dem sich die Regierenden als Erzieher verstehen, ja wie Eltern unmündiger Kinder sehen. Nur vor diesem Hintergrund ist auch die Corona-Politik von Frau Merkel zu verstehen: Die Pandemie ist der Ausnahmezustand, die Katastrophe, durch die »Mutti« ihre Untertanen hindurchführt. Damit das nicht übermäßig autoritär oder gar totalitär wirkt, werden »Experten« bemüht, die oft längst getroffene Entscheidungen und Maßnahmen wissenschaftlich begründen oder drapieren sollen. Und was den Deutschen für die Pandemie vorgebetet wird, wird wohl dann auch für den Klimawandel gelten: Wir sollen der Wissenschaft folgen – die jeden Kritiker zum Schweigen bringt. Dieser neue politische Stil wird Merkel überleben.

WERNER J. PATZELT

MERKELS ERBE

*Die Kanzlerin hat ihre Partei
in eine äußerst schwierige Lage gebracht*

Wie wird in 20, 30 Jahren ein Nachruf auf Angela Merkel klingen?
Wird man ihre beispielhafte Pflichterfüllung rühmen, sie als Meisterin umsichtiger Staatskunst loben, sie ein Vorbild an Verantwortungsethik und Weitblick nennen? Eine zu ihrer Zeit unangreifbare
Anführerin Europas? Oder wird man von Merkels Anteil am Ausein-
anderdriften Europas, an der finanziellen und emotionalen Überforderung des guten Willens der deutschen Einwanderungsgesellschaft,
an der Entprofilierung der CDU, am Zulassen einer dauerhaften Konkurrenzpartei rechts der Union sprechen?

Eine durchwachsene Bilanz

Es ist keine geringe außenpolitische und menschliche Leistung der
Kanzlerin, das wiedervereinigte Deutschland, den aufs Neue großen
Machtblock in Europas Mitte, weiterhin gerade nicht zum billigen
Schreckgespenst deutschlandkritischer Nachbarn gemacht zu haben.
Es ist lobenswert, dass Angela Merkel stets ohne das Alphatier-Ge-
habe eines Gerhard Schröder auftrat, weshalb man ihr gern das Feh-
len von Charisma in der Art Willy Brandts nachsah. Bewunderns-

wert war, mit welchem Gespür für den richtigen Augenblick eigenen Machtzugriffs sie ihren Förderer Helmut Kohl und ihren Rivalen Friedrich Merz abservierte. Nachahmenswert ist ihre Selbstdisziplin, die sie jahrzehntelang vor Skandalen und Lächerlichkeit bewahrte. Ohne großes politisches Können bleibt man nicht 18 Jahre lang Parteivorsitzende und 16 Jahre lang Bundeskanzlerin.

Dennoch fällt bei Angela Merkels Partei- und Regierungsbilanz auch der von ihr angerichtete Schaden ins Gewicht. Hinsichtlich ihrer Außenpolitik muss ein faires Urteil zwar berücksichtigen, dass man für internationale Beziehungen Mitspieler braucht, die man sich aber – wie Trump oder Putin – nicht aussuchen kann. Indessen hat Angela Merkel aus eigenem Entschluss das Nordstream-II-Projekt unterstützt, es auch ganz realitätsfern der deutschen Öffentlichkeit als »rein wirtschaftlich« verkauft – und auf diese Weise einen Riss zwischen Deutschland und seinen Verbündeten geschaffen. Obendrein hat die Kanzlerin mit diesem Projekt bewirkt, dass sich die geopolitische Lage der Balten, Polen und Ukrainer stark verschlechtert, zugleich ermöglicht es dem autokratisch regierten Russland auf lange Zeit verlässliche Milliardeneinnahmen für seine weitere Aufrüstung.

Außerdem hat die Kanzlerin mit ihrer Übernahme von Haftungsrisiken gegenüber chronisch verschuldeten Euro-Ländern der deutschen Haushalts- und Finanzposition große Risiken eingebracht und den Einstieg in eine EU-Schuldenunion zugelassen – erst mit dem ESM-Fonds in der Euro-Krise, dann mit dem 750-Milliarden-»Wiederaufbaufonds« in der Corona-Krise, nun erstmals mit eigener Kreditaufnahme der EU-Kommission, die laut den Verträgen eigentlich keine eigenen Schulden aufnehmen sollte. Diese Schuldenunion bedeutet einen weiteren Schritt hin zu einer solchen europäischen Zentralisierung, der keine wirkungsvolle öffentliche Kontrolle des Brüsseler Regierungshandelns gegenübersteht.

Deutschlands Industrie hat die Merkel-Regierung durch Vernachlässigung infrastruktureller Innovationen, durch recht hohe Steuern sowie durch das Aufbürden von immer mehr sozialstaatlichen und bürokratischen Pflichten und Vorgaben geschwächt. Und der klar stimmungsgetriebene, letztlich grünpopulistische sowie ganz plötzliche

Beschluss zum Ausstieg aus der friedlichen Nutzung der Kernenergie hat unserem Land hohe Strompreise, Netzwerkinstabilität und die Abhängigkeit von Energieimporten verschafft – Letzteres auch noch mit der Pointe, dass die importierte Energie von Kernkraftwerken stammt oder aus Erdgas besteht, also gerade nicht erneuerbar ist.

Übel sind auch die gesellschaftspolitischen Erblasten von Merkels Regierungszeit. Ihre Migrationspolitik war gekennzeichnet durch eine programmatische Kehrtwendung, realitätsblinden Moralismus und Unredlichkeit. 2015 ließen sich angeblich unsere Grenzen keinesfalls gegen unerwünschte Massenmigration sichern – bei der Abwehr eines Virus dann aber doch. Europapolitisch isolierte Merkel unser Land gegenüber den längst nicht so zuwanderungseuphorischen Nachbarn. Und sozialpolitisch führte die Massenimmigration – vor allem, doch nicht nur – aus dem Nahen und Mittleren Osten zur Schaffung einer neuen Unterschicht, die von Sozialtransfers lebt und kulturell großenteils nicht wirklich integriert ist. Das hat uns den explosiven französischen Verhältnissen nähergebracht. Zudem wurde unser innenpolitisches Klima vergiftet, als ohne Widerstreben der Kanzlerin ihre Claqueure als zentralen politischen Glaubenssatz durchsetzten: »Nur wer Merkels alternativlose Politik vertritt, ist anständig oder klug genug, um ernst genommen zu werden.«

Vor allem für die letzteren Fehler bezahlt das Land bis heute – und die Union erst recht. Merkels Politik schürte nämlich das Verlangen nach einer »Alternative für Deutschland«. Von der Merkel-CDU vergraulte Konservative schufen eine genau so benannte Partei und leiteten sie anfänglich. In deren Schoß nisteten sich aber bald schon radikale Rechte und viele Spinner ein, die mehr und mehr tonangebend wurden. Leider überließ die CDU in dieser Lage – auf maßgebliches Betreiben der besonders gern auf SPD und Grüne hörenden Kanzlerin – auch die Vernünftigen unter jenen, die sich von der Union abwandten, der AfD mit der leichtfertigen Behauptung, da entstehe ohnehin nichts weiter als eine Partei von Rechtradikalen; die aber begäbe sich ganz von selbst in die politische Bedeutungslosigkeit, wenn man sie nur nicht durch Beachtung ihrer Themen aufwerte. Jedenfalls stellte Merkels CDU sämtliche Bemühungen ein, ja verurteilte sie sogar, abdriftende Rechte vielleicht doch noch an die Union zu binden, also an eine in der politischen Mitte verankerte Partei, die obendrein alle halbwegs vernünftigen, demokratischen Rechten anziehen und vor dem Absturz in den völkisch-populistischen Sumpf bewahren wolle. Doch gerade so, wie die Realo-SPD eines Helmut Schmidt den Freiraum für die Entstehung und den Aufstieg der Grünen links der SPD schuf, machte Angela Merkels CDU rechts der rechten Mitte ein von eigenen Dominanzversuchen ausgenommenes politisches Spielfeld verfügbar.

Merkel und die CDU

Als CDU-Vorsitzende besaß Angela Merkel wohl nie ein Gespür für jenes stets neu auszugleichende Zusammenwirken von zukunftsoffener Liberalität, von realistischer Sozialität und von vertrauenssicherndem Konservatismus, das einst der westdeutschen CDU ihren Erfolgsweg wies. Vielmehr ging Angela Merkel nach ihrem fast verpatzten ersten Bundestagswahlkampf im Jahr 2005 stets den Weg des geringsten Widerstands in der Konkurrenz zwischen Deutschlands Parteien. Zur Faustregel ihrer Parteiführung wurde: Was immer an CDU-Positionen einer grün-linken Journalistenmehrheit missfällt, sollte bei günstiger Gelegenheit abgeräumt werden. Gerade so verfuhr sie mit der allgemeinen Wehrpflicht, bei der Energie- und Atompolitik, bei der Stabilitätspolitik in der Eurozone, der Migrationspolitik, der Familienpolitik. Für alle diese, oft radikalen Änderungen früherer CDU-Positionen sprachen zwar auch erwägenswerte Gründe. Außerdem ist nichts allein schon deshalb falsch, weil Grüne oder Sozialdemokraten es fordern. Doch es macht einen großen Unterschied, ob man sich einer neuen Mehrheit mit neuen Wünschen irgendwann fügt – oder ob man gar nicht erst die Verteidigung früherer Positionen und die Abwehr solcher Neuerungen versucht, die man bislang aus guten Gründen abgelehnt hat. Die Führung der Merkel-CDU hat jedenfalls bei allen diesen parteipolitischen Umorientierungen die öffentlichen Debatten einfach laufen lassen und sich mit der Rolle eines trudelnden Korkens auf modischen Strom-schnellen begnügt.

Das ist der CDU schlecht bekommen. Vergönnt sei dieser Partei, dass sie sich Stimmungs- und Stimmenpotenzial bei Anhängern der modischen Grünen erschlossen hat. Es wird sich aber zeigen, ob die Wählerinnen und Wähler nicht doch lieber das Original als eine Ko-pie wählen. Und als die »pragmatischste SPD, die Bundesdeutsch-land je hatte«, trug die CDU dazu bei, dass der Sozialdemokratie in-zwischen jener Teil ihrer Wählerschaft abhandenkam, dem es nicht auf identitätspolitische Ideologie, sondern auf die Sicherung unseres Sozialstaats durch eine pragmatische Wirtschaftspolitik ankommt. Auch deshalb ist die SPD nur noch ein Schatten ihrer selbst. Also fehlt unserem Land nun eine wie früher überwiegend vernünftige Sozialdemokratie – und die CDU kann sie aufgrund ihrer ganz ande-ren Herkunft durchaus nicht ersetzen.

Vor allem aber hat die Merkel-CDU durch ihre inhaltliche Neu-aufstellung als Partei *ausschließlich* der politischen Mitte bereitwillig Platz für die AfD gemacht. Das geschah trotz wirklich vieler Warnun-gen, die seit Langem auf jene Repräsentationslücke hinwiesen, die sich rechts einer nach links rückenden CDU auftun würde – oder zu-mindest in jenen Teilen der Gesellschaft, die den allgemeinen Trend-wandel nach links nicht mitmachen wollen. In deren Kreise hinein hätte gerade eine dem Zeittrend folgende CDU integrierend wirken müssen, nämlich durch Versuche, auch solche Gesellschaftsteile dort-hin mitzuziehen, wo der Fortschritt wirkliche Vorteile bringen kann. Dieser Herausforderung aber wollte sich Merkels CDU nicht stellen. Also entstand ein Soziotop, in dem sich die AfD weiterhin festsetzen kann. Nicht nur verlor die CDU an diese neue Konkurrenzpartei in-zwischen viele Mitglieder und noch mehr Stimmen. Sondern oben-drein erklärte – teils aus Furcht vor linker Kritik, teils aus Arroganz – die CDU-Führung immer wieder, all den zur AfD abgewanderten Wählern weine man keine Träne nach; vielmehr grenze man sich fortan strikt sogar gegen eine solche AfD ab, die frühere CDU-Posi-tionen verträte. Das kam in ehedem CDU-treuen Wählerschichten an wie einst Erich Honeckers Umgang mit »Republikflüchtigen«. Bald

verstand man sich dann in jenen Kreisen als Vorhut einer neu erfor-
derlichen Revolution gegen das, was – besonders schrill während der
Corona-Pandemie – die »Merkel-Diktatur« genannt wurde.

Doch eine Diktatorin ist Angela Merkel nicht. Sie wurde vielmehr
zur Anführerin des »Juste Milieu« unserer Republik. Das ist bürger-
lich-grün, obendrein rechthaberisch, bei Widerspruch sehr nach-
tragend und insgesamt nicht repräsentativ für Deutschlands Bevölkerung und bestimmt nicht deckungsgleich mit dem Großteil der
früheren CDU-Klientel. Inzwischen hat die Union nämlich die SPD
als Partei der »kleinen Leute« abgelöst, und nennenswerte Teile der
Arbeiterschaft haben sich mittlerweile sogar auf den Weg zur AfD
gemacht. Jedenfalls wurde die CDU unter Merkel um ihre einst frag-
lose Dominanz auf dem gesamten politischen Spielfeld zwischen der
Mitte und dem rechten Rand gebracht.

Zugleich scheiterten alle Versuche, die Union zu einer auch im
Großstadtmilieu erfolgreichen Partei von Akademikerschichten zu
machen. Entsprechende Anbiederungen der Parteiführung führten
zu nichts weiter als zur strategischen Abhängigkeit von den Grünen.
Deshalb findet sich die Union am Ende von Angela Merkels Ära in einer Krise wieder. Diese wollte die Partei anfangs ebenso wenig wahr-
haben wie einst die katholische Kirche ihren bevorstehenden Leidens-
weg nach dem »Aggiornamento« des Zweiten Vatikanischen Konzils.
Den einberufenden Papst konnte man zwar bewundern und lieben,
und vieles von ihm Angestoßene war nicht nur erforderlich, sondern
erwies sich auch als gut. Doch mancher rhetorische Überschuss samt
seinen Handlungsfolgen vergrößerte nur die Anpassungsschwierig-
keiten der Institution. Obendrein kann sich eine Kirche – und sei es
eine »politische Kirche« wie so manche linke Partei – immer noch
am gemeinsamen Glauben festhalten, muss also »nur« um dessen
richtige Auslegung streiten.

Bei einer Partei wie der CDU verhält sich das aber sehr anders. Die
kreiste nämlich nie um »politische Wahrheiten« oder um Programme,
sondern wünschte sich stets nur Führungspersonen, denen man
die Fähigkeit zutraute, auf einem halbwegs plausiblen Weg überzeugend und tatkräftig voranzuschreiten. Beim Auftreten des Kanzler-

prätendenten Markus Söder erwies sich ein erheblicher Teil der CDU sogar als willig, auch einem Kapitän ohne Kompass dann zu folgen, wenn nur jene demoskopischen Zustimmungswerte stimmten, die sich am Wahltag in machtverleihende Stimmenanteile umsetzen könnten. Auch das gehört freilich zum Erbe Merkels: Die nämlich bekannte einst offen: Sie wäre fallweise christlich-sozial, bisweilen liberal, manchmal gar ein wenig konservativ – ganz nach den Aufgaben und der Laune des Tages. Der Lohn für solches Mäandern im Mainstream war eine der Kanzlerin meist wohlgesonnene Journalistenschaft samt fortlaufend großer Popularität. »Sie kennen mich« reichte irgendwann als Begründung dafür, warum man dem sie tragenden Wahlverein seine Stimme geben sollte.

Schwinden aber gerade in der Anpassungskrise einer Partei jene Selbstverständlichkeiten, die über lange Zeit Orientierung boten und wie unverrückbar galten, dann entstehen so schnell keine neuen mehr. Dann verbindet untereinander nur noch die Loyalität zu Personen. Solche Loyalität wird irgendwann nicht nur brüchig, sondern sogar zum Sprengsatz – dann nämlich, wenn plausibler Streit darüber entsteht, wer eine Partei fortan eher in eine Sackgasse hinein oder aus einer solchen herausführen könnte. Eben dieser Streit kam in der CDU auf, als sich die mit Merkels Politik zu verbindenden Stimmenverluste häuften. Schon das Ergebnis der Bundestagswahl 2017 war mit 32,9 Prozent das schlechteste für die Union seit 1949; bei Landtagswahlen 2018 folgten dann krachende CDU-Niederlagen. Alsbald hörte Angela Merkel auf, als Schlussstein im wackelig gewordenen CDU-Gewölbe zu dienen. Im Dezember 2018 trat sie vom Parteivorsitz zurück. Nur das ihr auf drei weitere Jahre sichere Kanzleramt behielt sie, künftig weitgehend frei von Pflichten gegenüber ihrer Partei. Annegret Kramp-Karrenbauer, die von Merkel bevorzugte und bundespolitisch nicht wirklich bewährte Nachfolgerin im CDU-Vorsitz, hielt sich dann nicht lange – sei es, weil sie sich als Fehlgriff erwies, sei es, weil sie die Gunst der Kanzlerin schon mit dem ersten Versuch verscherzte, frühere Politikfehler durch deren Korrektur faktisch einzugestehen. Es fehlte auch nicht viel, dass im April 2021 der Streit um die Kanzlerkandidatur das Gebälk der CDU hätte einbrechen lassen – woraufhin Merkels Nach-Nachfolger Armin Laschet zum politisch Untoten geworden wäre, bevor sich ihm wenigstens die Chance zur Neuaufstellung der Partei böte.

Über sich selbst verhängte Angela Merkel, als sie mitsamt ihrem Parteivorsitz nicht auch das Kanzleramt abgab, das Schicksal aller bundesdeutschen Kanzler, die nach Wahlsiegen ins Amt gelangen: Solange sie wählerattraktiv bleiben, müssen sie als Zugpferde dienen; doch irgendwann werden die Wagenbesatzung oder die Zuschauer des Zugpferds überdrüssig. Leider hatte Merkel auch gar nicht Absicht, für ihre Partei ein so kräftiges Zugpferd zu finden, dass sie dieses auch noch – mit abgetrotzter Zustimmung des Koalitionspartners – rechtzeitig vor der Bundestagswahl dem Regierungswagen hätte vorspannen können. Doch nur in diesem Fall hätte sich die Wählerschaft ein erfahrungsbegründetes Urteil darüber bilden können, wie sehr man der Union, ihrer Personalpolitik und ihrem Stehvermögen auch im Superwahljahr 2021 trauen dürfe. Stattdessen kam es zum Wahlkampf aufs Geratewohl. Bei alledem verhielt sich Angela Merkel ganz so, als ginge sie das weitere Schicksal der Union nichts mehr an. Sie brauchte die CDU ja wirklich nicht länger. Macht es das aber entschuldbar, dass sie genau jene Partei, die ihr eine so lange Kanzlerschaft bescherte, in eine Lage gebracht hat, in der nun der Abgang auf die Oppositionsbänke auch auf Bundesebene nicht ganz unwahrscheinlich geworden ist? Der im Frühjahr und Frühsommer 2021 demoskopisch angezeigte Absturz der Zustimmungswerte der Union, die in manchen Umfragen hinter die Grünen fiel, könnte außerdem nicht nur zum Verlust des Kanzleramtes, sondern auch zur entmotivierenden Beschädigung des Selbstvertrauens der Partei führen – und somit zu ihrem weiteren Niedergang.

Weshalb verhielt sich Angela Merkel so?

Gewiss wollte Angela Merkel nichts Schlechtes, sondern Gutes für die CDU. Deren Stellung versuchte sie – unter anderem – durch das Aufgeben solcher Positionen zu sichern, deren Verteidigung nicht

länger zu lohnen schien oder der Parteivorsitzenden Argumenta-
tionslasten auferlegt hätte, die sie nicht tragen wollte. Doch manche
aufgegebene Stellung galt nicht wenigen Christdemokraten weiterhin als wichtig – teils aus sachlichen Gründen wie die allgemeine Wehrpflicht und die Nutzung der Kernenergie, teils als wichtig
gleichsam für die Seele von Partei und Land. Die Parteiseele nämlich
wünscht sich ein freudiges, nicht nur pflichtschuldiges Bekenntnis
zur traditionellen Familie, zur eigenen Kultur, zur deutschen Nation.
Vielleicht war deshalb so manche rekordverdächtige Applaussequenz
für die Vorsitzende Merkel auf CDU-Parteitagen eher eine Fassade,
die mehr durch Parteidisziplin, Druck, Opportunismus und Feigheit
innerparteilicher Gegner aufrechterhalten wurde als durch belastbare Überzeugungen.

Insgesamt zog sich Merkels CDU – anders als Schmidts SPD –
ihre Blessuren nicht beim Abwenden vermeidbaren Schadens von
Volk und Land zu. Sie tat das vielmehr durch das Treiben- und Gewährenlassen problematischer Entwicklungen, zu denen die Parteivorsitzende und Kanzlerin gute Miene machte. Ikonisch wurde
ihr Selfie mit einem lächelnden Flüchtling im Spätsommer 2015,
das sie später um die Erklärung ergänzte, ein Land, in dem man
ein freundliches Gesicht zum Vorwurf gemacht bekäme, wäre nicht
länger ihr Land. Obendrein ließ die CDU-Vorsitzende Merkel jene innerparteiliche Positionsbreite durchaus nicht zu, die einst der
SPD-Vorsitzende Willy Brandt – dem SPD-Kanzler Schmidt zum
Ärger – umsichtig und für die Zukunft seiner Partei vorsorgend ermöglichte. Vielmehr hat die Parteivorsitzende Merkel die innerparteiliche Vielfalt durch brüske Zurückweisung der um Respekt bit-
tenden Konservativen eingeschränkt und sogar, bei der Feier eines
Wahlsiegs, ihrem damaligen Generalsekretär vor laufender Kamera
eine Deutschlandfahne aus der Hand genommen und weggeworfen. Anscheinend hatte sie Angst vor dem Verdacht, sie hinge kon-
servativem Patriotismus an. Ob Angela Merkel je nachempfunden
hat, was die Stars and Stripes der USA oder die Trikoloren Frankreichs und Italiens für den inneren Zusammenhalt und die Demokratie dieser Länder bedeuten?

Vielleicht lassen sich die Prioritäten von Merkels Parteipolitik so umreißen: An der Spitze steht die Sorge um das eigene Medienbild und um den medial gesicherten Machterhalt, dann kommt breitwillige Nachgiebigkeit gegenüber mediengeschürtem Meinungsdruck – und sobald alles in jenen Hinsichten Wünschenswerte getan ist, kann man sich auch noch ein wenig der eigenen Partei zuneigen. Die wiederum beugte sich solcher Führung so lange, wie sie genau das sein konnte, was man als CDU seit Adenauer am liebsten ist: ein Kanzlerwahlverein, der die Macht im Bund sichert und in dessen Licht auch die Landesverbände der Union glänzen können. Allem Anschein nach war für die Kanzlerin die CDU wirklich eher eine Plattform als – wie einst für Helmut Kohl – eine wirklich tief empfundene politische Heimat. Jedenfalls ging Angela Merkel mit ihrer Partei stets eher zweckbedacht als gefühlig um. Zu solchen Folgen führte wohl schon ihr Werdegang. Den Weg nach oben bahnten ja nicht langjähriges JU-Engagement und Seilschaften, sondern ihr Aufstieg gründete – nebst den Zufällen der Wendezeit – auf der Protektion durch Kanzler Kohl, auf selbstbewusstem Auftreten als Ministerin und alsbald auf großer Entschlusskraft beim Verdrängen von Rivalen in Partei, Parlament und Staat. Stark machte sie auch, neben ihrer politischen Klugheit, die mit Helmut Kohl und Armin Laschet geteilte Bereitschaft, sich sprungbereit von anderen unterschätzen zu lassen.

Merkels Stil und seine Folgen

Nach vielen Jahren als eine Kanzlerin, die manche Krise durchgestanden hat und für ihr Auftreten auf internationaler Bühne von vielen sehr gelobt wurde, war Merkel mehr von Jasagern als von Kritikern umgeben. Deren Echo verstellte ihr den Blick auf Führungsfehler, ja förderte deren Fortsetzung. Im letzten Drittel ihrer 16-jährigen Kanzlerschaft schwächten Angela Merkel dann zunehmend ihr Glaube an die Alternativlosigkeit der eigenen Politik, ihr Mangel an Verständnis für das politische Gewicht von Konservativen und demokratischen

Rechten sowie ihr stures Beharren auf der Richtigkeit sogar emotional geprägter Schlüsselentscheidungen. Es stimmte wohl nie, dass sie »alle Probleme vom Ende her« bedenke. Vielmehr achtete sie seit Beginn ihrer Kanzlerschaft darauf, möglichst in Übereinstimmung mit der jeweiligen öffentlichen Meinung zu handeln. Nichts scheute sie mehr, als bei den überwiegend grün-links sympathisierenden tonangebenden Medien in Ungnade zu fallen. Wer gutwillig ist, kann das als Streben nach demokratischer Dauerlegitimierung ausgeben. Doch wer Merkel kritisieren mag, darf das auch Opportunismus nennen.

Auch wo sie diesen Weg ging, ließ sich Angela Merkel zweifellos von Grundwerten unserer Verfassung leiten. Sie orientierte sich aber offensichtlich viel weniger an dem, was man einst die »Werte der CDU« genannt hätte – abgesehen davon, dass für diese Partei der alleroberste Wert nun einmal die Ausübung von Regierungsmacht ist. Tatsächlich passte Merkel vor allem deshalb so gut zur CDU, weil sie vom grundsätzlichen Pragmatismus dieser Partei sowie von deren großer Loyalität gegenüber Wahlsiegern profitieren konnte – und die Partei von jenem Respekt, den die meisten Journalisten zwar nicht der CDU, sehr wohl aber ihrer Vorsitzenden entgegenbrachten. Doch inhaltlich hätte Merkel auch eine Sozialdemokratin oder eine Grüne sein können. Genau deshalb mochte sie der stark grün-links geprägte Medienbetrieb so sehr. Verlässlich sorgte er auch dafür, dass sie – wie keiner ihrer Vorgänger – Spitzenplätze demoskopisch ermittelter Beliebtheit erreichte. Doch die Ursachen aktuellen Politikeransehens sind nun einmal nicht die gleichen wie die eines nachhaltigen politischen Erfolgs. Deshalb ist Angela Merkels politische Bilanz sehr durchwachsen.

Am Ende befremdete ihre immer offensichtlichere Lust am »Durchregieren«. Die hatte sie freilich schon als Oppositionsführerin gegenüber der siechenden Schröder-Regierung bekundet. Alles in allem scheint ein »aufgeklärter Absolutismus« Deutschlands erster Kanzlerin nicht wesensfremd zu sein. Dessen Nachahmung in republikanischer Form verhalf ihr zu Beginn der Corona-Pandemie im Frühjahr und Sommer 2020 sogar noch einmal zu einem gar nicht mehr erwarteten monatelangen Höhenflug nicht nur des Ansehens ihrer

Person, sondern auch ihrer Partei. Natürlich bedarf ein solcher Regierungsstil, der um Ostern 2021 sogar zur selbsterklärten Monopolisierung aller politischen Verantwortung führte, einer überzeugenden moralischen Ausrichtung. An der muss man bei Angela Merkel zwar nicht zweifeln. Doch die von ihr – durchaus auch eigennützig – zugelassene Moralisierung der Gegenstände auch von Sachdebatten minderte klar die Vorteile jenes Pluralismus, der zur bundesdeutschen Demokratie gehört und diese jahrzehntelang so leistungsfähig machte. Jener Nutzen besteht im nötigenfalls auch *aufgezwungenen* Lernen aus einem *fairen* Streit über Ziele, Mittel und Prioritäten in der Politik. Doch der für solche Debatten erforderliche Freimut wurde zu Angela Merkels Zeiten – und durchaus nicht ohne ihr Gewährenlassen – nachhaltig vergällt, nämlich durch die aufgezogene politische Korrektheit und die sie begleitende Cancel Culture. Um die vielerorts verehrte Kanzlerin machte Letzteres freilich einen großen Bogen. Also wurde für Angela Merkel ihre Zeit als Spitzenpolitikerin zum persönlichen Triumph. Der sei ihr vergönnt. Doch ihre Partei und unser Land nahmen während jener Jahre etlichen Schaden. Deutschland wird ihn überstehen – und vielleicht auch die CDU.

WOLFGANG OCKENFELS

DAS HOHLE C

Über Angela Merkels politisches Christentum

Angela Merkel ist nicht identisch mit der CDU, aber sie hat sich die Partei in zwei Jahrzehnten weithin untertan gemacht. Das wird noch lange nachwirken. Als die »Volkspartei der Mitte«, wie sie sich in ihrem Grundsatzprogramm nennt, war die CDU nie mit der alten, katholisch dominierten Zentrumspartei identisch, sondern wollte nach dem Zweiten Weltkrieg die christlichen Konfessionen umgreifen, zusammenführen und damit politisch stärken. Aber diese Substanz schwindet. Wie seit längerer Zeit mit christlichen, katholischen Traditionsbeständen aufgeräumt wird, hätten sich die Gründer der CDU nicht vorstellen können. Unter der Parteivorsitzenden Merkel, die eine »modernisierte Union« angestrebt hat, die sich am Lebensgefühl der urbanen akademischen Schichten orientiert und für neue Gruppen und Minderheiten öffnet, hat sich dieser Prozess beschleunigt und verstärkt.

Der katholische Wähler war einst im Westen das Rückgrat der Partei, doch fühlt er sich zunehmend wie Ballast behandelt. Zu viel Rücksicht auf seine Werte oder Orientierung an ihnen würde andere, »moderne« großstädtische Milieus davon abhalten, die Union zu wählen, so sagen die Union-Strategen, Demoskopen und Einflüsterer um Merkel. Allerdings ist es der Merkel-CDU trotz intensiver Modernisierungsbemühungen nicht gelungen, in den Großstädten sehr viel mehr moderne oder gar postmoderne Wähler zu gewinnen. Die

Bewegung der CDU in die Mitte und auch die linke Mitte hat dagegen wertkonservative Stammwähler rat- und heimatlos zurückgelassen.

Die von oben modernisierte CDU

Manche traditionelle CDU-Mitglieder haben das bange Gefühl, ihrer Partei könnte dasselbe Schicksal widerfahren wie dem Kölner Stadtarchiv im März 2009. Während Bauarbeiten brach es eines Tages plötzlich zusammen – ein Unglück aus Unachtsamkeit. Man wollte nur etwas untertunneln und modernisieren, um den Verkehr zu beschleunigen. Aber man tat nichts zur Absicherung der Fundamente. So sanken die Archivzeugnisse der Geschichte in Trümmer, manches konnte man retten, manches nicht. Einige Dokumente hatte man vorher in ein kirchliches Museum ausgelagert, dort sind sie sicher aufgehoben. Wenigstens wurde der Nachlass Konrad Adenauers geborgen. An sein Erbe und seine Erfolge wieder anzuknüpfen, dürfte für die CDU weit schwieriger sein als die Rekonstruktion historischer Dokumente.

Es sollte die CDU/CSU in tiefe Nachdenklichkeit stürzen, dass sie einige ihrer treuesten Wähler, die praktizierenden Christen, seit Längerem vergrault hat. Das zeigt sich an einer sinkenden Wahlbeteiligung. Früher gingen die kirchlich gebundenen und aktiven Bürger besonders zuverlässig zur Wahl und machten, mehr als im Rest der Bevölkerung, das Kreuzchen bei der Union; heute hat sich diese Bindung gelockert – auch aus Enttäuschung über die CDU-Führung. Eine nicht unerhebliche Zahl kirchlich gebundener, praktizierender Christen geht nicht mehr zur Wahl. Einige suchen oder wählen schon aus Trotz und Protest jene sich »Alternative« nennende Partei, vor der einige Bischöfe pauschal gewarnt haben. Aber parteipolitische Meinungsäußerungen und Verdammungsurteile vonseiten kirchlicher Amtsträger werden von den »mündigen Laien« nicht mehr einfach unhinterfragt hingenommen, wie das noch in den 1950er-Jahren, vor dem Zweiten Vatikanischen Konzil, der Fall war.

Die Auszehrung christlicher Substanz in der CDU-Programmatik ist ein schleichender Prozess, der nicht erst mit der Vorsitzenden Angela Merkel begonnen hat und auch mit ihrer Ablösung kaum revidierbar ist. Die Partei entfremdet sich seit Jahrzehnten von ihrer eigenen Tradition und verliert oder verwässert damit ihre C-Identität. Was vom »C« übrig bleibt, ist der schwache Aufguss dessen, was man »christliches Menschenbild« nennt. Das sind rhetorische Beschwörungen hehrer »Werte« wie Menschenwürde, Ehe und Familie. Deren (natur)rechtlich-institutionelle Bedeutung wird aber weithin verkannt. So folgte im Regierungsprogramm der Union aus der »ungeteilten Menschenwürde«, die auch den Ungeborenen zukommt, nicht etwa die rechtliche Konsequenz eines verstärkten Lebensschutzes. Und die »Ehe für alle« wurde von der Merkel-CDU hingenommen.

Unter dem strengen Regiment der Vorsitzenden Merkel ist die Freiheit der innerparteilichen Diskussion schon nach dem schlechten Wahlergebnis von 2005 stark eingeengt worden. Zeitgeistbeflissenheit beherrscht das Feld und verdrängt die nüchterne Ursachenanalyse wie auch die Erfahrungen der Wertkonservativen. Diese finden aber immer noch Anklang bei der Jungen Union, in der Senioren-Union sowie in der neu gegründeten »Werte-Union« und beim Mittelstand. Die Christdemokraten für das Leben (CDL) sorgen sich um das Lebensrecht von Ungeborenen und Alten; sie wehren sich gegen ein »Recht« auf Abtreibung und Euthanasie. Hingegen sind die einstmals von der katholischen Soziallehre geprägten Sozialausschüsse, also der früher von Hans Katzer und Norbert Blüm repräsentierte »linke Flügel« der Partei, ziemlich abgetaucht, so als gäbe es keine »sozialen Fragen« mehr, die im Zusammenhang mit den vielfältigen Krisen in Europa und der Welt zu lösen wären.

Wie stark hat sich die Union seit Helmut Kohl verändert. Als Kanzler war Kohl vielleicht einer der letzten Vertreter des politischen und vor allem sozialen Katholizismus. Dies freilich auf eine eher liberale Weise, die man rheinisch-katholisch nennen kann. Die »geistig-moralische Wende«, wie es 1982 hieß, schaffte er freilich nicht – und es war auch nicht seines Amtes, eine solche durchzusetzen. Bei der europäischen Einigung hingegen sorgte Kohl für die vertragliche Verankerung des Subsidiaritätsprinzips, das sich als kritisches

Prinzip gegen den (sozialistischen) Zentralismus behaupten sollte. Das war freilich zu optimistisch gedacht – wie auch seine Vorstellungen zum rechtlichen Lebensschutz und zum Schutz der Familie sich nicht durchsetzen konnten. Aber immerhin: Er hatte hier dezidierte Ansichten, die er auch gegen den Zeitgeist vertrat.

Inzwischen hat das sozialethische Prinzip der Subsidiarität, das mit dem Verfassungsprinzip des Föderalismus aufs Engste verbunden ist, eine erhebliche Einschränkung erfahren. Im April 2021 verabschiedeten Bundestag und Bundesrat auf kräftigsten Druck von Merkel hin ein neues »Infektionsschutzgesetz«. Dieses enthält als »Notbremse« gegen die Corona-Pandemie nicht nur gravierende Grundrechtseinschränkungen, sondern auch Eingriffe in die bisherige subsidiär-föderative Gewaltenteilung zugunsten einer zentralen Bundeskompetenz. Darüber hinaus droht diese Ermächtigung des Bundes später auch auf andere »Notstände« wie den Klimawandel überzugreifen. Das käme einer Aushebelung des subsidiären Föderalismus gleich. Zur Erinnerung: Das Subsidiaritätsprinzip wurde 1931 von der katholischen Kirche in der Enzyklika »Quadragesimo anno« durch Papst Pius XI. offiziell definiert, und zwar in Gegnerschaft zu links- und rechtstotalitären Bestrebungen. Dass es im 90. Jubiläumsjahr der Enzyklika sogar in den C-Parteien derart in Vergessenheit geraten konnte, hätten sich die Gründer der CDU/CSU wohl nicht vorstellen können.

Wohin Angela Merkel die CDU steuern wollte, blieb oft ein Rätsel. Ihr Kurs hat stark geschlingert, eine wertkonservative und ordnungspolitische Linie war kaum zu erkennen. Der Rückgang der CDU-Mitgliederzahl von 616.000 im Jahr 2000, als Merkel den Vorsitz übernahm, um mehr als ein Drittel unter 400.000 im Jahr 2020 und die zuletzt extrem gesunkenen Zustimmungswerte – laut Umfragen vier Monate vor der Bundestagswahl 2021 weniger als ein Viertel für die Union – sind freilich nicht allein der langjährigen Vorsitzenden in die Schuhe zu schieben. Das Abschmelzen der Volksparteien – die SPD verlor noch etwas mehr Mitglieder – hat viele Gründe und Faktoren, es wird von der zunehmenden Pluralisierung der Gesellschaft gesprochen. Doch der Substanzverlust ist für langjährige CDU-Mitglieder schmerzlich. Neben Merkel ist dafür ein großer Teil der etablierten Partei-Elite verantwortlich. Die hat sich als wackelig erwiesen, nachdem man aufrechte Stützen und stabile Träger entfernt hatte.

»Modernisierung« ist, seit Angela Merkel die Richtlinien von Partei und Regierung bestimmt oder wenigstens zu verantworten hat, das programmatisch universale Schlagwort, mit dem sich jede Kritik niedermachen lässt. Zur »Modernisierung« gibt es angeblich »keine Alternative« – und im »Kontext der Globalisierung« und des »Wertewandels« lässt sich alles bequem relativieren, wird jeder »Fortschritt« als »Anpassung« an den gesellschaftlichen Wandel oder »Anschluss« an einen formalen Universalismus und Kosmopolitismus gepriesen. Darein lassen sich beliebige Inhalte füllen. Normative, religiös oder kulturell tradierte Ordnungsbilder geraten dabei leicht unter die Räder (oder an die »Ränder«, vornehmlich den rechten) eines politisch gesteuerten Diskurses, der die Grenzen des Erlaubten und Sagbaren festlegt. Christlich-religiös vorgegebene, national oder europäisch vermittelte Identitäten und Traditionen haben unter dieser Ägide nur eine geringe Chance, sich bemerkbar zu machen. Sogar innerhalb der Kirchen, die sich dem Modernisierungstrend anpassen, um den eigenen öffentlichen Bedeutungsschwund zu kompensieren.

Merkel bekennt sich

»Neugierig, offen, tolerant und spannend« möge ihr Land in 25 Jahren sein, sagte die Parteivorsitzende auf dem Karlsruher CDU-Parteitag im Dezember 2015, also kurz nach der Grenzöffnung für die massenhafte Einwanderungswelle, die sie später ein wenig bedauert hat (»Situation darf sich nicht wiederholen«), aber nicht wieder rückgängig machen konnte. Eher ist zu befürchten, dass eine unkontrollierte Migration vorwiegend aus dem Nahen und Mittleren Osten sowie Afrika weitergeht und kumuliert zur Völkerwanderung wird, auch durch den Familiennachzug. »Neugierig«, wie wir sind, wüssten wir gerne etwas mehr über die Zukunft. Ob etwa die Deutschen, »diejenigen, die schon länger hier leben« (Merkel), auf Dauer noch »offen« ge-

nug sind, jeden, der sich als Flüchtling ausgibt, willkommen zu heißen. Und »tolerant« genug, auch jeden islamischen Scharia-Anhän-
ger gewähren zu lassen; das wäre dann gewiss »spannend«, was aus
Deutschland würde.

»Neugierig, offen, tolerant und spannend« sind Wörter aus einer
pädagogisch-psychologisierenden Merkel-Rhetorik, die ihren Sinn
oder Unsinn erst im konkreten Kontext offenbaren. Sie haben aber
nichts mit den klassischen christlichen Tugenden zu tun, also mit
Klugheit, Gerechtigkeit, Tapferkeit und Maß, die auch für christliche
Politiker zu gelten hätten – und nicht nur für sie. Diese »Kardinal-
tugenden«, die seit Aristoteles und Thomas von Aquin Geltung für alle vernunftbegabten Wesen beanspruchen, lassen sich nicht mit dem
Hinweis auf die Tugenden von Glaube, Hoffnung und Liebe außer
Kraft setzen. Denn diese »theologischen« Tugenden setzen nicht die
allgemeine Vernunft, sondern den christlichen Glauben, die christliche Hoffnung und die christliche Liebe voraus, also genau das, was
sie postulieren. In einer säkularen Gesellschaft mit Gewaltenteilung
zwischen Glaube und Politik, zwischen Kirche und Staat, beruft man
sich in der politischen Sphäre besser nicht auf diese Art von Tugenden. Sonst riskiert man den Vorwurf des Fundamentalismus, der un-
vermittelt von persönlich-religiösen Einstellungen zu politisch-recht-
lichen Forderungen führt.

Was besagt die persönliche Glaubenshaltung von Frau Merkel hinsichtlich ihrer Politik? Lässt sie sich von einer gläubigen Gefühlspoli-
tik und Gesinnungsethik leiten oder entscheidet schließlich ihre Rationalität? Wobei bei ihrer Rationalität immer noch zu unterscheiden
wäre zwischen einer bloß naturwissenschaftlich-technischen Zweck-
rationalität und einer Rationalität, die allgemeine Sinn- und Wert-
strukturen zu erkennen vermag, wie es das abendländisch-christliche
Naturrechtsdenken beansprucht.

»Sie betet fast täglich«, wusste Prälat Karl Jüsten, der das Katholische
Büro in Berlin leitet. »Aber sie betet nicht für konkrete politische Inhalte.
Das fände sie blasphemisch«, teilte Volker Resing vor Jahren in der *FAZ*
mit. Resing ist Autor eines Buchs über *Angela Merkel – Die Protestantin*.
Ohne freilich »zu diesem Thema« mit Frau Merkel gesprochen zu ha-

ben. Denn für sie sei der Glaube eine »zutiefst persönliche und individuelle« Angelegenheit. Demnach scheint der Glaube nichts direkt mit politischen Inhalten zu tun zu haben. In der Tat legitimiert der christliche Glauben keine konkrete demokratische Politik, die nicht auch der Vernunft von Agnostikern und Atheisten zugänglich ist.

Eine CDU-Bundeskanzlerin muss sich nicht als tägliche Beterin »outen«, um akzeptiert zu werden. Auch muss sie nicht den Nachweis führen, aus einem christlichen Elternhaus und Milieu hervorgegangen zu sein. Andererseits war der regelmäßige Besuch von Kirchen- und Katholikentagen, bei welcher Gelegenheit sie gerne die Choräle mitsang, für Angela Merkel kein Ausweis ihrer inhaltlichen C-Politik. Ebenso wenig, dass sie im Kanzleramt gelegentlich Besuch von Sternsingern und Bischöfen erhielt. Das »C« scheint für sie eine höchstpersönlich individuelle Frage zu sein, die aber dann doch politisch durchschimmert. Auf die letzten Fragen ihrer Politik klare Antworten zu geben, ist ihr bisher nicht eingefallen. Vielleicht liegt es daran, dass sie mehr an Physik als an Metaphysik interessiert ist.

Merkel rügt Papst Benedikt

Der Fehler, den Frau Merkel mit ihrer »Papst-Schelte« begangen hat, die ihr viele Katholiken damals sehr übel nahmen, ist nicht unverzeihlich, sondern resultierte aus der Schwäche des Opportunismus. Mancher wird sich noch an jenen denkwürdigen 24. Januar 2009 erinnern. Das war der Tag, an dem Benedikt XVI. das Dekret zur Aufhebung der Exkommunikation jener vier Bischöfe veröffentlichen ließ, die von dem französischen Erzbischof Lefebvre unerlaubt geweiht worden waren. Dieser wichtige Schritt zur Versöhnung und Heimholung der »Bruderschaft St. Pius X.« wurde dadurch diskreditiert, dass sich unter den Bischöfen ein Holocaust-Relativierer namens Richard Williamson befand. Der Brite Williamson hatte – schon Monate zuvor – in einem Interview mit dem schwedischen Fernsehen AB-SVT 1 seine verrückten Äußerungen getan. Sie wurden dem *Spiegel*, nicht etwa dem Vatikan zugespielt.

Was nun einsetzte, war eine weltweite, medial angeheizte Anti-Papst-Kampagne, an der sich besonders einige deutsche Medien beteiligten. Wie auf Kommando skandierten sie »Papst rehabilitiert Holocaust-Leugner«. So sehr steigerten sich viele Journalisten in eine moralisierende Empörung hinein, dass sie es unterließen, sich einmal bei Google über den Unterschied zwischen »Rehabilitierung« und »Aufhebung der Exkommunikation« zu erkundigen. Sie hätten dabei leicht herausfinden können, dass Williamson jetzt zwar nicht mehr »exkommuniziert«, aber immer noch »suspendiert« ist, das heißt keinerlei kirchliches Amt oder gar eine Bischofswürde innehat.

Der »Fall Williamson« mit seinen medialen und politischen Begleiterscheinungen scheint einen psychopathologischen Musterfall darzustellen, gegen den jede theologische Aufklärung zu spät kommt. Aber Journalisten wie Politiker hätten es »eigentlich besser wissen« müssen. Bei einigen von ihnen war wohl die Ignoranz in Fragen des katholischen Kirchenrechts ausschlaggebend, bei anderen aber böswilliger Verleumdungswille zu erkennen. Indem sie nämlich den Papst als rechtsradikalen Komplizen von Williamson erscheinen ließen und die ganze Pius-Bruderschaft in einen antisemitischen Kollektivschuldverdacht hineinzogen.

An dieser Insinuation hatte sich leider gerade auch Angela Merkel beteiligt. Schauplatz war eine Pressekonferenz am 3. Februar 2009 gemeinsam mit dem Präsidenten von Kasachstan Nursultan Nasarbajew, der gerade zu Besuch in Berlin war. Ausgerechnet neben diesem als korrupt geltenden zentralasiatischen Diktator stehend, sagte sie auf eine Journalistenfrage in freier Rede folgende Worte in Richtung Rom: »Ich glaube, es ist schon eine Grundsatzfrage, wenn durch eine Entscheidung des Vatikan der Eindruck entsteht, dass es die Leugnung des Holocaust geben könnte, dass es um grundsätzliche Fragen auch des Umgangs mit dem Judentum insgesamt geht, und deshalb darf das nicht ohne Folgen im Raum stehen bleiben. ... Es geht hier darum, dass vonseiten des Papstes und des Vatikan sehr eindeutig klargestellt wird, dass es hier keine Leugnung geben kann und dass es einen positiven Umgang natürlich mit dem Judentum insgesamt geben muss. Diese Klarstellungen sind aus meiner Sicht noch nicht ausreichend erfolgt.«

Diese in der Geschichte der CDU und der deutschen Bundeskanzler einmalige Rüge in Richtung eines Papstes verdient es, in eine Sammlung scheinheiliger Unterstellungen aufgenommen zu werden. Nicht nur, weil sie einen Papst treffen sollte, der als Völkerrechtssubjekt diplomatische Umgangsformen erwarten darf. Sondern weil sie einen Papst namens Benedikt und einen Theologen namens Ratzinger beleidigten, dessen Freundschaft zum Judentum und dessen Abscheu vor dem Holocaust über alle Zweifel erhaben ist. Drei Jahre vor der Merkel-Rüge hatte Ratzinger 2006 Auschwitz besucht und seine tiefe Erschütterung über den Holocaust bekundet (»Warum hast Du (Gott) geschwiegen?«). Einige der wichtigsten Repräsentanten des Judentums haben den Papst angesichts der gehässigen Angriffe nach der Williamson-Affäre in Schutz genommen.

Merkels Gesinnungsethik in der Flüchtlingskrise

Mit der Ende 2015 emotional propagierten, überschwänglich demonstrierten »Willkommenskultur« begann Angela Merkel ein »Spiel ohne Grenzen«, das ihr zwischenzeitlich über den Kopf wuchs und sie beinahe das Amt gekostet hätte. Zunächst tat sie so, als könnte diese Willkommenskultur bei fast einer Million Flüchtlingen für die nächsten Jahre beibehalten und zur neuen »Leitkultur« werden. Aber die Zahl und die kulturell-religiöse Prägung der Flüchtlinge und Migranten, vor allem gering qualifizierte Muslime aus dem Nahen und Mittleren Osten, erreichten einen ökonomischen wie kulturellen und damit auch politischen Grenzwert. Die Beschwörungsformel der Bundeskanzlerin »Wir schaffen das« war »wenig hilfreich«, denn ihre Anstrengung, ein »freundliches Gesicht« zu zeigen, erstarrte zur Grimasse.

Mit der 2015 geschehenen Völkerwanderung, die einen jahrelangen großen Rückstau an unbearbeiteten Asylanträgen verursachte, schwinden leider die Chancen für berechtigte Asylbewerber, die vor politischer und religiöser Verfolgung fliehen. Eine christlich inspirierte Sozialethik hat überdies jene Gewaltprobleme und Gerechtig-

keitsfragen in den Blick zu nehmen, die bei massenhaften Migrationsbewegungen gewöhnlich auftauchen. Soziale Konflikte und Unruhen
drohen, wie uns die Geschichte vieler Einwanderungsländer mit ihren »multikulturellen« Gesellschaften lehrt.

Auf die Unterscheidung von Max Weber zwischen Gesinnungs-
und Verantwortungsethik wurde in der Folge von Merkels Politik häufi-
ger verwiesen. Diese Unterscheidung aber hat ihr Fundament bereits
in der Theologie des Thomas von Aquin, wonach es mit gläubiger
Gesinnungstüchtigkeit und interpersonaler Betroffenheit nicht getan ist. Ohne die spezifisch christliche Nächstenliebe und Barmherzigkeit gegenüber den einzelnen Hilfsbedürftigen zu schmälern:
Sie setzen einen starken, tatkräftigen und enttäuschungsresistenten
Glauben voraus, den der säkulare Sozialstaat nicht ersetzen kann.
Pastorentöchter und ehemalige Pfarrer, die an der Spitze des Staates
stehen, neigen zu einer Rhetorik der Bergpredigt, die sich für die Lösung politischer Probleme nicht eignet, sondern zur Flüchtlingskrise
beiträgt.

Christlich ist es nicht, Forderungen zu erheben, die andere be-
gleichen müssen. Der Staat ist an eine rechtlich-rationale Verantwor-
tungs- und Institutionenethik gebunden, hat Ursachen und Folgen
abzuwägen und rechtlich erzwingbare Entscheidungen demokratisch
zu fällen. Er möge sich dabei an das klassische Völkerrecht erinnern,
das noch ein Recht auf Heimat vorsah. Den Millionen Armutsflücht-
lingen sollte man das Verbleiben in ihrer Heimat schmackhaft machen, durch bessere, wirksame Entwicklungshilfe.

Spätestens mit dem Kölner Silvesterereignis 2015/2016 gab es
eine Wende in der Flüchtlingspolitik der CDU-geführten Bundesregierung. Von einer tiefgreifenden Zäsur kann aber noch keine
Rede sein. Das makabre Ereignis massenhafter sexueller Übergriffe
auf der Kölner Domplatte, an denen viele sogenannte Flüchtlinge beteiligt waren, hat sich auch dank der hellen Beleuchtung, die das Kölner Domkapitel den arabisch-nordafrikanischen Straftätern gewähr-
te, tief in das Problembewusstsein der Deutschen eingegraben. Seit
dem Kölner Ereignis werden immer mehr Rechtsbrüche und Gewalttaten bekannt. Wenn die Integration von mehr als einer Million Mus-

lime, die mit dem jüngsten Flüchtlingsstrom kamen, misslingt, dann drohen Konflikte und soziale Brandherde, wie man sie aus den französischen Vorstädten kennt.

Wenn schon das positive Recht gründlich missachtet wird, so muss auch seine sozialethische Legitimation theologisch untergraben werden. Dazu scheinen moderne Theologen, einschließlich einiger Bischöfe, besonders geeignet zu sein. Das klassische vernunftbezogene Natur- und Völkerrecht weicht einer fundamentalistischen Geschichtstheologie, die in der Völkerwanderung einen göttlichen, geschichtsnotwendigen Prozess erblickt. Frau Merkel erschien darin als Prophetin der göttlichen Vorsehung. Dabei spielten die Hofprediger gerne auf die eschatologische Ethik der Bergpredigt an, also auf jene radikalen Forderungen der Nächstenliebe, die sich an einzelne nachfolgebereite Christen wendet, deren Handeln durch Gnade ermöglicht wird. Hierbei wird naturrechtliche Sozialethik durch gläubige Caritas-Theologie ersetzt.

Kein Einwanderungsrecht für alle auf der Welt

In einer säkular-pluralen Gesellschaft mit Demokratie ist diese Form politischer Theologie nicht mehr möglich. Eine erzwingbare Gnadenpolitik verstößt gegen die Freiheit der Gläubigen wie der Ungläubigen. Dass allen Menschen eine Menschenwürde zukommt, ist nicht nur für Christen selbstverständlich. Daraus ein Einwanderungsrecht für alle Notleidenden der Welt abzuleiten ist Unsinn. Nicht der Staat ist der barmherzige Samariter, sondern die kirchliche Caritas, die auch die Kosten übernehmen sollte. Und die biblische Flucht der Heiligen Familie betraf nicht Millionen, sondern drei verfolgte Personen.

Zur Flüchtlingspolitik von Angela Merkel gab es durchaus Alternativen, was die übrigen europäischen Staaten bewiesen. Ohne die Verantwortung auf eine Türkei abzuwälzen und sich von ihr abhängig zu machen, die ihre eigenen imperial-islamischen Interessen vertritt. Seit einigen Jahren entlarvt sich die türkische Politik unter Erdoğan immer stärker selbst. Nachdem Wahlkampfauftritte türkischer Minister in einigen europäischen Ländern verboten wurden, gifteten sie über angebliche »Nazi-Methoden«, und der damalige Außenminister warnte, es werde »bald Religionskriege in Europa geben«. Von Merkel waren eher lauwarme Zurückweisungen dieser ungeheuerlichen Vorwürfe zu hören. Präsident Erdoğan nannte die EU sogar noch eine »Kreuzritter-Allianz«. Ausgerechnet jene EU, die sich in ihrem – gescheiterten – Verfassungsvertrag und im Lissabon-Vertrag davor drückte, das Christentum als prägende religiöse Wurzel des Kontinents überhaupt namentlich zu nennen. Stattdessen übt man sich in »Toleranz« und gemeindet den Islam ein.

Auch Merkel hat den wulffschen Satz wiederholt, »der« Islam gehöre »zu Deutschland«. Zugleich beteuert sie, dass der Islam gar nichts mit dem Islamismus und Terrorismus zu tun habe, der sich in Europa besonders in Frankreich und in der übrigen Welt grausam austobt.

Mit der Blockflöte gegen die Islamisierung

In manchen äußerst schwierigen Situationen hilft nur noch beten. Aber Wunder in der Politik sind äußerst selten. Im Unterschied zu Jürgen Habermas ist Angela Merkel »religiös musikalisch«. Dabei bedient sie sich nicht einer komplexen Klaviatur, sondern der einfachen Blockflöte. Die Blockflöte hat Angela Merkel auf dem Landesparteitag der CDU in Mecklenburg-Vorpommern im Oktober 2016 allen Ernstes und mit unfreiwilliger Komik als ein geeignetes Instrument gegen Sorgen vor dem Islam und vor Heimatverlust angepriesen: »Wir sind die Partei mit dem C im Namen«, sagte Merkel. »Haben wir eigentlich noch Selbstbewusstsein? Man muss ja nun wirklich nicht irgendwo hingehen von AfD bis Pegida, um Weihnachtslieder, christliche, singen zu dürfen. Aber wie viele von uns tun denn das noch auf ihren Weihnachtsfeiern in den Kreisverbänden? Und wo läuft da irgendwo so 'n Tamtamtam und ›Schneeflöckchen Weißröckchen‹ oder was weiß ich, na ja, es ist auch, nein, aber ich meine, wie viel christliche

Weihnachtslieder kennen wir denn noch? Und wie viel bringen wir denn noch unseren Kindern und Enkeln bei? Und dann muss man eben mal 'n paar Liederzettel kopieren und einen, der noch Blockflöte spielen kann oder so, mal bitten – ja ich meine das ganz ehrlich, sonst geht uns ein Stück Heimat verloren.«

Kommentar überflüssig. Das Stärkste, was man gegen sie kritisch ins Feld führen konnte, waren ihre eigenen Worte. Die gläubige Verehrung für Angela Merkel, die in großen Teilen der CDU frenetisch beklatscht wurde und noch immer wird, ist völlig unangemessen. Etwas mehr Zivilcourage könnte auch Christen in der CDU auszeichnen.

RALF GEORG REUTH

Merkels doppelte Biographie

Welche Folgen haben ihre DDR-Prägungen bis heute?

Es gab in der deutschen Nachkriegsgeschichte keinen Kanzler, über dessen Leben so wenig bekannt war, wie dies bei Angela Merkel der Fall ist. Historiker und Journalisten rätselten folglich darüber, was ihr Weltbild geprägt hat, fragten nach den Maximen ihrer Politik, und manche verzweifelten bei der Suche nach Antworten. Sie habe »die Kunst, allen Fragen auszuweichen, nichts zu sagen, zu einem Grad perfektioniert, der nicht einmal im *Neuen Deutschland* der alten SED erreicht worden war«, schrieb der Journalist Matthias Krauß in seinem Buch über die Kanzlerin und fuhr fort: Wer untersuchen wolle, was Angela Merkel über sich selbst preisgibt, »der stößt zuallererst auf ein einfaches Ergebnis: am liebsten gar nichts«. Am Ende ihrer Merkel-Biographie meinte Jaqueline Boysen fast schon resigniert: »Die Politikerin hat ihre Fähigkeit, eine Maske zu tragen, perfektioniert.« Einen Blick hinter diese Maske lasse sie nicht zu.

Doch weshalb ist dies so? Fürchtet Angela Merkel, dass dies ihre Glaubwürdigkeit als eine politischen Grundüberzeugungen verpflichtete und an Werte gebundene christdemokratische Kanzlerin erschütterte? Fürchtet sie, dass derjenige, der sich mit ihrem »ersten Leben« in der DDR und ihrer Wandlung in der Spätphase der DDR beschäftigt, vor allem eines erkennt: ihre unglaubliche Wendigkeit und die Fähigkeit, *soeben noch Vertretenes* abzustreifen und zur Förderung von Karriere- und Machtchancen *Neues* anzunehmen? Fürchtet sie, dass ihre Politik somit als bloß kalt kalkuliertes Spiel um Macht entlarvt wird?

Angela Merkels Maske – um im Bild zu bleiben – ist die der Pfarrerstochter. Zu einer solchen gehört natürlich ein christliches Weltbild und nach den Vorstellungen ihrer Anhängerschaft – besonders der im Westen – eine ablehnende Haltung gegenüber dem SED-Staat, in dem die 1954 geborene heutige Kanzlerin die ersten 35 Jahre ihres Lebens verbrachte. Das eingängige Klischee bediente sie dann auch nach der Wende mit ein paar wenigen Allgemeinplätzen. In CDU-Broschüren und in einem Gesprächsband mit dem Journalisten Hugo Müller-Vogg erklärte sie, sie sei immer gegen den Sozialismus gewesen, gegen den realen ebenso wie gegen den am Ende der achtziger Jahre angestrebten demokratischen Sozialismus. Die DDR sei nie ihr Staat gewesen; sie habe ihn innerlich »mit Entschiedenheit« abgelehnt. Und sie habe schon seit ihrer Jugend staatliche Einheit und soziale Markwirtschaft im Blick gehabt. Nicht anders erwartete man es dann auch von einer CDU-Vorsitzenden.

Pfarrerstochter im Blauhemd

Aber schon der Blick auf die Angela Merkel prägende Gestalt, der Blick auf ihren Vater, lässt erahnen, wie wenig das mit der Wirklichkeit zu tun hat, was die CDU-Politikerin über sich selbst verbreitet. Der evangelische Pfarrer Horst Kasner, der 1954 – mitten im Kalten Krieg und kurz nach dem Volksaufstand vom Juni 1953, als Hunderttausende von DDR-Bürgern in den Westen flüchteten – von Hamburg in die DDR, genauer gesagt, ins uckermärkische Templin übergesiedelt war, gehörte nämlich zu jenen linken Protestanten, die im Sozialismus den lebenswerteren gesellschaftspolitischen Entwurf sahen. Der »Rote Pastor« oder »Rote Kasner«, wie sie den Anfang der sechziger Jahre zum Leiter einer kirchlichen Ausbildungsstätte in Templin aufgestiegenen Kasner innerhalb der Kirche nannten, hat eng mit dem SED-Regime zusammengearbeitet. Das Ministerium für Staatssicherheit plante ihn in den sechziger Jahren als feste Bank in seine Operationspläne zur Umsetzung der SED-Kirchen-politik ein, die vorsah, die evangelischen Kirchen in der DDR von der gesamtdeutschen EKD abzuspalten und unter dem Motto »Kirche im Sozialismus« dem Staat dienstbar zu machen.

Es ist nicht überliefert, dass Angela Kasner in politischer Oppo-sition zu ihrem Elternhaus gestanden hätte. Entsprechend der poli-tischen Haltung ihres Vaters war sie von Anfang an dem SED-Staat gegenüber keineswegs ablehnend eingestellt. Die Musterschülerin trat den »Jungen Pionieren« und danach der SED-Parteijugend-organisation FDJ bei. Eine Pfarrerstochter im Blauhemd der »Freien Deutschen Jugend« war damals eher eine Ausnahme. Und eine Pfar-rerstochter, die sich darüber hinaus noch tatkräftig engagierte und Leitungsaufgaben übernahm, eine große Ausnahme. So verwunderte es nicht, dass sie auch die zum Abitur führende zweijährige Erweiter-te Oberschule besuchen durfte und einen Studienplatz für die Natur-wissenschaften, zu denen ihr auch der Vater geraten hatte, zugewie-sen bekam. Den Kindern von systemkritisch eingestellten Pastoren, wie etwa denen Joachim Gaucks, wurde der Besuch einer Universität verweigert.

Als aktiv in den Parteiorganisationen engagierte Studentin trat An-gela Merkel, wie sie nach ihrer Heirat 1977 hieß, auch während ihres Studiums der Physikalischen Chemie an der Leipziger Karl-Marx-Uni-versität in Erscheinung. Neben ihren Leistungen war es auch dieses gesellschaftspolitische Engagement im Sinne des Staates, das ihr die Promotion am Zentralinstitut für physikalische Chemie an der Aka-demie der Wissenschaften der DDR in Berlin-Adlershof ermöglichte, wo sie wiederum in der FDJ Leitungsfunktionen übernahm. Sie war Sekretärin für Agitation und Propaganda in einer von der Kreisdele-giertenkonferenz der SED an der Akademie als vorbildlich heraus-gestellten FDJ-Gruppe. In dieser war sie für das sogenannte Studien-jahr zuständig, in dem es – so die FDJ-Zeitung *Junge Welt* – darum ging, »sich solide marxistisch-leninistische Kenntnisse anzueignen, um mit neuen, gefestigten Argumenten das tägliche politische Ge-spräch zu führen«. Dabei, aber auch in der Betriebsgewerkschaftslei-tung, in der Angela Merkel darüber hinaus tätig war, kreiste zu Beginn der achtziger Jahre alles um den Kampf gegen die unabhängige Gewerkschaft Solidarność in Polen sowie gegen die Nato-Nachrüstung in der Bundesrepublik.

Dass Angela Merkel aus einem Pfarrhaus kam, merkte der ganz der Rationalität verschriebenen Physikerin niemand mehr an. Ihr gesellschaftspolitisches Denken galt dem Sozialismus. Und der war nach Auffassung der DDR-Intelligenzija allemal besser als der Kapitalismus. Dennoch bedurfte dieser Sozialismus nach ihrer Auffassung steter Erneuerung. Das war in den achtziger Jahren zunehmend zur Forderung der Stunde geworden, denn Staatsbürokratie und Planwirtschaft drohten in der DDR die Produktivität und den technologischen Fortschritt vollends zu lähmen. Ohnehin war der Osten schon länger vom Westen abgehängt worden. Niemand wusste um den technologischen Rückstand und die Notwendigkeit von Reformen wohl besser als die Physikerin an der Akademie der Wissenschaften und ihr neuer Lebensgefährte Joachim Sauer, denen von der SED so viel Vertrauen entgegengebracht wurde, dass sie 1986 und 1989, kurz vor dem Fall der Mauer, in die Bundesrepublik reisen und er dort sogar sechs Monate lang forschen durfte.

Entsprechend groß war auch bei ihnen – wie überall in der Wissenschaftselite der DDR – die Begeisterung, als in der zweiten Hälfte der achtziger Jahre mit dem neuen KPdSU-Generalsekretär Michail Gorbatschow unter den Schlagworten Glasnost und Perestroika Reformen in der sozialistischen Welt heraufzuziehen schienen. »Von der Sowjetunion lernen, heißt siegen lernen«, lautete das alte, neue Motto der Stunde. Angela Merkel scheint diesem Motto in einer besonderen Weise verbunden gewesen zu sein. Auch hier war sie ganz die Tochter Horst Kasners, der der Sowjetunion, der Nation der Befreier vom Hitler-Faschismus, größte Wertschätzung entgegenbrachte und mit Russen besondere Verbindungen unterhielt.

Mit Eifer und Hingabe hatte Angela Merkel in der Schule die russische Sprache gelernt, die sie nach eigenem Bekunden so liebe, weil sie »so gefühlvoll« sei. Noch Jahrzehnte später schwärmten ihre Lehrer von ihrem Engagement, das sie aus der DDR-weiten Russisch-Olympiade als Siegerin hervorgehen ließ. Und als solche durfte sie 1970 mit dem »Zug der Freundschaft« in die sowjetische Hauptstadt Moskau reisen. Das Ereignis markiert den Anfang einer besonderen Beziehung zu dem oft von ihr bereisten Land. Besucher im Kanzleramt konnten davon erfahren, stand doch jahrelang in ihrem Arbeitszimmer auf dem Schreibtisch ein Porträt der aus Deutschland stammenden Zarin Katharina der Großen, die den Machtbereich Russlands ausbaute wie kein Herrscher vor ihr.

Eine Reformsozialistin wagt sich in die Politik

Niemand aus den Reihen der DDR-Intelligenzija und vor allem nicht die, die wie Angela Merkel für die große Brudernation im Osten schwärmten, wollte den Sozialismus gänzlich abschaffen. Es ging vielmehr darum, ihn zu erneuern, ihn effizienter und auch lebenswerter zu machen. Es ging um Glasnost und Perestroika für den »Arbeiter- und Bauernstaat« DDR. Mit einem dritten Weg, einem »demokratischen Sozialismus«, glaubte man, sich gegen den Westen behaupten zu können. Im September 1989 handelte Angela Merkel. Sie nahm Kontakt zum Demokratischen Aufbruch (DA) auf, einer sich neu formierenden Reformpartei, die sich wie andere neue Gruppierungen eben diesem demokratischen Sozialismus verschrieben hatte. »Wenn wir die DDR reformieren, dann nicht im bundesrepublikanischen Sinne«, erklärte Angela Merkel überaus selbstbewusst im September 1989 gegenüber Kirchenleuten aus der Bundesrepublik, die ihren Vater in Templin besuchten, der – ernüchtert von der hartnäckigen Reformweigerung der greisen SED-Führung um Staats- und Parteichef Erich Honecker – einer der engagiertesten Anhänger der sowjetischen Reformpolitik à la Gorbatschow geworden war.

Angela Merkels Herkunft, ihre spezielle Sozialisierung und Affinität zu Gorbatschows Sowjetunion, die die Reformbewegung der DDR erst verdeckt und dann ganz offen unterstützte, waren eine Empfehlung für die beiden Männer, die ihre neue politische Karriere in der Wendezeit beförderten: Der eine war der Rechtsanwalt, Synodale und DA-Vormann Wolfgang Schnur. Er machte sie im Januar 1990 zur

Pressesprecherin des Demokratischen Aufbruchs. Der andere war der neue Vorsitzende der Blockpartei CDU, Lothar de Maizière – ebenfalls Anwalt und Kirchenfunktionär. Dessen Vater Clemens de Maizière, Onkel des späteren Bundesinnenministers Thomas de Maizière, war ein guter Bekannter Horst Kasners. Gemeinsam hatten sie schon in den sechziger Jahren als Synodale für die Durchsetzung der SED-Kirchenpolitik gefochten. Nach der Wahl Lothar de Maizières zum DDR-Ministerpräsidenten im März 1990 machte dieser Angela Merkel zu seiner stellvertretenden Regierungssprecherin. Später empfahl er die nach der verheerenden Wahlniederlage des DA in die CDU übergewechselte ostdeutsche Nachwuchspolitikerin dem westdeutschen Bundeskanzler.

Dass sowohl Wolfgang Schnur als auch Lothar de Maizière, dem sich Angela Merkel noch heute eng verbunden fühlt, über viele Jahre als Inoffizielle Mitarbeiter (IM) der Staatssicherheit geführt wurden, gehört zum Wesen des SED-Staates, der sich die Institutionen der Kirche und viele ihrer Vertreter dienstbar gemacht hatte. Wichtiger für das Verständnis der Rolle Angela Merkels in der Wendezeit ist es, dass Schnur sowie Lothar de Maizière jetzt auf der Seite der Reformkommunisten standen und Anweisungen umsetzten, wie in den Unterlagen der Staatssicherheit aufgefundene Dokumente belegen. Schnur berichtete kurz vor seinem Tod im Jahr 2015 dem Autor dieser Zeilen, wie er den Auftrag erhalten hatte, nunmehr als Parteiführer tätig zu werden. Auch Schnur und de Maizière funktionierten in einer Wende, die aus dem Staatsapparat eingeleitet worden war, ehe die Dinge insbesondere nach dem Mauerfall am 9. November 1989 durch den Selbstbehauptungswillen des Volkes, das die Einheit wollte, außer Kontrolle gerieten und sich die geplante Umgestaltung von oben zu einer friedlichen Revolution von unten wandelte.

Es gehört wohl zu den einschneidendsten Erlebnissen nicht nur Angela Merkels, dass infolge dieser friedlichen Revolution seit Herbst 1989 innerhalb kürzester Zeit nichts mehr von dem galt, was bislang gegolten hatte. Alles, für das sie und viele andere Reformsozialisten aus den Reihen der Intelligenzija standen und für das sie sich engagierten, war nicht nur obsolet, sondern ins schroffe Gegenteil verkehrt worden: Statt des »demokratischen Sozialismus« war nun Kapitalismus angesagt; statt Zweistaatlichkeit nationale Einheit; statt Mitgliedschaft in RGW und Warschauer Pakt die Zugehörigkeit zu EWG/EU und NATO. Reihenweise warfen damals die von den Volksmassen auf den Straßen geradezu hinweggefegten Reformkommunisten das Handtuch, wollten sie doch nicht Teil einer Entwicklung sein, die sie nie gewollt hatten. Sie blieben sich und ihren Anschauungen treu. Zu ihnen gehörte auch Angela Merkels Vater. Er wollte nicht das freiheitlich-demokratische Gesamt-Deutschland nach dem Vorbild der Bundesrepublik. Noch Jahre nach der Wende konnte der ganz in Richtung Moskau orientierte Kirchenmann seine tiefe Abneigung gegenüber diesem Deutschland nicht verbergen, obgleich seine Tochter in eben jenem Deutschland dabei war, eine beispiellose politische Karriere zu machen.

Sie gehörte zu jenen Reformkadern, die das Zeug und die Beweglichkeit hatten, sich der neuen von den Menschen zwischen Rostock und Suhl, zwischen Magdeburg und Frankfurt an der Oder geschaffenen Realität anzupassen, nachdem sich der Kreml dieser Realität gebeugt und die DDR als Staat abgeschrieben hatte. Angela Merkel konnte das, weil sie gelernt hatte, zu funktionieren, weil sie als nüchterne Naturwissenschaftlerin abzuwägen in der Lage war und weil sie wusste, dass sich für sie ungeahnte persönliche beruflich-politische Chancen auftaten. Und sie konnte es, weil sie aus einem personellen Netzwerk kam, das sie auf ihrem Weg nach Kräften unterstützte.

Mit jeder Sprosse der Karriereleiter, die sie nun erklomm, wurde immer wieder von Neuem gefragt, wer denn eigentlich diese Frau sei, über die man so gut wie nichts wusste. Dabei wurde immer wieder von den Medien das oberflächliche Klischee von der Pfarrerstochter strapaziert, die die DDR abgelehnt und sich eben so durchgewurstelt habe. Ihre Verschlossenheit, was ihr erstes Leben anlangt, wurde als persönliche Eigenheit zwar beklagt, aber letztlich akzeptiert. Sich hinter einer Maske zu verbergen, war demnach nicht allzu schwierig. Denn wer im Geiste von Glasnost und Perestroika gegen die Altvorderen des SED-Staates, gegen die Reformverweigerer um Honecker angetreten war, wurde aus dem zumeist simplen westlichen Blickwinkel auf die DDR und auf die dortige Wende schon früh als Kämpfer für Freiheit und Demokratie vereinnahmt – als »einer von uns«. Letzteres galt umso mehr, da ihr Eintritt in die Politik vom September 1989, als der DA für den »demokratischen Sozialismus« in einer eigenständigen DDR stand, auf den Dezember 1989 umdatiert wurde, also auf einen Zeitpunkt, an dem in der Reformpartei die Einheit der Nation diskutiert wurde. Und wer ihr Vater war, wussten die allerwenigsten, als Angela Merkel, die den Namen ihres geschiedenen Mannes behalten hatte, nach der Wiedervereinigung zu ihrer steilen Karriere anhob. Es war vielleicht auch kein Zufall, dass man in den ersten Nachwende-Ausgaben des renommierten Munzinger-Personenlexikons – einer Art »Who's Who« – ihren Mädchennamen vergeblich suchte.

Eine deutsch-deutsche Metamorphose

So gut es Angela Merkel auch gelang, ihr erstes Leben in der DDR mit dem zweiten als CDU-Politikerin im Westen zu »harmonisieren«, so verlief dieser Prozess doch nicht ganz störungsfrei. Dies war der Fall, als sie in einer Talkshow im Fernsehen erstmals als Bundesministerin auftrat und sich daraufhin Hans-Jörg Osten, ihr ehemaliger Kollege am Zentralinstitut für Physikalische Chemie der Akademie der Wissenschaften, zu Wort meldete. Der Professor schrieb in einem Leserbrief an das *Neue Deutschland*, das ehemalige SED-Zentralorgan, das sich seit der Wende *Sozialistische Tageszeitung* nennt: »Ich finde es erschreckend, in welchem Maße sich ein Mensch innerhalb von wenigen Jahren verändern kann.« Ihm sei noch gegenwärtig, dass es an seinem Institut »eine rührige FDJ-Leitung mit einer Sekretärin für Agitation und Propaganda [gab], jener heutigen Frau Minister. Frau Merkel organisierte FDJ-Studienjahre, in denen eifrig darüber diskutiert wurde, wie dieser DDR-Sozialismus noch besser und vollkommener zu machen sei. Insbesondere erinnere ich mich an ihre Begeisterung für die von Gorbatschow eingeleiteten Reformen in der Sowjetunion. Mein letzter Kontakt mit Frau Merkel war im Dezember 1989. Auch da war noch immer nichts von einer Kämpferin gegen den Sozialismus zu spüren.« Osten war nicht der Einzige, der sich nach der Wende an die politischen Aktivitäten der Physikerin erinnerte. Ihr Akademie-Kollege Herbert Ewald sprach im Zusammenhang damit von der »roten Frau Merkel«.

Die wollte von dem nichts wissen. So wie sie der Öffentlichkeit hatte weismachen wollen, dass sie als Schülerin vor lauter Begeisterung für den Weststaat die wichtigsten Bundestagsdebatten im Transistorradio »heimlich in der Schule auf dem Klo« verfolgt habe, so erklärte sie jetzt, nicht Sekretärin für Agitation und Propaganda gewesen zu sein. Dem Journalisten Hugo Müller-Vogg sagte sie: »Ich kann mich nicht erinnern, in irgendeiner Weise agitiert zu haben. Ich war Kulturbeauftragte für unsere Gruppe an unserem Institut.« Und auf die Frage, was sie denn als Kulturbeauftragte getan habe, antwortete sie: »Theaterkarten besorgt, Buchlesungen organisiert.« Günther Krause, der frühere Bundesverkehrsminister, selbst »gelernter« Ostdeutscher und Parteifreund Angela Merkels, hatte ihr schon gleich, als die Sache öffentlich diskutiert wurde, widersprochen: Sie sei zweifellos Sekretärin für Agitation und Propaganda gewesen. »Sie hat dort nicht die idealistische Weltanschauung der CDU propagiert, sondern Marxismus-Leninismus ... Agitation und Propaganda, da ist man verantwortlich für die Gehirnwäsche im Sinne des Marxismus. Das war ihre Aufgabe, und das war keine Kulturarbeit«, sagte Krause.

Freilich, FDJ-Funktionärsarbeit machten in der DDR Zigtausende, und wer im real existierenden Sozialismus nach vorne kommen wollte, dem war angeraten, hier tätig zu werden. Das weiß jeder, der in der DDR groß wurde oder sich auch nur oberflächlich mit dem »Arbeiter- und Bauernstaat« beschäftigt hat. Doch weshalb bestritt Angela Merkel ihre diesbezüglichen Aktivitäten? Die Antwort liegt auf der Hand: Weil es eben mit einer Spitzenposition in der gesamtdeutschen CDU, der Partei der deutschen Einheit unter der Führung des Kanzlers der Einheit, nicht in Einklang zu bringen war. Eine christdemokratische Bundesministerin oder gar Kanzlerin, die bis zu ihrem 35. Lebensjahr sozialistischen Idealen anhing und mit Marktwirtschaft und deutscher Einheit nichts im Sinn hatte, passte nicht ins Bild.

Und sie passt auch aus einem anderen Grund nicht ins Bild. Denn wie ist es bei einer solchen Biographie um die politischen Grundüberzeugungen und Werte bestellt? Sie gründen in der jeweiligen Sozialisierung. Doch Angela Merkel musste ihre DDR-Sozialisierung quasi über Nacht verleugnen, was mit mannigfachen Problemen einherging. Viele derer, die im Herbst 1989 Seite an Seite mit ihr für einen demokratischen Sozialismus kämpften, wie etwa die Reformkommunisten in der SED um Gregor Gysi, sollten schlagartig zu ihren politischen Gegnern werden. Und von den »politischen Freunden in Osteuropa«, von denen sie so viel gelernt haben will, sollte sie plötzlich nichts mehr lernen dürfen? Für politische Überzeugungen kann bei einem solch fundamentalen Bruch, wie ihn Angela Merkel vollzog, kaum mehr Platz sein. Politik wird da zum Spiel um Macht und damit zum Selbstzweck. Und wo dies der Fall ist, tritt die Dominanz des Zeitgeistes hervor, eines Zeitgeistes, der in der Politik vor allem durch demoskopische Stimmungsbilder aus dem Wahlvolk immer relevanter geworden ist. Ihn zu bedienen, ist das sicherste Vehikel zu Macht und Popularität.

Wie Merkel sich dem Zeitgeist andient

Die öffentliche Meinung dienstbar machte sich Angela Merkel bereits sehr geschickt, als die damalige CDU-Generalsekretärin im Jahr 2000 im Zuge der Aufarbeitung der CDU-Spendenaffäre nach dem Parteivorsitz griff. Je mehr die Affäre eskalierte und der Druck der Öffentlichkeit die Partei an den Rand des Abgrunds führte, desto mehr empfahl sie sich als neue Bundesvorsitzende, die zur »Abnabelung« vom Ehrenvorsitzenden Kohl aufrief.

Der amerikanische Friedensnobelpreisträger Henry Kissinger stellte gewohnt diplomatisch fest, nachdem Angela Merkel 2005 zur Bundeskanzlerin gewählt worden war: »Wir beobachten eine neue Leaderfigur, die auf ihrem Weg nach oben systematisch unterschätzt wurde und plötzlich als der perfekte Ausdruck ihrer Zeit erscheint.« In der Tat hat in Deutschland nie zuvor ein Bundeskanzler den Zeitgeist so konsequent bedient wie Angela Merkel. Helmut Schmidt hatte die NATO-Nachrüstung gegen die Mehrheitsmeinung seiner eigenen Partei in Angriff genommen und mit seinem politischen Schicksal verknüpft. Sein Nachfolger Helmut Kohl hatte dann die unpopuläre Nachrüstung in einem aufgeheizten politischen Klima umgesetzt – eine Nachrüstung, die übrigens weltpolitische Folgen hatte. Denn sie veranlasste Gorbatschow nach eigenem Bekunden zu einer neuen Politik. Auf der anderen Seite festigte Kohls Zuverlässigkeit im Bündnis das vertrauensvolle Verhältnis zu den Vereinigten Staaten, was wiederum die Voraussetzung dafür schuf, dass diese in den Wendejahren 1989/1990 die Sache der Deutschen zu der ihren machten. Erst dadurch wurde die deutsche Einheit ermöglicht. Der auf Kohl folgende Kanzler Gerhard Schröder war 2003, als Deutschland wirtschaftlich »kranker Mann Europas« genannt wurde, von der Wichtigkeit der »Agenda 2010« für die wirtschaftliche Genesung des wiedervereinigten Deutschland überzeugt und setzte sie gegen Widerstände und Prinzipien sozialdemokratischer Politik durch, zum Preise seines Amtsverlusts. Der wirtschaftliche Aufschwung in Deutschland sollte ihm Jahre später recht geben.

Anders als diese Beispiele für Politiker, die ihr Amt riskierten und auch bei scharfem Gegenwind geradlinig einen Kurs verfolgten, den sie als richtig erkannt hatten, ist Angela Merkel für Flexibilität und Wendigkeit bekannt. Sie passt sich der gesellschaftlichen Meinung an und hat die CDU programmatisch verändert und entkernt wie kein Parteivorsitzender vor ihr. Von der »neoliberalen Reformerin« des Leipziger Parteitags blieb nach ihrem knappen Sieg bei der Bundestagswahl 2005 nicht mehr viel übrig. In der Gesellschafts- und Familienpolitik hat sie SPD-Positionen übernommen. 2010 wurde die Wehrpflicht suspendiert – einmal eine Grundfeste der bundesdeutschen Gesellschaft. Als in Japan 2011 infolge eines Tsunami der Kernreaktor von Fukushima eine schwere Havarie hatte, fügte sie sich einmal mehr der momentanen Stimmung in Deutschland und beschloss den abrupten Ausstieg aus der Atomenergie, nachdem sie zuvor noch die Laufzeiten der Kernkraftwerke verlängert hatte.

Nicht weniger opportunistisch war ihre Entscheidung in der Flüchtlingspolitik im Herbst 2015 motiviert. Mit ihrer unbegrenzten Aufnahme und ihrem »Wir schaffen das!« folgte Angela Merkel, der man absurderweise nachsagt, sie denke die Dinge vom Ende her, spontan der von einer Welle der Hilfsbereitschaft getragenen öffentlichen Meinung oder zumindest dem in vielen Medien derart geschaffenen Bild der öffentlichen Meinung. Sie gefiel sich vorübergehend in der Rolle der gefeierten, barmherzigen Mutter der Nation – so lange, bis sich die Stimmung im Lande angesichts der eskalierenden Migrationsströme ins Gegenteil verkehrte. Welche Dynamik die Grenzöffnung ausgelöst hatte, war Angela Merkel im September 2015 offenbar nicht bewusst. Ihr Alleingang in der Flüchtlingspolitik beförderte nämlich die Fliehkräfte in der Europäischen Union und damit letztendlich auch den Brexit. Aber auch ihrer Partei fügte sie mit ihrer Flüchtlingspolitik, für die sie von den Grünen gefeiert wurde, Schaden zu, indem sie damit der AfD half, sich als politische Kraft rechts der Union zu etablieren.

Von vielen Anhängern der CDU wurde Angela Merkel während der Flüchtlingskrise (wieder) als Fremde wahrgenommen. Inzwischen hat es den Anschein, als hätte die scheidende Kanzlerin nichts mehr mit ihrer eigenen Partei zu schaffen, wie nicht zuletzt ihr Abseitsstehen in der Frage der Kanzlerkandidatur für die Bundestagswahl des Septembers 2021 verdeutlichte. Angela Merkel scheint vielmehr den Grünen und ihrer Klimapolitik näherzustehen und in diesen, die ihr schon lange wohlgesonnen sind, die politische Kraft der Zukunft zu sehen. Da der »alternativlose«, radikale Klima-Kurs aus Sicht der Grünen untrennbar mit der sozialen Umgestaltung des Landes verbunden ist, mag es für Merkel auch ein stückweit Anknüpfen an die Zeit ihres politischen Aufbruchs vom Herbst 1989 sein.

DOMINIK GEPPERT

DIE ILLUSION DER DEUTSCHEN THATCHER

Zwischen der Kanzlerin und der Eisernen Lady liegen Welten

Als Angela Merkel noch Oppositionsführerin war und recht weitreichende Reformforderungen erhob, wurde sie mit der »neoliberalen« Reformerin Margaret Thatcher verglichen. Nach 16 Jahren Kanzlerschaft Merkels ist jedoch klar, dass zwischen ihr und der 2013 verstorbenen »Eisernen Lady« Welten liegen. Thatcher und Merkel verkörpern zwei gegensätzliche Typen von Politik: auf der einen Seite die radikal zuspitzende, extrem polarisierende, ideologisch scharf umrissene Überzeugungspolitikerin Thatcher, auf der anderen Seite die auf Ausgleich bedachte, an sich wandelnde Verhältnisse geschmeidig anpassungsfähige und weltanschaulich weitgehend voraussetzungslose Konsenspolitikerin Merkel.

Thatcher, britische Premierministerin von 1979 bis 1990, inszenierte ihre politischen Projekte als Kreuzzüge, bei denen sie an der Spitze der Kräfte des Lichts gegen die Mächte der Finsternis zu Felde zog. Sie präsentierte sich als Jeanne d'Arc des Falklandkrieges für Selbstbestimmungsrecht und Freiheit einiger Schafhirten im Südatlantik gegen die argentinische Junta, als Drachentöterin der Gewerkschaften in dem über ein Jahr dauernden Streik der englischen Bergarbeiter, als Nemesis des Weltkommunismus im siegreich beendeten Kalten Krieg, als streitbare Marktmissionarin, die für weit-

gehende Deregulierung und den Abbau innereuropäischer Handels-
schranken focht, und schließlich als unversöhnliche Gegnerin der
europäischen Bürokratie in Brüssel und als Kämpferin für die Selbst-
erhaltung eines unabhängigen Großbritanniens.

Angela Merkels Kämpfe wurden nicht als Kreuzzüge in Szene gesetzt, sondern als Ermattungsschlachten ausgefochten. An ihrem Ende stand kein strahlender Sieg, sondern ein aus ihrer Sicht vernünf-
tiger Kompromiss. Es handelte sich nicht um ideologische Triumphe
wie bei Thatcher, sondern um die Exekution tatsächlicher oder ver-
meintlicher Sachlogik. Merkel überwältigte den politischen Gegner
nicht, sie stahl seine Kleider. Infolgedessen ist es schwierig zu sagen,
was eigentlich ihre großen Erfolge waren – sieht man einmal von den
vier Bundestagswahlen 2005, 2009, 2013 und 2017 ab, die sie zwar
nicht immer überlegen gewann, an deren Ende sie aber jeweils zur
Kanzlerin gewählt wurde.

Wo Thatchers Politikstil von Polarisierung und Konflikt lebte,
setzte Merkel auf die Vermeidung von Konflikt und scheute die Polarisierung. Bis heute ruft die Britin starke Gefühle hervor: Ihre Anhänger vergöttern, ihre Gegner hassen sie; manche Linke tanzten auf
den Straßen, als die Nachricht von ihrem Tod bekannt wurde. Die
Deutsche wird immer noch weithin geschätzt, aber weder von ihren
Parteigängern geliebt noch von der politischen Linken verabscheut.

Deutschland als »kranker Mann« unter Reformdruck

Bei so vielen Gegensätzen gerät in Vergessenheit, dass es anfänglich
anders aussah. Schließlich stand Merkel nach der Jahrtausendwende,
zu Beginn ihrer Zeit, in der vordersten Reihe der deutschen Politik, für
tiefgreifende Reformen in den deutschen Steuer- und Sozialversiche-
rungssystemen. Damals galt Deutschland als der »kranke Mann Europas«. Die Arbeitslosigkeit war bedrückend hoch und die Wirtschaftsdynamik nur noch schwach. Im Herbst 2003, da war Merkel seit drei
Jahren CDU-Vorsitzende und Oppositionsführerin, plädierte sie für
eine Generalüberholung der überkommenen Wirtschafts- und Sozi-

alpolitik. In der gesetzlichen Krankenversicherung sollten die Beiträge vom Gehalt entkoppelt und der Arbeitgeberanteil gesenkt werden. Die Pflegeversicherung sollte auf ein Kapitaldeckungsverfahren umgestellt, der Arbeitsmarkt durch befristete Arbeitsverhältnisse, einen gelockerten Kündigungsschutz sowie mehr Leih- und Teilzeitarbeit flexibler gestaltet werden. Der Staat müsse sich zurücknehmen, forderte Merkel, »zugunsten von mehr Freiraum und mehr Eigenverantwortung der Menschen«. Der CDU-Politiker Friedrich Merz warb für eine »Steuererklärung auf dem Bierdeckel«. Knapp zwei Jahre später versprach der Unions-Kandidat für das Finanzressort, der ehemalige Bundesverfassungsrichter Paul Kirchhof, im Bundestagswahlkampf eine radikale Vereinfachung des deutschen Steuersystems durch Einführung eines einheitlichen Einkommensteuersatzes von 25 Prozent für alle Bürger und Unternehmen.

Fast ebenso vergessen wie diese für deutsche Verhältnisse radikalen Reformvorstöße sind heute die Beinamen, mit denen Merkel seinerzeit in der Presse bedacht wurde: »Frau Thatcher« (*Wall Street Journal*), das »Eiserne Mädchen« (*Der Spiegel*), »Maggie of Mecklenburg« (*The Economist*) wurde sie genannt. Die Assoziation mit Thatcher und dem Thatcherismus schien damals in der Bundesrepublik attraktiv. Die Brachialgewalt, mit der die britische Premierministerin die versteinerten Verhältnisse im Großbritannien der 1970er- und frühen 1980er-Jahre in Bewegung gebracht hatte, kontrastierte auf positive Weise mit dem Reformstau und der Veränderungsverschleppung in der späten Kohl-Ära, die in der ersten Amtszeit der rot-grünen Nachfolgeregierung noch kontraproduktivere Formen angenommen hatte. Selbst der damalige Bundespräsident Horst Köhler riet Merkel 2004 explizit, sich ein Beispiel an den Reformen der britischen Premierministerin zu nehmen.

Auch der Autor dieser Zeilen hat sich seinerzeit in einer kleinen Monographie gefragt, ob »Maggie Thatchers Rosskur« als Rezept für Deutschland funktionieren könne und ob Merkel die Politikerin sei, die Radikalreformen zu realisieren. Schließlich lassen sich bemerkenswerte Parallelen zwischen Thatchers und Merkels Aufstieg zur Macht nicht leugnen: Beide waren Naturwissenschaftlerinnen in der

Männerwelt der Politik, die als unterschätzte Außenseiterinnen über erfahrenere und besser platzierte Rivalen triumphierten. Thatcher war Chemikerin, Merkel ist Physikerin. Beide zeichnete ein scharfer Blick für die Schwächen der Konkurrenz aus, die Befähigung zum rationalen Kalkül und das Talent, das richtige Timing zu finden, wann ein Vorstoß Erfolg versprach. Beide profitierten von dem Umstand, dass die Mitte-Rechts-Parteien, denen sie angehörten, in die Krise geraten waren und sie noch lange Zeit in der Opposition festzustecken drohten. In einer solchen Situation erschien der fehlende Stallgeruch der neuen Parteichefin weniger wichtig als die Chance eines unbelasteten Neuanfangs und der radikalen Abkehr vom Bisherigen, für den Thatcher wie Merkel standen. Beide bezogen ihre Schwungkraft zunächst nicht so sehr aus dem, was sie durchsetzen wollten, sondern wovon sie ihre Parteien zu befreien versprachen: dem Ancien Régime der diskreditierten Vorgänger Heath beziehungsweise Kohl.

Als sie eigene Positionen bezogen, taten es sowohl Thatcher als auch Merkel unter dem Banner von Freiheit und Wettbewerb. Damit Solidarität und Gerechtigkeit erneut gelebt werden könnten, erklärte Merkel 2003, müsse »die Freiheit in unserer Wertehierarchie wieder deutlich von unten nach oben kommen. Denn ohne Freiheit ist alles nichts.« Dem hätte Thatcher zugestimmt. Im Dezember 2003 verabschiedete der Leipziger CDU-Parteitag unter Merkels Führung ein gesundheitspolitisches Konzept, das den deutschen Sozialstaat revolutioniert hätte, wenn es verwirklicht worden wäre. Gleich zu Beginn ihrer Amtszeit als Kanzlerin drückte Merkel in Abstimmung mit ihrem SPD-Vizekanzler, dem Arbeits- und Sozialminister Franz Müntefering, eine schrittweise Heraufsetzung des Renteneintrittsalters auf 67 Jahre durch.

Nach diesen parallelen Anfängen divergierten die Redens- und Verhaltensweisen Thatchers und Merkels allerdings rasch. Die britische Premierministerin radikalisierte ihre in den Oppositionsjahren ersonnene und während der ersten Amtszeit von 1979 bis 1983 noch etwas tastend in Angriff genommene Krisenbewältigungsstrategie des Thatcherismus in den Folgejahren immer stärker. Anhänger wie Gegner sprachen von einer »permanenten Revolution«. Und die Regierungschefin erklärte, sie werde in der eingeschlagenen Richtung stetig weitermachen: »The lady is not for turning« – mit ihr werde es keine politischen Kehrtwenden geben, ließ sich die Politikerin 1980 von ihren Wortschmieden in das Skript einer Parteitagsrede schreiben. Merkel hingegen verabschiedete sich nach der nur knapp gewonnenen Bundestagswahl 2005 still und leise von den radikalen Reformversprechen der Oppositionszeit und vollzog damit den ersten von zahlreichen U-Turns, die im Laufe der Zeit so etwas wie ein Markenzeichen ihrer Politik wurden.

Merkels Abschied von radikalen Reformambitionen

Sucht man nach den Gründen für die gegensätzliche Regierungspolitik und Machtsicherungsstrategie durch Thatcher und Merkel, sind zunächst die verschiedenartigen Regierungssysteme in Großbritannien und der Bundesrepublik zu bedenken. In der »gewählten Diktatur« (so die Formulierung von Lord Hailsham) des Vereinigten Königreichs erringt der Wahlsieger aufgrund des Mehrheitswahlrechts meist mehr als die Hälfte der Sitze im Parlament. Die stärkste Partei kann dann in aller Regel alleine regieren und in einem Land ohne geschriebene Verfassung mit einfacher Mehrheit weitreichenden Wandel in Kraft setzen, ohne dass die Opposition ihn stoppen könnte. Versteht es eine Partei, lange genug an der Macht zu bleiben, um die von ihr initiierten Veränderungen über mehrere Legislaturperioden hinweg abzusichern, ist es wahrscheinlich, dass auch nach einem Regierungswechsel nicht alle Uhren zurückgedreht werden. So wurden Thatchers Reformen in der Wirtschafts- und Arbeitsmarktpolitik von der Labour Party nicht rückgängig gemacht, als diese 1997 ans Ruder gelangte. Thatcher hat auf die Frage, was sie für ihren größten Erfolg halte, mit einem einzigen Wort geantwortet: »Blair«.

Im politischen System der Bundesrepublik hingegen gibt es zahlreiche Veto-Spieler, die es den anderen politischen Kräften ermöglichen, Veränderungen aufzuhalten oder wenigstens mitzugestalten. Der Föderalismus, das Verhältniswahlrecht mit seiner Tendenz, Koalitionsregierungen hervorzubringen und die Alleinherrschaft einer Partei zu verhindern, die Häufigkeit von Wahlen auf Landes- und Bundesebene, die oft genug dazu führen, schwierige Entscheidungen auf die Zeit nach den nächsten Wahlen zu verschieben, die Schiedsrichterfunktion des Bundesverfassungsgerichts mit seinen weitreichenden Kompetenzen – all das prägt den Regierungsalltag in Deutschland und führt dazu, dass radikale Änderungen des Status quo schwierig und jedenfalls kaum ohne Einbeziehung anderer Parteien und verschiedener Institutionen durchsetzbar sind.

Für die CDU kam erschwerend hinzu, dass sich das Parteiensystem ausdifferenziert hatte und nach links gerutscht war. Während es von den 1960er- bis in die frühen 1980er-Jahre nur drei Parteien im Bundestag gab und die FDP als Zünglein an der Waage zwischen den beiden großen Volksparteien fungierte, waren die Verhältnisse davor und danach von einem größeren Parteienspektrum im Parlament geprägt. Adenauers CDU hatte in den 1950er-Jahren die Auswahl zwischen mehreren Koalitionspartnern rechts der Mitte. Die Situation seit den 1990er-Jahren nach der Etablierung erst der Grünen und später der Linkspartei begünstigte hingegen Koalitionsbildungen links der Mitte. Als nach 2013 mit der Alternative für Deutschland (AfD) eine neue Kraft rechts der Union auftauchte, änderte sich die Konstellation nicht grundlegend, weil die AfD weder von den anderen Parteien als Koalitionspartnerin akzeptiert wurde noch selbst willens war, Regierungsverantwortung zu übernehmen.

Man kann Angela Merkels Verhalten als perfekte Anpassung an die schwierigen Bedingungen der Politikgestaltung unter diesen hochkomplexen Umständen verstehen. Zugleich hat sie die Mechanismen einer von Umfragen bestimmten Demokratie verinnerlicht wie kaum jemand sonst. In öffentlichen Stellungnahmen hört man selten inhaltlich Zugespitztes von ihr, eher Allgemeinplätze, die den Vorteil haben, auch dann noch gültig zu sein, wenn sich die Richtung der Politik wieder geändert hat oder das Barometer der Demoskopie neue Witterungsverhältnisse anzeigt. Nachdem Merkel die Festlegung auf das radikale Reformprogramm des Leipziger Parteitags im Nachhinein als Fehler identifiziert hatte, ließ sie sich – jedenfalls bis zur

Flüchtlingskrise – nie wieder bei der prägnanten Festlegung auf kontroverse politische Inhalte ertappen.

Im Gegensatz zur pointierten Unmissverständlichkeit der Überzeugungspolitikerin Thatcher, der mit fortschreitender Amtszeit kaum etwas schwerer fiel, als mit der eigenen Meinung hinter dem Berg zu halten, perfektionierte die Konsenspolitikerin Merkel die Uneindeutigkeit banaler Selbstverständlichkeiten. Damit vermied sie öffentliche Konfrontationen, hielt sich Rückzugsmöglichkeiten offen und blieb taktisch in alle Richtungen beweglich. Man darf vermuten, dass ihre Jugend in der DDR sie gut auf den uneigentlichen Gebrauch von Sprache vorbereitet hat. Wer im SED-Regime aufwachsen wollte, ohne anzuecken, für den war es ratsam, im Zweifel besser zu schweigen, die eigene Meinung für sich zu behalten oder allenfalls im Kreis engster Vertrauter zu äußern und immer damit zu rechnen, dass auch Freunde einen verraten können.

Die Schwäche der Linken und die Linksverschiebung der CDU

Sowohl Thatcher als auch Merkel hatten es über weite Strecken ihrer Regierungszeit mit einer geschwächten, da innerlich gespaltenen Linken zu tun: In Großbritannien verließen 1981 rechte Sozialdemokraten die nach links wandernde Labour Party und bildeten eine sozialdemokratische Alternative zum Sozialismus von Labour; in Deutschland folgten über Schröders »Agenda 2010« verbitterte Sozialdemokraten und Gewerkschafter dem abtrünnigen Oskar Lafontaine 2005 in ein Bündnis mit der SED-Nachfolgepartei PDS. Die Spaltung der politischen Linken hatte für Tories und Christdemokraten gegensätzliche Konsequenzen. Unter den Bedingungen des britischen Mehrheitswahlrechts bescherte sie Thatcher (und auch noch ihrem Nachfolger John Major) über fast zwei Jahrzehnte absolute Parlamentsmehrheiten, und dies ermöglichte einen radikalen Umbau von Staat, Wirtschaft und Gesellschaft: von der Beschneidung der Gewerkschaftsmacht und der Liberalisierung des Arbeitsmarktes über die Privatisierung von Staatsbetrieben und weitreichende Deregulierungsmaßnahmen bis zum drastischen Umbau des Steuersystems. Am Ende stand die Bekehrung der Opposition, die so weit ging, dass Labour-Premier Tony Blair als »Thatcher in Hosen« und New Labour als »Thatcherismus mit menschlichem Antlitz« bezeichnet wurde.

In der Bundesrepublik hatte die Schwäche der SPD eine ganz andere Konsequenz: nicht die Christdemokratisierung der Sozialdemokratie, sondern die Sozialdemokratisierung der CDU-Politik. Das deutsche Verhältniswahlrecht und die politische Positionierung der verschiedenen Parteien legten Merkel 2005 und 2013 schwarz-rote Koalitionen nahe, in denen aufs Ganze gesehen sozialdemokratische Anliegen und Projekte die politische Agenda bestimmten: in der Sozial- und Familienpolitik, beim Mindestlohn, bei der teilweisen Rücknahme einzelner Elemente der Schröder-Reformen (wie beim Arbeitslosengeld I) und der Rente mit 63. Die Kanzlerin widersetzte sich diesem Trend nicht, sondern verstärkte ihn noch.

Die Linksverschiebung der Unionspolitik zahlte sich für die Kanzlerin auf mehrfache Weise aus. Sie erlaubte in Wahlkämpfen eine Strategie der asymmetrischen Demobilisierung, bei der dem politischen Gegner die Reibungsflächen genommen wurden, um die eigenen Anhänger zu motivieren. Merkel hatte meist eine gute Presse, weil der linksliberale Teil der Medien ihre Politik mochte und der konservativ-liberale Rest nur ungern eine christdemokratische Regierungschefin kritisierte. Zudem profitierte in Umfragen und bei Bundestagswahlen nicht die SPD, sondern die Kanzlerinpartei von den sozialdemokratischen Errungenschaften der Koalition. Schließlich eröffnete die Sozialdemokratisierung der Unionspolitik in dem nach links verschobenen Parteienspektrum erweiterte Koalitionsmöglichkeiten für Merkels CDU. Indem sie sich als die bessere Sozialdemokratie erwies, wurde die Christdemokratie – über die klassische Koalition mit der FDP hinaus – akzeptabel für die Grünen.

Schwieriger zu verstehen als Merkels Politik in den beiden Großen Koalitionen, die sie anführte, sind die enormen Reibungsverluste in der Koalition mit den Freien Demokraten von 2009 bis 2013. Schließlich hatte sich ein christlich-liberales Zusammengehen schon in der Adenauer-Ära, spätestens aber in der Regierungszeit von Helmut Kohl als gleichsam natürliches Bündnis des bürgerlichen Lagers etabliert, in dessen Rahmen sich das Optimum von dem durchsetzen ließ, was man gemeinhin unter liberal-konservativer Politik verstand. Merkel selbst hatte in den ersten Jahren ihrer Kanzlerschaft in Momenten der Frustration über die Mühsal des Regierens in einer Großen Koalition verschiedentlich geseufzt, wie angenehm es sein müsse, mit klareren parlamentarischen Verhältnissen »durchregieren« und einige Halbheiten der Koalition mit der SPD korrigieren zu können: etwa beim Gesundheitsfonds, zu dem ihr radikales Reformversprechen in der Gesundheitspolitik zusammengeschrumpft war, bei den branchenspezifischen Mindestlöhnen, der Bahnprivatisierung oder dem Ausstieg aus dem Atom-Ausstieg mit den verlängerten Laufzeiten der Kernkraftwerke. Die Selbstdemontage der FDP unter einer wenig überzeugenden Führung reicht nicht als Erklärung aus, warum kaum etwas davon Wirklichkeit wurde beziehungsweise wieso man etwa bei der Energiewende schließlich das exakte Gegenteil ins Werk setzte.

Entfremdung vom Ordoliberalismus

Die spezielle Verbindung von Konservatismus und Liberalismus, die den Thatcherismus ausmachte, hatte in Deutschland keine Entsprechung. Der Thatcherismus war nicht zuletzt das Produkt der allmählichen parteipolitischen Auflösung des Liberalismus in Großbritannien im 20. Jahrhundert. Nach 1945 boten die Tories dem heimatlos gewordenen britischen Liberalismus ein neues Zuhause – sowohl personell als auch programmatisch. In der Bundesrepublik kam es nie zu einer solchen Fusion. Der Ordoliberalismus eines Ludwig Erhard blieb eine Minderheitsposition in der Union. In Deutschland überlebte der Liberalismus als eigene Partei, was dazu führte, dass neben Elementen der Kooperation immer auch parteipolitische Rivalität die Verhältnisse im bürgerlichen Lager bestimmte. Helmut Kohl erwies sich in seiner langen Regierungszeit an der Spitze einer christlich-liberalen

Koalition zwischen 1982 und 1998 als Meister im Management dieses Spannungsverhältnisses. Er ließ den Freien Demokraten Raum zur Profilierung, etwa in der Wirtschafts- oder Europapolitik, achtete aber darauf, die Richtlinien der Politik selbst zu bestimmen. Auch das dürfte der britische Botschafter Sir Julian Bullard im Sinn gehabt haben, als er Mitte der 1980er-Jahre nach London telegrafierte, der Bundeskanzler sei zwar ein miserabler Taktiker, aber ein glänzender Stratege.

Bei Merkel verhalten sich die Dinge eher umgekehrt. Ihr Verhältnis zur FDP zwischen 2009 und 2013 erscheint stärker von taktischen Punktsiegen als von strategischen Überlegungen bestimmt. Oder vielleicht sollte man besser sagen: Für Merkel verschmolzen Taktik und Strategie. Denn Genschers FDP errang in der Kohl-Ära nur ein einziges Mal – bei der außergewöhnlichen Wahl vom Dezember 1990 – mehr als 10 Prozent der Wählerstimmen, während die Union ziemlich konstant über 40 Prozent lag. Die Westerwelle-FDP hingegen wurde im Herbst 2009 mit 14,6 Prozent fast halb so groß wie Merkels Union. Umso wichtiger dürfte es der Kanzlerin erschienen sein, die FDP wieder zurückzustutzen.

Man kann sich fragen, ob darüber hinaus auch habituelle Abstoßungseffekte eine Rolle spielten. Trotz des persönlich guten Einvernehmens zwischen Merkel und dem damaligen FDP-Chef Westerwelle mag der Yuppie-Typus freidemokratischer Jungpolitiker der aus linksprotestantischem Pfarrhaus stammenden Kanzlerin fremder geblieben sein als beispielsweise die Weltsicht und das Lebensgefühl von Teilen der Grünen. Deren ostdeutsches Personal stammte zumeist aus dem Bündnis 90 und somit aus der DDR-Bürgerrechtsbewegung, in der Ende 1989 auch Merkels politische Anfänge lagen.

Was die politischen Inhalte anbetrifft, so perfektionierte die Kanzlerin zwischen 2009 und 2013 einen Ansatz, mit dem schon Gerhard Schröder in der rot-grünen Koalition operiert hatte, um die zahlreichen Politikblockaden der deutschen Konsensdemokratie auszuhebeln: Man verwirklichte Projekte, die eigentlich der politischen Gegenseite zuzuordnen waren, und nahm das eigene Lager gleichsam in Geiselhaft. Die Opposition machte mit, weil realisiert wurde, was ihr am Herzen lag, und die eigenen Leute fügten sich, entweder weil sie ihre Führung nicht demontieren wollten oder weil ihnen Regierungserfolge wichtiger waren als programmatische Konsistenz. Das funktionierte für Schröder beim Militäreinsatz im Kosovo ebenso wie beim Durchpeitschen der »Agenda 2010«. Für Merkel lauten die entsprechenden Stichworte: Familienpolitik, Aussetzung der Wehrpflicht, Energiewende. Merkels Haltung in der Flüchtlingskrise ist ebenfalls nach diesem Muster zu erklären. Jedenfalls wurde sie mit ihrer Politik der offenen Tür und der unbegrenzten Aufnahme von Flüchtlingen und Migranten im Herbst 2015 zum Liebling linksliberaler Kreise und speziell der Grünen. Zugleich lief sie jedoch Gefahr – wie Schröder mit den Hartz-Reformen –, für die eigenen Anhänger den Bogen zu überspannen.

Programmatische Entkernung

Die Achillesferse der Merkel-Methode war die programmatische Entkernung der eigenen Partei und die dauerhafte Frustration vieler Angehöriger der christdemokratischen Kernklientel, nicht zuletzt bürgerlicher Konservativer. Die politische Wette, die Merkel einging, bestand darin, dass diesen Gruppen nichts anderes übrig blieb, als der Union die Stange zu halten, weil sich jenseits von CDU und CSU der Abgrund des Rechtsextremismus auftue. Allerdings wurde nach den Regeln der politischen Geometrie der rechte Rand umso breiter, je weiter die Union nach links rückte. Auf diese Weise gerieten immer mehr Themen ins Abseits, die einstmals zum Traditionsbestand der Christdemokratie gehört hatten: Das galt für »Law and Order« in der Innenpolitik ebenso wie für eine betont nationale Außenpolitik, eine an traditionellen Rollenmustern orientierte Familienpolitik oder eine geregelte Zuwanderungspolitik. Zum Erbe, das Merkel ihren Nachfolgern hinterlässt, gehören nicht nur die Anpassung der CDU-Politik an ein rot-grünes Meinungsklima, sondern auch ein ungeklärtes Problem am rechten Rand und die Frage, wie konservativ und wirtschaftsliberal die Union noch sein will beziehungsweise sein muss, um die Stabilität der Republik nicht zu gefährden.

Thatcher musste schließlich gehen, weil sie ihre Politik allzu sehr auf die eigene Person, die eigenen Überzeugungen und den engen Kreis ihrer Anhänger zugeschnitten hatte. »Eine Tigerin umgeben von Hamstern«, hat der britische Zeithistoriker Peter Hennessy das Verhältnis der Premierministerin zu ihrem Kabinett einmal beschrieben. Die Pointe der Geschichte besteht darin, dass die Nager das Raubtier letztlich vom Hof bissen, als sie um ihr politisches Überleben zu fürchten begannen. Ein solches Schicksal ereilte Merkel nicht. Die deutschen Hamster haben bis heute eine Beißhemmung. Zudem gebärdete sich die Kanzlerin auf offener Bühne selten als Raubkatze. Dafür sorgte sie hinter den Kulissen umso gründlicher dafür, dass Rivalen in ihrer Partei nicht zum Zuge kamen; gegen Ende ihrer Amtszeit traf dieses Schicksal nicht nur Gegner, sondern auch treue Anhänger und sogar von ihr selbst auserkorene Erben.

Die Erwartung, Merkel werde erstmals in der Geschichte der Bundesrepublik eine geordnete Sukzession an den Thronfolger der Wahl gelingen, erfüllte sich nicht, im Gegenteil. Wie Adenauer und Kohl vor ihr wirkte Merkel tatkräftig an der innerparteilichen Demontage potenzieller Nachfolger im Kanzleramt mit – sogar als Wiederholungstäterin. Bei ihrem Abgang hinterlässt sie kein geordnetes Haus, sondern eine ausgebrannte Regierung und eine profillose Partei ohne Alleinstellungsmerkmale und inneren Kompass. Vielleicht ähnelt sie am Ende weniger Margaret Thatcher als Tony Blair. Wie der Labour-Premier regierte Merkel ihr Land in einer Phase wirtschaftlicher Prosperität, die wesentlich auf Reformen vor ihrer Amtsübernahme zurückging. Und so wie manche Tories im Rückblick Tony Blair insgeheim für einen der besseren konservativen Premierminister der vergangenen Jahrzehnte halten, applaudierten die Grünen und viele Medien Angela Merkels »Modernisierungskurs« lauter als beträchtliche Teile ihrer eigenen Partei.

DANIEL KOERFER

DER VERLORENE KOMPASS

Angela Merkels Abkehr von Ludwig Erhard
und der Sozialen Marktwirtschaft

An einem Sommertag 2007 besucht Angela Merkel im fränkischen Fürth das Geburtshaus von Ludwig Erhard. Eingeladen hatte sie der dortige Erhard-Initiativkreis. Die Kanzlerin lobt den Gründervater der Sozialen Marktwirtschaft und spricht von der zentralen »Freiheit des Einzelnen als Unternehmer, als Arbeitnehmer, als Verbraucher«. Aus dieser Freiheit, angebunden an die Verantwortung für das Gemeinwesen, lebe Erhards Wirtschaftsordnung. Diese Leitsätze Erhards hätten sie 1990 bewogen, in die Politik zu gehen, sagte Merkel. Eine schöne Rede. Nach eigenen Angaben inspiriert von Ludwig Erhard, wurde die Tochter eines linken Pfarrers aus der Uckermark also hineinkatapultiert in die Weltpolitik. Angela Merkel bekam damals in Fürth ein Geschenk, eine kleine Erhard-Büste, die sie mitnehmen wollte nach Berlin und in ihrem Büro im Kanzleramt aufzustellen versprach. Ob sie das jemals tat?

Ludwig Erhard und seine Ordnungspolitik sind nicht zu zentralen Leit- und Orientierungspunkten geworden für Angela Merkel in ihrer 16-jährigen Kanzlerschaft, anders als bei Margaret Thatcher, die Marktwirtschaftlerin war vom Vaterhaus her und Marktwirtschaftlerin blieb ein Leben lang. Am Anfang, unmittelbar nach der Wende, war das Vertrauen in die Marktwirtschaft groß in der ehemaligen

DDR, wurde diese Wirtschaftsform von rund 80 Prozent der Befragten befürwortet und bejaht. Auch von Angela Merkel, die in der CDU eine Blitzkarriere machte. Merkel setzte noch auf sie, als in den neuen Ländern die Akzeptanz der neuen Wirtschaftsform in den 1990er-Jahren unter dem Eindruck der harten Erfahrungen von Arbeitsplatzverlusten, Produktivitäts- und Lohnrückstand bereits deutlich zurückgegangen war.

Merkels »Damaskus-Erlebnis« und die Sozialdemokratisierung der Union

Doch auch Merkel hatte ihr negatives »Damaskus-Erlebnis«. Nachdem sie die Union auf dem Leipziger CDU-Parteitag 2003 mit einer flammenden Rede auf einen dezidiert marktwirtschaftlichen Kurs eingestimmt, dabei die Bierdeckel-Steuerreform von Friedrich Merz und kurz darauf auch noch die Flat-Tax von Paul Kirchhof ins Angebot genommen hatte, stellte sie sich bei der Bundestagswahl 2005 erstmals als Spitzenkandidatin dem Wähler. Das Ergebnis war ein Desaster. Nur 35,2 Prozent der Stimmen – beinahe exakt das Resultat, mit dem Helmut Kohl 1998 abgewählt worden war. Schlechter hatte die Union nur ein einziges Mal, bei der allerersten Bundestagswahl 1949, abgeschnitten.

Eigentlich schien ihre Kanzlerinnenkarriere zu Ende, bevor sie begonnen hatte. Doch sie hatte Glück im Unglück. Rot-Grün hatte keine Mehrheit mehr, für Rot-Rot-Grün (ein im Kern wirtschaftsfeindliches Bündnis, das Ludwig Erhard energisch bekämpft hätte) ist die Zeit noch nicht reif, überdies ist der Vorsitzende der Linkspartei, Oskar Lafontaine, in der SPD als Renegat zu verhasst. Vor allem aber: Die SPD liegt hinter der Union, wenn auch mit 34,2 Prozent denkbar knapp nach Schröders Aufholjagd im Wahlkampf. Kanzler Schröder, der mit der »Agenda 2010« die mutige und notwendige Wirtschaftsreform – die letzte große übrigens bis heute – eingeleitet und dadurch einen tiefen Graben zwischen der SPD und den Gewerkschaften, ja sogar die Abspaltung des linken SPD-Flügels und den

Aufstieg der Linkspartei/PDS im Westen hingenommen hatte, dieser Gerhard Schröder zahlt für seinen Reformmut mit dem Höchstpreis: dem Verlust seines Amtes.

Die bittere Doppellehre sitzt tief, Angela Merkel sollte sie nie vergessen. Marktwirtschaft zieht nicht mehr in Deutschland, ist beim Wähler nicht mehrheitsfähig. Fortan wird sich Kohls »Mädchen« immer an die Worte ihres politischen Ziehvaters erinnern: »Ich will nicht den Ludwig-Erhard-Preis gewinnen, sondern Bundestagswahlen.« Es ist die Stunde der ersten Großen Koalition unter ihrer Führung. Hier liegen auch die Wurzeln für ihre Erfolgsstrategie der asymmetrischen Demobilisierung. Dem politischen Gegner die Streitthemen wegnehmen, indem man sie leicht modifiziert übernimmt. Die potenziellen Wähler der Gegenseite(n) sehen dann keinen Grund mehr, zur Wahl zu gehen und zu mobilisieren, weil sie sich nicht auf- und angestachelt fühlen.

Merkel zieht daraus ihren zentralen strategischen Schluss: nicht Polarisierung durch Revitalisierung der Sozialen Marktwirtschaft, sondern schrittweise Sozialdemokratisierung der Union. Die Kanzlerin wird darüber das Entstehen einer neuen Partei rechts von der CDU/CSU heraufbeschwören, die Millionen von Wählern anzieht, und zugleich das Verschwinden von immer mehr christdemokratisch geführten Landesregierungen in Kauf nehmen. Und sie wird fortan zulassen, dass »neoliberal« im linkslastigen medialen Mainstream der Republik zum Un- und Schimpfwort wird – Erhard nannte sich noch stolz einen »Neoliberalen« – und niemals widersprechen, wenn in deutschen Medien von »marktradikal« die Rede ist, einem törichten politischen Kampfbegriff zur Diffamierung von Marktwirtschaft und Wettbewerb.

Der missverstandene Neoliberalismus

Ludwig Erhard wäre darüber gewiss betrübt. All jene Ökonomen, die ihn inspiriert haben, Eucken, Röpke, Hayek und Co., hatten sich nach dem Zweiten Weltkrieg ganz bewusst in Abgrenzung zu den massenmörderischen, staatsinterventionistischen braunen und roten Diktaturen als »Ordo-« und »Neoliberale« bezeichnet. Sie hatten ihr Konzept der marktwirtschaftlichen Ordnung und individuellen Freiheit als klaren Gegenentwurf dazu entworfen und waren damit zentrale Impulsgeber für ihn. Erhard veranlasste 1948 als Direktor der Verwaltung für Wirtschaft mit wenigen Mitstreitern und gestützt auf amerikanische Rückendeckung parallel zur harten Währungsreform mit seinem »Leitsätzegesetz«, dem Grundgesetz der Marktwirtschaft, eine mutige Radikalreform: die Aufhebung der meisten Bewirtschaftungsvorschriften und Preiskontrollen, die noch aus dem Dritten Reich stammten.

Jene Doppelreform von Währung und Wirtschaft war der »marktwirtschaftliche ›Urknall‹«« in Westdeutschland, Ausgangspunkt für eine sagenhafte Erfolgsgeschichte über Jahrzehnte hinweg. Weil die Löhne eingefroren blieben und die Preise stark anzogen, wuchs der Unmut in der Bevölkerung allerdings zunächst rasch. SPD und DGB riefen im November 1948 zu einem Generalstreik auf, den die Besatzungsmächte unter strengen Auflagen genehmigten. Es war ein Generalstreik gegen Erhard und seine neoliberale Wirtschaftsreform. »Erhard an den Galgen«, stand auf einigen Plakaten. Doch die Marktwirtschaft überstand diese erste große Krise, überstand auch die Korea-Krise, die in den berühmten Konjunkturboom mündete, weil die ausländischen Märkte sich zunehmend wieder für Produkte »made in Germany« öffneten. Erst jetzt wurden die Marktwirtschaft und ihr Minister wirklich populär. Es folgte, was schon Zeitgenossen »Wirtschaftswunder« nannten: jahrelange Hochkonjunktur, schnelle Einkommenszuwächse, bald Vollbeschäftigung – ein goldenes Zeitalter, das von 1952 bis 1970 dauerte.

1957 gewann die Union die Bundestagswahl mit absoluter Mehrheit – als bislang einzige Partei in der deutschen Parlamentsgeschichte. Ihre zwei wichtigsten Slogans »Keine Experimente« und »Wohlstand für alle« trafen den Zeitgeist und entsprachen der Politik der Adenauer/Erhard-Regierung. In Erhards Buch, dessen Titel den zweiten Slogan lieferte, das kurz vor dieser Wahl 1957 erschien und zum (ungelesenen) Bestseller werden sollte, hat Wolfram Langer, ein *Han-*

delsblatt-Journalist und Vertrauter des Wirtschaftsministers, Schlüsselaussagen zur Sozialen Marktwirtschaft zusammengefasst. Diese Textsammlung *Wohlstand für alle* ist immer noch, immer wieder, sogar noch 65 Jahre später, aktuell und lesenswert als Fundgrube und Zitatenquelle. Gleich auf den ersten Seiten liest man – und reibt sich darüber die Augen – von Erhards Zufriedenheit, durch die neu etablierte Wirtschaftsordnung habe »das unsägliche Ressentiment zwischen Arm und Reich überwunden werden« können. Das war wohl eine Illusion. Erhard hat das geahnt. Denn weiter hinten im Buch heißt es: »Der Neidkomplex, von dem gerade wir deutschen Menschen nicht frei zu sein scheinen, spielt eine erhebliche Rolle. Der Vorteil, der dem einen gewährt wird, lässt den Nachbarn nicht ruhig schlafen. ... Niemand ist bereit anzuerkennen, dass geringere Leistung auch in geringerem Ertrag Ausdruck finden muss.«

Auf dem Weg zum Versorgungs- und Umverteilungsstaat

In *Wohlstand für alle* mahnt Erhard, »eine Volkswirtschaft muss all ihre zur Verfügung stehenden Energien auf die Mehrung des Ertrages dieser Volkswirtschaft richten und sich nicht in fortwährenden Kämpfen um die Verteilung zermürben. Denn dabei wird in leichtfertiger Weise verkannt, dass jedes geforderte Mehr an Verteilung immer eine größere Leistung voraussetzt.« Ein wichtiger Hinweis, der nichts an Aktualität eingebüßt hat: Nicht primär Umverteilen, sondern Erschaffen und Mehren standen im Zentrum von Erhards Sozialer Marktwirtschaft. Angela Merkel hat diese Mahnung längst in den Wind geschlagen. 1957 hatte Erhard auch geschrieben: »Selbst wenn zu akzeptieren ist, dass der moderne Staat Riesenaufgaben zu bewältigen hat, ist es das mehr als berechtigte Anliegen aller Staatsbürger wie auch der Wirtschaft, dennoch zu einer deutlichen Senkung der steuerlichen Belastungen zu gelangen.«

Steuersenkungen, nicht zuletzt für die heimischen Unternehmen und Unternehmer? Davon ist heute gleichfalls nichts mehr zu merken. Tatsächlich ist in Deutschland in den 16 Jahren unter Angela Merkel die Steuer- und Abgabenquote immer weiter angestiegen und die Einführung der Schuldenbremse im Jahr 2009 – von der die Linksparteien eigentlich schon jetzt nichts mehr wissen wollen – hat den staatlichen Zugriff nicht gebremst. So hat sich Deutschland zum Industrieland mit den zweithöchsten Steuer- und Abgabenlasten entwickelt (nur Belgien nimmt noch mehr von seinen Bürgern), wie die OECD seit 2017 immer wieder feststellt. Heute werden 54 Prozent Grenzbelastung vom Einkommen eines Durchschnittsverdieners abgezogen. »›Steuerhölle‹ Deutschland«, titelte die sonst so zurückhaltende *Neue Zürcher Zeitung* im April 2017. Die Steuereinnahmen stiegen bis zum Beginn der Pandemie 2020 kontinuierlich stärker als das Bruttosozialprodukt. So hat der Fiskus in den vergangenen zehn Jahren seine Einnahmen um 43 Prozent erhöht, während die Wirtschaftsleistung (nominal) um 31 Prozent zulegte. Die sprudelnden Steuereinnahmen halfen den Finanzministern Schäuble und Scholz, die »schwarze Null« im Haushalt zu erreichen. Zudem profitiert die öffentliche Hand erheblich von der Nullzins- und Negativzinspolitik der Europäischen Zentralbank (EZB), während die Sparer schleichend ärmer werden.

Auch die Sozialversicherungsbeiträge in Deutschland sind »spitze«. Wir verteilen inzwischen in unseren Sozialsystemen die kaum fassliche Summe von rund einer Billion, also 1.000 Milliarden Euro jährlich – und das war noch vor der Pandemie. Unser angeblich so ungerechtes System, wie etwa die grün-roten Linksparteien nicht müde werden zu beklagen, ist tatsächlich für viele Menschen außerhalb Deutschlands weiterhin ungemein attraktiv und verlockt zur Einwanderung in unsere Sozialsysteme. Aber es ist auch gefährlich.

Trotz robustem Arbeitsmarkt wird der von Erhard propagierte private Vermögensaufbau für breitere Schichten oder junge Familien immer schwieriger, weil der Staat überall, auch durch seine indirekten Steuern, immer größere Stücke abzwackt. Es entsteht ein Teufelskreis aus Bedürftigkeit, Abhängigkeit und einem sich in alle Lebensbereiche einmischenden Staat. Ronald Reagan hat 1980 seinen Wahlkampf mit der rhetorischen Frage gewonnen, was die gefährlichsten 13 Worte in den USA seien. Seine Standardantwort: »Hello, I'm from the government and I'm here to help you« – Ludwig Erhard hätte die Botschaft ähnlich formuliert. Er wäre auch, anders als Angela Merkel, den immensen staatlich verordneten Grundrechtseinschränkungen im Zeichen der Pandemiebekämpfung wohl entgegengetreten.

Für Erhard war zentral, dass immer mehr Menschen in seiner Sozialen Marktwirtschaft ihr Leben eigenverantwortlich frei gestalten können. Dazu das Schlüsselzitat aus *Wohlstand für alle*: »Ich bin in letzter Zeit erschrocken, wie übermächtig der Ruf nach kollektiver Sicherheit im sozialen Bereich erschallte. Wenn diese Sucht weiter voranschreitet, schlittern wir in eine Gesellschaft, in der jeder die Hand in der Tasche des anderen hat. ... Die Blindheit und Fahrlässigkeit, mit der wir dem Versorgungs- und Wohlfahrtsstaat zusteuern, kann nur zu unserem Unheil ausschlagen. ... Die Aufblähung der öffentlichen Haushalte und die immer größere Belastung des einzelnen Bürgers werden nicht zur Vermehrung seiner Sicherheit, zur Bereicherung seines Lebens und zur Minderung seiner Lebensangst beitragen.«

Das sind Sätze von unheimlicher Aktualität. Der Zuschuss für die Rentenkassen aus dem Bundeshaushalt beträgt mittlerweile über 100 Milliarden Euro, der gesamte Etat des Ressorts für Arbeit und Soziales lag 2021 bei über 164 Milliarden Euro – bei einem Gesamtetat des Bundes von 412 Milliarden Euro sind das über 40 Prozent! Doch anstatt diese zentrale Problematik beherzt anzugehen und etwa das Renteneintrittsalter sukzessive auf 69 bis 70 Jahre anzuheben, wie es die demographische Entwicklung – kontinuierlich ansteigende Lebenserwartung bei spürbarem Rückgang der Geburten – eigentlich gebieten würde, wurden in der zweiten Hälfte der Ära Merkel unter dem mächtigen Einfluss des sozialdemokratischen Koalitionspartners die Rentenleistungen immer weiter ausgebaut. Dazu gehörten die *Rente mit 63*, die *Mütterrente*, die sogenannte *Haltelinie*, mit der verhindert werden soll, dass Renten bei 45 Beitragsjahren unter 48 Prozent des letzten Nettolohns sinken, und zuletzt auch noch die Grundrente.

Es ist absehbar, dass diese großen neuen Leistungen für eine wachsende Zahl von Rentnern von einer sinkenden Zahl an Beitragszahlern finanziert werden müssen. Weil deren Beiträge dazu allein nicht ausreichen werden, ist schon heute klar, dass die Zuschüsse aus dem allgemeinen Steueraufkommen noch viel stärker werden ansteigen müssen. Der Spielraum für andere wichtige staatliche Ausgaben, für Investitionen in die Infrastruktur, Bildung, Verteidigung und anderes, schrumpft dadurch immer stärker. Die Kanzlerin hat ihren Nachfolgern hier tatsächlich eine schwere Bürde mit auf den Weg gegeben.

Merkel in fünf Tsunamis

Während ihrer Amtszeit hat Angela Merkel innerparteiliche Einwände gegen ihre wirtschaftspolitischen Entscheidungen beiseite gewischt, etwa wenn sie darauf hingewiesen wurde, dass diese ordnungspolitisch mehr als fragwürdig ausfallen. Bei den fünf Tsunamis, denen sie sich in ihrer Kanzlerschaft gegenübersah – dem *Finanzkrisen-Tsunami*, dem *Fukushima-Tsunami*, dem *Flüchtlings-Tsunami*, dem *Euro-* und dem *Pandemie-Tsunami*, deren Flutwellen sich unter der Oberfläche immer noch weiter auftürmen und deshalb noch lange nach ihrem Abschied vom Kanzleramt massive Verwerfungen erzeugen werden – hat sie sich jedenfalls wenig von ordnungspolitischen Prinzipien leiten lassen, ja, sie hat zentrale Prinzipien der Sozialen Marktwirtschaft über Bord geworfen.

Beim *Finanzkrisen-Tsunami* wurde das Prinzip der Haftung und Eigenverantwortung geopfert. Dass bei dieser Krise auch eine große Portion Staatsversagen und Versagen der Notenbanken, nicht zuletzt die Housing-Förderpolitik der Regierungen Clinton und Bush, eine beträchtliche Rolle spielte und dabei in Deutschland gerade die Landesbanken unter Aufsicht von Politikern massiv versagt haben, wurde dabei unterschlagen.

Nach dem Fukushima-Unglück hat Merkel in einer blitzschnellen Kehrtwende im deutschen Alleingang den Atomausstieg beschlossen – um Grünen und SPD keine Angriffsfläche zu bieten bei der anstehenden Wahl in Baden-Württemberg (welche die Union dennoch krachend verlor, was der Republik den ersten grünen Ministerpräsidenten bescherte). Als sie die Fernsehbilder vom havarierten Atomkraftwerk in Japan sah, sagte die Kanzlerin nur: »Das war's.« Und zog anschließend die Entscheidung durch, nachdem wenige Monate zuvor gerade eine – ökonomisch und klimapolitisch durchaus vertretbare – Verlängerung der Laufzeiten deutscher Atomkraftwerke vereinbart worden war.

Diese Ad-hoc-Entscheidung zu abruptem Atomausstieg und radikaler Energiewende vernichtete Milliarden an Börsenwerten der Energieversorger, die sich nicht mehr auf Grundprinzipen der Marktwirtschaft (Vertragsfreiheit und -sicherheit, einen verlässlichen Rahmen staatlicher Regulierung, »Konstanz der Wirtschaftspolitik«, wie es einst bei Eucken hieß) verlassen konnten und am Ende noch staatliche Schadenersatzzahlungen in Milliardenhöhe als Trostpflaster vom Bundesverfassungsgericht zugesprochen bekamen. Eine Folge der Energiewendeentscheidung schon unter Rot-Grün war das »Erneuerbare Energien-Gesetz« (EEG), das mit seinen auf 20 Jahre fixierten staatlichen Abnahme- und Preisgarantien und seinen vielfältigen, schwer durchschaubaren Regelungen durchweg eher auf Planwirtschaft statt Wettbewerb setzte und zu einer extremen Verteuerung der Energiekosten führte, die mittlerweile in Deutschland so hoch sind wie nirgends sonst auf der Welt – bei geringer Effizienz der »Ersatzenergien«, die daher in aller Stille kontinuierlich durch Einspeisung von Atomstrom aus dem Ausland ergänzt werden müssen. Dass Deutschland, wie in der Endphase der Ära Merkel beschlossen, unter dem Eindruck der Klimaproblematik auch noch zeitnah aus der Kohleverstromung aussteigen und damit als einziges Land der Erde *gleichzeitig* auf Atom- und Kohlestrom verzichten will, lässt spannende Zeiten erwarten.

Ähnlich »spontan« und ohne europäische Abstimmung wie bei Fukushima erfolgte Angela Merkels Entscheidung im *Flüchtlings-Tsunami*, als sie auf den Hilferuf aus Wien hin die Dämme beziehungsweise Grenzen öffnen ließ – ohne selbst eine temporäre oder quantitative Begrenzung vorzunehmen oder das Parlament mit dieser hochwichtigen Thematik zu befassen. Diese Entscheidung, die man fast als Merkels »Flüchtlingsputsch« bezeichnen könnte, war von großer Tragweite. Die Bilder von den Zigtausenden, gar Hunderttausenden nach Deutschland strömenden überwiegend jungen Männern, die ihre Pässe oft weggeworfen hatten, weil ihnen das bessere Aufnahmemöglichkeiten versprach, und das folgende Flüchtlingschaos und der Migrationsstreit in der EU haben höchstwahrscheinlich mit den Ausschlag gegeben für das Brexit-Votum. Dieses Votum wird sich besonders für Deutschland noch als fatal erweisen, weil das Land einen marktwirtschaftlich geprägten potenziellen Verbündeten in der EU verliert, den übrigens Ludwig Erhard einst unbedingt als »Antidot« gegen die »Planification« westlich des Rheins, die französische Neigung zu planwirtschaftlicher Intervention in den Wirtschaftslauf, dabeihaben wollte. Durch den Brexit haben sich die Mehrheitsverhältnisse in der EU weiter in Richtung der »Schuldenfreunde« aus Südeuropa verschoben.

Innenpolitisch stellte der einsame Entschluss der Kanzlerin zur Grenzöffnung unser Land vor eine gewaltige Belastungsprobe. Die demographischen Probleme Deutschlands werden die Asylmigranten nicht lösen können. Ihre Schul- und Ausbildung ist überwiegend zu schlecht, es fehlen Sprachkenntnisse. Ein Großteil dieser Einwanderer wird lange arbeitslos und auf Sozialstaatsleistungen angewiesen bleiben, mithin die Gruppe der wirklich Bedürftigen im Lande vergrößern. Das kostet. Für eine Million Flüchtlinge muss der Sozialstaat im Jahr 25 bis 29 Milliarden aufbringen – Geld, das zunächst von den Steuerzahlern erwirtschaftet werden muss.

Auch der *Euro-Tsunami* hat Merkels Kanzlerschaft seit 2009/2010 über Jahre geprägt. Dabei hat die Kanzlerin es zugelassen, dass die ordnungspolitisch zentrale Eigenhaftung der Euroländer für ihr Finanzverhalten, wie sie in der »No Bailout«-Klausel (kein Land wird von den anderen aus seinem Finanzschlammassel »herausgehauen«) verankert worden war, durch den Mechanismus der europäischen Rettungsschirme und die Rettungspakete ausgehebelt und das Tor zur europäischen Transferunion aufgestoßen worden ist, allen anderslautenden

Lippenbekenntnissen zum Trotz. Hinzu kommen dreistellige Milliardenrisiken aus den Ungleichgewichten der Target-Salden für Deutschland. Wer in der Euro-Krise in der Unionsfraktion unter Verweis auf Ordnungspolitik und Marktwirtschaft gegen die Rettungspolitik zu opponieren wagte, sah sich erheblichem Konformitätsdruck von Kanzlerin und Fraktionschef ausgesetzt. Ähnlich starken Meinungsdruck entfalteten die Kanzlerin und ihre Getreuen bei der Abstimmung über den großen EU-Pandemie-Hilfsfonds im Gesamtvolumen von 750 Milliarden Euro, mit dem ein weiterer Bruch der Regelungen des Maastricht-Vertrags erlaubt wurde, denn natürlich ist dieser Fonds der erste eigentlich verbotene Schritt hin zu einer europäischen Fiskal- und Schuldenunion, wie der Kanzlerkandidat der SPD, Finanzminister Olaf Scholz, ja auch sogleich euphorisiert einräumte.

Auch hier – zur Debatte über eine Euro-Schulden- und Transferunion – ein Zitat aus *Wohlstand für alle*. Erhard schreibt über die von ihm abgelehnte Methode der europäischen Einigung durch Harmonisierung, also Gleichmacherei: »Jede Harmonisierung stößt an ihre Grenzen, denn von Sizilien bis zum Ruhrgebiet kann es keine gleiche Produktivität und mithin keine gleichen Arbeitskosten geben. Wer der Harmonisierungstheorie folgt, darf nicht der Frage ausweichen, wer die Opfer bringen und wer die Zeche zahlen soll. In der Konsequenz muss ein solcher Wahn naturgemäß zur Begründung solcher Töpfchen führen, das heißt von Fonds, aus denen all diesenigen, die im Nachteil sind oder es zu sein glauben, auf Kosten der anderen entweder entschädigt oder künstlich hochgepäppelt werden. Das aber sind Prinzipien, die mit einer Marktwirtschaft nicht im Einklang stehen. ... Ein bürokratisch manipuliertes Europa, das mehr gegenseitiges Misstrauen als Gemeinsamkeit atmen wird ..., bringt für Europa mehr Gefahren als Nutzen mit sich.«

Aufgeblähte Bürokratie und richtungslose Politik

Prophetische Worte. Aber entsprechend kritische Hinweise verbittet sich die Kanzlerin. Das gilt auch und ganz besonders für die sozialpolitischen Weichenstellungen, die in den Koalitionsverträgen 2013 und 2017 bereits festgeschrieben wurden, wodurch die Sozialdemokratisierung der Union wie der deutschen Wirtschaftspolitik insgesamt weiter vorangetrieben worden ist: Mindestlohn und Tarifeinheitsgesetz, Frauenquote und Entgeltgleichheitsgesetz, gesetzliche Deckelung der Managergehälter, dazu die bereits erwähnte massive Ausweitung der Rentengesetze, Mietpreisbremse und so weiter und so weiter! Alles Gesetze, die mit Erhards ordnungspolitischen Vorstellungen von Sozialer Marktwirtschaft und Vertragsfreiheit schwerlich zu vereinbaren sind. Denn Erhard, der die staatlichen Lohn- und Preisfestsetzungen im Dritten Reich noch selbst erlebt und erforscht hatte, war der festen Überzeugung, dass der Staat bei der Preis- und Lohnfindung nichts verloren habe, das sei unbedingt Sache der Vertragspartner, der Produzenten und Konsumenten, vor allem aber der Tarifpartner.

Hinzu kommt eine aufgeblähte Bürokratie, die ungebremst wachsende, dabei abgesehen vom Einziehen der Steuern nicht sonderlich effiziente Verwaltung – allein die Zahl der Stellen im Kanzleramt hat sich in der Ära Merkel von 465 auf 744 fast verdoppelt, zusammen mit den 370 Mitarbeitern der Kulturstaatsministerin, den 2.900 Mitarbeitern des Bundespresseamtes sowie denjenigen für das Bundesarchiv sind dem Kanzleramt heute sage und schreibe 4.106 Stellen zugeordnet, wo Konrad Adenauer einst mit 118 Stellen anfing und das Land dabei keineswegs schlecht regierte.

Weshalb hat sich die Kanzlerin dennoch auf all das eingelassen? Weil 2013 eine rot-rot-grüne Bundestagsmehrheit existierte, die dem Koalitionspartner SPD das nötige Erpressungspotenzial bot, und weil in den Koalitionsverhandlungen 2017 das eher kleine Häuflein der Marktwirtschaftler in der Union kaum Verhinderungsmacht entfalten konnte, nachdem die SPD (nach dem Rückzug der Liberalen aus den »Jamaika«-Verhandlungen mit Christdemokraten und Grünen aus Enttäuschung über die merklich »angegrünte« Kanzlerin) als einziger Partner übriggeblieben waren. Die SPD war dadurch in der Lage, den Preis für eine neuerliche Große Koalition hochzutreiben, obwohl sie ein großer Wahlverlierer war.

Betrachtet man die Regierungsarbeit des letzten Merkel-Kabinetts bis hin zur zerfahrenen und trotz der Aufwendung gigantischer, schuldenfinanzierter Hilfsgelder zunehmend mut- und richtungslosen Pandemiebekämpfungspolitik, so fühlt man sich an das berühmte Wort Friedrich von Hayeks erinnert: »Die größte Bedrohung für die freie Marktwirtschaft entsteht, wenn Konservative und Sozialisten beginnen, miteinander falsche Kompromisse zu schließen.« Am Ende der 16-jährigen Ära Merkel wäre es tatsächlich an der Zeit für eine Revitalisierung der Sozialen Marktwirtschaft, für ein neues »Entfesselungspaket«. Denn so viel ist sicher: Angela Merkel fehlte in ihrer Kanzlerschaft der klare ordnungspolitische Kompass. Die kleine geschenkte Büste Ludwig Erhards hat sie im Kanzleramt jedenfalls nicht inspiriert. Vermutlich hat sie dort auch nie gestanden.

ALEXANDER KISSLER

Im Grossen und Ganzen nichts schiefgelaufen?

Merkels Corona-Management als letzte Belastungsprobe und symptomatischer Schlussakkord ihrer Kanzlerschaft

Wäre die Kanzlerschaft Angela Merkels nach der Bundestagswahl 2017 zu Ende gegangen, hätte es keinen Zweifel gegeben, welches Zitat als das prägendste ihrer Ära gegolten hätte:»Wir schaffen das.« Erstmals ausgesprochen Ende August 2015 in der Berliner Bundespressekonferenz, danach mehrfach bekräftigt, bündelte der nonchalant dahingesprochene Satz Amtsverständnis, Denkweise, Sprachstil und Problembewusstsein der CDU-Politikerin. Je größer die Krise, desto lockerer saß das eingemeindende »Wir«, das ebenso ein moralischer Appell an andere wie die Entrückung der eigenen Position ins Monumentale war – wie stets freilich bei Angela Merkel im ostentativen Gestus der Bescheidenheit.

Zu schaffen gab es im Sommer 2015 auf dem Höhepunkt der Migrationskrise so einiges. Die Probleme türmten sich an den Außengrenzen der Europäischen Union und der Bundesrepublik ebenso wie im Innern der deutschen Städte. Im Schaffen siegt der zupackende Impuls über die Größe der Herausforderung, denn das Geschaffte wäre das portionsweise Hinfort-Geschaffte, das Handel- und Handhabbar-Gemachte, das gemeinschaftlich zerkleinerte Problem. So sehr dominiert der Impuls das Tun, dass das Objekt der Bemühung im Vagen bleiben kann. Es ist eben »das«.

Genauer lässt es sich von der Spitze der Regierung aus nicht fassen, jede Präzision nähme dem Impuls ihren Schwung. »Das« ist die Chiffre all dessen, was zu erledigen der Exekutive ins Haus steht. Konkret mögen es der Zustrom der Flüchtlinge und die Reaktionsweisen der Einheimischen sein, ein »Neuland« namens Digitalisierung oder der Ausstieg aus Atom- und Kohlestrom. Letztlich ist »das« der Deckel auf einer unabschließbaren Liste, von der man nur weiß, dass sie sehr lang ist. So stellte sich das regierungsamtliche Handeln in der Ära Merkel dar, dessen Refrain, in Variationen oft vernommen, lautete, man habe viel geschafft, aber es sei noch viel zu tun.

Wörtlich hatte Angela Merkel am 31. August 2015 in Berlin erklärt: »Deutschland ist ein starkes Land, und das Motiv, in dem wir an diese Dinge herangehen, muss sein: Wir haben so vieles geschafft, wir schaffen das! Wir schaffen das, und wo uns etwas im Wege steht, muss es überwunden werden, muss daran gearbeitet werden.« Solch forscher Pragmatismus muss sich indes die Frage gefallen lassen, ob denn wirklich in der Vergangenheit so viel gut erledigt wurde, dass sich aus vollbrachter Krisenbewältigung Zuversicht für gegenwärtige Probleme ableiten ließe.

Gab die Regierungsbilanz Merkels in den Jahren 2015 und 2016 Anlass zur Hoffnung, dem Kabinett gelinge es, die Friktionen der Migration abzumildern in rechtsstaatlichen Verfahren, unter Wahrung nationaler Interessen? Wohl kaum. Merkel wollte im humanitären Überschwang primär zeigen, »dass wir aus der Geschichte etwas gelernt haben«. Was das Leben lehrt, gilt auch in der Politik: Manchmal steht man sich »im Wege« und ist selbst das Problem, das man aus jenem räumen soll.

Unteres Mittelmaß im Corona-Krisenmanagement

Von diesen Zusammenhängen legt auch der zweite typische Satz Zeugnis ab, der in Merkels letztem Jahr als Kanzlerin gleichberechtigt neben

»Wir schaffen das« trat. Er fiel am 2. Februar 2021 in der ARD-Sendung
»Farbe bekennen«. Befragt, ob sie mit der Impfstoffbeschaffung durch
die EU-Kommission zufrieden sei, sagte die Kanzlerin, sie glaube, »dass
im Großen und Ganzen nichts schiefgelaufen ist«. Das zu sagen, dazu
gehörte Anfang Februar 2021 Chuzpe. Israel, die USA und Großbritannien etwa waren deutlich rascher vorangekommen, ihre Bevölkerung
zu impfen. Auch Chile, Serbien und Marokko und viele andere Länder
konnten Deutschland noch hinter sich lassen.

Tags zuvor hatte ein Impfgipfel mit wenig greifbaren Ergebnissen
stattgefunden. Unverändert war unklar geblieben, wer wann das An-
recht auf eine Impfung gegen die Viruserkrankung Covid-19 hat und
wie viel Impfstoff von welchen Anbietern für Deutschland zur Verfügung steht. Immerhin, so Merkel, »können wir unsere Aussage, dass
wir bis Ende des Sommers jedem Bürger ein Impfangebot machen
können, aufrechterhalten«. Neben diesem ungedeckten Scheck auf
die Zukunft lieferte Merkel, wie oft, eine nachlaufende Relativierung
fortlaufenden Ungenügens: Israel ergehe es besser, weil die Israelis
»in ganz anderer Weise mit Daten umgehen und Digitalisierung betreiben. Das ist etwas, wo Datenschutz eine große Rolle spielt. ... Ich
persönlich bin der Meinung, dass wir möglichst viele vertrauenswür-
dige Gesten machen, damit die Menschen auch Vertrauen zu dem
Impfen haben, und hier den Datenschutz sehr hochhalten.«

Lieber also, heißt das, etwas weniger Impfstoff und etwas später
Impfstoff als ein Impfstoff, der den deutschen Ansprüchen auf Datenschutz und den europäischen Ansprüchen auf Haftungssicherheit
nicht komplett genügt. Wenn es stimmt, dass Impfen gegen Covid-19
Leben rettet und früheres Impfen folglich mehr Leben rettet, dann
lag dem gebetsmühlenartigen Verweis zu Beginn des Jahres 2021
auf Datenschutz- und Haftungsfragen die Bereitschaft zugrunde, im
Zweifel etwas weniger Leben zu retten.

»Im Großen und Ganzen nichts schiefgelaufen« war bei der Impfstoffbestellung höchstens dann, wenn man ein europarechtlich was-
serfestes Verfahren als einzigen Gradmesser der Güte akzeptierte.
Viele Beobachter überzeugte Merkels zunehmend kontrafaktisches
Lob der EU – und damit immer auch das Eigenlob der routinierten

EU-Politikerin – nicht. Die Zufriedenheit mit dem deutschen Corona-Management sank kontinuierlich. Ende Januar 2021 waren laut ARD Deutschlandtrend bereits 54 Prozent der Befragten unzufrieden, Anfang April sogar 79 Prozent. Ebenfalls Ende Januar 2021 veröffentlichte der renommierte australische Thinktank Lowy Institute ein bemerkenswertes Ranking, das von Reuters, CNN und Bloomberg sowie anderen Medien zitiert wurde, mit einer Analyse der Frage, welche Länder das effektivste und beste Corona-Management praktiziert hatten. Die Spitze wurde angeführt von Neuseeland, Vietnam, Taiwan und Thailand. Erstaunlich: Ruanda, das Partnerland von Rheinland-Pfalz, belegte den 6., Togo den 15. Platz. Und das von Angela Merkel teils regierte, teils moderierte, teils verwaltete Deutschland kam nur auf Rang 55 von 98 untersuchten Ländern. Unteres Mittelmaß für Europas größte Volkswirtschaft, den langjährigen Pharma- und Exportweltmeister.

Unteres Mittelmaß war auch die Art, mit der Deutschland und die EU die Impfstoffbeschaffung angingen. Die Kanzlerin untersagte ihrem Gesundheitsminister Jens Spahn nationale Alleingänge und delegierte diese entscheidend wichtige Aufgabe an die EU. Trotz deutscher Ratspräsidentschaft machte sie die Impfstoffbeschaffung nicht zur »Chefinnensache«, auch die EU-Kommissionspräsidentin Ursula von der Leyen tat es nicht. Die Aufgabe bekam die erst seit 2019 amtierende Gesundheitskommissarin Stella Kyriakides übertragen, eine Psychologin und Gesundheitspolitikerin aus Zypern – politisch ein Leichtgewicht, unerfahren in der schwierigen Kunst, internationalen Pharmakonzerne belastbare Verträge abzuringen.

Während Großbritannien schon im April 2020 die erste Millionen-Finanzierung für Impfstoffforscher in Oxford bereitstellte und im Mai die bestens in die Pharmaindustrie vernetzte Risikokapitalunternehmerin Kate Bingham an die Spitze einer UK-Impfstoff-Taskforce stellte, übertrug die EU einer unerfahrenen Kommissarin eine der wichtigsten Aufgaben in der Pandemie. Die Brexit-Briten unter Boris Johnson investierten massiv Geld, um vielversprechende Impfstoffkandidaten zu bestellen und die Produktion von 350 Millionen Impfdosen für die Bewohner der Insel anzuregen. Die EU-Bürokraten hingegen feilschten über Wochen mit Herstellern über Preise, Haftungsfragen und Mengen. Das europäische Pendant zur britischen Arzneimittelbehörde MHRA, die EMA, versandte erst Anfang 2021 die ersten Zulassungsentscheide. Prompt traten im Winter 2020 und Frühjahr 2021 schwere Engpässe in der Verfügbarkeit der Impfstoffe auf. »Impfchaos« wurde zum Wort der Stunde.

Im Ergebnis zeigte sich eine bemerkenswerte Divergenz der Impffortschritte. Dank einer generalstabsmäßig geplanten Kampagne, in die große Impfzentren ebenso wie Tausende Hausärzte frühzeitig eingebunden wurden, funktionierte die Immunisierung der Briten wie am Schnürchen. Anfang Mai 2021 hatten im Vereinigten Königreich zwei Drittel der Erwachsenen ihre erste Impfdosis erhalten. In Deutschland war zum selben Zeitpunkt gerade ein Drittel der erwachsenen Bevölkerung erstgeimpft.

Die im Frühjahr 2021 sträflich langsame Impfkampagne der EU hat große Verluste verursacht, menschliche wie ökonomische. Laut einer Berechnung von Volkswirten des Versicherungskonzerns Allianz kosteten fünf Wochen Verzögerung bei der Impfung die Volkswirtschaften der EU fast 100 Milliarden Euro Verluste durch längere Lockdowns – die zusätzlichen Corona-Opfer durch spätere Impfung nicht eingerechnet. Die Briten, denen man zuvor wegen des Brexits den baldigen Untergang prophezeit hatte, begannen im Frühjahr ihren Ausstieg aus dem Lockdown und strömten in die Biergärten. Den Deutschen wurde eine »Bundesnotbremse« verordnet, einschließlich neuer Schulschließungen und abendlicher Ausgangssperren.

In der Corona-Krise am Ende der Kanzlerschaft Merkels verdichtete sich wie im Zeitraffer Glanz und Elend einer Ära, die hoffnungsvoll begann, zu Höhen führte und in lustlos abgewickelter Überforderung auslief. Für die Corona-Jahre 2020 und 2021 gilt, was für die gesamten 16 Merkel-Jahre gilt: Es war nicht ausgemacht, dass es traurig endete, und es war nicht alles schlecht. Aber die politischen Leistungen in den Jahren 2020 und 2021 beschädigten einmal mehr das von Merkels Bewunderern gezeichnete Bild als exzellenter Krisenmanagerin, die »Dinge vom Ende her denkt«. Stattdessen überwogen ein planloses Durchwursteln und »Auf-Sicht-Fahren«.

ALEXANDER KISSLER

Das Virus als Preis der Globalisierung

Vor Merkels erstem Wahlsieg 2005 – die Kandidatin war 50 Jahre jung – zitierte sie die *Bild*-Zeitung mit den Worten, sie sei ein fröhlicher Mensch, lache gerne und wolle einmal nach Hawaii fliegen. »Sie kann führen, sie hat Nerven«, schrieb der Autor, »sie weiß um ihre Stärken.« Was sie mit Deutschland verbinde? Ihre Antwort: »Ich denke an dichte Fenster! Kein anderes Land kann so dichte und so schöne Fenster bauen. Ich denke an Buchen, Eichen, an Kraniche, Störche. Bei uns ist das Klima so, dass wir keine Siesta brauchen.« Ihr Sieg über Gerhard Schröder wurde nicht nur von Feministinnen bejubelt, ihr Versprechen für eine marktwirtschaftliche Erneuerung nicht nur von Unternehmern. Da schien frischer Wind einzuziehen, unbeleckt von jenen demoskopischen Wallungen, denen die mittlere und späte Merkel zu oft zu leicht gehorchte. Da war noch nicht absehbar, dass die Sorge um den Machterhalt einmal die forcierte gesellschaftliche Spaltung und die programmatische Entkernung ihrer Partei in Kauf nehmen würde.

Ganz ähnlich vollzogen sich die Dinge in der Corona-Krise. Im September 2019 war Wuhan nur irgendeine chinesische Millionenmetropole, die außerhalb Chinas fast niemand kannte. An der dortigen Huazhong Universität für Wissenschaft und Technik trat Merkel am 7. September auf und warb einmal mehr, wie sonst in Davos, Paris oder Weimar, für Multilateralität: »Globalisierung bedeutet im Kern, dass das nationale Gemeinwohl mehr denn je auch vom globalen Gemeinwohl abhängt; es ist ein Teil davon. Das verlangt ein Bewusstsein gemeinsamer Verantwortung, von dem wir uns leiten lassen sollten. Denn nur so lassen sich die großen Herausforderungen unserer Zeit bewältigen. ... Multilaterales Handeln zahlt sich aus.«

Jenseits der Freude an der Stanze, die für die Sprache ihrer Kanzlerschaft prägend war wie sonst wenig, versprüht das Bekenntnis zur internationalen Zusammenarbeit im kommunistischen Einparteienstaat mehr Charme als in Davos. Dort aber, beziehungsweise in der Online-Variante des Weltwirtschaftsforums, kam Merkel das einzige Mal nach ihrer Rückkehr aus der Provinz Hubei wieder auf Wuhan zu sprechen. Am 26. Januar 2021 referierte sie, die Corona-Krise habe »zunächst einmal unsere globale Verbundenheit gezeigt. Wenn wir uns nämlich einmal anschauen, wie sich das Virus aus Wuhan in China in der gesamten Welt verbreitet hat, dann hat man hierbei eigentlich auch eine Art der Globalisierung beobachten können – nicht anhand von menschlichem Tun, sondern anhand der Verbreitung dieses Virus. Es hat sich gezeigt, dass in so einem existenziellen Fall auch der Versuch einer dauerhaften Abschottung ziemlich fehlschlägt; jedenfalls ist er im Zusammenhang mit diesem Virus fehlgeschlagen.«

Keine Grenzen schließen

Keine Schwierigkeit bereitete es der Kanzlerin, die Pandemie einzubetten in ihr aus der Wir-schaffen-das-Zeit vertrautes Narrativ, man könne Grenzen nicht schließen. Diese vermeintliche Kontinuität war freilich nur durch Realitätsleugnung zu haben. Tatsächlich hatten immer mehr Länder und auch Deutschland sich bereits im März 2020 von anderen Ländern abgeschottet, um den, wie es neudeutsch hieß, »Eintrag« des Virus ins Land zu verhindern. Dänemark, Polen und Tschechien schlossen die Tore, kurz darauf begannen an den deutschen Grenzen zu Frankreich, Österreich, Luxemburg, Dänemark und der Schweiz umfassende Kontrollen und Einreiseverbote. »Dauerhaft« waren diese antiviralen »Abschottungen« nicht, insofern ließ Merkel sich im Januar 2021 mit dieser Formulierung ein entlastendes Hintertürchen offen.

Ebenfalls für das Weltwirtschaftsforum legte die Kanzlerin Ende Januar 2021 dar, der Umgang mit der Corona-Krise habe die »Schwachstellen« Deutschlands offengelegt, zuvörderst in der »Digitalisierung unserer Gesellschaft«, der »Digitalisierung der Verwaltung« (viel gespottet wurde über den Umstand, dass deutsche Gesundheitsämter die neusten Corona-Zahlen per Fax übermittelten) und der »Digitalisierung unseres Bildungssystems«; da müssten »wir besser und schneller werden. Wir wissen, dass wir hier nachzuarbeiten haben«, so die Kanzlerin. Freilich hätte diese Nacharbeit dann unter jener Politikerin zu erfolgen, die damals schon seit über 15 Jahren regierte und der trotz kommunaler und regionaler Zuständigkeiten die Hauptverantwortung für die von ihr beklagte Schwachstelle namens Digitalisierung zukommt. Vom Sommer 2010 datiert eine der vielen »digitalen Strategien« der Bundesregierung. Auch auf diesem Feld blieb die Kanzlerin eine Meisterin der folgenlosen Einsicht. Das von Bundesgesundheitsminister Spahn im Corona-Jahr 2021 geprägte Hauptwort vom »Erwartungsmanagement« zeigt auch an der Spitze der Exekutive seine rückwirkende salvatorische Klausel. Eigene Versäumnisse der Vergangenheit werden auf die To-do-Liste der Gegenwart gesetzt.

Wahr ist freilich auch: Nachdem die Weltgesundheitsorganisation WHO im März 2020 die Pandemie ausgerufen hatte, kam Deutschland durch deren erste Phase weitaus besser als viele andere Länder. Das Gesundheitssystem wurde auch nicht ansatzweise überlastet, das von manchen beschworene Massensterben blieb aus, die Triage konnte vermieden werden. Vor dem Hintergrund dramatischer Bilder aus Italien und alarmierender Nachrichten aus dem Iran, aus Spanien und den Vereinigten Staaten hob sich die deutsche Corona-Zwischenbilanz positiv ab. Die Wähler dankten es in den Umfragen. Zwischen März und Juli 2020 verbesserte sich die Union von 27 auf 38 Prozent.

Das Virus wird zum Souverän

Merkels Zeitangabe vom 11. März 2020, »das Virus ist da, das müssen wir alle verstehen,« bereitete auf den Lockdown vom 16. März vor, dessen Dringlichkeit die Kanzlerin am 18. März in einer Fernsehansprache an die Nation begründete: »Es ist ernst. Nehmen Sie es auch ernst. Seit der Deutschen Einheit, nein, seit dem Zweiten Weltkrieg gab es keine Herausforderung an unser Land mehr, bei der es so sehr auf unser gemeinsames solidarisches Handeln ankommt. ... Es geht darum, das Virus auf seinem Weg durch Deutschland zu verlangsamen. Und dabei müssen wir, das ist existenziell, auf eines setzen: das öffentliche Leben so weit es geht herunterzufahren. ... Ich weiß, wie dramatisch schon jetzt die Einschränkungen sind: keine Veranstaltungen mehr, keine Messen, keine Konzerte und vorerst auch keine Schule mehr, keine Universität, kein Kindergarten, kein Spiel auf einem Spielplatz. ... Es sind Einschränkungen, wie es sie in der Bundesrepublik noch nie gab.« Trotz Merkels Appell kam es zu Hamsterkäufen in den Supermärkten, wurden mancherorts das Toilettenpapier und die Backhefe knapp. Franzosen bunkerten lieber Wein. Die Angst hielt Europa im Griff.

Am 22. März 2020 gab Merkel als Losung die Parole aus, aus der Lage zu lernen – als hätte sich diese Regierung nicht zuvor in zahlreichen Lagen befunden, aus denen sie nur wenig gelernt hatte –, ehe sie in ihrer Regierungserklärung vom 23. April Strenge, Geduld und Disziplin anmahnte, Herz und Vernunft einzusetzen versprach und das Virus eine »demokratische Zumutung« nannte. Derart zufrieden war die Kanzlerin mit dieser Formulierung, dass sie sie in der Folgezeit mehrfach wiederholte. Damit war der entscheidende rhetorische Kniff gefunden, um Einschränkungen der Grundrechte und -freiheiten als geschichtsnotwendig zu legitimieren. Das Virus, hieß es, sei der Gegner, der Feind, mit dem Virus lasse sich nicht verhandeln, das Virus verzeihe keine Kompromisse. Prompt standen alle politischen Beschlüsse außerhalb des Politischen und waren damit politischer Kritik entrückt. Ein Ringtausch hatte begonnen: Nicht die Folgen staatlicher Politik lösten diese oder jene »Lage« aus. Das Coronavirus selbst wurde in den Rang eines absoluten Souveräns erhoben, »das Virus entscheidet« (so Sachsens Ministerpräsident Michael Kretschmer). Frau Merkel und weite Teile der Exekutive in Bund wie Ländern hatten ihre Rolle gefunden: die der aus Sorge um die Volksgesundheit durchregierenden Erziehungsberechtigten.

Wäre da nur nicht das Geflecht der Bundesländer, das Merkel einmal zu dem Stoßseufzer veranlasste, sie müsse »die föderale Ordnung akzeptieren«. In den Corona-Jahren 2020/2021 gehörten die regelmäßigen Treffen der Kanzlerin mit den Ministerpräsidenten zum Ritual wie das jährliche »Dinner for one« mit indes deutlich kleinerer Fangemeinde. Oftmals bis spät in die Nacht und meistens per Videoschaltung tagten die Damen und Herren, um danach zu verkünden, die Lage sei ernst, man bleibe wachsam, dürfe nicht die Geduld verlieren, appelliere an die Bevölkerung und danke für die bisherige Solidarität. Das Beschlusspapier mit den je aktuellen Verschärfungen oder Lockerungen wurde danach sehr unterschiedlich ausgelegt, mal restriktiv, mal lässig. Auch der sogenannten »Bundesnotbremse« vom April 2021 blieb dieses Schicksal nicht ganz erspart.

»Uns ist das Ding entglitten«

Kein Weg führt an der Erkenntnis vorbei, dass die gute Ausgangslage vom Sommer 2020 im Herbst verspielt wurde und dass am Ende des Jahres ein Wirtschaftseinbruch von 5 Prozent zu Buche stand. Die zweite Welle ab Dezember 2020 traf Deutschland härter und weniger vorbereitet als erwartet. Im Januar 2021 wurde von der Kanzlerin das interne Zitat übermittelt: »uns ist das Ding entglitten«. Was war inzwischen geschehen? Hatten die Appelle nach Herrenreiter(innen)art, man müsse bald die Zügel wieder anziehen – so Angela Merkel am 21. und der bayerische Ministerpräsident Markus Söder am 24. August 2020 –, nicht gefruchtet? War es wirkungslos geblieben, dass die Kanzlerin ihren Appell vom 23. April – Strenge! Geduld! Disziplin! – am 25. November 2020 recycelte, als sie Geduld, Solidarität und Disziplin einforderte?

Appelle nutzen sich ab, ein Daueralarm wird irgendwann nur noch als Hintergrundrauschen wahrgenommen, als Tinnitus, mit dem man sich arrangiert. Das ist das eine. Andererseits hatte die Regierung es versäumt, in den Sommermonaten des Jahres 2020 Vorsorge zu treffen, im besten Sinne, wie es sonst gern beschworen wird, nachhaltig zu handeln. Eine Teststrategie wurde nicht vorbereitet, kein Corona-Monitoring gestartet, die besonders gefährdeten alten Menschen erfuhren keinen hinreichenden Schutz, Massenausbrüche in Seniorenresidenzen folgten. Bei den forschenden Pharmaunternehmen wurde Deutschland nicht vorstellig, Merkels Devise lautete »Europe first«. Nur die EU verfüge über eine hinreichend große Verhandlungsmacht und allgemein akzeptierte Zulassungsverfahren, außerdem dürfe die europäische Idee keinen Schaden nehmen. Zu Beginn der deutschen EU-Ratspräsidentschaft sagte Merkel Anfang Juli 2020 im Straßburger Parlament, Europa sei zu Großem fähig,»wenn wir einander beistehen und zusammenhalten«. Europas wertvollstes Gut seien die Menschen- und Bürgerrechte, sie dürften»nur aus sehr gewichtigen Gründen und nur sehr kurzfristig eingeschränkt werden. Eine Pandemie darf nie Vorwand sein, um demokratische Prinzipien auszuhebeln.«

Die zwei Kardinalfehler im Krisenmanagement

Das waren die beiden Kardinalfehler im merkelschen Corona-Management: Die Impfstoffbestellung auf Gedeih und Verderb an eine schlafmützige, bürokratische, dafür inkompetente EU zu delegieren, die ebenso unzuständig wie überfordert war, und die Gewöhnung an »Notstandsregeln« (Unionsfraktionschef Ralph Brinkhaus), mit denen Grundrechte schleichend vom bedingungslosen zum konditionierten, vom voraussetzungslos gegebenen zum fallweise gewährten Gut wurden. Das Gerede von einer»Corona-Diktatur« ist töricht und falsch, es fand keine»Machtergreifung« statt, erst recht kein»Putsch« durch irgendeine ominöse»globale Elite«. Das Virus ist keine Erfindung, sondern Realität, und ebenso verhält es sich mit der Covid-19-Erkrankung, die einen leichten, einen schweren oder einen tödlichen Verlauf nehmen kann. Wohl aber belegten mehrere Gerichtsurteile, dass im Durcheinander der Beschränkungen die Exekutive über das Ziel hinausschoss und es so zu einem Phänomen kam, das man sonst aus den Spätphasen großer Reiche kennt, dem»imperial overstretch«. Überdehnt wurde das Band der Gewaltenteilung. Gerissen ist es – trotz vieler teils besorgter, teils entsetzter Stimmen hochrangiger Verfassungsrechtler bis hinauf zu ehemaligen Richtern am Bundesverfassungsgericht – nicht.

Der erste Lockdown mit Kontaktbeschränkungen datierte von Mitte März 2020 und die in das Infektionsschutzgesetz integrierte

»Bundesnotbremse« mit je nach Inzidenzwert gestaffelten Maßnahmen vom 22. April 2021; sie galt in der vorliegenden Form bis längstens 30. Juni 2021. Wären 15 Monate eine nur »sehr kurzfristige« Einschränkung der Grundrechte, wie sie Merkel in ihrer Straßburger Rede allenfalls zubilligte? Das kommt auf den Standpunkt an und den geschichtlichen Horizont. Auch wenn das Auftauchen anfänglich für besonders tödlich gehaltener Virusvarianten aus England, Brasilien, Indien niemand voraussehen konnte: Eine Politik, die sich von Ausnahmetatbestand zu Ausnahmetatbestand hangelt, von Appell zu Appell, von Einschränkung zu Einschränkung, läuft Gefahr, jene Loyalität zu verspielen, ohne die kein Staat dauerhaft funktionieren kann. Souveränität braucht neben Legalität auch Legitimität.

Zur Belastung des Loyalitätsverhältnisses trugen ferner die wandernden Grenzmarken der Corona-Politik bei, die aus der Verdopplungszeit, dem R-Wert und schließlich dem Inzidenzwert bestanden, und die Fragwürdigkeiten der Maßnahmen. Obwohl Kinder keine Treiber der Pandemie waren, blieben die Schulen lange geschlossen oder wurden nur unter ihrerseits belastenden Bedingungen teilweise geöffnet. Trug zum trübseligen Lockdown-Fundamentalismus der weitgehende geschlossene Chor der immerselben warnenden, mahnenden virologischen Berater und düster gestimmten Modellierer bei, die Merkel um sich versammelte? Die Stimmen der Wirtschaft, der Künstler, der Kinder- und Jugendpsychologie, der Sport- und der Alterswissenschaft, der Heil- und der Sonderpädagogik drangen selten oder gar nicht ins Kanzleramt vor. Es wäre unwahrscheinlich gewesen, hätte sich aus dem Geist des Protests nicht bald eine Bewegung eigenen Zuschnitts formiert, die »Querdenker«. Sie sind ebenso enttäuschte Kinder der Generation Merkel wie die rechte Oppositionspartei AfD und zählen zum Erbe dieser Kanzlerschaft.

Andererseits erzielte die Fraktion derer, die harte und härtere Maßnahmen verlangten, in Meinungsumfragen bis in den Frühling 2021 hinein knappe bis solide Mehrheiten. Die Angst vor Covid-19 hatte beim Blick in Intensivstationen einen realen Grund. Nachrichten aus Indien berichteten im April und Mai 2021 von massenhaftem Sterben und neuen bedrohlichen Virusmutationen. Mitten in eine solche Phase allgemeiner Nervosität platzte der böse Verdacht, Merkel habe in einer neuen Berechnungsweise des Inzidenzwertes, zynisch gesprochen, einen Zauberstab entdeckt, um das jeweils erwünschte Paniklevel zu generieren.

Ein digitales Entwicklungsland mit seriellen Lockdowns

Nach dem Impfgipfel vom 26. April 2021 überraschte die Kanzlerin mit einer mathematischen Improvisation: »Wenn wir 50 Prozent doppelt Geimpfte haben, von denen kein Infektionsrisiko mehr ausgeht, die restlichen 50 Prozent der Bevölkerung aber noch nicht geimpft sind, dann bedeutet im Grunde eine Inzidenz von 100 in der Gesamtbevölkerung, dass für die nicht Geimpften – nur diese sind dann ja von der Erkrankungswahrscheinlichkeit betroffen – im Grunde eine Inzidenz von 200 besteht. Das heißt, wir haben dann immer noch ein erhebliches Risiko für unser Gesundheitssystem.« Diese von keinem Mathematiker abgenommene Rechenaufgabe könnte theoretisch dazu führen, jede Verbesserung der Daten sofort zu relativieren und zurückzuzwängen ins Korsett des alternativlosen Lockdowns – zumal es bereits an der alleinigen Aussagekraft einer sauber kalkulierten Inzidenz Zweifel gab.

Der Chef des dem Bundesgesundheitsministerium unterstellten Robert-Koch-Instituts, Lothar Wieler, sah Ende April 2021 die hohe Zeit der Pandemie nicht vor 2022 enden. Wie Deutschland sich wirklich im anticoronalen Abwehrkampf schlug, wird man vielleicht erst dann ermessen können. Dass die Bundesrepublik erstens miserabel auf die Pandemie vorbereitet war und sich als digitales Entwicklungsland erwies, das serielle Lockdowns an die Stelle intelligenter Lösungen setzte und stupide Grundrechtseinschränkungen einem zielgenauen Vorgehen an viralen »Hotspots« vorzog, dass zweitens unter deutscher Ratspräsidentschaft weder die Kanzlerin noch die EU-Kommissionspräsidentin Ursula von der Leyen bereit waren, Impfstoffproduktion und Impfstoffbeschaffung zur »Chefinnensache« zu machen, und dass drittens die Überreizung der Gesellschaft sehenden Auges in Kauf genommen wurde, bleibt evident. Aus Merkels siegreichem Wahlkampf gegen Gerhard Schröder anno 2005 ist ihr Wort überliefert, 35 Jahre DDR steckten in ihr. Wie ein fernes Echo dieses mehrdeutig schillernden Bekenntnisses klang der knappe Appell aus der Fernsehansprache an die Nation vom 18. März 2020: »Glauben Sie keinen Gerüchten, sondern nur den offiziellen Mitteilungen.« In den Corona-Jahren 2020 und 2021 sehnten sich viele Vertreter der Exekutive nach einem Wahrheitsmonopol des Staates. Insofern waren die Monate, da ein Virus als der letzte Souverän erschien, Deutschland sich zusperrte, Kontakte unter Verbot und Bewegungen unter Verdacht standen, eine Zeit der Versuchungen, der nicht alle widerstanden.

CORA STEPHAN

FOLGENREICHES VERSAGEN
IN DER FLÜCHTLINGSPOLITIK

Merkel hat sich im entscheidenden Augenblick weggeduckt

Die »Flüchtlingskrise« im Herbst 2015 hat die Republik erregt, verunsichert und zuletzt gespalten. Ein Teil der Bevölkerung war im Willkommensrausch, der andere Teil reagierte zunehmend entsetzt auf den Kontrollverlust und die absehbaren Integrationsprobleme, als täglich Zehntausende Migranten über die deutsche Grenze strömten. Merkels Flüchtlingspolitik war für ihre 16-jährige Kanzlerschaft ein Wendepunkt, der die Bundesrepublik erschüttert und die Parteienlandschaft verändert hat.

Im März 2017 ist das Buch *Die Getriebenen. Merkel und die Flüchtlingspolitik* erschienen, das geeignet ist, auch die Gutgläubigen davon zu überzeugen, dass sie im September 2015 einem beispiellosen Regierungsversagen beiwohnten. Es könnte sie in der Befürchtung bestätigen, von vorn bis hinten belogen und beschwichtigt worden zu sein. Der Bestseller von Robin Alexander hat Vertrauen in die Merkel-Regierung zerstört. Dabei hatte das der Autor dieses »Reports aus dem Innern der Macht« womöglich so gar nicht beabsichtigt. Er hat kein Plädoyer à la »Merkel muss weg« oder »Merkel ist schuld« geschrieben, nichts »Populistisches«, wie es der obwaltenden Sprachregelung zufolge hieße. Alexander hat nur hingeschaut und recherchiert, also das getan, was den Beruf des Journalisten recht verstanden ausmacht. Der Erfolg von Robin Alexanders Buch erinnert ein wenig an den Siegeszug von Thilo Sarrazins *Deutschland schafft sich ab*, das sich trotz schlimmster Verrisse in den Medien (und erheblicher Anforderung an das Durchhaltevermögen des Lesers) beim Publikum millionenfach durchgesetzt hat.

Die Folgen der chaotischen Flüchtlingspolitik beschäftigen das Land bis heute, lange nachdem der »Wir schaffen das«-Willkommensüberschwang von 2015 einer realistischeren Sicht gewichen ist. Eine Erfolgsgeschichte sieht anders aus – und sie lässt sich auch nicht mehr herbeijubeln.

Planloses Krisenmanagement

Wer damals darauf hingewiesen hat, dass die unkontrollierte »Völkerwanderung« keineswegs den »Ärmsten der Armen« oder vorrangig verzweifelten Müttern mit Kindern hilft, dass nicht nur von der Not getriebene, sondern auch von deutschen Versprechungen angezogene Migranten kommen, überwiegend junge Männer, dass man bei den meisten nur sehr wenig schulische oder berufliche Qualifikation erwarten kann, die einen »Fachkräftemangel« beheben könnte, und dass niemand von Verstand unkontrolliert und ungesteuert Massen von Menschen ins Land lässt, von denen man nichts weiß, auch nicht, ob sich darunter auch Verbrecher und Terroristen verbergen – solche Bedenkenträger und Stimmungskiller wurden von willkommenstrunkenen Medienvertretern als »Fremdenfeinde« durchs Dorf gepeitscht. Im Privaten ging es ähnlich drastisch zu.

Die Entwicklung hat – leider – den Pessimisten recht gegeben. Robin Alexanders Reportage bestätigt die schlimmsten Befürchtungen. Das Krisenmanagement der Merkel-Regierung vor und im September 2015 war geprägt von Planlosigkeit, von Zögern und Zaudern, oder, womit Sigmar Gabriel sich eher unhöflich vom Amt des Vizekanzlers verabschiedet hat, von »Übermut« und »Naivität« der Kanzlerin. »Übermut« mag man noch verzeihlich finden, »Naivität« eher weniger, jedenfalls wenn es um eine Bundeskanzlerin geht. Selbst

Finanzminister Wolfgang Schäuble, einer der erfahrensten Politiker des Landes und Parteifreund Merkels, hat ihre Entscheidung, die Grenzen nicht zu schließen, im Herbst 2015 indirekt schwer kritisiert. Ohne Merkel namentlich zu nennen, meinte er: »Lawinen kann man auslösen, wenn irgendein etwas unvorsichtiger Skifahrer an den Hang geht und ein bisschen Schnee bewegt.« Die Wucht dieses Bildes war ihm gewiss bewusst.

Der Autor Robin Alexander, inzwischen stellvertretender Chefredakteur der *Welt*, ist ein höflicher Mann und um eine faire Bewertung der Bundesregierung und der Kanzlerin bemüht. Das macht seinen Befund allerdings erst so richtig gnadenlos. Der Befund lautet: In einer der schwersten Krisen der Nachkriegszeit im September 2015 gab es in der Bundesregierung niemanden, der Verantwortung übernahm. Ungebremst ließ man das Land ins Chaos schlittern – nicht aus Not, nicht aus Ausweglosigkeit oder »Alternativlosigkeit«, schon gar nicht aus »humanitären« Gründen. Sondern weil man sich vor einer Entscheidung drückte, die unkontrollierte Zuwanderung von Hunderttausenden zu stoppen oder zumindest zu steuern. Nüchtern und detailgenau listet Alexander auf, was geschah – und auch was passierte, bevor die Bundeskanzlerin Deutschland (und indirekt ganz Europa) zum Land ohne Grenzen erklärte und »alle Syrer« einlud, zu kommen – ein lukratives Geschenk an die Passfälscher und Schleuser.

Frühe Warner ignoriert

Nichts war gänzlich »unvorhergesehen«, schicksalhaft, unaufhaltsam. Dieter Romann, der Präsident des Bundespolizeipräsidiums, lief im Frühjahr 2015 mit einer selbstgebrannten DVD durchs politische Berlin und zeigte allen, die es wissen wollten, welche Menschenmengen auf der Balkanroute unterwegs waren – Richtung Deutschland. Wer es wissen wollte, hatte ebenfalls längst registriert, dass es der Hilfsorganisation der Vereinten Nationen an Geld fehlte, um Flüchtlingslager in der Nähe der Krisenregion Syrien erträglich unterhalten zu können. Die Lebensmittelrationen dort wurden 2014 drastisch gekürzt. Und davon wusste man in Merkels Kanzleramt nichts? Man wurde völlig überrascht? Das ist entweder gelogen oder, schlimmer noch, das Anzeichen einer Art politischer Schlafkrankheit. Doch mit Vorwürfen hält sich Alexander nicht auf, er ist kein Polemiker, keiner, der an der »Schuldfrage« interessiert ist, ihn beschäftigen die Mechanismen, die zu Entscheidungen führen beziehungsweise sie verhindern. Er bleibt bei seinem Gegenstand: nahe an der Macht – beziehungsweise an den unschlüssigen Entscheidungsträgern.

Sowohl Angela Merkel als auch der österreichische Bundeskanzler Werner Faymann (SPÖ) erklärten das Durchwinken der aus Ungarn kommenden Migranten am 4. September im Nachhinein zu einer spontanen Entscheidung aus humanitären Gründen. Alexander legt plausibel dar, dass sie nichts dergleichen war, er meint, dass beide vielmehr »durch eine sorgfältig geplante und vorbereitete Aktion der ungarischen Regierung in diese Entscheidung hineingetrieben« wurden: Während Faymann für ihn nicht zu sprechen war, schickte Orban Flüchtlinge aus Ostungarn mit Bussen an die österreichische Grenze, ließ sie dort aussteigen und zu Fuß weitergehen – seht her, hieß das, Österreich hat die Migranten selbst ins Land geholt. Das Durchwinken nach Bayern geschah, ohne dass man sich um die Zustimmung des bayerischen Ministerpräsidenten bemühte. Nebeneffekt des Entscheidungschaos: eine Registrierung der Zehntausenden »Flüchtlinge« an der bayerischen Grenze blieb aus. Wer damals alles nach Deutschland gekommen ist, ist bis heute nicht bekannt.

Der Befehl zur Grenzsicherung lag bereit – Merkel scheute den Schritt

Doch der Hauptakzent der Untersuchung Alexanders liegt nicht auf diesem ersten Kontrollverlust, den damals wie heute Mitleidige noch hinnehmen mochten. Die entscheidende Frage ist: Warum schloss man die Grenze nicht eine Woche später? Weil es nicht ging, wie die Kanzlerin im Oktober 2015 in der Sendung von Anne Will behauptete, weil man Grenzen nun mal nicht schließen könne? Oder, wie sie ein paar Monate später, am 28. Februar 2016, erklärte: »Wenn der eine seine Grenze definiert, muss der andere leiden, das ist nicht mehr mein Europa«?

Wie man es auch dreht und wendet: Diese zweite Bemerkung ist ominös. Das Europa des Schengen-Raums basiert darauf, dass seine damit definierten Außengrenzen auch gesichert sind. Sind sie es nicht, müssen die Staaten des Schengen-Raums ihre eigenen Grenzen sichern. So sieht man das jedenfalls in allen anderen Staaten Europas, außer in der Bundesregierung der Angela Merkel. Ihre erste Bemerkung aber – Grenzen könne man nicht schließen – war schlichtweg falsch.

Die Bundespolizei hätte die Grenze sichern können. Am Samstag, dem 12. September 2015, war alles bereit für die Grenzschließung. Bundespolizeichef Romann hatte einen dreißigseitigen Einsatzbefehl vorbereitet. Alle Einheiten waren in Alarmbereitschaft und warteten auf den Abmarschbefehl, 21 Hundertschaften waren schon in Bussen an die Grenze zu Österreich gebracht worden, schweres Material befand sich bereits am Ort. Am Sonntag, dem 13. September, sollte die Grenze wieder geschlossen und gesichert werden. Es fehlte nur der allerletzte Befehl von der politischen Spitze. Doch niemand wollte diese Entscheidung treffen – der (zuständige) Innenminister Thomas de Maizière nicht und auch nicht die Kanzlerin, die von de Maizière Zusicherungen erbeten hatte, die er nicht geben konnte: »Er konnte nicht versprechen, dass die Entscheidung später vor Gerichten Bestand haben würde. Und er konnte nicht versprechen, dass es keine unpopulären Bilder geben würde.«

So unterblieb die Grenzsicherung, und die Dinge nahmen ihren Lauf. Bis heute ist unklar, wer alles ins Land gekommen ist. 2015 sind der nachträglich korrigierten Statistik zufolge etwa 900.000 Migranten ins Land geströmt, 2016 noch mal etwa eine Drittelmillion. Und sie kommen noch immer, selbst in Zeiten, als man in Deutschland 2020 plötzlich doch Grenzen schließen konnte: gegen ein Virus, doch im Grunde gegen die eigene Bevölkerung. Verlässliche, genaue Zahlen über die Migrationsbewegungen gibt es noch heute nicht, Ein-, Aus- und Durchreisende mit Mehrfachidentitäten kann man schlecht erfassen.

Zum Lob der Deutschen sei gesagt: Die Hilfsbereitschaft vieler Bürger und Vereine und das Organisationsgeschick in Ländern und

Kommunen 2015 und 2016 zur Unterbringung der Asylbewerber war und ist bewundernswert. Doch selbst das, was gut ging, hatte seinen Pferdefuß: Der neu ernannte Chef des Bundesamts für Migration und Flüchtlinge (BAMF), Frank-Jürgen Weise, hielt es für wichtiger, für eine sofortige Integration der Ankommenden zu sorgen – offenbar ohne jeden Gedanken daran, dass es für die meisten keinen Aufenthaltstitel würde geben können und die anderen nach Ende der auslösenden Krisenlage eigentlich wieder gehen müssten. Egal, ob ein Flüchtling seinen Pass oder irgendein Ausweispapier mit sich führte oder nicht, er wurde irgendwie erfasst und anschließend auf die oft überfüllten Unterkünfte verteilt. Die damit verbundenen Sicherheitsprobleme wurden öffentlich nicht diskutiert.

Seit Jahren wird massiv Geld in die bereitstehenden Hilfsindustrien gepumpt – auch eine Art von konjunkturfördernder Maßnahme. Doch der Verzicht auf die erheblich aufwendigeren und länger dauernden Verfahren zur Personenkontrolle, der Verzicht also auf Sicherheitsmaßnahmen, rächt sich heute bitterlich.

Ohne das beherzte Handeln des österreichischen Außenministers Sebastian Kurz (ÖVP), der dafür gesorgt hat, dass im März 2016 die Balkanroute geschlossen wurde, wäre die Lage für Deutschland noch brenzliger geworden, was Angela Merkel allerdings nie zugegeben hat. Merkel selbst hat die Schließung der Balkanroute durch die Balkanländer und Österreich öffentlich scharf kritisiert, obwohl das die weitere Eskalation der Krise verhinderte und damit auch einen weiteren Absturz ihrer politischen Beliebtheitswerte. Statt auf eine eigenständige Grenzsicherung der Schengen- und EU-Länder und damit die Rückgewinnung der Kontrolle über die Migrationsströme setzte sie auf ein Abkommen mit der Türkei. Sie hat sich damit vom türkischen Präsidenten Erdoğan abhängig und erpressbar gemacht, der an seiner Verpuppung zum Despoten arbeitet. Robin Alexander betitelt das Kapitel über diese Vorgänge »Unterwerfung« und schildert, in welche Abhängigkeit sich Angela Merkel begeben hat, weil sie zu lange zögerte und Erdoğan brüskierte, als er noch als demokratischer Reformer durchgehen konnte. Nun wurde sie seine Geisel.

Geheime Deals mit der Türkei

Durch Alexanders Buch kam erstmals an die Öffentlichkeit, dass Merkel mit der Türkei eine Flüchtlingsaufnahme in hoher Zahl ausgemacht hat – heimlich. Im März 2016 vereinbarten Merkel, der niederländische Premier Rutte und der damalige türkische Ministerpräsident Davutoğlu, dass die Türkei jährlich 150.000 bis 250.000 Flüchtlinge nach Europa weiterschickt. Beruflich qualifizierte Flüchtlinge allerdings wollte die Türkei selbst behalten. »Wie damals (September 2015) trifft Merkel wieder eine einsame Entscheidung. Der Bundestag hat nie beschlossen, die Flüchtlinge von der ungarischen Autobahn nach Deutschland zu holen, und die Hunderttausenden, die ihnen folgten. Genauso hat das Parlament bis heute nicht über das Kontingent abgestimmt, das Merkel in der Brüsseler Nacht versprach«, schreibt Alexander. Es ist nicht das erste Mal, dass der Deutsche Bundestag sich selbst marginalisiert und als Kontrollorgan der Regierung versagt hat. Schon während der »Euro-Rettung« war das so. Mittlerweile wächst der Preis, den Erdoğan für die Unterstützung bei der Zurückhaltung und Bewältigung des Migrationsstroms verlangt.

Und es ist klar, dass wir uns erst am Anfang der Probleme befinden, die durch die millionenfache Masseneinwanderung der letzten Jahre entstanden sind, ein Zustrom, der noch längst nicht gestoppt ist. »Was hätte Merkel denn sonst tun sollen?«, hört man oft, wenn man über die Lage diskutiert. Die Frage unterstellt, es habe keine Alternative gegeben, es komme vor allem auf eine Politik der Barmherzigkeit an, und »Flüchtlinge« könne man im Übrigen ja gar nicht aufhalten.

Die Krise kam nicht unvorhergesehen

Was im September 2015 kulminierte, war alles andere als unvorhergesehen. Detailliert analysiert das, was deutsche Behörden lange zuvor wussten und alsbald verschwiegen, der Terrorismus-Experte des Bayerischen Rundfunks Stefan Meining in seinem Anfang 2019 erschienenen Buch *Geheimakte Asyl. Wie die Politik in der Flüchtlingsfrage Deutschlands Sicher-*

heit gefährdet. Ein Insiderbericht. Die »Push-Faktoren« waren bekannt, zuvörderst der schon seit Jahren tobende Krieg in Syrien, die von Großbritannien, Frankreich und den Vereinigten Staaten mitverantwortete Destabilisierung und der Zerfall Libyens, dessen Diktator Gaddafi zuvor dafür gesorgt hatte, dass es keine massenhafte Wanderung übers Mittelmeer nach Europa gab. Durch das politische Vakuum im zerfallenden Libyen öffnete sich dieses Tor. Auch hatte die UN-Hilfsorganisation für die Flüchtlinge längst dringend gebeten, endlich die ausstehenden Finanzmittel zu überweisen, da man sonst Flüchtlingslager in der Nähe der syrischen Krisenregionen, im Libanon und Jordanien, nicht mehr vernünftig unterhalten könne. Spätestens, als die Essensrationen in den Lagern gekürzt wurden, hätte man alarmiert sein müssen.

Nicht weniger wichtig aber waren die »Pull-Faktoren«, also die Anziehungskraft und Sogwirkung, die insbesondere Deutschland und die deutsche Regierung ausübten. Bloßen Schutz für Flüchtlinge gab es auch anderswo, nach Deutschland aber lockten nicht nur ein Filmchen des Innenministeriums, der Werbung für das Asylland Deutschland machte, sondern auch das, was de Maizière »Fehlanreize« nannte: die Geldleistungen für Asylbewerber. In Berlin etwa wurde Kleidergeld für sechs Monate und Taschengeld für sechs Wochen im Voraus gezahlt. So kam es, dass noch in den ersten Monaten 2015 ein großer Teil, nämlich gut ein Drittel der ankommenden »Flüchtlinge«, in Wahrheit Migranten vom Westbalkan waren, die von der Aussicht auf die deutschen Sozialleistungen angelockt wurden. Dass in Deutschland eine großzügige Aufnahme und relativ großzügige Versorgung winken, sprach sich in Arabien und Afrika schnell herum. Fehlende Registrierung, mangelnde Kontrollen, unzulängliche Vernetzung der Behörden erleichterten Betrügern das Erschleichen von Asylbewerber- und anderen Sozialleistungen.

Von der »Eiskönigin« zur »Mutter Angela«

Die deutsche »Willkommenskultur« hatte 2015 weltweit Schlagzeilen gemacht, und die Nachricht von der unbegrenzten Aufnahme verbreitete sich über soziale Netzwerke und Handynachrichten im Handumdrehen im Nahen Osten und dem ganzen arabisch-nordafrikanischen Raum. Selfie-Fotos von arabischen Migranten mit der lächelnden Kanzlerin taten ein Übriges, auch ein Tweet des BAMF, den man als »Freie Fahrt für Syrer« interpretieren konnte. Merkels Verwandlung zur Willkommenskanzlerin trug ihr den Namen »Mutter Angela« ein (so ein *Spiegel*-Titelbild mit Merkel im Mutter-Teresa-Outfit). Die einst als kühl geltende Kanzlerin wurde nun in linksliberalen Kreisen als Muster einer humanitären Politikerin voll Barmherzigkeit gefeiert. Das war eine bemerkenswerte Metamorphose.

Was also hatte die sich sonst so »rational« gebende Naturwissenschaftlerin Merkel getrieben? Hat das Herz gesprochen? Völlig rational mag man auch andere ihrer Entscheidungen nicht nennen – etwa die kopf- und planlose, hastige »Energiewende«. Doch gefühlsduselig ist der Machtmensch Merkel sicher nicht. Man hat eher das Gefühl, dass sie Gefühle »übt« – seit sie die Wahl 2005 fast verloren hätte. Angela Merkel, die vor 2005 einen marktliberalen Kurs propagierte, schwenkte nach der nur sehr knapp gewonnenen Wahl von einem auf den anderen Tag um. Der Wahlkämpfer Schröder hätte gegen sie fast obsiegt – mit einer Wahlkampfstrategie, die man in der SPD »Projekt Wärmestrom« nannte. »Menschlichkeit« (SPD) wurde gegen »soziale Kälte« (Merkel) in Stellung gebracht.

Seither durfte man zusehen, wie die Kanzlerin sich um das Zeigen von Gefühlen bemüht, die ihr womöglich fremd sind. Bei einem »Bürgerdialog« in Rostock begegnete die Kanzlerin im Juli 2015 einem 14-jährigen Mädchen namens Reem Sahwil, geboren in einem palästinensischen Flüchtlingslager im Libanon und in Deutschland geduldet. Als die gehbehinderte Kleine der Kanzlerin weinend erzählte, sie habe Angst, Deutschland verlassen zu müssen, obwohl sie doch studieren wolle, erklärte ihr Merkel etwas steif, aber korrekt, dass nun mal nicht alle kommen und bleiben könnten: »Das können wir nicht schaffen.«

Der darauf folgende »Shitstorm« in den Medien traf auf die alte Wunde: Merkel, die »Eiskönigin« (so die Zeitschrift *Stern* im Sommer 2015 wegen ihrer angeblich harten Euro-Politik), hieß es, sei »kalt«,

»kühl«, »emotionslos«, »empathieunfähig« und »unmenschlich«. In den folgenden Wochen und Monaten wuchs der Druck vor allem in linksliberalen Medien, Merkel müsse in einer menschlichen Geste die Asylpolitik revidieren und mehr »Flüchtlinge« hereinlassen. Die Kanzlerin mag dies als Stimmung des Volkes wahrgenommen haben, das ja angeblich »postfaktisch« eingestellt sei, also keine Fakten (oder gar die Wahrheit) hören, sondern mit Gefühlen bedient werden wolle.

Diese Rücksichtnahme auf »Stimmungen« offenbart ein nahezu desaströses Politikverständnis. Es sieht ganz danach aus, als träfe die Kanzlerin rein situativ Entscheidungen mit langfristigen Wirkungen – wie schon im Fall der »Energiewende«. Das wäre der traurige Verzicht auf eine vorausschauende, langfristig angelegte und überlegte Politik, die von Verantwortung und dem Blick auf die Zukunft getragen ist. Sollte im Falle ihrer Migrationspolitik tatsächlich die Angst vor unschönen Bildern bei einer Grenzsicherung die ausschlaggebende Rolle gespielt haben, dann wäre ausgerechnet die kühle Naturwissenschaftlerin das beste Beispiel für emotional-intuitive Fehlsteuerungen in der Politik.

Die Folgen bergen längerfristigen sozialen Sprengstoff

Hätte man das alles anders machen können? Mit einer gewissen Voraussicht, die man von einer Regierung erwarten sollte: Ja. Die Bundesregierung hatte beispielsweise 2014 und 2015 durch eine großzügige Milliarden-Geberinitiative für eine signifikant bessere Versorgung in den Lagern für Flüchtlinge sorgen können, das hätte verhindert, dass sich ein solcher Migrationsdruck aufbaut.

Was die Barmherzigkeit für die dann 2015 hunderttausendfach nach Deutschland kommenden Bedürftigen und Notleidenden betrifft, so darf man fragen, ob sich nicht gerade in Deutschland ein Missverständnis eingebürgert hat. Die Leistungen der »Zivilgesellschaft« während der Hochzeit der »Willkommenskultur« sind rundum zu bewundern. Als politische Kategorie aber sind Barmherzigkeit und »ein warmes

Herz« untauglich, Gefühle rechtfertigen nicht, dass man freihändig bestehende Verträge und Gesetze bricht, welche Asylansprüche regeln. Gerade wer Gutes tun will, sollte einen kühlen Kopf bewahren und die Folgen bedenken. Die Folgen der merkelschen Aufnahmepolitik aber bergen auf kurze und auf längere Sicht Explosivstoff – für die, »die schon lange hier leben«, ebenso wie für alle Hinzugekommenen.

Im September 2015 sind überwiegend durchsetzungsstarke jüngere arabische Männer in Deutschland angekommen, nicht, wie Sendungen im öffentlich-rechtlichen Fernsehen suggerierten, vor allem geflüchtete Frauen und Kinder. Die Aufnahme Hunderttausender junger arabischer Männer, deren Integration in den Arbeitsmarkt fraglich ist, birgt sozialen und kulturellen Sprengstoff besonderer Art. Zu allen Zeiten und in allen Kulturen hatten sich Gesellschaften vor dem Gewaltpotenzial junger Männer zu fürchten, die nicht »eingebunden« waren. Das trifft auf die meisten der Zugewanderten zu. Kulturelle Differenzen, die überwiegend geringe berufliche Qualifikation und fehlende Sprachkenntnisse verhindern eine rasche Integration. Die rechtlich gebotene Abschiebung all jener aber, die kein Bleiberecht haben, wird in Deutschland nicht durchgesetzt. Das alles verspricht ein anhaltendes, ein wachsendes Konfliktpotenzial.

Vor allem aber öffnete die Bundesregierung das Tor auch für Kriminelle und Terroristen – und diese Gefahr war durchaus bekannt: Kein einziges der zuständigen Ämter schloss 2015 aus, dass Islamisten als Flüchtlinge getarnt nach Europa kommen, konstatiert Meining. Nicht nur der erwähnte Chef der Bundespolizei Dieter Romann war alarmiert, auch der damalige, später geschasste Präsident des Bundesamtes für Verfassungsschutz Hans-Georg Maaßen warnte in Berlin – vergeblich. Das Versagen des BAMF ist besonders trostlos: Unter Druck versuchte man den Ansturm nach 2015 möglichst schnell abzuarbeiten, unter einer geradezu skandalösen Hintanstellung von Sicherheitsanforderungen. Sicherheitsfragen, meint der BR-Terrorismusexperte Meining, haben im Übrigen vor allem die Kanzlerin nicht im Geringsten interessiert.

Pikant war auch, wie schnell auf die deutsche Einladung an alle Syrer reagiert wurde: Schon bald kursierten gefälschte Pässe. Womöglich wurde der Terror des IS durch den Verkauf von Pässen an

Flüchtlinge mitfinanziert. Auch das lukrative Schleusergeschäft füll-
te die Kriegskasse. Solche Überlegungen aber wurden selten öffentlich. Die Behörden, schreibt Meining, fürchteten sich vor »rechts-
extremistischer Resonanzkriminalität«. So wie die AfD bestimmen
darf, was man noch sagen kann, ohne Applaus von der falschen Seite
befürchten zu müssen, bestimmen Rechtsextremisten, wovor man
warnen darf. Eine realistische Betrachtung der Lage wurde und wird
noch immer systematisch ausgeblendet oder in die rechte, fremden-
und menschenfeindliche Ecke gestellt.

Allerdings waren die Warnungen berechtigt, wie der Anschlag
auf den Weihnachtsmarkt auf dem Berliner Breitscheidplatz ein Jahr
später zeigte. Am Abend des 16. Dezember 2016 steuerte ein islamis-
tischer Terrorist einen gekaperten Sattelschlepperzug in die Menge,
zwölf Menschen starben und 55 wurden teils schwer verletzt. Der Täter: Ein 24-jähriger Tunesier namens Anis Amri, der 2011 als Boots-
flüchtling nach Lampedusa gekommen, zwischenzeitlich inhaftiert
und als gefährlicher Islamist bekannt und mit Beginn der Flüchtlingskrise am 6. Juli 2015 illegal nach Deutschland eingereist war. Auch
in Frankreich, das schon von einer langjährigen Serie grausamer is-
lamistischer Anschläge mit inzwischen mehr als 250 Todesopfern
erschüttert wird, sind unter den Tätern einige erst in jüngerer Zeit
als »Flüchtlinge« eingereiste Migranten gewesen. Deutschland wird
eher als Ruheraum und Drehscheibe der islamistischen Terroristen
genutzt. Das stößt nicht nur deutschen »Wutbürgern« auf, sondern
lässt viele der Migranten aus Syrien und anderen islamischen Ländern verzweifeln, die sich in unserem Land vor radikalen Islamisten
schützen wollen. Denn einige sind ihnen längst nachgereist.

Ist angesichts der weltweiten Migrationsbewegungen und des Bevöl-
kerungsdrucks aus dem Nahen Osten und Afrika weitere Masseneinwanderung in die wohlhabenden Länder Europas überhaupt aufzuhalten?
Wahrscheinlich schon. Man kann – anders als es Merkel 2015 wollte – die
Grenzen schließen. Man kann sie – wie Merkel es tat – offenlassen. Im
ersteren Fall ist mit unschönen Bildern zu rechnen. Im zweiten Fall würde man auf längere Sicht wohl den deutschen Sozialstaat opfern müssen,
der auf ein nationales Solidarkollektiv hin angelegt ist.

Das deutsche Volk in einer existenziellen Frage ohne Vertreter

Längst ist die anfängliche Willkommensfreude, die oft einigermaßen hysterisch wirkte, einem weitverbreiteten Unbehagen in der Bevölkerung gewichen. Nicht wenige Bürger scheinen Fakten und Zahlen, die ungeschminkte Wahrheit, dem wärmestiftenden Erbarmen vorzuziehen.

Die Regierung und andere gesellschaftlich wichtige Stimmen wie die Wirtschaft haben unter tätiger Mithilfe der Medien viel zu lange an der beschönigenden Erzählung festgehalten: Aus der Wirtschaft hieß es 2015 gar von manchen, die Flüchtlinge würden den Fachkräftemangel beheben. Daimler-Chef Dieter Zetsche ließ sich zu der Bemerkung hinreißen, der Flüchtlingszustrom könnte ein »neues deutsches Wirtschaftswunder« auslösen. Ganz »humanitär-sozial« argumentierten Linke, Grüne und SPD: »Wir kriegen Menschen geschenkt«, frohlockte Katrin Göring-Eckardt; »Was die Flüchtlinge uns bringen, ist wertvoller als Gold«, sagte Martin Schulz. Alle, die das anders sahen, wurden als »Fremdenhasser« in die rechte Ecke gestellt.

Nun ist zwar längst eine korrigierende Kehrtwende hin zu einer restriktiveren Asylpolitik eingeleitet, doch offen wollte die Kanzlerin nicht bekennen, dass sie zuvor geirrt hatte. Das gilt auch weitgehend für die im Bundestag vertretenen Parteien, die es zugelassen haben, dass die Volksvertretung bei einer so einschneidenden Entscheidung der Regierung wie der Aufnahme von weit mehr als einer Million Menschen gar nicht um Zustimmung gefragt wurde. Das Volk, also »die schon länger hier Lebenden« (Merkel), hatte in einer existenziellen Frage keine Vertreter. Später sagte Merkel mit Blick auf den Ansturm der Flüchtlinge: »Eine Situation wie die des Sommers 2015 kann, soll und darf sich nicht wiederholen.« Gewiss, da wiederholt sich nichts. Es geht nur gerade immer so weiter.

Im Rückblick auf die 16 Jahre Kanzlerschaft Angela Merkels werden Historiker einst beurteilen, ob und was ihr bleibendes Erbe ist. Die Folgen der chaotischen, planlosen Politik im Herbst 2015 dürften dazugehören.

THILO SARRAZIN

Anmerkungen eines Nicht-Hilfreichen

Wie man die fatale Migrationspolitik korrigieren müsste

Vor elf Jahren, im August 2010, erschien mein Buch *Deutschland schafft sich ab*. Darin kritisierte ich unter anderem die Folgen einer falschen deutschen Einwanderungspolitik und beschrieb die besonderen Integrationsprobleme bei Migranten aus dem Nahen und Mittleren Osten und aus Afrika, zum größten Teil Muslime. Das umfasst Bildungsleistung, Integration in den Arbeitsmarkt, Abhängigkeit von Sozialtransfers, Frauenrechte, Kriminalität, religiösen Fundamentalismus und Terrorismus. Jede zitierte Zahl war durch eine Quelle belegt. Meinungen waren als Meinungen gekennzeichnet, die Annahmen für zukunftsbezogene Einschätzungen offengelegt. Keine einzige Formulierung beleidigte irgendeine Gruppe oder setzte sie pauschal herab. In den Medien und in der Bevölkerung wurden meine Thesen lebhaft und kontrovers diskutiert. Manche Migrationsforscher waren der Meinung, ich hätte ein schlechtes Buch geschrieben. Das stand ihnen zu. Sie interpretierten Statistiken eben anders, hatten andere Fragestellungen oder sahen das Glas halb voll, wo ich es halb leer fand. Darauf war ich vorbereitet. Es gibt keine sozioökonomische Frage, bei der alle Forscher und Experten einer Meinung sind.

Nicht vorbereitet war ich darauf, dass die Bundeskanzlerin mein Buch als »nicht hilfreich« abkanzelte. Diese Formulierung überbrachte Regierungssprecher Steffen Seibert sechs Tage vor Erscheinen des Buchs auf dem Markt, einen Tag nach dem Beginn des Vorabdrucks in *Spiegel* und *Bild*. Dabei blieb offen, ob Merkel das Buch für sich und ihre politischen Ziele als »nicht hilfreich« erachtete oder ob es das Menschheitswohl bedrohte. Vier Wochen später sagte Angela Merkel in einem Interview der *FAZ*, sie habe das Buch gar nicht gelesen. Sie verweigerte die Diskussion der von mir aufgeworfenen Fragen, indem sie die Kenntnisnahme meiner Argumente ablehnte, diese Ablehnung noch moralisierte und mir implizit – im Gegensatz zu ihrem christlichen Menschenbild – ein unchristliches Menschenbild vorwarf. Sie setzte damit ein unschönes Beispiel für eine »postfaktische« Argumentation, damals noch ein ganz unbekannter Begriff.

Merkel hat die Diskussion über Steuerung und Kontrolle der Einwanderung verhindert

Soweit es in ihrer Macht stand, hatte Merkel damit eine gewisse politische Sprachlosigkeit verordnet zur Frage, ob bestimmte Einwanderer für Deutschland nützlich oder weniger nützlich sind, ob es kulturelle Unterschiede gibt, die man leichter oder schwerer überwinden kann, ob es mit bestimmten Gruppen von Einwanderern mehr Probleme gibt als mit anderen und was das für eine rationale, die deutschen Interessen beachtende Einwanderungspolitik bedeutet. Die Wirkungen halten bis heute an. Wenn man die von Merkel implizit vertretene Haltung – sie sprach und spricht ja nicht darüber – rational unterlegt, dann ist es ganz egal, woher die Immigranten stammen, die nach Deutschland kommen. Egal ist auch, was sie können, welche kulturellen und religiösen Prägungen sie mitbringen. Sie scheinen ein beliebig formbares Material zu sein, beziehungsweise umgekehrt, wenn sie doch irgendwie anders sind, scheint es eher die Pflicht der Deutschen, sich anzupassen und Toleranz zu üben.

Kanzlerin Merkel hatte damit das in ihren Kräften Stehende getan, um jede sinnvolle Diskussion über gesteuerte Einwanderung zu unterbinden: Wenn es im Sinne einer definitorischen Setzung egal ist, welchen ethnischen Hintergrund, welche Kultur, Religion und Qualifikation die Menschen haben, die zu uns kommen, dann spielen allenfalls noch ihre Zahl und ihr Altersaufbau eine relevante Rolle. So konnte es im Zuge der sich im Herbst 2015 zuspitzenden Flüchtlingskrise zu den absurden Gleichsetzungen kommen, die zwischen dem Zuzug von Syrern und Afrikanern 2015/2016 und dem Strom der Flüchtlinge und Vertriebenen aus Ostpreußen und Schlesien 1945 eine Parallele zogen – nach dem Motto, wenn damals 14 Millionen vertriebene Deutsche mit Erfolg integriert wurden, dann können doch heute zwei Millionen Afrikaner und Araber kein Problem sein. Mit dieser Einstellung erschienen dann auch die massiven Übergriffe von jungen Männern aus dem Maghreb in der Kölner Silvesternacht 2015 allenfalls Ergebnis eines Polizeiversagens, nicht aber Ausdruck kultureller Unterschiede im Frauenbild. Der Umstand, dass die altersbereinigte Gewaltkriminalität der »Schutzsuchenden« beziehungsweise Asylbewerber dreimal so hoch ist wie in der übrigen Bevölkerung, bleibt bis heute in den meisten Medien und in der Politik systematisch unerwähnt.

Mit ihrer Einstellung zu Migrationsfragen vertrat die Bundeskanzlerin die Sicht der gesellschaftlich tonangebenden Schicht und des Medien-Mainstreams in Deutschland, die einer universalistischen Weltsicht und einem entsprechenden Menschenbild anhängen: Folgerichtig sagte Merkel auf dem Nominierungsparteitag der CDU in Mecklenburg-Vorpommern 2017 mit Blick auf das deutsche Volk: »Das Volk ist jeder, der in diesem Land lebt.« In diesem Sinn soll offenbar auch ein illegaler Einwanderer aus Eritrea, der in dieses Land gekommen ist, zum deutschen Volk zählen. Das sprengt aber die Festlegung des Grundgesetzes (Artikel 116), wonach das deutsche Volk sich aus den deutschen Staatsbürgern zusammensetzt.

Angela Merkels Fehler im Verlauf der Flüchtlingskrise und das Fehlen einer Strategie in der Migrationspolitik bis heute ergeben sich aus ihrem universalistischen Ansatz. Sie passen zur geistigen und administrativen Unordnung, die die deutsche Einwanderungs-, Flüchtlings- und Asylpolitik seit Jahrzehnten beherrscht: Dazu gehört die fehlende Untermauerung der seit 30 Jahren bestehenden

Freizügigkeit im immer weiter vergrößerten Schengen-Raum durch eine gemeinsame Einwanderungspolitik, ein vereinheitlichtes Asyl- und Aufenthaltsrecht und einen wirksamen gemeinsamen Grenz- schutz. Dazu gehört auch der europäische Grunddissens, der sich im fehlerhaften Vollzug der Dublin-Abkommen zeigt. Als es 2015 ernst wurde, nahmen nur Deutschland, Österreich und Schweden und am Ende Deutschland ganz allein in großem Umfang Flüchtlinge und illegale Einwanderer auf.

Eine gemeinsame europäische Flüchtlings- und Einwanderungs- politik war 2015 und 2016 gescheitert, ehe sie überhaupt begonnen hatte, und es gibt auch heute, sechs Jahre später, kein glaubwürdiges und in der EU politisch einigungsfähiges Konzept, wie man die Frei- zügigkeit im Schengen-Raum bei einer erneuten Verstärkung des Zustroms von Flüchtlingen und illegalen Einwanderern sichern und gleichzeitig die Kontrolle über die Grenzen erhalten kann.

In Deutschland hat sich die Debatte in Politik und Medien viele Jahre gedrückt um eine inhaltliche Erörterung der Frage, welche Art von Einwanderung wir aus wirtschaftlichen Gründen zur Sicherung des Lebensstandards in einer geburtenarmen, alternden Gesellschaft brauchen und welche Art von Einwanderung Wohlstand verzehrt, statt ihn zu schaffen. Die ganz einfache Antwort stellt nämlich dem tatsächlichen Einwanderungsgeschehen ein verheerendes Zeugnis aus: Der Wohlstand wird nur vermehrt durch Einwanderer, die bes- ser qualifiziert und in höherem Maße erwerbstätig sind als die auf- nehmende Bevölkerung. Jede andere Art von Einwanderung verzehrt auch auf lange Sicht mehr Ressourcen, als sie schafft, wenn man den Eigenverbrauch der Einwanderer abzieht. Sie macht so gesehen die Deutschen ärmer und nicht reicher. Durch falsche Einwanderung wird die Lösung der demographischen Probleme nicht erleichtert, sondern erschwert.

Das eigentliche Problem ist die Masseneinwanderung von Gruppen, die aufgrund ihrer Herkunftskultur großenteils auch nach vielen Gene- rationen weder wirtschaftlich noch kulturell gut integriert sein werden, sondern Parallelgesellschaften bilden. Würde es sich um Russen, Spa- nier, Chinesen oder Vietnamesen handeln statt um Araber, Afghanen und Afrikaner, so wären die Probleme weitaus geringer beziehungsweise langfristig lösbar. Die kritische Debatte darüber wird von den Universalisten in Politik und Medien aber weitgehend unterbunden. Deshalb die scharfe Reaktion Merkels auf *Deutschland schafft sich ab*.

Das deutsche Asylrecht versagt

Auch wegen des Fehlens einer offenen und ehrlichen Debatte hat sich die Praxis des deutschen Asylrechts immer mehr von den Intentionen des Grundgesetzes entfernt. Das Recht auf Asyl ist zu einem Einfallstor für ungeregelte Einwanderung geworden, wozu es nie gedacht war. Allein im Jahr 2015 kamen laut offizieller, nachträglich korrigierter Statistik 890.000 Asylsuchende nach Deutschland. 2015 bis 2019 soll die Zahl der Asylbewerber insgesamt um 1,1 Millionen auf 1,84 Millionen gestiegen sein. Und im Jahr 2020 bis zum ersten Quartal 2021 (trotz Corona-Pandemie) wurden weitere 130.000 Erstanträge auf Asyl gestellt.

Von der Einreise bis zur endgültigen Entscheidung über einen Asylantrag können durchaus drei bis vier Jahre vergehen. Werden Rechtsmittel ausgeschöpft, können die Zeiten auch deutlich länger sein. Ist das Asylverfahren abgeschlossen, schließen sich in der Regel ausländerrechtliche Verfahren an, in denen der abgelehnte Asylbewerber weitere Bleiberechte geltend machen kann. Auch für diese Verfahren ist der Rechtsweg mit allen Rechtsmitteln eröffnet. Er beginnt mit den häufig langen Wartezeiten des Bundesamts für Migration und Flüchtlinge (BAMF) bei der Registrierung als Asylbewerber und setzt sich fort mit lange dauernden Klage- und Berufungsverfahren vor den Verwaltungsgerichten, gegebenenfalls auch vor dem Bundesverfassungsgericht oder dem Europäischen Gerichtshof für Menschenrechte. Wird dann der Aufenthaltstitel verwehrt, schließen sich in der Regel weitere ausländerrechtliche Verfahren an, die jeweils mehrere Jahre dauern können. Sind diese abgeschlossen, kann immer noch ein Petitionsverfahren eingeleitet und letztlich eine Duldung ausgesprochen werden, was in der Mehrzahl der Fälle auch geschieht. Zur Abschiebung oder einer freiwilligen Ausreise kommt es nur bei einer Minderzahl von Fällen.

So kann es geschehen, dass ein Asylbewerber, der tatsächlich ein Wirtschaftsmigrant ist und seinen Pass »verloren« hat, sich mit falschen Herkunftsangaben viele Jahre lang in Deutschland aufhalten kann, indem er in unterschiedlichsten Verfahrensstufen immer wieder die Gerichte anruft, dabei Sozialleistungen bezieht, vielleicht nebenbei noch kriminell tätig ist, seinen Aufenthaltsstatus durch Familiengründung und Kinder weiter verfestigt, damit wiederum seinen Sozialleistungsanspruch erhöht etc.

So gerät konsistentes und klares Handeln in einer zentralen Existenzfrage der deutschen Zukunft sowohl konzeptionell als auch verfahrensmäßig unter die Räder. Im Ergebnis wird am Ende der langwierigen Verfahren nur in einem minimalen Bruchteil der Fälle ein berechtigter Anspruch auf politisches Asyl (gemäß Artikel 16a Grundgesetz) festgestellt: Von 2012 bis März 2021 gab es 2,4 Millionen Sachentscheidungen über Asylanträge. Lediglich in 17.965 Fällen wurde dem Antragsteller das Recht auf politisches Asyl zugesprochen. Das waren nur 0,8 Prozent aller Fälle.

Seit 2012 erhielten rund 67 Prozent der Antragsteller ein Bleiberecht als Flüchtling oder einen Aufenthaltsstatus wegen subsidiären Schutzes oder eines Abschiebungsverbots. 33 Prozent der Anträge wurden abgelehnt. Aber nur ein geringer Bruchteil der abgelehnten Bewerber reiste freiwillig wieder aus oder wurde abgeschoben.

Für weit über 90 Prozent der Asylbewerber gilt seit vielen Jahren unverändert: Sind sie einmal im Land, bleiben sie auch da, unabhängig davon, wie ihr Antrag letztendlich entschieden wird. Und ein großer Teil von ihnen holt irgendwann Familienmitglieder nach. De facto ist das deutsche Asylrecht zu einem Einfallstor für ungeregelte Einwanderung geworden. Manche finden dies gut aus Gründen der Menschlichkeit und Barmherzigkeit. Andere argumentieren, dass Deutschland wegen seiner Geburtenarmut sowieso aus wirtschaftlichen Gründen auf Einwanderer angewiesen sei.

Denjenigen, die Barmherzigkeit üben wollen, ist zu antworten, dass man Flüchtlingen viel besser, günstiger und wirksamer in der

Nähe ihrer Heimat helfen kann. Die Kosten eines Flüchtlings im deutschen Sozialstaat sind so ziemlich der teuerste Weg der Flüchtlingshilfe. In der Nähe ihrer Heimat – die Syrer also im Libanon und Jordanien – könnte man für dasselbe Geld eine vielfache Anzahl an Personen versorgen. Der engagierte Entwicklungsökonom und Migrationsforscher Paul Collier von der Universität Oxford sagte in einem *FAZ*-Interview 2018: »Für jeden Flüchtling in Europa zahlen wir 135-mal mehr als für einen Flüchtling in der Nähe seiner Heimat. Das ist total unverhältnismäßig. Die Flüchtlinge, die am bedürftigsten sind, schaffen es nicht bis Europa. Und denen gibt man viel weniger. Das ist nicht fair und nicht ethisch richtig. Es ist eine Schande.«

Wie er hervorhebt, sind es nicht die am meisten Hilfsbedürftigen, die es nach Deutschland schaffen, sondern die Jungen und Starken, in der Mehrzahl junge Männer. Barmherzigkeit und beste Wirkung der eingesetzten Gelder sprechen also gegen Flüchtlingshilfe durch Menschenwanderung von fremden Kontinenten.

Enorme Nettokosten für die Steuerzahler

Denjenigen, die sich für Einwanderung aus wirtschaftlichen Gründen aussprechen, ist zu antworten, dass nur qualifizierte Einwanderung zur Lösung wirtschaftlicher Probleme beiträgt. Dagegen verursacht die im letzten Jahrzehnt beobachtete Zuwanderung von Asylbewerbern vorzugsweise aus Afrika und dem Nahen und Mittleren Osten auch auf lange Sicht soziale und finanzielle Kosten, die den wirtschaftlichen Beitrag dieser Einwanderer und ihrer Nachkommen weit übersteigen.

Das Ausbildungsniveau der Migranten aus muslimisch geprägten Herkunftsländern ist im Durchschnitt gering. 73 Prozent haben keine Berufsausbildung, teilte das Bundesamt für Migration und Flüchtlinge in seiner großen Studie »Muslimisches Leben in Deutschland 2020« im April 2021 mit. Die kognitiven Kompetenzen der seit 2015 nach Deutschland gekommenen Flüchtlinge liegen deutlich (nämlich um 1,2 Standardabweichungen) unter der deutschen Referenznorm. Besonders groß ist der Unterschied bei sprachfreien, numerischen

Aufgaben. Bei textgebundenen Aufgaben besteht auch in der jeweiligen Muttersprache ein erheblicher Abstand zur deutschen Referenznorm. (Vgl. A. Frintrup und M. Spengler:»Berufliche Orientierung für Flüchtlinge und Migranten: psychologische Kompetenzanalyse und Berufsprofiling mit CAIDANCE-R.« In: A. Frintrup (Hrsg.): *Berufliche Integration von Flüchtlingen und Migranten*. Heidelberg: Springer 2017). Die beobachteten Defizite in der kognitiven Kompetenz lassen sich also nicht durch die mangelhaften Deutschkenntnisse erklären und können also auch nicht durch Sprachkurse kompensiert werden.

Bei der Betrachtung der Kostenfrage muss man die kurzfristige und die langfristige Perspektive unterscheiden: Kurzfristig kosten die Schutzsuchenden Geld für Unterkunft, Lebensunterhalt und medizinische Versorgung, für die Inanspruchnahme von Polizei, Justiz, Arbeitsverwaltung, Schulen, kommunalen Diensten etc. Die jährliche Summe der direkten und indirekten Kosten veranschlage ich auf rund 20.000 Euro pro Schutzsuchenden. Seit 2014 hat die Zahl der Asylsuchenden um rund 1,3 Millionen zugenommen. Das bedeutet jährliche Kosten von etwa 26 Milliarden Euro. Die Kosten des Familiennachzugs sind dabei noch nicht enthalten.

Die Kosten verteilen sich auf Bund, Länder und Gemeinden. Für den Bund fallen Ausgaben beim Bundesamt für Migration und Flüchtlinge (BAMF), bei der Arbeitsagentur und bei der Bundespolizei an, außerdem Ausgaben im Rahmen des Asylbewerberleistungsgesetzes und für das Arbeitslosengeld II. Außerdem unterstützt der Bund durch Zuweisungen die Länder und Gemeinden bei den unmittelbaren Ausgaben für Unterbringung und Unterhalt der Flüchtlinge. Bei den Ländern fallen Ausgaben für die Ausländerbehörden, die Justiz und die Polizei und die Schulen an. Die Gemeinden sorgen für die Unterbringung und zahlen die Unterhaltsleistungen aus. Außerdem stellen sie Leistungen der sozialen Dienste, der Kindergärten etc. zur Verfügung.

Im Bundeshaushalt wurden für 2019 rund 23 Milliarden Euro und für 2020 und 2021 jeweils 22 Milliarden Euro als Asylbedingte Leistungen des Bundes ausgewiesen. Die Leistungen der Länder und Gemeinden kommen noch hinzu. Langfristig können Flüchtlinge, die es auf den ersten Arbeitsmarkt schaffen, zwar für ihren Lebensunterhalt selber sorgen und so auch ihre Kosten decken. Zwei Drittel bis drei Viertel der bis jetzt registrierten knapp 2 Millionen Asylmigranten werden es jedoch voraussichtlich niemals auf den ersten Arbeitsmarkt schaffen. Sie verursachen dann dauerhaft jährlich in etwa die Kosten eines Empfängers von Grundsicherung, also bei einem Ledigen monatlich etwas über 400 Euro für Arbeitslosengeld II, etwa 400 Euro für Heizung und Unterkunft, etwa 200 Euro Krankenversicherung. Pro Jahr also etwa 12.000 Euro direkte Kosten.

Die indirekten Kosten des Staates kommen hinzu: Bildungssystem, Polizei, Verwaltung, Gefängnisse, bei Familiengründung weitere Sozialleistungen, Kindergeld etc. So ergeben sich dauerhafte Kosten von 20.000 bis 25.000 Euro je unterhaltsberechtigten Schutzsuchenden. Die durchweg sehr jungen Flüchtlinge haben noch eine Lebenserwartung von 40 bis 60 Jahren. Über die Lebenszeit summieren sich Zahlungen des Staats pro Fall auf 1 Million Euro auf.

Nach einer Berechnung des Arbeitsmarktökonomen und Finanzwissenschaftlers Holger Bonin, ausgerechnet im Auftrag der Grünen-nahen Heinrich-Böll-Stiftung, kommen für eine Million Einwanderer über das Asylsystem auf den deutschen Staat über die Jahrzehnte im schlechtesten Szenario Nettokosten von 400 Milliarden Euro zu. Nach dem von Bonin für realistisch angesehenen Szenario der Arbeitsmarktintegration zahlen diese Zuwanderer mehr Steuern und erhalten weniger Sozialleistungen. Es blieben dennoch 150 bis 200 Milliarden Euro Nettokosten über die Jahrzehnte, die sogenannte »Nachhaltigkeitslücke«. Diese errechnet sich aus dem Barwert der Summe der Steuern und Abgaben, die die Zuwanderer nach plausiblen Annahmen im Laufe ihres ganzen Lebens zahlen werden, abzüglich aller Transfers, die sie beziehen, und den anfänglichen Asyl- und Integrationskosten des Staates.

Der Freiburger Finanzwissenschaftler Bernd Raffelhüschen, der die Methode der Generationenbilanzen in Deutschland eingeführt hat, rechnet mit einer sehr viel höheren Belastung. Ein eingewanderter Flüchtling werde den Staat in seiner Lebenszeit per Saldo 450.000 Euro kosten. Durch die Zuwanderung von Asylbewerbern habe sich die langfristige Nachhaltigkeitslücke der deutschen Staatsfinanzen um fast

900 Milliarden Euro erhöht, rechnet er. »Langfristig gibt es keine fiskalische Dividende der Zuwanderung«, stellt Raffelhüschen fest.

Wegen der erheblichen Lücke bei den kognitiven Kompetenzen der Flüchtlinge untertreiben die Berechnungen von Bonin und Raffelhüschen aus meiner Sicht noch die finanzielle Dimension: Im November 2020 – fünf Jahre nach der großen Flüchtlingswelle – hatten in Deutschland nur 397.000 Migranten aus nichteuropäischen Herkunftsändern eine sozialversicherungspflichtige Beschäftigung, lediglich 150.000 mehr als vier Jahre zuvor (so die Daten der Bundesagentur für Arbeit: Auswirkungen der Migration auf den Arbeitsmarkt, Januar 2021). 80 Prozent der Schutzsuchenden sind also ein halbes Jahrzehnt nach der großen Flüchtlingswelle abhängig von Transferleistungen. Nach meiner Einschätzung werden mindestens zwei Drittel dauerhaft (das heißt lebenslang) zu Transferempfängern mit direkten und indirekten Kosten von 20.000 bis 25.000 Euro pro Jahr. In der Summe bedeutet also die Flüchtlingswelle seit 2015 eine staatliche finanzielle Zukunftsbelastung von rund einer Billion Euro.

Für noch schwerwiegender als die finanziellen Kosten halte ich die sozialen Kosten und die langfristigen Risiken einer millionenfachen Einwanderung aus islamischen Ländern. Das Abstimmungsverhalten der in Deutschland lebenden Türken beim Referendum über die Verfassung in der Türkei 2017 hat gezeigt, dass zwei Drittel der Deutsch-Türken auch nach Jahrzehnten in Deutschland die westliche demokratische Kultur noch nicht verinnerlicht haben. Noch weitaus größer sind wohl die Integrationsprobleme der bei uns lebenden Araber. Aus einer Fortsetzung dieser Art von Flüchtlingspolitik können langfristige erhebliche Bedrohungen erwachsen.

Unkontrollierte Massenzuwanderung wirksam verhindern

Das neue Fachkräfteeinwanderungsgesetz vom 1. März 2020, mit dem die Einwanderung nach Deutschland in erwünschte Bahnen gesteuert werden soll, enthält zweifellos viele gute Absichten und entsprechende Ansatzpunkte. Das tatsächliche Einwanderungsgeschehen wird aber nicht durch dieses Gesetz bestimmt, sondern durch die Freizügigkeit in der EU und den Zustrom der Asylbewerber. Das ist ein grundsätzliches Problem.

Welchen Sinn sollte ein Punktesystem für die Steuerung einer qualifizierten Einwanderung von Ingenieuren beispielsweise aus Indien oder China ergeben, wenn via Asyl das Tor für unqualifizierte Masseneinwanderung aus Afrika und dem Nahen und Mittleren Osten sperrangelweit offenbleibt? Diese Einwanderung wird auch in Zukunft nicht zu stoppen sein, solange ein nennenswerter (im Augenblick sogar der größte) Teil derer, die Deutschland irgendwie erreichen, darauf hoffen kann, dauerhaft in Deutschland zu bleiben.

Die große Mehrheit jener Zigmillionen Flüchtlinge und Auswanderungswilligen in ärmeren Ländern der Welt, die Deutschland nie erreichen, und die kleine Minderheit jener, denen es gelingt, den Fuß auf deutschen Boden zu setzen, werden dabei krass ungleich behandelt. Sobald die Letzteren das Wort »Asyl« ausgesprochen haben, erwerben sie nicht nur Anspruch auf Unterhalt durch den deutschen Sozialstaat, sondern sie können auch alle Verfahrenswege und Prozeduren des deutschen Rechtsmittelstaates ausschöpfen. Sie ernähren zugleich ein Heer von Tausenden von Anwälten, die sich darauf spezialisiert haben, sie zu unterstützen. So wird notfalls viele Jahre um das Aufenthaltsrecht gekämpft, auch in Fällen, die von Anfang an aussichtslos sind, und schließlich dienen ärztliche Atteste dazu, eine Abschiebung in letzter Sekunde zu vermeiden oder möglichst lang hinauszuzögern. Mittlerweile arbeitet gut die Hälfte der rund 2.000 Verwaltungsrichter in Deutschland nur noch für Asylverfahren. Ihre zumeist sicherlich sehr pflichtbewusste Arbeit ist am Ende sowieso vergeblich, weil auch die abgelehnten Asylbewerber größtenteils bleiben können.

Das ganze System verschlingt in Deutschland inzwischen jährlich zweistellige Milliardenbeträge, die Jahr für Jahr anwachsen und doch keinen Beitrag zu mehr Gerechtigkeit leisten. Wer es als Asylbewerber nach Deutschland geschafft hat, hat praktisch das große Los in einer weltweiten Lotterie gezogen. An den schwierigen Verhältnissen und dem niedrigen Lebensstandard in ihren Heimatländern ändert sich dadurch nichts, und die Ursachen ihrer Rückständigkeit werden damit schon gar nicht bekämpft. Im besten Falle leisten die aus deutschen Sozialkassen stammenden Überweisungen derjenigen, die es nach Europa geschafft haben, einen Beitrag zum Lebensunterhalt der Daheimgebliebenen. Damit wird eine Empfängermentalität geschaffen, aber die Ursachen der Unterentwicklung der Länder – ausbeuterische Eliten, Korruption, niedrige Bildung und zu hohe Geburtenraten – werden nicht einmal ansatzweise beseitigt.

Seit 2015 hat die Bundesregierung zwar vermehrte Anstrengungen unternommen, die Asylverfahren in Deutschland effizienter zu gestalten und zu beschleunigen, falsche materielle Anreize abzubauen, schneller abzuschieben, die Sprachkenntnisse der Asylbewerber zu verbessern und die Integration zu forcieren. Solche systemimmanenten Verbesserungsversuche werden aber nicht wirklich erfolgreich sein, wenn der grundlegende Fehler bestehen bleibt, der Deutschland in diese Situation gebracht hat. Er besteht in der Veränderung der Rechtsstellung, die der Migrant oder Flüchtling in dem Augenblick erfährt, in dem er deutschen Boden erreicht hat und das Wort »Asyl« ausspricht: Damit wird er zu einem Subjekt des deutschen Rechts mit Ansprüchen an den deutschen Sozialstaat, mit einem Anspruch auf Prüfung seines Asylantrags und mit dem Recht, die Rechtswege der deutschen Verwaltungs- und Sozialgerichte umfassend zu beschreiten. Solange das nicht geändert wird, werden die falschen Anreize bestehen bleiben.

Der Migrationsdruck aus Afrika und dem Nahen und Mittleren Osten auf die europäischen und deutschen Grenzen wird ebenfalls fortbestehen und tendenziell sogar noch zunehmen, wenn man die demographische Entwicklung in diesen Regionen bedenkt, und die Schlepper werden weiterhin sehr gute Geschäfte machen. Es wird auf die Dauer auch nicht helfen, neben Erdoğans Türkei noch weitere Diktaturen oder autoritäre Regime von fragwürdiger Legitimation mit der Bewachung der europäischen Außengrenzen (und damit der deutschen Grenzen) zu betrauen.

Der Drang nach Europa, insbesondere nach Deutschland, wird erst dann nachlassen, wenn im fernsten afghanischen oder afrikanischen Dorf klar ist, dass eine erfolgreiche Ankunft in Deutschland nicht mehr zum Bleiberecht führt, wenn die Voraussetzungen für politisches Asyl nicht gegeben sind. Zudem müsste klargestellt werden, dass abgelehnte Asylbewerber keinen legalen Aufenthaltsstatus und deshalb keine Möglichkeit zur Klage vor deutschen Verwaltungsgerichten mehr haben.

Erst wenn eine unerwünschte unkontrollierte Zuwanderung von außerhalb der Europäischen Union wirksam unterbunden wird, wäre der Weg frei für eine auswählende, gezielte Einwanderungspolitik, soweit sie von den betreffenden Staaten aus wirtschaftlichen oder demographischen Gründen gewünscht wird. Das sind die wichtigen Fragen der Migrationspolitik, die sich einem deutschen Regierungschef stellen. Hier müsste er oder sie nach Lösungen suchen und Diskussionen anstoßen.

Angela Merkel tat das Gegenteil. Zunächst unterband sie grundsätzliche Debatten und versäumte eine strategische Positionierung Deutschlands in Einwanderungs- und Flüchtlingsfragen. Als die Ereignisse sich 2015 beschleunigten und überschlugen, handelte sie kopflos. Ihr einziges erkennbares Konzept bestand darin, die Türkei und die südlichen Anrainerstaaten des Mittelmeers als Bittstellerin zu bereisen und zeitweise die deutsche Marine im Mittelmeer als Transportvehikel für neue Einwanderungswellen aus Afrika einzusetzen. Von einer Bundeskanzlerin, die Deutschland in eine sichere Zukunft führen will, hätte man mehr und anderes erwarten müssen. Ihr Versagen in der Migrationspolitik wird dereinst als größte Fehlleistung ihrer Amtszeit in die Geschichtsbücher eingehen. Es ist zu hoffen, dass ihr Nachfolger beziehungsweise ihre Nachfolgerin daraus lernen wird.

DAVID MARSH

DIE WIDERSPRÜCHE
DER EURO-KRISE

Über deutsche Macht und Ohnmacht in der Währungsunion

»Scheitert der Euro, scheitert Europa« – der berühmt-berüchtig-
te Satz Angela Merkels von 2010 zeigte, welche Bedeutung sie der
Währung zumaß. Merkels Euro-Rettungs- und Stabilisierungspolitik
war das Kernstück ihrer Politik gegenüber der Europäischen Union.
Tatsächlich hat die Euro-Politik nach 2010 ihre gesamte außenpolitische Agenda dominiert. Damit hat sie den Spruch des ehemaligen
Kanzlers Schmidt »Währungspolitik ist Außenpolitik« bestätigt.

Und was für ein wildes Durcheinander gab es: eine heftige Ach-
terbahnfahrt mit immer neuen Krisenschüben und Rettungsgipfeln.
Das Bild des Euro, seine symbolische Bedeutung für Europa sowie
die Ziele der Währungsarchitekten wurden auf den Kopf gestellt.
Einst sollte die Währung ein stabilisierender Faktor, ein Anker für
den Kontinent sein. Der Euro sollte zudem – so der Wille der Vorden-
ker und Gründer in der aufregenden, aber auch unsicheren Zeit nach
dem Fall der Berliner Mauer und der Wiedervereinigung – Europa
vor dem Gespenst einer deutschen Dominanz bewahren.

Statt eines Stabilitätsankers war der Euro seit 2009/2010 zum
Destabilisierungsrisiko geworden. Viele Jahre von Merkels Kanzlerschaft waren nun dem Bemühen gewidmet, die Währung zu stabili-
sieren, die zu einer gefährlichen Quelle von Brüchen, Fragmentie-

rung und potenzieller Desintegration in Europa wurde, nachdem die globale Finanzkrise in eine Euro-Schuldenkrise mündete, die mehrere Euroländer vor allem im Süden an den Rand eines finanziellen Abgrunds brachte. Nur mithilfe von Kreditpaketen in insgesamt dreistelliger Milliardenhöhe und der sehr expansiven Geldpolitik der Europäischen Zentralbank (EZB) konnte der Zusammenbruch abgewendet werden.

Merkels Mission bestand paradoxerweise darin, die innewohnende Instabilität jenes Instruments in den Griff zu bekommen, das als Stabilitätsanker Europas hätte dienen sollen. Im Zuge dieser Krisen- und Rettungspolitik wurden allerdings einst als fundamental angesehene ordnungspolitische Prinzipien der Euro-Konstruktion über Bord geworfen oder so weit geändert, dass die ursprüngliche Form und der ursprüngliche Sinn kaum noch wiederzuerkennen sind.

Eine andere Ironie liegt darin, dass im Zuge der Euro-Krise die politische Macht Deutschlands und seine wirtschaftliche Stärke relativ zu anderen im Euroraum zunahmen – teilweise als Ergebnis dessen, dass Deutschland den Löwenanteil der Kredite und Haftungszusagen (gut ein Viertel bei den europäischen Hilfskrediten) übernahm. Damit verstärkte sich eine Entwicklung, die eigentlich den Absichten der Euro-Architekten zuwiderlief: Viele Nachbarländer befürchteten in der Wiedervereinigungszeit, das neu zusammengefügte Deutschland in der Mitte des Kontinents könnte ein Übermaß an Gewicht und Einfluss einnehmen. Eines der Hauptziele der Euro-Planer war konsequenterweise, die wahrgenommene Gefahr einer deutschen Dominanz einzudämmen.

Die Maastricht-Vision beschädigt, ohne Plan durch die Krise

Auf der Maastricht-Konferenz 1991 fügte sich Deutschland und stimmte zu, unter bestimmten stabilitätsorientierten Voraussetzungen eine neue, gemeinsame Währung zu schaffen. Die Deutschen sollten die D-Mark aufgeben, die Bundesbank sollte in der Europäischen Zentralbank aufgehen: Kern- und Herzstück eines neuen, allstabilisierenden europaweiten politischen wie wirtschaftlichen Ausgleichs. Dies hat sich aber keineswegs als Versicherung gegen eine neu aufkommende deutsche Hegemonie erweisen. Denn in der Krise ist der Süden abgestürzt, Frankreich – das traditionelle kontinentale Gegengewicht – war stark angekratzt. In der Folge überragte Deutschland nun alle anderen wirtschaftlich und politisch. Die Maastrichter Vision ist stark beschädigt.

Nach Ansicht der Empfängerländer von Rettungskrediten hat Deutschland in den Jahren 2010 ff. die »Austeritäts-« und Reformpolitik diktiert, die Bedingung für die großen Kreditprogramme war. Deutschland als Herrscher, so die Sicht mancher vor allem im Süden. Das deutsche Narrativ war ein ganz anderes. In der bundesrepublikanischen Debatte über die Euro-Krise dominierte die Auffassung, Deutschland als Zahlmeister sei nicht mächtiger, sondern verwundbarer geworden: Die großen Haftungszusagen lassen Mutmaßungen in Deutschland laut werden, ob die Milliarden-Hilfskredite – etwa an Griechenland – jemals zurückgezahlt werden können.

Gab es eine große Strategie, einen Masterplan zur Lösung der Euro-Krise? Eher nicht. Merkel gab zu, dass sie im Hinblick auf die Griechenlandrettung »auf Sicht« fahre, also immer nur wenige Meter des kommenden Weges klar überblicken könne. Der Rettungskurs war Stückwerkspolitik. Die seit 2010 (beginnend mit Griechenland) gewährten Kreditpakete und die »Rettungsschirme« erwiesen sich anfangs als zu klein. 2012 wurde mit dem Europäischen Stabilitätsmechanismus (ESM) mit Sitz in Luxemburg eine Kreditinstitution eingerichtet, die maximal 750 Milliarden Euro an finanziell angeschlagene Euroländer ausgeben konnte. Damit sollte der »Rettungsschirm« ausreichend groß sein. Doch immer noch blieb Angst an den Märkten – letztlich hat erst das Eingreifen der EZB, die eine quasi unbegrenzte Geldschwemme versprechen konnte, die Sorgen über die Solvenz der Staaten beruhigt. Fünf Staaten haben ESM-Kredite erhalten: Griechenland, Irland, Portugal, Spanien und Zypern. Damit verbunden waren Auflagen zur Haushaltskonsolidierung und für Reformprogramme. Merkel bestand darauf: »Hilfe und Solidarität nur gegen Reformen«. Diese sollten die Länder wieder wettbewerbsfähig machen. Die Bilanz ist gemischt. In einigen Ländern – vor allem Irland, auch in Spanien – hat es geklappt, in anderen weniger. Das mit Abstand größte Sorgenkind blieb Griechenland.

Die Euro-Rettungspolitik, die oft hektisch in kräftezehrenden, bis tief in die Nacht dauernden Gipfeltreffen ausgehandelt wurde, bestand häufig aus Kompromissen, die keine Seite wirklich zufriedenstellten. Besonders umkämpft war der Kurs der Geldpolitik unter EZB-Präsident Mario Draghi, über die im EZB-Rat heftig gerungen wurde. Bundesbank-Chef Axel Weber trat im April 2011 zurück, die Gründe dafür waren allerdings komplex. Sein Nachfolger wurde Jens Weidmann. Gegen eine der wichtigsten geldpolitischen Entscheidungen – das Staatsanleihekaufprogramm der EZB in Billionenhöhe, das im Frühjahr 2015 begann – opponierte die Bundesbank abermals vergeblich. Vielen Deutschen sind diese EZB-Käufe, welche die Anleihezinsen noch tiefer senken und zu Negativrenditen bei vielen Staatspapieren führten, ausgesprochen zuwider. Auch Frau Merkel hatte ein mulmiges Gefühl, doch öffentlich hat sie keinerlei Kritik an der EZB geäußert, nur deren Unabhängigkeit betont.

Die nächste große Auseinandersetzung um die EZB begann, als entschieden wurde, wer die Nachfolge von Mario Draghi antreten sollte, dessen achtjährige Amtszeit im Oktober 2019 endete. Als Favorit galt vielen Bundesbank-Präsident Weidmann. Doch Weidmann, der in der Finanz- und Wirtschaftskrise 2008/2009 ein wichtiger Berater Merkels im Kanzleramt war, an die Spitze der EZB zu setzen, hätte einige Euroländer besonders im Süden irritiert. Sie hätten dies als Zeichen gesehen, dass nun Deutschland die geldpolitische Macht übernehme, wogegen in Deutschland bislang die Wahrnehmung vorherrschte, dass die Bundesbank mit ihren Einsprüchen und Bedenken im EZB-Rat regelmäßig überstimmt und übergangen werde.

Weidmanns Bundesbank-Vorgänger Weber stand 2011 kurz davor, den damaligen EZB-Chef Jean-Claude Trichet zu beerben, doch Merkel durchkreuzte die Idee, unterstützte ihn nur halbherzig, und Weber zog sich zurück. So kam der Italiener Draghi an die Spitze der Institution, die mit der Nullzinspolitik und den Anleihekäufen eine entscheidende Rolle in der Euro-Krise gespielt hat. Wäre Weidmann sein Nachfolger geworden, hätte dies – als diametral entgegengesetzte Reaktion zur mangelhaften Begeisterung der südlichen Länder – das angeschlagene Vertrauen der Deutschen in die EZB und den Euro wieder festigen können. Statt Weidmann setzten die Staats- und Regierungschefs 2019 indes die Französin Christine Lagarde, ehemalige französische Finanzministerin und dann IWF-Chefin, an die EZB-Spitze. Es war ein typisches politisches Tauschgeschäft, in dem auch andere europäische Spitzenposten – allen voran die EU-Kommissionspitze mit Ursula von der Leyen – neu besetzt wurden.

Dass es in der heterogenen Währungsunion weiterhin große makroökonomische Ungleichgewichte gab und die einheitliche Geldpolitik diese nur unzureichend ausgleichen konnte, ist unübersehbar. Einige Ökonomen unternahmen daher immer wieder Gedankenspiele, dass schwache Krisenländer wie Griechenland austreten – dafür war zeitweilig auch der damalige Bundesfinanzminister Schäuble – und abwerten. Merkel aber wollte ein Ausscheiden auch nur eines einzigen Landes auf jeden Fall verhindern.

Nur noch Lippenbekenntnisse zum No-Bailout-Prinzip

Niemand unter den führenden Euro-Rettungspolitikern ist wirklich glücklich mit den Spannungen, die im Euroraum weiter bestehen, sowie mit den Machtverschiebungen infolge der Euro-Krise. Soweit man Merkels oft unergründliche Äußerungen verstehen konnte, war auch die Kanzlerin nicht glücklich darüber. Merkel mochte es nicht, wenn der Eindruck einer deutschen Machtansammlung entstand, teils wegen der Last der Geschichte; zudem können weder sie noch die Mehrheit der Deutschen mit wirklich viel internationaler Macht effektiv umgehen. Sofern also in anderen Euroländern der Eindruck entstand, Merkel strebe mit den Euro-Rettungsmaßnahmen eine dominierende Position an, so war das keine Absicht, sondern ungewolltes Resultat der zufälligen und improvisierten Politik, die von Umständen und Handlungsdruck getrieben wurde, statt einem sorgfältig durchdachten Plan zu folgen.

Sowohl in der Griechenlandfrage als auch bei Merkels widerstrebender Unterstützung für Draghis berühmtes »Whatever it takes«-Versprechen im Juli 2012 ließ sie sich durch Pragmatismus und aktuelle Eingebungen leiten, nicht von ordnungspolitischen Prinzipien. So geriet die besonders von deutschen Ökonomen hochgehaltene »No Bailout«-Klausel unter die Räder. Deutsche Ökonomen haben in der Krise für eine »geordnete Staatsinsolvenz« überschuldeter Euroländer statt für immer neue Rettungspakete plädiert – doch Merkel hielt von solchen Überlegungen wenig. »Nicht hilfreich« für die Praxis, wird sie wohl gedacht haben. Das Risiko, dass bei einem Staatsbankrott im Euroraum oder einem Austritt (etwa Griechenlands) Kettenreaktionen entstehen könnten, schätzte sie überwiegend aus übergeordneten politischen und historischen Gründen höher ein als mögliche positive längerfristige Folgen eines ordnungspolitisch harten Kurses.

Finanzminister Schäuble war im Sommer 2015 nach endlos zermürbenden und wenig konstruktiven Verhandlungen mit der linken Tsipras-Regierung so weit, statt weiterer Rettungskredite einen »temporären« Euro-Austritt der Griechen zu empfehlen, damit das Land nach einer Abwertung sich außerhalb des Euroraums erholen könnte. Auch an der IWF-Spitze war man dem nicht mehr ganz abgeneigt. Doch die Kanzlerin wandte sich dagegen. Die Mehrheit der anderen Euro-Finanzminister wollte 2015 ebenfalls keinen griechischen Euro-Austritt, weil sie (besonders die Vertreter finanziell schwächerer Länder) mögliche Dominoeffekte befürchteten.

Andererseits hätte mehr strategische Weitsicht Merkel in der Europapolitik zu einer anderen Prioritätensetzung bringen können, nämlich Großbritannien höher als Griechenland zu gewichten: Statt so viel Kraft darauf zu verwenden, die Griechen im Euroraum zu halten, hätte sie etwas mehr Energie einsetzen können, um den Brexit abzuwenden. Die Priorität für Griechenland statt für Großbritannien war ein Wagnis, ein riskanter Schritt. Es kann noch Jahre spekuliert werden, welches Ergebnis besser gewesen wäre.

Merkel hat zwar regelmäßig Lippenbekenntnisse zu den heiligen traditionellen ordnungspolitischen Prinzipien abgegeben, etwa indem sie sich gegen eine Haftungsunion durch eine vollständige Schulden-Vergemeinschaftung sträubte. Die immer wieder von Südeuropa und Frankreich und teils auch der EU-Kommission geforderten oder empfohlenen »Euro-Bonds« lehnte sie strikt ab. Eine Schuldenvergemeinschaftung werde es nicht geben, »solange ich lebe«, sagte sie.

Doch faktisch gibt es schon länger eine schleichende Haftungsvergemeinschaftung. Zum einen durch die erwähnten massiven ESM-Kreditprogramme, denn für die Refinanzierung des ESM-Rettungsfonds werden Anleihen begeben, für die Europas Steuerzahler gemeinschaftlich haften; zudem haben bei der Einrichtung des ESM alle Euroländer kleinere Milliardenbeträge als Bareinlage geleistet. Zum anderen gibt es eine Haftungsvergemeinschaftung durch die Hintertür, nämlich über die EZB und das Target2-System der Notenbanken, in dem mittlerweile Ungleichgewichte von weit mehr als einer Billion Euro aufgelaufen sind.

Großes Verlust- und Erpressungspotenzial für Deutschland

Was hier passiert, ist für Laien nur noch sehr schwer zu durchschauen. Das Target2-System (Trans-European Automated Real-time Gross Settlement Express Transfer System) ist ein System zur Abwicklung grenzüberschreitender Zahlungen zwischen den Notenbanken. Es war als reines Verrechnungssystem gedacht. Doch in der Euro-Krise bildeten sich hartnäckige Milliardendefizite der Euro-Krisenländer und entsprechend hohe Forderungen der kerneuropäischen Notenbanken, namentlich der Bundesbank. Die Metamorphose des kurzfristigen Zahlungsabwicklungssystems in ein langfristiges, unbegrenztes Überziehungskreditsystem – bei dem Schuldenmachen beim Null-Leitzins sogar völlig gratis und ohne jede Auflage möglich ist – bleibt ein Mysterium der Entwicklung der Währungsunion.

Die Ungleichgewichte waren das Resultat von Leistungsbilanzdefiziten, Kapitalflüssen und seit 2015 der Anleihekaufprogramme der Zentralbanken. Zwischenzeitlich hatte Draghi die Kapitalflucht gestoppt mit seiner »Whatever it takes«-Rede, und die Target-Salden bildeten sich halbwegs zurück, doch seit 2015 gab es einen neuerlichen, sehr starken Anstieg im Zusammenhang mit den Anleihekäufen. Die Bundesbank wolle eine Risikoteilung bei den Anleihekäufen vermeiden, aber durch die Hintertür kam es doch dazu. Denn ein großer Teil der neu geschaffenen Zentralbankliquidität fließt aus dem Süden ab, um Vermögenswerte in Deutschland zu kaufen. Das zeigt sich an den stark gestiegenen negativen Target-Salden des Südens. Im Zuge der Corona-Krise verschärften sich die Ungleichgewichte durch Kapitalflucht und Anleihekäufe noch mehr. Italien kam auf rund eine halbe Billion Euro Target-Schuld im Frühjahr 2021, umgekehrt hat Deutschland Target-Forderungen, die seit Mitte 2020 die Billionen-Marke übersteigen und im Frühjahr 2021 bei 1.024 Milliarden Euro lagen.

Deutschland ist damit weit davon entfernt, sich von den Risiken anderer Staaten isolieren zu können. Seine Target-Forderungen entsprechen rund 25 Prozent des deutschen BIP und der Hälfte seiner Auslandsvermögen. Doch wie werthaltig und substanziell sind diese Forderungen? Hinter den hohen Target-Salden steckt eindeutig ein Verlust- und auch Erpressungspotenzial für Deutschland, denn wenn ein Krisenland aus dem Euro aussteigt, wird die Rückzahlung seiner Target-Schulden zweifelhaft. Folglich müsste Deutschland immer weiter für die Rettung der Krisenländer zahlen, in der Hoffnung, dass eine nachhaltige Verbesserung einsetzt.

Man kann folglich im Target-System eine mächtige Klammer sehen, die den Euro zusammenhält, denn bei einem Auseinanderbrechen kämen auf Deutschlands Steuerzahler wohl sehr hohe Verluste zu. Es ist bemerkenswert, dass eine Ausweitung von Bundesbankkrediten auf mehr als 1.000 Milliarden Euro via die EZB an andere Notenbanken und hoch verschuldete Staaten ohne parlamentarische Zustimmung vollzogen wurde und nicht einmal Gegenstand einer richtigen Parlamentsdebatte war.

Damit stellt sich die große Frage nach der demokratischen Legitimierung und der politischen Verantwortung der EZB, nach dem gesamten demokratischen Fundament der Rettungspolitik und der Währungsunion. Mit ihren zwar wohlklingenden, doch eher symbolischen Sprüchen wie »Der Euro ist mehr als eine Währung« trug Merkel nicht dazu bei, diese nagenden Zweifel zu vertreiben.

Der Euroraum ist nach wie vor gespalten

Merkel selbst benutzte gerne die Formulierung, man wolle »gestärkt aus der Krise herausgehen«. Deutschlands Wirtschaftswachstum hat das der anderen großen Euro-Staaten in den Jahren nach der Euro-Krise meist übertroffen, was zum einen an der hohen Wettbewerbsfähigkeit der deutschen Unternehmen lag, zum anderen an der seit 1999 durch den Euro nicht mehr möglichen Abwertung in den südeuropäischen Ländern. Es gab eine Wachstumskluft in Europa: Der Abstand zu Frankreich und besonders Italien, den Volkswirtschaften Nummer zwei und Nummer drei der Eurozone, hat sich vergrößert. Italien war besonders wachstumsschwach, zudem ist sein Schuldenberg bedenklich groß. Das war nicht, was die Euro-Architekten sich gewünscht hatten. Sie glaubten an eine Konvergenz, doch es bleiben hartnäckige Divergenzen im Euroraum.

Merkel als die Kanzlerin der stärksten Volkswirtschaft in der Mitte des Kontinents stand im Zentrum vieler Konfliktlinien. Die Südeuropäer und Frankreich forderten mehr »Solidarität« und weniger »Austerität« und schmerzhafte »Reformen für Wettbewerbsfähigkeit«. In der Geldpolitik haben die Südländer und Frankreich stets nach mehr Expansion und Lockerung gerufen. Die Deutschen wiesen das zurück, wollten strikte Regeln und eine Abkehr von der sehr lockeren Geldpolitik. Manche erinnern an die Gespenster der Hyperinflation aus der Zeit der Weimarer Republik.

Manchen Außenstehenden vermittelte Merkel den Eindruck felsenfester Stabilität, aber tatsächlich konnte schon eine leichte Änderung der Kräftebalance oder ein sich drehender Wind die deutsche Position gefährden. Immer wenn der Druck auf Merkel sich sehr stark aufgebaut hatte, weil es einen neuen Krisenschub gab, gab sie etwas nach. Die Kapitulation kam zeitverzögert, allerdings war es nur eine Teilkapitulation. Die Deutschen haben nie ganz eingelenkt und sich den Forderungen der anderen ganz ergeben. So waren letztlich beide Seiten unzufrieden. Meinungsunterschiede zwischen Frankreich und Deutschland über das Funktionieren und die Voraussetzungen einer Währungsunion sind nichts Neues, es hat sie vor Maastricht gegeben und seitdem immer wieder. Ihre strukturellen Ideen, wie es weitergehen soll, liegen jetzt aber sehr weit auseinander. Die Bereitschaft zu Kompromissen ist geringer geworden. Die Sache wird dadurch noch komplizierter, dass es in beiden Ländern eurokritische oder eurofeindliche Parteien gibt, die recht großen Zulauf haben.

Durch das Aufkommen der von der Euro-Krise (und später der Flüchtlingskrise) beflügelten AfD ist Merkel innenpolitisch von rechts unter Druck geraten. Schäuble machte 2015 eine Bemerkung, dass der Aufstieg der AfD mit dem Widerstand deutscher Sparer gegen die lockere Geldpolitik von EZB-Chef Draghi zusammenhänge. Die AfD-Ergebnisse kosteten die CDU schmerzhafte Prozentpunkte, aber Merkel nicht ihr Amt. Sie hat den Euro – zu einem hohen Preis – zusammengehalten.

HENNING KLODT UND STEFAN KOOTHS

Vom Rückenwind zur Flaute

Eine makroökonomische Bilanz mit schweren Krisen
und wenigen Aktivposten

Deutschland galt vor 20 Jahren als wirtschaftlich »kranker Mann« Europas. Davon spricht heute niemand mehr – im Gegenteil: Vor dem Ausbruch der Pandemie stand das Land ökonomisch scheinbar glänzend da: Die Wirtschaftsleistung nahm seit 2005 im Durchschnitt um 1,5 Prozent im Jahr zu, die offiziell registrierte Arbeitslosigkeit hat sich seit 2005 von 4,9 Millionen auf unter 2,3 Millionen im Jahresdurchschnitt 2019 mehr als halbiert, die Zahl der Erwerbstätigen kletterte von Rekord zu Rekord, und das Entlassungsrisiko war vor der Corona-Krise so niedrig wie noch nie im vereinten Deutschland. In den 2010er-Jahren zogen auch die Reallöhne wieder spürbar an. Hatten sie nach dem Wiedervereinigungsboom bis zur Finanzkrise praktisch stagniert (und waren damit deutlich hinter dem Produktivitätsfortschritt zurückgeblieben), fiel der jährliche Zuwachs seit 2011 mit durchschnittlich 1,5 Prozent fast dreimal so stark aus wie der Anstieg der Arbeitsproduktivität. Die Lohnquote erreichte im Jahr 2006 mit 65 Prozent einen gesamtdeutschen Tiefststand, in den folgenden 13 Jahren kletterte sie mit 72 Prozent auf den mit Abstand höchsten Wert seit der Wiedervereinigung. Wurde 2005 die Maastricht-Obergrenze für das staatliche Haushaltsdefizit von 3 Prozent noch zum fünften Mal in Folge überschritten, waren die öffentlichen Haushalte seit 2012 mindestens ausgeglichen und schlossen zuletzt sogar mehrere Jahre in Folge – von 2015 bis 2019 – mit deutlichen Überschüssen ab. 2002, als Deutschland wirtschaftlich krank war, hieß der Bundeskanzler Gerhard Schröder, seit dem 22. November 2005 ist Angela Merkel Bundeskanzlerin. Also eine glasklare Erfolgsbilanz für Merkel? So einfach sollte man es sich nicht machen. Es lohnt ein Blick hinter die Kulissen der makroökonomischen Kenngrößen und auf die Geschichte hinter den Zahlen, auch wenn sich nie ganz zweifelsfrei und genau sagen lassen wird, welchen Anteil die wirtschaftspolitischen Akteure, in diesem Fall die Merkel-Bundesregierung, an den makroökonomischen Ergebnissen haben. Und schließlich gehört zu einer Erfolgsbilanz nicht nur das das aktive Tun, sondern auch das, was unterlassen wurde.

Amtsantritt im Aufschwung, dann Weltfinanz- und Euro-Krise

Als Merkel ihre Kanzlerschaft antrat, war die deutsche Wirtschaft gerade auf dem Weg in die Hochkonjunktur. Die hohen Zuwachsraten des Bruttoinlandsprodukts (BIP) in ihren ersten beiden Amtsjahren waren mit 3,8 Prozent (2006) und 3,0 Prozent (2007) vor allem Ausdruck der zyklischen Auftriebskräfte im Zusammenspiel mit einer kräftigen Weltkonjunktur. Diese hatten die deutsche Wirtschaft in den Jahren vor der Weltfinanzkrise in eine Überhitzung getrieben. Solche Boomphasen sind indes kein wirtschaftspolitischer Erfolgsausweis, sondern zeugen von einer stabilisierungspolitischen Zielverfehlung. Denn die überschäumende Konjunktur überstrapaziert die Produktionskapazitäten und täuscht den Unternehmen Absatzmöglichkeiten vor, die nicht nachhaltig sind. Dies verleitet zu Fehlinvestitionen. Bereinigt man die Merkel-Jahre um Auslastungsschwankungen, so stellt sich der tatsächliche Wachstumsbefund schon moderater dar.

Knapp drei Jahre nach dem Amtsantritt Merkels, im Herbst 2008, brach die globale Finanzkrise mit voller Wucht aus. Die deutsche Wirtschaft stürzte mit bis dahin ungeahnter Geschwindigkeit ab, im Jahresdurchschnitt 2009 sank das BIP um fast 6 Prozent. Nun war hektisches

Krisenmanagement zunächst in der Weltfinanz-Krise und anschließend in der Euro-Krise angesagt. Es absorbierte einen Großteil der wirtschaftspolitischen Handlungskapazitäten der Regierung. Die Krise traf die Bundesregierung unvorbereitet und durchkreuzte ihren fiskalischen Konsolidierungskurs, zunächst im Herbst 2008 und 2009 durch massive Hilfen zur Stützung des Bankensektors, später durch die Milliarden-Kreditpakete für Euro-Krisenländer, angefangen mit Griechenland.

Was haben die konjunkturstützenden Maßnahmen gebracht? Die umfangreiche Ausweitung der Kurzarbeit (bis zur »Kurzarbeit null«) half, die alles in allem marktfähigen Produktions- und Beschäftigungsstrukturen der deutschen Unternehmen zu erhalten und so die Durststrecke während der globalen Krisenjahre 2008/2009 zu überbrücken, auch wenn der größere Beitrag zur Beschäftigungssicherung von den Unternehmen selbst erbracht wurde. Demgegenüber waren die Konjunkturpakete eher von zweifelhafter Güte. Die Impulse der staatlichen Investitionsprogramme, vor allem zur Belebung der Bauwirtschaft, kamen zu spät. Sie wirkten erst, als die Krise bereits überwunden war. Zudem war der Konjunktureinbruch hauptsächlich ein Problem von Industrie und Handel, nicht der Bauwirtschaft. Daher hat die zusätzliche staatliche Nachfrage im Rahmen der öffentlichen Investitionsprogramme ab dem Jahr 2011 im Wesentlichen die Preise angeheizt, anstatt die Bautätigkeit zu beflügeln.

Als völlig verfehlt muss man schließlich die Abwrackprämie für Pkw einstufen, bei der Merkel dem Drängen von Autolobby, Gewerkschaften und SPD nachgegeben hatte. Diese als Umweltprämie verbrämte Subvention war ein hilfloser konjunkturpolitischer Reflex aus der keynesianischen Mottenkiste. Auch in der schärfsten Rezession wird aus der mutwilligen Vernichtung ökonomischer Werte niemals eine sinnvolle wirtschaftspolitische Therapie.

Wachstumsreserven bleiben ungenutzt

Dass Deutschland bis zur Finanzkrise als wachstumsschwacher »kranker Mann« Europas galt, ab dem Jahr 2010 aber zum makroökonomischen Musterknaben stilisiert wurde, hat wenig damit zu tun, dass das Land aus dieser Krise »stärker hervorgegangen als in sie hineingegangen« wäre, wie die Bundeskanzlerin anlässlich jeder Krise zu formulieren pflegte. Vielmehr beruht dieser Wahrnehmungswandel auf einer optischen Täuschung: Nach dem dramatischen Einbruch der Wirtschaftsleistung um 5,7 Prozent im Jahr 2009 zog die Produktion in Deutschland in den zwei folgenden Jahren wieder kräftig an, jeweils um rund 4 Prozent, und schwenkte dann wieder auf den alten Wachstumstrend ein. Dass die Produktionseinbrüche schnell aufgeholt wurden, war – anders als in den europäischen Krisenländern – möglich, weil die Produktionsstrukturen in Deutschland weiterhin im Großen und Ganzen international marktfähig waren. Vor allem aus den Schwellenländern kam schnell wieder eine hohe Nachfrage nach deutschen Autos, Maschinen und anderen hochwertigen Produkten. Der Export in diese Regionen zog Deutschland aus dem Krisental.

Im Ergebnis lag die Wirtschaftsleistung 2012 um 3,5 Prozent höher als im Vorkrisenjahr 2007 – ein sehr magerer Zuwachs für einen Zeitraum von fünf Jahren. Gleichwohl galt Deutschland plötzlich vielen auf der Welt als Vorbild für erfolgreiche Wachstumspolitik. Dieser Eindruck verstärkte sich noch, weil viele Euroländer schwach dastanden und zum Teil immer noch mit Strukturproblemen konfrontiert sind. Deutschland galt nun in Europa als ökonomischer Phönix aus der Asche, als Superman beziehungsweise – mit Blick auf die Regierungschefin – als Superwoman.

Allerdings bleibt wahr, dass die Wachstumsbilanz im vergangenen Jahrzehnt von 2010 bis 2019 insgesamt eher mäßig war – nur an den Fußkranken der Eurozone gemessen sah sie großartig aus. Zudem bleibt auch wahr, dass die Investitionen verhalten ausfielen, was dem Standort Deutschland kein überragendes Zeugnis ausstellt. Erst seit 2017 zeigt die private Investitionsquote wieder erkennbarer nach oben. Auch die Erosion des öffentlichen Kapitalstocks wurde erst in jüngster Zeit gestoppt. Seit der Jahrtausendwende bis zum Jahr 2017 zehrte der Staat von der Substanz, indem er weniger in Straßen, Brücken, öffentliche Gebäude etc. investierte, als durch Alterung und Verschleiß Jahr für Jahr verloren ging. Seit Mitte der 2010er-Jahre zeigt sich für den Anteil investiver Ausgaben im Bundeshaushalt allerdings ein aufwärtsgerichteter Trend, und die Entlastung der Kommunen von Sozialausgaben durch den Bund gibt diesen etwas mehr Luft für investive Ausgaben. Gerade von zwei großen Koalitionen hätte man sich aber für das gesamtstaatliche Haushaltsgefüge im Rahmen der Föderalismusreformen mehr erwarten können, um durch eine klare Aufgabenteilung einen echten Wettbewerbsföderalismus zu schaffen.

Die Neuordnung des bundesstaatlichen Finanzausgleichs, die am Ende der dritten Legislaturperiode von Merkels Kanzlerschaft verabschiedet wurde, hat im Wesentlichen nicht die Selbstverantwortung der jeweiligen Ebenen gestärkt, sondern mit der Einmischung des Bundes in die kommunale Bildungsinfrastruktur sogar weiter verwischt. Immerhin wurde mit der neuen Infrastrukturgesellschaft für die Bundesautobahnen ein Schritt in die richtige Richtung gemacht. Insgesamt bleibt es in Deutschland aber schwierig, eine ordnungspolitisch gebotene Nutzerfinanzierung von Infrastrukturen voranzubringen und dabei privates Risikokapital an der Bereitstellung zu beteiligen. Dies gilt nicht nur für den Verkehrsbereich (Investition in Straßen), sondern viel mehr noch für die Hochschulbildung (Investition in Köpfe). Hier hat sich der Bund lieber durch Hochschulpakte und »Exzellenzinitiativen« in die inhaltlichen Belange der Länder eingemischt, statt einen tragfähigen Rahmen für die Studienfinanzierung zu schaffen, etwa durch ein allgemein zugängliches Studienkreditprogramm (»nachlaufende Studienentgelte«). In Deutschland sind viele Bereiche für private Investitionen noch immer schwer zugänglich und zu stark reguliert; auch deshalb fließt Kapital weiter ins Ausland und finanziert damit lieber die deutschen Leistungsbilanzüberschüsse.

Auf dem Weg zur Vollbeschäftigung

Die Arbeitsmarktbilanz der 16 Jahre Merkel-Regierung fällt, von den Ergebnissen her betrachtet, glänzend aus. Noch nie waren in Deutschland so viele Menschen – 45,3 Millionen – erwerbstätig wie vor dem Ausbruch der Corona-Pandemie. Das gilt auch für die sozialversicherungspflichtig Beschäftigten, deren Zahl seit 2005 um 7,2 Millionen gestiegen ist und damit stärker zugelegt hat als die der Erwerbstätigen insgesamt (plus 6 Millionen). Die Arbeitslosenquote ging von 11,7 Prozent auf 5 Prozent zurück. Sie war damit vor der Corona-Krise so niedrig wie noch nie seit der Wiedervereinigung. Die Erwerbstätigkeit zog mehr als doppelt so stark an, wie die Zahl der Arbeitslosen nachgab. Möglich wurde dies aufgrund einer steigenden Erwerbsbeteiligung, insbesondere von Älteren und Frauen, als auch durch die Arbeitsmigration nach Deutschland. Freilich werden nicht alle neuen Stellen in Vollzeit ausgeübt, es gibt eine höhere Teilzeitquote. Die Zahl der insgesamt geleisteten Arbeitsstunden ist gleichwohl seit 2005 um kräftige 9 Prozent gestiegen. Massenarbeitslosigkeit als soziale Geißel ist aus den Nachrichten verschwunden. Stattdessen rückt die Vollbeschäftigung näher, zumal sich schon bald demographisch bedingt das Arbeitsangebot deutlich verknappen wird.

Kritiker meist auf der Linken beklagen, die Vollbeschäftigung sei mit einer massenhaften Ausweitung »prekärer Beschäftigung« erkauft worden. Tatsächlich gab es eine Ausweitung des Niedriglohnsektors in Deutschland, ermöglicht durch die Hartz-Reformen der Schröder-Regierung, die sich in der Zeit der Merkel-Kanzlerschaft vollzogen hat. Dies sei eher ein Fluch als Segen gewesen, so die Kritiker. Doch wenn die Alternative zum Niedriglohn-Job Arbeitslosigkeit heißt, dann ist aus gesellschaftlicher und zumeist wohl auch aus individueller Sicht Ersteres eindeutig vorzuziehen. Gesellschaftlich fallen vor allem die Folgekosten von Arbeitslosigkeit in Form von höheren Sozialleistungen, geringeren Steuern und Beiträgen und einer Verhärtung von temporärer zu Langzeitarbeitslosigkeit ins Gewicht. Individuell bedrückt Langzeitarbeitslose neben dem niedrigen Einkommen durch Sozialleistungen vor allem der Verlust sozialer Bindungen, die oftmals stark vom beruflichen Umfeld geprägt werden.

Nachlassender Reformeifer

Forscht man nach den Ursachen der erfreulichen Arbeitsmarktentwicklung, dann sieht die Bilanz der Merkel-Kanzlerschaft weniger strahlend aus. Als Erstes sticht die »Agenda 2010« ins Auge, die in den Jahren von 2003 bis 2005 von der rot-grünen Bundesregierung unter Gerhard Schröder durchgesetzt wurde. Das Motto dieser tiefgreifenden Reformen hieß »Fordern und Fördern«, das durch weitreichende Umgestaltungen in den Systemen der sozialen Sicherung umgesetzt wurde. Vor allem durch Reformen in der Arbeitslosenversicherung, insbesondere durch eine Senkung der Arbeitslosenhilfe auf Sozialhilfeniveau, wurden die Anreize beziehungsweise der Druck zur Arbeitsaufnahme verstärkt.

Mit dem 2005 noch unter der Schröder-Regierung eingeführten Nachhaltigkeitsfaktor in der Rentenanpassungsformel wird der Rentenanstieg im Zuge der demographischen Alterung gedämpft. Das erste Merkel-Kabinett hat mit der Rentenreform von 2007 die bereits unter der Vorgängerregierung diskutierte schrittweise Erhöhung des gesetzlichen Renteneintrittsalters auf 67 Jahre beschlossen, der damalige Arbeitsminister und Vizekanzler Franz Müntefering (SPD) setzte sich dafür trotz Protesten der Gewerkschaften ein. Das tatsächliche Renteneintrittsalter ist von 2005 bis 2019 von 60,8 auf 62,3 Jahre gestiegen. Auf diese Weise ließ sich der Anstieg der Sozialbeiträge eindämmen, die einen wesentlichen Bestandteil der Lohnnebenkosten ausmachen. Zur positiven Beschäftigungsentwicklung hat allerdings nicht zuletzt die Lohnmoderation in Deutschland beigetragen, die bereits vor der »Agenda 2010« einsetzte, auch weil die Gewerkschaften mit maßvollen Forderungen Beschäftigung sichern wollten. Bis heute ist die Reallohnentwicklung beschäftigungsunterstützend geblieben. Dies ist aber weniger ein Verdienst der Bundesregierung als der Tarifparteien.

Insgesamt erscheint damit der erstaunliche Beschäftigungsaufschwung seit 2005 weniger als Merkels Verdienst, sondern ist vor allem das Ergebnis früherer Reformen: Merkel hat geerntet, was ihr Vorgänger Schröder säte, der dafür hohe politische Kosten trug: Ein Teil der SPD spaltete sich ab, und die Linkspartei kam als neuer Konkurrent auf. Letztlich hat Schröder der Durchsetzung der Reformen sein Amt geopfert. Hilfreich für die Beschäftigungsentwicklung war auch die im Kern gute Struktur deutscher Unternehmen, die hochqualitative, weltweit gefragte Produkte anbieten. Als weiterer Faktor kam eine ausgesprochen expansive Geldpolitik hinzu, die Deutschlands Konjunktur anschiebt, aber auch volkswirtschaftliche Kosten verursacht und neue Risiken schafft, die uns noch beschäftigen werden.

Vom einstigen Mut zu beschäftigungsorientierten Arbeitsmarktreformen der zweiten Regierung Schröder, die ja auch die damalige Oppositionsführerin Merkel unterstützt hatte, ist nach ihrer Amtsübernahme Ende 2005 wenig geblieben, außer dass man zunächst an diesen Reformen festhielt. Zwar hat die Merkel-Regierung – durchaus zu Recht – im Rahmen der Krisenbewältigung in Europa immer wieder mit Nachdruck auf Strukturreformen in den Euro-Krisenländern bestanden. Im eigenen Land sind in dieser Hinsicht aber kaum noch Fortschritte erzielt worden. Im Gegenteil ist das dritte Kabinett Merkel mit einer Vielzahl verteilungsorientierter Maßnahmen wieder hinter den Stand der »Agenda 2010« zurückgefallen.

So rückte man dem Niedriglohnsektor, der die Beschäftigungsexpansion im Gefolge der schröderschen Reformen erst möglich gemacht hat, mit einem staatlich verordneten bundesweiten Mindestlohn zu Leibe, anstatt die Lohnfindung den Marktakteuren zu überlassen. Diese würden aus guten Gründen kaum auf die Idee kommen, für Beschäftigte in München und Wismar oder in der Lausitz denselben Lohn auszuhandeln. Den Mindestlohn hat die SPD im Bundestagswahlkampf 2013 vehement gefordert, er trat Anfang 2015 in Kraft – seitdem wird er, wie zu erwarten war, mehr und mehr politisiert.

Die Rentenreformen (die von der Union gewollte Mütterrente, die von der SPD geforderte Rente mit 63) kann man als Rolle rückwärts in die Vergangenheit bewerten. Für den Zeitraum von 2018 bis 2025 hat die letzte Merkel-Regierung den Nachholfaktor in der Rentenformel ausgesetzt, was die Renten stärker steigen lässt. Für denselben Zeitraum wurde eine doppelte Haltelinie eingezogen (Untergrenze für das Rentenniveau von 48 Prozent und Obergrenze für den Rentenbeitragssatz von 20 Prozent), eine »Garantie«, die ohne durchgreifende Änderungen für die Zeit danach nicht zu halten ist. Kaum jemand bezweifelt, dass immer spätere Berufseintritte und immer höhere Lebenserwartungen eine spürbare Erhöhung des Renteneintrittsalters erfordern, aber die Bundesregierung geht mit der Rente mit 63 für langfristig Versicherte genau in die falsche Richtung, obwohl die Erwerbsbeteiligung älterer Arbeitnehmer kontinuierlich steigt. Im Ergebnis hat das durchschnittliche Rentenzugangsalter der Altersrenten in der zweiten Hälfte der 2010er-Jahre praktisch stagniert.

All dies ist angesichts der demographischen Herausforderungen fahrlässig, die nun in den 2020er-Jahren immer spürbarer werden, wenn die geburtenstarken Jahrgänge der Generation der Baby-Boomer endgültig aus dem Arbeitsmarkt ausscheiden und geburtenschwache Jahrgänge nachrücken.

Geldpolitik im Ausnahmezustand – Wachstum auf fragilem Grund

Die deutsche Wirtschaft ist seit über zehn Jahren einem historisch beispiellosen Niedrigzinsumfeld ausgesetzt. Die ultraexpansive Geldpolitik der Europäischen Zentralbank (EZB) hat die Finanzierungskonditionen künstlich auf ein noch nie da gewesenes Niveau gedrückt und dabei auch den Außenwert des Euro geschwächt mit dem Ziel, die Konjunktur anzuregen. Damit sind zwei fundamentale Größen – Zins und Wechselkurs – durch die Geldpolitik verzerrt. Mit zunehmender Dauer dieser Interventionen richten sich mehr und mehr Güterpreise an diesen künstlichen Preissignalen aus. Es droht dann eine Fehllenkung von Kapital in Form von (Fehl-)Investitionen in Produktionsbereiche, die sich bei einer späteren Normalisierung der Geldpolitik als nicht nachhaltig erweisen werden. Auch im Finanzsektor führt die Geldpolitik zu neuen Verzerrungen, weil die umfangreichen Wertpapierkäufe durch die Zentralbanken im Rahmen der EZB-Beschlüsse und die damit einhergehende Renditeerosion zu einer unzureichenden Risikovorsorge verführen. Insgesamt werden damit sowohl die Realwirtschaft als auch die Finanzwirtschaft krisenanfälliger, was die Normalisierung der Geldpolitik erschwert.

Merkel hat sich zur EZB-Geldpolitik nie dezidiert kritisch geäußert, sondern nur stets betont, sie respektiere die »Unabhängigkeit der

Zentralbank« unter der Führung ihres Präsidenten Mario Draghi und seiner Nachfolgerin Christine Lagarde. Die Bundesbank hat bei einigen besonders umstrittenen Maßnahmen, etwa dem Staatsanleihekaufprogramm, protestiert, doch wurde sie im EZB-Rat überstimmt. Mit den diversen Anleihekaufprogrammen wurden die Notenbanken des Eurosystems die größten Gläubiger der klammen Staaten und die Grenze zwischen Geld- und Fiskalpolitik verwischt immer mehr. Letztlich wurde auf diese Weise monetäre Staatsfinanzierung in großem Stil betrieben – aus deutscher ordnungspolitischer Perspektive ist dies eine hochbedenkliche Entwicklung, weil letztlich die Notenpresse die Schuldenpolitik der Staaten finanziert.

Bei einem harten Nein aus Berlin hätte die EZB vermutlich vorsichtiger gehandelt. Der langjährige Finanzminister Wolfgang Schäuble hatte zwar wiederholt seine Skepsis gegen die EZB-Nullzinspolitik ausgedrückt, machte schließlich aber doch einen Rückzieher. Von seinem Nachfolger Olaf Scholz sind überhaupt keine kritischen Töne zur Geldpolitik vernommen worden.

Politökonomisch ist der EZB-Kurs auch aus einem anderen Grund problematisch: Mit ihrer Billiggeldpolitik und den Staatsanleihekäufen hat die EZB den angeschlagenen Krisenstaaten Zeit gekauft und durch niedrigere Zinsen fiskalischen Druck genommen, doch manches deutet darauf hin, dass dies die notwendigen Konsolidierungs- und Reformprozesse eher verzögert hat. Sie droht damit immer fester in den Schwitzkasten der fiskalischen Dominanz zu geraten.

Abgaben rauf, Zinsen runter: Haushaltsausgleich leicht gemacht

Wolfgang Schäuble wie auch sein Nachfolger Olaf Scholz waren stolz auf die »schwarze Null«. Erstmals seit fast 40 Jahren hatte der deutsche Gesamtstaat im Jahr 2012 einen ausgeglichenen Haushalt vorzuweisen, seitdem tilgte er Schulden aus Haushaltsüberschüssen bis zur Corona-Krise. Die Konsolidierung des deutschen Staatshaushalts wurde seit dem Regierungsantritt von Angela Merkel vor allem über die Einnahmeseite erzielt. Dies war weder ehrgeizig noch wachstumsfreundlich. Gleich am Anfang stand der legendäre Mehrwertsteuer-Kompromiss der ersten großen Koalition: Während die CDU/CSU im Wahlkampf 2005 für ein Anheben des Steuersatzes um 2 Prozentpunkte eintrat, lehnte die SPD jede Erhöhung ab. Man einigte sich schließlich auf einen Anstieg um 3 Punkte auf 19 Prozent, der Anfang 2007 in Kraft trat. Niemals zuvor war die Mehrwertsteuer mit einem Schlag stärker angehoben worden. Dies war auch mehr, als zum gleichzeitigen Absenken des Beitragssatzes zur Arbeitslosenversicherung von 6,5 auf 4,2 Prozent erforderlich gewesen wäre.

In den Merkel-Jahren ist die Steuer- und Abgabenquote (mit Ausnahme des Jahres 2010 nach der großen Rezession) kontinuierlich gestiegen. Beanspruchte der Staat 2006 insgesamt 38,9 Prozent der Wirtschaftsleistung in Form von Steuern und Sozialbeiträgen, waren es 13 Jahre später – wohlgemerkt bei ähnlicher Konjunkturlage – 41,3 Prozent. Die 2020 in Kraft getretene Steuerreform ändert daran nur wenig. Von einer anreizfördernden Steuerentlastung und Steuervereinfachung kann immer noch keine Rede sein. So wird die höchste Progressionsstufe der Einkommensteuer mittlerweile schon von mittleren Einkommen erreicht. Die Steuerquote ist von 2006 bis 2019 um mehr als 2 Prozentpunkte gestiegen und liegt heute so hoch wie noch nie im vereinten Deutschland. Auch die Belastung mit Sozialbeiträgen ist mittlerweile höher als zu Beginn der Ära Merkel.

Der Anteil der Staatsausgaben in Relation zum Bruttoinlandsprodukt ist demgegenüber nach zwischenzeitlichen Rückgängen mit einem Wert von 45,2 Prozent (2019) wieder da, wo er im Jahr 2006 schon mal war. Der Rückenwind für den Staatshaushalt in Form extrem niedriger Zinsen kam somit nicht der Konsolidierung zugute, sondern wurde für höhere Ausgaben an anderer Stelle verfrühstückt. Diese Spielräume verdankt die öffentliche Hand nicht zuletzt der Geldpolitik der EZB. Diese hat die Zinsen derart gedrückt, dass die Renditen auf deutsche Staatsanleihen mitunter negativ sind und der Finanzminister an der Emission neuer Staatsanleihen nominal verdient (real geschieht dies ohnehin). Im Klartext: Anleger zahlen dem Finanzminister noch Geld dafür, dass sie dem deutschen Staat auf mehrere Jahre ihr Geld leihen.

Die geringeren Zinsausgaben ersparen den Gebietskörperschaften jedes Jahr einen hohen zweistelligen Milliardenbetrag – maßgeblich wegen sinkender Zinsen, nicht als Folge des Schuldenabbaus. Den Sparern hingegen entgehen durch die künstlich gedrückten Zinsen Einnahmen, was auch die Altersvorsorge erschwert. Ohne die Zinsausgabenersparnis des Staates wäre die Staatsausgabenquote in den vergangenen zehn Jahren fast um 2 Prozentpunkte gestiegen. Damit ist auch klar, dass die »schwarzen Nullen« in den öffentlichen Haushalten weniger solide sind, als es scheint, denn sie sind mehr der Geld- als der Finanzpolitik geschuldet. Bei wieder steigenden Zinsen wird der Konsolidierungsdruck nach und nach zunehmen.

Es ist allerdings ausdrücklich anzuerkennen, dass die Bundesregierung in den 2010er-Jahren dem Drängen anderer Staaten und Institutionen innerhalb und außerhalb des Euroraums nach weiteren expansiven fiskalischen Maßnahmen zur vermeintlichen Stabilisierung des Euroraums standgehalten hat. Eine solche Politik wäre hierzulande kontraproduktiv gewesen, weil sie die in der zweiten Hälfte der 2010er-Jahre überausgelastete deutsche Wirtschaft unnötig stimuliert hätte. Auch für den übrigen Euroraum wäre wenig gewonnen, weil die dortigen Probleme im Wesentlichen struktureller und nicht konjunktureller Natur sind.

Zum Anstieg der Staatsausgaben hat ab der Mitte der dritten Amtszeit von Kanzlerin Merkel auch ihre Flüchtlingspolitik 2015/2016 beigetragen, die seitdem allein im Bundeshaushalt mit jährlichen Mehrausgaben von gut 20 Milliarden Euro zu Buche schlägt. Da der Integrationsprozess langwierig sein wird und die Flüchtlinge nur nach und nach auf dem hiesigen Arbeitsmarkt Fuß fassen werden, werden sie noch längere Zeit auf staatliche Unterstützung angewiesen bleiben.

Die deutschen Staatsschulden waren im letzten Jahr vor der Corona-Krise um 530 Milliarden Euro höher als zum Amtsantritt des ersten Merkel-Kabinetts. Die Weltfinanz- und die Euro-Krise hatten in den Staatsfinanzen tiefrote Spuren hinterlassen. In Relation zur Wirtschaftsleistung schoss der Schuldenstand – vor allem im Zuge der Banken- und Euro-Rettungspakete – von 66 Prozent (2005) auf

80 Prozent im Jahr 2010. Seitdem konnte diese Quote sukzessive zurückgeführt werden, im Jahr 2019 wurde mit einem Wert von 59,5 Prozent die Maastricht-Obergrenze von 60 Prozent erstmals seit dem Jahr 2002 wieder unterschritten.

In Reaktion auf die im Zuge der Finanz- und Eurokrisenintervention sprunghaft gestiegene Staatsverschuldung blieb die erste große Koalition nicht untätig, sondern hat zeitnah eine Schuldenbremse im Grundgesetz verankert, die 2009 beschlossen wurde und ab dem Jahr 2011 (mit Übergangsfristen) für den Bund in Kraft trat. Von 2020 an gilt sie auch für die Länder. Konjunkturbereinigt darf die Neuverschuldung des Bundes maximal 0,35 Prozent der Wirtschaftsleistung betragen, die Länder müssen in ihrem Finanzgebaren über den Konjunkturzyklus hinweg künftig ganz ohne neue Schulden auskommen. Damit soll erstmals die jahrzehntelange Staatsschuldendynamik durchbrochen werden. Diese Schuldenbremse ist ein Leuchtturm in der finanzpolitischen Bilanz der Merkel-Ära. Der realpolitische Härtetest in fiskalisch schwierigeren Zeiten steht der Schuldenregel allerdings erst noch bevor.

Corona-Schock: Abgang im Krisenmodus

Mit der Corona-Krise kam es in Deutschland zum bislang schärfsten Wirtschaftseinbruch seit Bestehen der Bundesrepublik. Allein für die beiden Pandemiejahre 2020 und 2021 belaufen sich die Wertschöpfungsverluste wohl auf über 340 Milliarden Euro. Zugleich sind in der Spitze rund eine Millionen Arbeitsplätze den wirtschaftlichen Folgen der Pandemie zum Opfer gefallen. Das sind empfindliche Einbußen. Aber: Der Corona-Schock ist aus ökonomischer Sicht vergleichsweise gut verdaulich. Denn im Zuge des Infektionsschutzes wurde zwar wirtschaftliche Aktivität massiv unterbrochen, die Produktionsstrukturen sind dadurch im Wesentlichen aber nicht infrage gestellt (anders als bei einer Finanzkrise, in der sich vorausgegangene Fehlentwicklungen entladen, deren Korrektur mühsam ist). Dies gilt insbesondere für die während der Shutdowns besonders darbenden kontaktintensiven konsumnahen Branchen wie Tourismus, Gastronomie oder Unterhaltung.

Stabilitätspolitisch geht es in einer solchen Situation primär darum, die marktfähigen Unternehmen über die Durststrecke des Stillstands zu bringen, um so das gesamtwirtschaftliche Produktionspotenzial zu schützen. Ein Bemühen in diese Richtung hat es gegeben, inwiefern die diversen Hilfsprogramme Erfolg haben, steht noch nicht fest. Ihr bürokratisches Design und das Ansetzen an falschen Kenngrößen (Pauschalzuschüsse, Fixkostenkompensation, Umsatzersatz) lassen ernsthafte Zweifel aufkommen. Ein gezielter Ausgleich für die Eigenkapitalerosion der von der Pandemiebekämpfung betroffenen Unternehmen lässt sich so nicht erreichen. Zugleich mehren sich die Anzeichen, dass mit den Hilfen vielfach auch die Falschen gerettet wurden – nämlich diejenigen Unternehmen, die bereits vor der Krise in Schieflage waren, während andere durchs Raster fallen. Der Bereitschaft zu unternehmerischer Aktivität am Standort Deutschland kann das nicht guttun. Auch hat das mehrfache politische Nachsteuern den Unternehmen und ihren Kreditgebern das Leben zusätzlich erschwert, statt der grassierenden Unsicherheit stabilitätspolitisch entgegenzuwirken.

Die Wirtschaftspolitik wäre in der Pandemie gut beraten gewesen, ihren Instrumenteneinsatz – wie die administrative Kapazität – ausgehend von der Krisendiagnose gezielt auf den Schutz der marktfähigen unternehmerischen Substanz auszurichten. Vorschläge dazu hat es gegeben. Bereits sehr früh war klar, dass die privaten Haushalte während der Shutdown-Phasen in erheblichem Maße Kaufkraft aufstauen würden. Denn während das Abgaben- und Transfersystem die Einkommen weitgehend stabilisiert, ist ein erheblicher Teil ihrer gewohnten Ausgabemöglichkeiten blockiert. Die so entstandene Zusatzersparnis dürfte sich in den beiden Pandemiejahren auf über 200 Milliarden Euro belaufen haben. Mangelnde Kaufkraft war damit erkennbar kein Engpass für den Erholungsprozess nach der Pandemie. Konjunkturprogramme (»Wumms« genannt) wie eine Mehrwertsteuersenkung im Umfang von 18 Milliarden Euro gingen am Kern der Krise vorbei; denn nicht die Auslastung vorhandener Kapazitäten durch mangelnde Nachfrage war das Problem, sondern ihr Shutdown-bedingtes Brachliegen. Im Ergebnis kam dieser Teil der Wumms-Politik in erster Linie denjenigen zugute, deren Geschäft in Pandemiezeiten sich eher noch belebte, zum Beispiel dem Versandhandel.

Das grassierende Viel-hilft-viel-Denken trieb weitere Blüten mit schädlichen Folgen über die Pandemiezeit hinaus. Es ist polit-ökonomisch ein bekanntes Muster, dass in Phasen schwerer Wirtschaftskrisen Projekte auf (Wieder-)Vorlage kommen, die in normalen Zeiten niemals Mehrheiten finden, weil sie zu teuer sind. Ihre Kostspieligkeit verkehrt sich in der akuten Krise gemäß der Wumms-Logik in einen Vorteil – bieten sich so doch willkommene Kanäle für staatliche Mehrausgaben. Mit dem zusätzlichen Anti-Krisen-Etikett werden dann aus zweifelhaften Projekten Maßnahmen mit vermeintlichem makroökonomischem Mehrwert.

Weite Teile des im Jahr 2020 verabschiedeten »Zukunftspakets« und des sogenannten EU-Wiederaufbauprogramms (»Next Generation EU«, NGEU) fallen in diese Kategorie. Die darin enthaltenen Maßnahmen tragen zur Krisenabwehr nichts bei. Es sind im Wesentlichen industrie- und technologiepolitische Transformationsprojekte, die erst zum Tragen kommen, wenn die Pandemie längst ausgestanden ist. Im Windschatten der Krisenbewältigung nimmt so der industriepolitische Interventionsgrad weiter zu.

Stabilisierungspolitik und Strukturpolitik sind zwei Paar Schuhe. Stabilisierungspolitik ist naturgemäß kurzfristig angelegt und zielt darauf ab, die bestehenden Kapazitäten während einer Krisenphase zu stützen. Strukturpolitik kann immer nur längerfristig erfolgreich sein und operiert idealerweise nicht mit diskretionären Interventionen, sondern mit einer Anpassung des Ordnungsrahmens, innerhalb dessen sich die ökonomischen Akteure – vermittelt über Preissignale – anpassen. So ist das europäische Handelssystem für CO_2-Emissionszertifikate ein gelungenes Beispiel für einen solchen Politikansatz. Indem sich entsprechende Marktpreise bilden, gehen CO_2-Emissionen in die Wirtschaftsrechnung von Produzenten und Konsumenten ein, die dann ihrerseits nach Lösungen suchen können, diese Kosten zu senken, während die Gesamtemissionsmenge gedeckelt ist. Darüberhinausgehende Klimaschutz-Subventionen, die in den Merkel-Jahren zunahmen und wie sie auch in den Anti Krisen Programmen enthalten sind, laufen mit Blick auf das Gesamtemissionsziel ins Leere, weil sie lediglich die Preise für CO_2-Zertifikate beeinflussen. Im Ergebnis werden damit nur Renten zwischen den verschiedenen Akteuren umverteilt. Vor der Corona-Krise hatte man das offenbar klarer gesehen, sonst hätte man diese Programme vorher schon längst beschließen können, was man aber aus gutem Grund unterlassen hatte.

Die Pandemie lieferte indes keinen ökonomischen Grund für ein solches Umsteuern. Gegen die Krise helfen diese Maßnahmen nicht, weil die von Shutdowns betroffenen Branchen gerade nicht diejenigen sind, die von den Klimasubventionen (oder anderen technologiepolitischen Programmen) profitieren. Weil alle Länder aus der Krise ökonomisch geschwächt hervorgehen, haben sich auch die strukturellen staatlichen Ausgabespielräume nicht erweitert, sondern eher deutlich verengt. Das Außerkraftsetzen des fiskalischen Regelwerkes (Schuldenbremse in Deutschland beziehungsweise Europäischer Fiskalpakt auf EU-Ebene) gilt ausdrücklich nur für die akute Krisenphase, nicht für die Zeit danach. Im Ergebnis wird so in einem Anti-Krisenreflex eine Politik betrieben, die weder stabilisiert noch strukturpolitisch sinnvolle Instrumente einsetzt.

Wenig ordnungspolitischer Kompass, viel Pragmatismus

Angela Merkel ist mit viel Rückenwind in ihr Amt gestartet, sowohl konjunkturell als auch durch die Arbeitsmarktreformen ihres Vorgängers. Einen klaren wirtschaftspolitischen Kurs hat ihre 16-jährige Kanzlerschaft nicht erkennen lassen. Das mag zum einen an zwölf Jahren großer Koalition liegen, die Profile naturgemäß eher einebnen als schärfen. Zum anderen geriet in ihrem dritten Regierungsjahr das Weltfinanzsystem und kurz darauf der Euroraum in große Turbulenzen, sodass die Wirtschaftspolitik für mehrere Jahre in den Krisenmodus umschalten musste, der dann zum Ende ihrer Amtszeit infolge der Corona-Pandemie erneut aktiviert werden musste. Ein Übriges taten weitreichende Kurswechsel – etwa die Aufgabe zentraler Prinzipien während der Euro-Krise oder die doppelte Wende in der Energiepolitik. In der zweiten großen Koalition ab 2013 mit ihren Beschlüssen zu Mindestlöhnen, Mietpreisbremsen und allerlei Rentengeschenken war der ordnungspolitische Kompass auch nicht immer das wichtigste Navigationsgerät. Auch deshalb sind Wachstumsaussichten für die 2020er-Jahre schwach. Die Potenzialrate dürfte in wenigen Jahren unter 1 Prozent fallen und weiter sinken. Die Merkel-Regierungen hinterlassen ein Sozialsystem, das auf diese Wachstumsflaute nur unzureichend vorbereitet ist.

Was wirtschaftspolitisch mit dem Namen der ersten Bundeskanzlerin verbunden bleiben dürfte, ist das Bild einer Pragmatikerin, die ihre Macht immer wieder zu sichern wusste, indem sie sich kurzerhand die wirtschaftspolitischen Forderungen der Gegner zu eigen machte. In Erinnerung bleiben sollte allerdings auch, dass in ihrer Regierungszeit dem Land in Form der Schuldenbremse ein neues finanzpolitisches Gepräge gegeben wurde. Ob dieses Regelwerk – insbesondere im EU-Kontext – Bestand hat, ist nach der Corona-Krise indes noch fraglicher als zuvor.

JUSTUS HAUCAP

Deutschlands teurer Irrweg in die Energiepolitik

*Gefährlich steigende Stromkosten bei
minimaler Klimaschutzwirkung*

Die Bilanz der Bundesregierung zur deutschen Energiewende liest
sich (nach ihrer eigenen Deutung) kurz zusammengefasst etwa so:
Die Energiewende ist ein internationales Vorzeigeprojekt, um das die
aufgeklärte Welt uns nicht nur beneidet; viele Menschen auf der gesamten Welt sind uns Deutschen sogar dankbar dafür und eifern uns
nun nach. Deutschland ist ein internationales Vorbild. Im Großen
und Ganzen ist – genau wie bei der Bekämpfung der Corona-Pandemie – nicht nur nichts schiefgelaufen, die Energiewende ist sogar ein
außerordentlicher Erfolg.

Anders als diese Rhetorik es suggeriert, geht Deutschland international jedoch einen ausgesprochenen energiepolitischen Sonderweg. In
den 16 Merkel-Jahren wurde dieser Sonderweg teils verschärft. Neben
dem doch sehr abrupten Beschluss im Jahr 2011, möglichst schnell aus
der Kernenergie auszusteigen, wird der Ausbau der Stromerzeugung
aus erneuerbaren Energien wie Sonne und Wind in einem Ausmaß
finanziell gefördert wie in keinem anderen Land der Erde. Das reine
Subventionsvolumen über das Erneuerbare-Energien-Gesetz (EEG)
beträgt seit Jahren schon mehr als 25 Milliarden Euro im Jahr, also

mehr als 300 Euro je Bundesbürger jährlich. Hinzu kommen Kosten für den Netzausbau, erhöhten Ausgleichsenergiebedarf, Offshore-Haftungsumlagen, Investitionsförderungen und vieles mehr.

Bis 2020 beliefen sich die Kosten der Energiewende insgesamt auf über 300 Milliarden Euro, also mehr als 15 Euro je Monat und Einwohner seit dem Jahr 2000. Aufgrund bereits eingegangener Verpflichtungen und des Netzausbaubedarfs werden diese Kosten bis 2025 auf über 500 Milliarden Euro steigen, wie Ökonomen des von mir geleiteten Düsseldorfer Instituts für Wettbewerbsökonomie in einer Studie errechnet haben. Prominente Apologeten der deutschen Energiepolitik bezweifeln diese Zahlen zwar lautstark, doch selbst der Bundesrechnungshof hat genau diese Zahlen in seiner kritischen Bilanz der Energiewende gerade noch einmal verwendet. Zwischen 2016 und 2025 geht es um Kosten von rund 450 Euro je Einwohner und Jahr.

Da Haushalte nur einen Teil der Kosten direkt über ihre Stromrechnung bezahlen (rund ein Drittel der Kosten), während zwei Drittel von Industrie, Gewerbe, Landwirtschaft etc. getragen werden, fällt das ganze Ausmaß der erhöhten Energiekosten den Bürgern nicht direkt ins Auge. Es ist jedoch davon auszugehen, dass Industrie, Handel etc. ihrerseits die höheren Energiekosten über die Preise für Waren und Dienstleistungen weiterreichen, sodass die Bürger in Deutschland ultimativ die Kosten tragen, auch wenn sie nicht direkt in ihrer persönlichen Stromrechnung auftauchen. Die Bundesregierung plant nun, die Kosten der Energiewende weiter zu verschleiern, indem die sogenannte EEG-Umlage abgeschafft werden soll und der Ausbau der Stromerzeugung aus erneuerbaren Energien direkt aus dem Bundeshaushalt bezahlt wird, wo es den Bürgerinnen und Bürgern weniger auffällt als auf der eigenen Stromrechnung.

Gigantische Förderkosten, trotzdem kaum Emissionssenkung

Die exorbitanten Kosten für die Förderung erneuerbarer Energien werden von vielen Ökonomen schon lange aus zwei Gründen kritisiert. Erstens führt die massive Förderung erneuerbarer Energien in Deutschland – paradoxerweise – nicht zu einer Reduktion der Treibhausgasemissionen insgesamt in der Europäischen Union. In Deutschland hat sich zwar die EEG-Umlage über die letzten drei Legislaturperioden, also seit 2009, mehr als verfünffacht, sie ist von 1,3 Cent je Kilowattstunde auf aktuell 6,756 Cent je Kilowattstunde (Cent/kWh) gestiegen. Die Treibhausgasemissionen lagen jedoch in Deutschland im Jahr 2019 nur unwesentlich unter dem Niveau des Jahres 2009.

Der Grund liegt in der noch immer mangelhaften Rückkopplung zwischen der im Rahmen des EU-Emissionshandelssystems EU-weit festgelegten Obergrenze für Treibhausgasemissionen einerseits und der Förderung und dem Ausbau der Stromerzeugung aus erneuerbaren Energien andererseits. Werden in EU-Land X (zum Beispiel Deutschland) die Emissionen reduziert, so können – über den Handel der EU-Emissionsrechte – Unternehmen in EU-Land Y ihre Emissionen erhöhen. Der massive Ausbau der Stromerzeugung aus erneuerbaren Energien in Deutschland führte bisher daher nur dazu, dass die deutschen Energieversorgerunternehmen weniger Emissionsrechte nachfragen und verbrauchen und so der Preis für Emissionsrechte sinkt. Ohne Stilllegung von Emissionsrechten oder eine anderweitige Kopplung zwischen dem Ausbau der Stromerzeugung aus erneuerbaren Energien und der Menge an Emissionsrechten verpufft die Förderung der erneuerbaren Energien klimapolitisch komplett. Mit der 2018 erfolgten Reform des EU-Emissionshandels ist zwar die Löschung von nicht benutzten Zertifikaten endlich deutlich leichter geworden, aber noch immer erfolgt diese nicht vollständig, sodass noch immer die Gefahr erheblicher Redundanzen und Ineffizienzen besteht.

Mit den Milliarden-Förderungen wurde zumindest bis vor Kurzem kaum CO_2 in der EU eingespart. Warum Merkel, die als Physikerin und kluger Kopf diesen Zusammenhang wohl verstanden haben wird, den teuren, klimapolitisch nutzlosen Irrweg nicht vollständig beendet hat, gehört zu den großen Rätseln. Die Bundesregierung hat in den Merkel-Jahren zu wenig unternommen, um diese Tragödie zu stoppen. Der durch das EEG entstandene zweite Länderfinanzausgleich hat das System offenbar nahezu unreformierbar gemacht. Noch immer wird daher sehr viel Geld in die klimapolitisch ziemlich wirkungslose, da nicht direkt Treibhausgasemissionen senkende deutsche Energiewende investiert. Aus politisch-strategischem Kalkül mag diese Politik geschickt sein. Verantwortungsvoll gegenüber den deutschen Energieverbrauchern ist sie jedoch ebenso wenig wie effektiv für den Klimaschutz. Was sagt das über Merkels Selbstbild als Klimakanzlerin?

Zweitens kritisieren viele Ökonomen schon lange den in der Energiewende verfolgten planwirtschaftlichen Subventions- und Förderansatz, das Ausschalten jeglicher Markt- und Wettbewerbsmechanismen. Mit einem System von mehr als 5.000 verschiedenen Einspeisevergütungen, also staatlich garantierten Abnahmepreisen, die den Erzeugern von EEG-Strom in der Regel für 20 Jahre sicher gewährt werden, wurden aufgrund der in den Vergütungen enthaltenen Traumrenditen sehr starke finanzielle Anreize gesetzt, in den Ausbau erneuerbarer Energien zu investieren. In der Tat war diese Politik sehr effektiv, das Tempo des Ausbaus der Stromerzeugung aus erneuerbaren Energien war seit 2005 atemberaubend. Jedoch explodieren die Kosten gleichermaßen, wie oben beschrieben. Der Grund dafür war vor allem, wenn auch nicht ausschließlich, die exorbitante Förderung der Solarenergie. Während die Preise für Solarpanels seit 2005 drastisch fielen, wurden die Einspeisevergütungen nur sehr, sehr langsam und moderat angepasst.

Dabei liegt der Grund für den Verfall der Preise für Solarpanels keineswegs allein in der deutschen Förderpolitik, wie manchmal suggeriert wird. Vielmehr hat zunächst der Aufbau massiver Überkapazitäten der Panelhersteller – ein Phänomen, das in vielen sehr fragmentierten Branchen zu beobachten ist – zu einer fast ruinösen Konkurrenz insbesondere unter asiatischen Herstellern geführt, bei der jeder Anbieter versucht, länger als die Konkurrenz am Markt zu überleben. Diese scharfe Wettbewerbssituation, die durch erhebliche Überkapazitäten bedingt ist, kann zu einem guten Teil den Preisverfall der Solarpanels erklären. Zudem entfiel auf Deutschland seit 2009 nur noch ein relativ geringer Teil der weltweiten Nachfrage nach Panels. Von daher ist es unehrlich, wenn die Verfechter des

EEG die gesamte Kostenreduktion bei Solarpanels als Erfolg des EEG reklamieren wollen, mit dem Deutschland die Welt vor der Klimakatastrophe rette.

Spätestens seit 2009 – einem Zeitpunkt also, zu dem die Kostendegression bei Solarpanels längst eingesetzt hatte – ist die Kostenexplosion bei der Förderung der Stromerzeugung aus erneuerbaren Energien in Deutschland zu beobachten. Für die Kostenreduktion bei Solarpanels sorgte seitdem aber vor allem die Nachfrage aus anderen Ländern (mit mehr Sonnenschein). Interessanterweise ist im Übrigen bei den ungeliebten Fracking-Technologien ein ganz ähnlicher drastischer Preisverfall zu beobachten, und das ganz ohne staatliche Förderung oder gar für 20 Jahre garantierte Abnahmepreise. Auch die Kosten für Batterien sind im Verhältnis zu ihrer Leistungsfähigkeit dramatisch gesunken, und auch das ohne eine so massive deutsche Förderung. Grund ist vielmehr der unternehmerische Ehrgeiz von Personen wie Elon Musk.

Merkels gebrochenes Versprechen zur Ökostrom-Umlage

Entgegen der Prognose vieler Ökonomen versprach Bundeskanzlerin Merkel im Jahr 2011, dass »die EEG-Umlage ... nicht über ihre heutige Größenordnung hinaus steigen (soll); heute liegt sie bei etwa 3,5 Cent pro Kilowattstunde«. Schon im Jahr 2013 war dieses merkelsche Versprechen Makulatur, da die EEG-Förderung nahezu ungebremst weiterbetrieben wurde. Nichts wurde getan, um das Versprechen Realität werden zu lassen. Fünf Jahre nach dem Versprechen der Bundeskanzlerin war die EEG-Umlage um fast 100 Prozent gestiegen.

Vor der Bundestagswahl 2013 hatte die Bundeskanzlerin dann eine grundlegende Reform des EEG angekündigt. Und auch nach der Wahl hat sie die Reform des ordnungspolitischen Rahmens, in dem die Energiewende stattfinden soll, als das große Projekt der neuen Koalition bezeichnet, an dem die Koalition sich messen lassen will. In der Tat hatte Wirtschafts- und Energieminister Sigmar Gabriel (SPD) bereits im Januar 2014 Eckpunkte für eine Reform des EEG vorgelegt. Ein wesentliches Ziel der Reform sei es, »die bisherige Kostendynamik des EEG zu durchbrechen und so die Steigerung der Stromkosten für Stromverbraucher zu begrenzen«. Darüber hinaus sollten kurz- und mittelfristig folgende Themen angegangen werden: »die Aufrechterhaltung der Versorgungssicherheit, die Entwicklung eines zukunftsfähigen Strommarktdesigns, die Weiterentwicklung der Rahmenbedingungen für die Kraft-Wärme-Kopplung, die Umsetzung der europäischen Energieeffizienz-Richtlinie, die Weiterentwicklung der Netzreserve, die Modernisierung der Verteilernetze und die weitere Beschleunigung des Netzausbaus sowie die Vollendung des Energiebinnenmarkts«.

Die damals genannten Ziele waren durchaus begrüßenswert. Zum Teil gingen die Maßnahmen, mit denen die Ziele erreicht werden sollten, jedoch ordnungspolitisch wieder in die völlig falsche Richtung mit noch mehr Detailregelungen, noch mehr staatlicher Planung und Lenkung und noch weniger Rückkopplung mit der europäischen Klimapolitik. Sofern die Maßnahmen in die richtige Richtung wiesen, kamen sie stets zu zögerlich. Das energiepolitische Programm ist auch heute noch immer überaus dirigistisch angelegt. Markt und Wettbewerb spielen noch immer eine sehr untergeordnete Rolle, vieles wird genau staatlich vorgegeben. Zugleich hat man sich vom Grundgedanken »Lokal handeln, global denken« immer mehr zu »Lokal handeln, lokal denken« bewegt – für die Klimapolitik eine fatale Entwicklung.

Große Energie-Planwirtschaft mit einer kleinen Prise Markt

Die Förderung der erneuerbaren Energien ist nach wie vor technologiespezifisch. Einzelne Stromerzeugungsarten wie Solar-, Windkraft- oder Biomasseanlagen etc. werden mit unterschiedlichen Einspeisevergütungen, Förderprogrammen und Subventionen begünstigt, auch wenn wettbewerbliche Elemente inzwischen durch wettbewerbliche Ausschreibungen in gewissem Umfang eingeführt wurden. Gepaart wurden die technologiespezifischen Subventionen – mit Ausnahme von Wasserkraft und Geothermie – mit technologiespezifischen Ausbaupfaden, welche die Ausbaumengen vorgeben. Wer wann wo wie und wie viel Strom produzieren und verbrauchen soll – das alles wird zentral geplant, so die Grundidee der Bundesregierung. Verbote, Dirigismus und Bevormundungen werden gepaart mit üppigen Subventionen und einer gigantischen Umverteilungsmaschinerie. Die mangelnde Transparenz dieser unsystematischen Umverteilung ist ein Einfallstor für die Durchsetzung von Lobbyinteressen.

Ein positiver Lichtblick ist gleichwohl die Einführung von Wettbewerb in Teilen des Erneuerbaren-Segments seit 2017. Der Zubau an Kapazitäten zur Stromerzeugung aus erneuerbaren Energien wird seit der EEG-Novelle 2017 in nicht unerheblichen Teilen nicht mehr durch die zwischen Lobbyisten und Bürokraten ausgeklügelten und von Bundestag und Bundesrat abgesegneten Einspeisevergütungen gesteuert, sondern durch wettbewerbliche Ausschreibungsverfahren, welche die Bundesnetzagentur durchführt. Sowohl die Ausschreibungen für großflächige Solarparks als auch für Offshore-Windparks (vor der Küste) haben dabei einen weitaus geringeren Subventionsbedarf ermittelt, als zuvor vermutet worden war.

Die Befürworter der Einspeisevergütungen hatten immer vor Wettbewerb im Bereich der erneuerbaren Energien gewarnt. Ausschreibungen und andere Wettbewerbselemente würden den Subventionsbedarf nach oben treiben, so die gebetsmühlenhaft wiederholte Argumentation, weil die Anbieter nun mit erheblichen Risikozuschlägen kalkulieren müssten. Staatlich festgelegte Einspeisevergütungen seien der günstigste Weg, die erneuerbaren Energien zu fördern, weil so das Risiko für die Erzeuger komplett entfalle. Ein Rätsel blieb in der Argumentation stets, warum sich 20-jährige Bezugsverträge mit ex ante festgelegten Preisen nicht auch auf wettbewerblichen Beschaffungsmärkten durchgesetzt haben, wenn diese Form der Beschaffung angeblich so günstig sein soll. Zwar waren die Verfechter des EEG bei ihrer Kritik an Änderungen, wie eigentlich immer, sehr laut, aber wie fast auch immer lagen sie mit ihren Prognosen komplett falsch. Durch die nun endlich erfolgten wettbewerblichen Ausschreibungen ergibt sich ein wesentlich geringerer Subventionsbedarf. Markt und Wettbewerb sind eben doch die besten Entdeckungsverfahren, wie sich wieder einmal gezeigt hat.

Zu konzedieren ist, dass die erfolgte EEG-Reform – nach der Schockstarre und Tatenlosigkeit der vorherigen Bundesregierung in den beiden vorhergehenden Legislaturperioden 2005 bis 2009 und 2009 bis 2013 – die bisher größte Reform des EEG darstellt und zumindest in Teilen auch in die richtige Richtung geht. Jedoch ist die Reform zu zögerlich und zu langsam erfolgt. Zudem fehlen in vielen Bereichen noch immer Wettbewerbselemente. So fehlt nach wie vor eine Verpflichtung für sämtliche neuen Anlagen, den von ihnen erzeugten Strom auch selbst zu vermarkten. Insbesondere im Bereich der Photovoltaik ist die Direktvermarktung für die weitgehend kleinen Erzeuger nicht verpflichtend. Daraus folgt eine »Produce and Forget«-Mentalität: Den Erzeugern ist völlig egal, ob und wie der Strom abgesetzt wird.

Selbst bei den zunehmend beobachtbaren negativen Strompreisen (weil es zu bestimmten Zeiten solches Überangebot an Strom gibt, fällt der Strompreis an der Energiebörse unter null!) produzieren die Erzeuger von Strom aus erneuerbaren Energien munter weiter und kassieren Einspeisevergütung, obwohl die Netzbetreiber – und wegen der Umlage über das EEG ultimativ die Verbraucher – zur selben Zeit eine Entsorgungsgebühr in Form negativer Preise zahlen müssen. Die Vergütung entfällt seit 2014 erst dann, wenn sechs Stunden oder länger die Preise negativ sind, seit 2021 reichen sogar vier Stunden negativer Preise. Die von EEG-Apologeten oft vorgebrachte Anmerkung, dass Braun- und Steinkohle- oder auch Atomkraftwerke für die negativen Preise verantwortlich seien, ist hier völlig fehlgeleitet. Diese müssen nämlich von der ersten Minute an selbst die negativen Strompreise (und damit die »Entsorgung« des Stroms) bezahlen, werden also gerade nicht für die Stromerzeugung zu Zeiten negativer Strompreise belohnt, sondern – durch die negativen Preise – entsprechend bestraft beziehungsweise angereizt, die Stromerzeugung in diesen Zeiten zu drosseln.

Aus ordnungspolitischer Sicht wäre daher zu fordern: Der Einspeisevorrang für erneuerbare Energien sollte vollständig aufgegeben werden und Erzeuger »grünen« Stroms sollten endlich selbst für seine Vermarktung verantwortlich sein, so wie es auf allen anderen Märkten der Volkswirtschaft üblich ist. Wer Geld verdienen will, muss sich um die Vermarktung seiner Erzeugnisse kümmern oder zumindest andere damit beauftragen. Dieses elementare Prinzip der Marktwirtschaft muss endlich auch im Erneuerbaren Energiebereich noch stärker Einzug erhalten. Die Merkel-Bundesregierung ist davor aber zurückgeschreckt. Von wirklicher marktwirtschaftlicher Vernunft ist sie im Energiebereich nach wie vor weit entfernt.

Auch die jüngste Reform des EEG im Jahr 2021 ist noch immer von der Idee der Planwirtschaft beseelt. Das Vorhaben, weitere Teile der Photovoltaik dem Ausschreibungswettbewerb auszusetzen, wurde in letzter Minute doch wieder gestrichen. Stattdessen wurden noch ambitioniertere, noch detailliertere Ziele definiert. Das Urteil des Bundesverfassungsgerichts zur Klimapolitik soll nun dazu führen, dass diese Detailplanung noch detaillierter wird – der Glaube, den Verlauf der Welt zumindest im Bereich der Energiewirtschaft in den nächsten 30 Jahren planen zu können, ist bemerkenswert. Dasselbe gilt für das Klimaschutzgesetz, den Kohleausstieg und andere energiepolitische Maßnahmen.

Immer weniger wird – trotz anderer offizieller Verlautbarungen – auf einen CO_2-Preis als Leit- und Lenkungsinstrument der Klimapolitik gesetzt, immer mehr auf immer detailliertere Regulierungen von Sektoren mit eigenen Vorgaben und auf regionales Mikromanagement. Markt und Wettbewerb werden weder als Lenkungsinstrument genutzt, um dort CO_2 einzusparen, wo es am einfachsten ist, noch wird der Markt als Entdeckungsverfahren genutzt, der Innovationen anreizt. Der Glaube an den Staat als zentrale Institution, die besser als die dezentralen Marktteilnehmer weiß, wo wann wie viel CO_2 eingespart werden kann, ist in der Merkel-Bundesregierung ungebrochen.

Die energieintensive Industrie verabschiedet sich aus Deutschland

Insgesamt ist die deutsche Energiepolitik damit zum Risikofaktor für den Standort Deutschland geworden. Wir riskieren eine dauerhafte

Verlagerung von Arbeitsplätzen und Wertschöpfung ins Ausland. Die Strompreise in Deutschland zählen zu den höchsten in der Welt. In Europa zahlt inzwischen niemand mehr für den Strom als wir. Die deutschen Stromkunden zahlen fast 50 Prozent mehr als der europäische Durchschnitt und fast doppelt so viel wie etwa unsere französischen Nachbarn. Auch den früheren Spitzenreiter Dänemark haben wir inzwischen überholt.

Nach wie vor sind zwar gut 2.000 Unternehmen zumindest in Teilen von der EEG-Umlage befreit, während diese Unternehmen zugleich durch den auch durch die Erneuerbaren ausgelösten Verfall der Strompreise im Großhandel an der Strombörse profitieren. Diese Wettbewerbsverzerrung ist ausländischen Unternehmen in den europäischen Nachbarstaaten durchaus ein Dorn im Auge. Und auch wenn die Europäische Kommission diese Wettbewerbsverzerrung im Binnenmarkt angesichts ihrer eigenen Begeisterung für den Green New Deal aktuell wenig zu stören scheint, glauben die energieintensiven Unternehmen, die von dieser Politik profitieren mögen, offenbar selbst nicht an die Nachhaltigkeit dieser Situation.

Schon seit Jahren ist zu beobachten, dass gerade energieintensive Unternehmen sich schleichend aus Deutschland zurückziehen: Die Nettoinvestitionen dieser Branchen sind negativ, das heißt, es wird weniger investiert, als abgeschrieben wird. Die Branchen verabschieden sich zwar nicht mit einem großen Knall, aber peu à peu aus Deutschland. Investiert wird anderswo. Dies ist nicht nur schlecht für die betroffenen Arbeitsplätze, es dient auch dem Klimaschutz nicht, wenn die Produktion ins Ausland verlagert wird, wo es weniger strenge Auflagen für Emissionen gibt.

Flickschusterei und Herumdoktern an Symptomen

Insgesamt muss man von einem energie- und klimapolitischen Irrweg der Merkel-Regierung sprechen. Es wird zwar viel für die erneuerbaren Energien getan, jedoch – paradoxerweise – wenig für den Klimaschutz. Eine automatische Rückkopplung zwischen dem Aus-

bau der Stromerzeugung aus erneuerbaren Energien und der europa-
weit festgelegten CO_2-Obergrenze ist nach wie vor nicht geplant. Die
Vorschlage von Monopolkommission, Sachverständigenrat, Expertenkommission für Forschung und Innovation und anderen Experten fanden wenig Gehör. Dabei wäre es höchste Zeit für eine wirklich
grundlegende Reform der energiepolitischen Rahmenbedingungen.
Stattdessen ist es bisher bei Flickschusterei und einem Herumdoktern
an Symptomen geblieben.

Der Grund für diese verfehlte Energiepolitik mag auch in einem
mangelnden Konsens innerhalb der Bundesregierung über die Ziele
der Energiepolitik liegen. Die energiepolitischen Ziele – Klima- und
Umweltverträglichkeit, Versorgungssicherheit, Bezahlbarkeit – werden zwar als gleichrangig eingestuft. Faktisch werden aber nur in
Bezug auf Klima- und Umweltschutz explizite (und recht detaillierte) Zielvorgaben gemacht, während für die Ziele Versorgungssicherheit und Bezahlbarkeit jedwede Zielvorstellung fehlte. Dies legt den
Schluss nahe, dass die beiden letztgenannten Ziele nicht sonderlich
ernst genommen werden. Diese Kritik hat jüngst selbst der Bundesrechnungshof in seiner scharfen Kritik an den überbordenden Kosten
der Energiewende aufgenommen, doch es passiert dennoch nichts.

Die nächste Bundesregierung post Merkel sollte das dringend ändern. Die drängenden Fragen sind: Wie teuer darf Energie in Deutschland werden? Ist ein Strompreis von 30 Cent oder gar 40 Cent je Kilowattstunde noch akzeptabel? Ist eine EEG-Umlage von 8 Cent oder 10 Cent
je Kilowattstunde vertretbar? Wie teuer darf die Förderung der erneuerbaren Energien im Jahr sein? 30 Milliarden Euro oder gar 50 Milliarden
Euro pro Jahr? Hier fehlen ebenso klare Vorstellungen wie hinsichtlich
tolerierbarer Versorgungsunterbrechungen oder anderer Maße für die
Versorgungssicherheit. Was aber nicht gemessen wird, wird letztlich
ignoriert, so eine Erfahrung aus Management und Politik.

Die Expertenkommission zum Monitoring-Prozess »Energie der
Zukunft« hatte zudem schon in ihrer Stellungnahme zum ersten
Monitoring-Bericht der Bundesregierung für das Berichtsjahr 2011
moniert, dass selbst innerhalb der umwelt- und klimapolitischen Ziele der Energiewende keine Zielhierarchisierung bestehe, obgleich es

eine umfassende Liste von Zielen der Energiewende gebe. Wie die Expertenkommission ausführte, wäre im Bereich der Umwelt- und Klimapolitik eine Konzentration auf zwei Oberziele sinnvoll: die Senkung der Treibhausgasemissionen um 40 Prozent bis zum Jahr 2020 und der Ausstieg aus der Kernenergie bis zum Jahr 2022. Eine solche Festlegung auf den Atomausstieg und die Senkung der Treibhausgasemissionen als Oberziele ist jedoch nie erfolgt.

Stattdessen stehen viel zu viele Ziele als gleichrangig nebeneinander. Der Ausbau der erneuerbaren Energien und die Steigerung der Energieeffizienz etwa werden daher nicht als Mittel zum Zweck (der Reduktion von Treibhausgasemissionen) betrachtet, sondern als Ziele sui generis, als Selbstzweck. Wenn jedoch jede energiepolitische Maßnahme irgendeinem der vielfachen Ziele dient und keine Prioritäten gesetzt werden und komplementäre und substitutive Wirkungen von Maßnahmen nicht berücksichtigt werden, ist das Resultat eine schon in sich inkonsistente Energiepolitik.

Kein anderes Land folgt dem deutschen Sonderweg

Aufgabe der nächsten Bundesregierung post Merkel ist es daher, klare Vorstellungen darüber zu entwickeln, welche energiepolitischen Ziele Priorität haben und welche sekundär sind. Anstatt sich in zahlreichen nicht aufeinander abgestimmten Einzelmaßnahmen – wie etwa der weitgehend wirkungslosen Förderung der Elektromobilität – zu verstricken, sollte der Stärkung des europäischen Emissionshandels mehr Aufmerksamkeit gewidmet werden, idealerweise sogar dem Abschluss eines globalen Klimaschutzabkommens mit verbindlichen Zielen. Solange dies nicht realistisch ist, könnten unilateral, bi- oder multilateral die Sektoren Verkehr und Wärme in den Emissionshandel einbezogen werden, anstatt auch hier mit Auflagen, Verboten und Subventionen zu arbeiten. Beim Einbeziehen des Verkehrs und der Wärmemärkte in den Emissionshandel könnte Deutschland in der Tat ein Vorreiter in Europa sein und tatsächlich wirksam und effizient den Klimaschutz stärken.

Zugleich muss der Fokus viel, viel stärker als bisher auf Forschung, Innovation und der Entwicklung neuer Technologien liegen. Ob Deutschland letztlich klimaneutral ist oder nicht, ist global betrachtet eigentlich irrelevant. China stößt inzwischen mehr Treibhausgase aus als alle anderen Industrienationen zusammen. Die Treibhausgasemissionen in China sind etwa in einem Jahr von 2017 auf 2018 um fast genau 800 Millionen Tonnen gestiegen – die Menge, die in Deutschland insgesamt ausgestoßen wird. Wenn wir also klimaneutral sind, ist dieser Effekt nach einem einzigen Jahr durch das Wachstum in China pulverisiert. Dramatisch ist auch das Wachstum an Treibhausgasemissionen in Indien und anderen Schwellenländern. Ohne den Transfer günstiger klimafreundlicher Technologien in diese Regionen wird auch jede noch so große Anstrengung und Einschränkung in Deutschland global gesehen nichts bringen. Wir brauchen daher eine ganz fundamentale Änderung des Ansatzes, die nicht Klimaneutralität in Deutschland in den Mittelpunkt rückt, sondern die Entwicklung exportfähiger klimafreundlicher Technologien.

Aktuell ist auch nicht zu erkennen, dass irgendein anderes bedeutendes Land dem deutschen Sonderweg des teuren, ungebremsten Ausbaus erneuerbarer Energien folgt – angesichts der dramatischen Kosten und der miserablen CO_2-Bilanz sicherlich kein Wunder. Eine Versöhnung von Klimaschutz und Effizienz ist daher nicht nur ökonomisches Gebot, sondern auch ein ökologisches, will man Nachahmer finden. Denn nur wenn sich zeigen lässt, dass Klimaschutz nicht zu Kostenexplosionen, Versorgungsunsicherheit und einem Verlust an Wettbewerbsfähigkeit führt, wird es Nachahmer geben, sodass die deutsche Energiewende als klimapolitischer Erfolg bezeichnet werden kann, der global zur Reduktion von Treibhausgasen beiträgt. Die Aussichten darauf sind aufgrund jeglicher Missachtung der Kosten allerdings trübe. So bleibt bisher nur die Hoffnung, dass andere Staaten auch aus schlechten Beispielen Lehren ziehen können.

ROLAND TICHY

LYSSENKO ODER APOLLO?

Die ideologisch-planwirtschaftliche Technologiepolitik
der Kanzlerin

Die Bildungs- und Forschungspolitik ist ein Aushängeschild schon vieler Bundesregierungen gewesen, von Kanzlerin Angela Merkel war sie ein Lieblings-Steckenpferd. Gerne besuchte sie universitäre Forschungslabore oder Entwicklungsabteilungen von Unternehmen. Auf mediengerecht inszenierten Fotos sah man sie lächelnd im Labor mit Schutzbrille stehen. Die in physikalischer Chemie promovierte Kanzlerin interessierte sich für das, was die Wissenschaftler ihr erzählten. Merkel kann scheinbar tief in technische Fragen eintauchen. Energiewende und Elektromobilität waren die beiden großen technologiepolitischen Themen ihrer Kanzlerschaft. Die Digitalisierung bezeichnete sie als die größte Herausforderung für Deutschland, um künftig seinen Wohlstand erhalten zu können. Mit der Klimapolitik trieb sie ein Themenfeld voran, das ohne tiefgreifende technologische, strukturelle und energietechnische Veränderung nicht denkbar ist.

Forschungspolitik ist für Politiker aber auch deshalb etwas Faszinierendes, weil der Blick in die Zukunft von Gegenwartsproblemen ablenkt; er verspricht technische Neuerungen, Wohlstand und die Fähigkeit, im globalen wirtschaftlichen Wettrennen die Nase vorne zu haben. Meist liegt die Zukunft auch weit genug weg, um beim Scheitern der technologiepolitischen Pläne keine Verantwortung übernehmen zu müssen.

Sicherlich ist es nicht verkehrt, in Forschung zu investieren. Vielfach gilt Deutschland als Vorbild: Mit einem Cluster von Universitäten, Forschungseinrichtungen wie der Max-Planck-Gesellschaft, den Fraunhofer-Instituten und forschenden Unternehmen besteht eine Infrastruktur, in der Grundlagenforschung, angewandte Forschung und Umsetzung in Produkte halbwegs gelingen kann. Kritik wird häufig laut, weil genau dieser Prozess oft genug nicht gut oder gar nicht funktionierte. Gerne genanntes Beispiel ist das MP3-Format, eine Entwicklung von Karlheinz Brandenburg am Fraunhofer-Institut Erlangen, das für einige Jahre Weltgeltung besaß. Das erste Abspielgerät ohne bewegliche Teile wurde 1994 auf der Tonmeistertagung in Karlsruhe vorgestellt, aber industriell in den Vereinigten Staaten von Amerika zum Massenerfolg.

Große Defizite bei der digitalen Modernisierung

Gerade die Digitalisierung ist ein Feld, auf dem Deutschland nicht führend ist. Nach jüngsten Bestandsaufnahmen der digitalen Wirtschaft und Gesellschaft in Europa liegt Deutschland im gesamteuropäischen Vergleich nur auf Platz neun. Das ist bedrohlich für die größte europäische Volkswirtschaft. Der Anteil der schnellen Internet-Anschlüsse in Deutschland ist zwar inzwischen auf 75 Prozent gestiegen, doch auf dem Land gibt es noch viele weiße Flecken. Mehr als 80 Prozent der Anschlüsse im ländlichen Raum sind nicht zukunftsfähig, heißt es im Weißbuch Digitale Plattformen des Bundeswirtschaftsministeriums. Bei der Versorgung mit modernen Glasfaserkabeln hinkt Deutschland im internationalen Vergleich weit hinterher. Nur knapp 2 Prozent der Breitbandanschlüsse sind Glasfaserkabel. Vom Ziel, Deutschland für die digitale Zukunft fit zu machen, scheint die Merkel-Regierung noch ein gutes Stück entfernt.

Die Corona-Pandemie brachte es ans Licht: Die Digitalisierung der öffentlichen Verwaltung Deutschlands, insbesondere seiner Gesundheitsämter, ist buchstäblich in der Ära des Faxgeräts steckengeblieben. Es gibt zwar eine Staatsministerin für Digitalisierung. Doch

Dorothee Bär ist bislang eher als Role Model für extravagante Kleidung in Erscheinung getreten oder schwärmte von Flug-Taxis, als sich um die bodenständigen Basics zu kümmern. Die von ihr zu verantwortende Corona-App kann getrost als Total-Flopp verbucht werden, und weit über 100 Millionen Euro Aufwand müssen abgeschrieben werden.

Die schlechte Ausstattung von Schulen mit Geräten und mangelnde Konzepte für E-Learning fallen ebenfalls in diesen Verantwortungsbereich: Viel zu wenig wurde unternommen, um die offenkundigen Lücken zu schließen; der Digitalisierungsstaatsministerin fiel nur ein, dass man im Corona-Jahr auf Sitzenbleiben verzichten solle, um das Aufbrechen von Wissenslücken durch monatelangen Unterrichtsausfall zu verwischen. Ansätze für Lernen, Verwaltung und Organisation wurden auch in der buchstäblichen Stunde der Not nicht entwickelt. Wer erwartet hat, dass Deutschland mit digitalen Lösungen aufwartet, sieht sich bitter enttäuscht. Das vom Unionskanzlerkandidaten Armin Laschet im Frühjahr 2021 ausgegebene Versprechen eines »Modernisierungsjahrzehnts« kann auch als Eingeständnis gelesen werden, dass es bislang große Versäumnisse bei der technologischen Modernisierung des Landes in 16 Merkel-Jahren gab.

Als Erfolg in der Corona-Pandemie ist allerdings die Entwicklung des Impfstoffs des Mainzer Start-up-Unternehmens Biontech in Zusammenarbeit mit dem US-Konzern Pfizer zu nennen. Zwar wandte Bundeswirtschaftsminister Peter Altmaier 250 Millionen Euro aus Steuermitteln auf, um sich am Tübinger Hersteller Curevac zu beteiligen. Dessen Wirkstoff allerdings ist bis Mai 2021 nicht immer verfügbar. Vermutlich hatte sich Altmaier zur deutschen Staatsbeteiligung durch eine angebliche Absicht des damaligen Präsidenten Donald Trump genötigt gesehen, der Curevac angeblich unter amerikanische Kontrolle bringen wolle. Allerdings haben Unternehmen und US-Regierung dies dementiert, sodass der Verdacht im Raum steht, dass sich Altmaier und mit ihm der Steuerzahler nur von cleveren Investoren hat über den Tisch ziehen lassen. Auch hier zeigt sich, wie wenig deutsche Politik von moderner Industrie und Geschäft versteht.

Die Großprojekte Energiepolitik und Elektromobilität

Besonders schlimm aber ist die technologiepolitische Bilanz auf zwei anderen Feldern: der Energiepolitik und der Elektromobilität. Trotz des ständig steigenden Forschungsetats scheint etwas faul zu sein mit der Förderungspolitik.

. Nun ist staatliche Forschungsförderung ohnehin ein umstrittenes Thema. Sie unterliegt der Gefahr, dass wenig kompetente Bürokratien Zukunftsentscheidungen treffen, die nicht mehr korrigiert werden können, und Misserfolge durch blindwütige Erhöhung des Mitteleinsatzes bis zu deren endgültigem Scheitern teuer kaschiert werden. Lobbyisten der Industrie greifen gerne Staatsmittel ab und finanzieren damit Projekte, von deren Nutzlosigkeit oder mangelnder Rentabilität sie intern längst überzeugt sind. Ideologie, Größenwahn und Prestigeziele sind für Politiker wichtiger als zukünftige Markterfolge, die nicht spektakulär genug erscheinen: Verlangt ein MP3-Player wirklich staatliche Förderung? Oder müssen es nicht größere Ziele sein? Woran misst man Erfolge?

Nehmen wir als Messlatte zwei Großprojekte der jüngeren Weltgeschichte: das Apollo-Raumfahrtprogramm der USA als Beispiel für besonderen Erfolg und die Agrarforschung der UdSSR unter Trofim Denissowitsch Lyssenko als grandiosen Misserfolg. Wo liegen nun die beiden prestigeträchtigsten Forschungsprogramme, die Deutschland unter Merkel verordnet wurden, nämlich die Energiewende und die Förderung der Elektromobilität: näher bei Apollo oder Lyssenko?

Maßstab 1: Das Apollo-Programm

Die ersten beiden Menschen landeten im Rahmen der Mission Apollo 11 am 20. Juli 1969 um 21:17 Uhr (MEZ) auf dem Mond: Sechs Stunden später, am 21. Juli um 03:56:20 Uhr MEZ, betrat Neil Armstrong im Mare Tranquillitatis als erster Mensch den Mond. Dabei sprach er den berühmt gewordenen Satz: »Das ist ein kleiner Schritt für einen Menschen, aber ein gewaltiger Sprung für die Menschheit.«

Vor allem war es auch ein wichtiger Sprung für die Amerikaner. Durch den Start von Sputnik 1 im Jahre 1957, die erste unbemannte harte Mondlandung 1959 durch Lunik-2 und den ersten bemannten Raumflug von Juri Gagarin 1961 war nämlich die Sowjetunion zu Beginn des Raumfahrtzeitalters zur führenden Raumfahrtnation aufgestiegen. Die Amerikaner suchten nach einem Gebiet der Raumfahrt, auf dem sie die Sowjetunion schlagen könnten.

Am 25. Mai 1961, eineinhalb Monate nach dem Start Gagarins, hielt Präsident John F. Kennedy vor dem amerikanischen Kongress eine Rede, in der er das Ziel vorgab: »Ich glaube, dass dieses Land sich dem Ziel widmen sollte, noch vor Ende dieses Jahrzehnts einen Menschen auf dem Mond landen zu lassen und ihn wieder sicher zur Erde zurückzubringen. Kein einziges Weltraumprojekt wird in dieser Zeitspanne die Menschheit mehr beeindrucken oder wichtiger für die Erforschung des entfernteren Weltraums sein; und keines wird so schwierig oder kostspielig zu erreichen sein.« Mit diesen Worten fiel der Startschuss für das Apollo-Programm, an dessen Umsetzung zeitweise bis zu 400.000 Beschäftigte arbeiteten.

Dem Apollo-Programm wird vielfach ein zu geringer wissenschaftlicher Nutzen vorgeworfen. Das ehemalige Missionsmitglied William Anders meint, Apollo sei »kein wissenschaftliches Programm« gewesen, in Wahrheit habe es sich um eine »Schlacht im Kalten Krieg« gehandelt. »Sicherlich, wir haben ein paar Gesteinsbrocken gesammelt und ein paar Fotos gemacht, aber wäre da nicht dieser Wettlauf mit den Russen gewesen, hätten wir niemals die Unterstützung der Steuerzahler gehabt.«

Nach dem Erfolg von Apollo 11 kündigten einige Forscher bei der NASA, darunter der damalige NASA-Chefgeologe Eugene Shoemaker. Er vertrat den Standpunkt, dass der wissenschaftliche Ertrag bereits drei bis vier Jahre eher und zu einem Fünftel der Kosten durch unbemannte Sonden zu erbringen gewesen wäre. Die Kosten betrugen 23,9 Milliarden Dollar, was nach heutigen Maßstäben mehr als 130 Milliarden Dollar entspricht.

Apollo steht für ein technologiepolitisches Crash-Programm, das den Ehrgeiz einer Nation auf ein Ziel ausrichtete. Der »Ertrag« solcher Programme ist zwiespältig. Doch im kollektiven Gedächtnis der Menschen ist jenes Foto verankert, auf dem Armstrong zu sehen ist, wie er ein US-Fähnchen in den Mondboden steckt – und letztlich ging es nur darum: Die »Stars und Stripes« dokumentierten die Überlegenheit, den symbolischen Sieg der Vereinigten Staaten über den sowjetischen Erzfeind.

Maßstab 2: Der Lyssenkoismus – Ideologie statt Wissenschaft

Der Lyssenkoismus war eine von dem sowjetischen Biologen und Agronomen Lyssenko begründete Theorie. Ihr zentrales Postulat lautete, dass die Eigenschaften von Kulturpflanzen und anderen Organismen nicht durch Gene, sondern nur durch Umweltbedingungen bestimmt würden; diese wiederum würden durch den Siegeszug des Sozialismus so gestaltet, dass sich der gewünschte Mehrertrag der Getreide einstellen würde. Das war schon damals mit dem Stand der Wissenschaft in keiner Weise zu vereinbaren. Lyssenko verwarf jedoch die herrschende Lehre der Genetik und behauptete, es gebe gar keine Gene, verschiedene Getreidesorten ließen sich durch geeignete Kulturbedingungen ineinander umwandeln.

Lyssenko gelang es, den Diktator Josef Stalin als Förderer zu gewinnen und so in der Sowjetunion eine tonangebende Stellung einzunehmen. Schwere Ernteeinbußen wurden angeblichen Saboteuren zugeschrieben. Damit verbunden war ein Feldzug gegen die sogenannte »faschistische« und »bourgeoise« Genetik sowie gegen jene Biologen, die sich mit dieser Disziplin befassten. Forscher, die an der Genetik festhielten, wurden verjagt, vertrieben und verhaftet; etliche machen Lyssenko sogar für den Tod einer Reihe von Wissenschaftlern verantwortlich.

Die Folgen für die Sowjetunion waren jedenfalls fürchterlich: Missernten und Hungersnöte, weil das Getreide nicht daran dachte, sich proletarischer Wissenschaft zu beugen und die Vorgaben marxistisch-ideologischer Biologie zu erfüllen. Letztlich war dies ein Baustein für den Untergang der Sowjetunion.

Die Energiewende als ideologisches Projekt

Die von Angela Merkel in ihrer Kanzlerzeit maßgeblich betriebene
Energiewende ist darauf gerichtet, Kernkraftwerke und fossile Kraftwerke zu verdrängen. Bis 2050 soll die Energiewirtschaft weitgehend
»decarbonisiert« sein. »Die durch die Energiewende bewirkte Modernisierung der Energiewirtschaft ist eines der größten Investitionspro-
jekte unseres Landes«, lautet die Begründung. Mit der Energiewende
und dem schrittweisen Umbau der Energieversorgung hin zu mehr
erneuerbaren Energien und Energieeffizienz habe Deutschland auf
diesem Weg bereits wichtige Weichen gestellt. Sie eröffneten unge-
achtet der damit verbundenen strukturellen Anpassungen und »Lern-
kosten« neue wirtschaftliche Chancen und Innovationen, so heißt es
im »Klimaschutzplan 2050« der Bundesregierung.

Die Kosten werden sich laut Schätzung des damaligen Umwelt-
und späteren Wirtschaftsministers Peter Altmaier (CDU) auf rund
1.000 Milliarden belaufen; also fast das Zehnfache der Kosten der
Apollo-Mission, wenn man Schätzdifferenzen und Deflationierungs-
probleme als Ungenauigkeiten einbezieht. Die Energiewende ist eine Art Crash-Programm für Deutschland: Es verschlingt ungeheu-
re Ressourcen an finanziellen Mitteln, der Forschungseinrichtungen
und der naturnahen Landschaft.

Die deutsche Energiewendepolitik hat stark den Charakter einer
Planwirtschaft, weil die Regierung für die kommenden Jahrzehnte genaue Anteile von bestimmten Stromerzeugungsarten vorschreibt; zudem werden die Absatzpreise politisch durch das Erneuerbare-Energien-Gesetz (EEG) vorgegeben. Statt des Wettbewerbs um die beste
technische Lösung im Marktprozess, der als »Entdeckungsmecha-
nismus« (Friedrich August von Hayek) die beste, kostengünstigste
Lösung bringen würde, glaubt die Regierung, sie verfüge über eine
höhere Weisheit und Voraussicht über künftige technologische Lösungen – eine klare »Anmaßung von Wissen« (Hayek). Das ökolo-
gische Ziel, den CO_2-Ausstoß zu reduzieren, kann man kosteneffi-
zient durch ein Emissionszertifikate-Handelssystem erreichen, wie es
in der EU schon seit Jahren existiert, das die Gesamtemissionsmenge

wirksam begrenzt. Doch der deutschen Regierung reicht das nicht. Sie sattelt darauf noch eine eigene nationale und planwirtschaftliche Energiewende.

Ausgelöst wurde die deutsche Energiewende durch eine Art Sputnik-Schock, durch die Schäden, den ein Tsunami an Kernkraftreaktoren im japanischen Fukushima 2011 anrichtete und die die deutsche Bevölkerung und Politik in Aufregung versetzten – unmittelbar vor der Landtagswahl in Baden-Württemberg. Für die Umsetzung der Energiewende wurde eine »Ethikkommission« unter Leitung des früheren Umweltministers Klaus Töpfer einberufen. Unter den Kommissionsmitgliedern befanden sich vereinzelt Wissenschaftler und Vertreter der Wirtschaft, die überwiegende Mehrheit jedoch bestand aus fachlich völlig inkompetenten Verbands- und Interessenvertretern der sogenannten Zivilgesellschaft, auch mehrere Bischöfe und Religionsgruppenvertreter waren darunter. Der Zweck der »Ethikkommission« bestand unausgesprochen darin, die Energiewendepolitik unangreifbar zu machen, Kritiker zu diskreditieren, sie als »unethisch« erscheinen zu lassen und aus dem öffentlichen Diskurs auszuschließen.

Hier zeigt sich erkennbar der Charakter des Projekts. Es hat weniger Ähnlichkeit mit dem Apollo-Programm, einer als Wissenschaft getarnten Schlacht des Kalten Krieges, als mit dem Lyssenkoismus. Aus einem Prestigeprogramm (Apollo) wurde der Versuch, Gesetze der Physik und Naturwissenschaft der Ideologie des Wahlkampfs zu unterwerfen. Die Solarenergie ist im eher sonnenarmen Deutschland nur wenig ertragreich. Nachts scheint bekanntlich keine Sonne, was den Energieertrag der Solarzellen entgegen jeder Hoffnung der Ethikkommission auf null setzt. Auch die Windhöffigkeit – das durchschnittliche Windaufkommen – ist in Deutschland an den meisten Standorten eigentlich zu gering; das hatte ein Versuch in den achtziger Jahren mit der sogenannten »Großwindanlage« (Growin) ergeben.

Durch hohen Mitteleinsatz (und stark subventioniert durch das Erneuerbare-Energien-Gesetz) können zwar mit Solar- und Windanlagen gewaltige Stromspitzen erzeugt werden, die oft den tatsächlichen Bedarf weit übersteigen und dann kostenintensiv gedrosselt oder exportiert werden müssen. Auch der Bau von mehr Anlagen, beispielsweise eine Verdoppelung der Anlagenzahl, reduziert den schwankenden Charakter der Stromproduktion nicht, sondern verstärkt ihn vielmehr: Die Spitzen werden noch höher, die Täler tiefer. Den notwendigen Ausgleich müssen in diesem System bislang Kohlekraftwerke leisten. Durch ihren Einsatz, der auch die wegfallende Kernenergie ausgleichen muss, stieg seit der Energiewende Marke Merkel nach 2011 der CO_2-Ausstoß Deutschlands.

Zu den hohen Kosten, dem enormen Landschaftsverbrauch, zunehmenden Unsicherheiten in der Energieversorgung und Abhängigkeit von Rettungsimporten aus dem Ausland kommt eine gesellschaftliche Ausgrenzung von Wissenschaftlern und eine Korrumpierung von Wissenschaft und Wirtschaft: Angelockt durch die gewaltigen Subventionen lenken Industriekonzerne ihre Aktivitäten in diesen Bereich. Wissenschaftliche Einrichtungen wie einige Fraunhofer-Institute stellten bereitwillig oberflächliche Windhöffigkeitsprognosen zur Verfügung, die dazu führten, dass unwirtschaftliche Standorte gewählt und Zigtausende darauf vertrauende Kleinanleger in den Ruin getrieben wurden, nachdem sie ihre Ersparnisse in die vermeintliche Zukunftstechnologie Windkraftanlage gesteckt hatten. Der ständige weitere Zufluss von Subventionen wird durch immer neue angebliche Erfindungen am Leben erhalten, die das Ziel erreichbar erscheinen lassen sollen, obwohl die Kluft zwischen Realität und Ideologie groß bleibt.

Immer wieder wurde offensichtlich, dass Fakten den politischen Träumen widersprechen. Diese zum Beispiel: Im Jahr 2020 hat Deutschland noch einmal viele Windräder dazu gebaut und riesige Waldflächen dafür gerodet – und erhöhte so die installierte Leistung um 6,5 Prozent. Allerdings schrumpfte im Januar und Februar 2021 (neuere Zahlen liegen noch nicht vor) die produzierte Strommenge um 35 Prozent. Mehr Maschinen – weniger Leistung? Der Wettergott spielt halt nicht mit bei der deutschen Energiewende; der Wind bläst oder auch nicht, und doch sind Windräder »die Säule« der Energiewende, so Bundeskanzlerin Angela Merkel. Ihre vermeintlich feste Säule ist lediglich Imagination. Allerdings eine teure: Allein für die

Öko-Stromumlage, die von den Verbrauchern im Jahr an die Profi-
teure der Energiewende abgeführt werden muss, könnte die Schweiz
komplett zwei Gotthardt-Basistunnel bauen. Im Gegensatz zur groß
zügigen Förderung von Wind- und Solarstrom werden keine Mittel
für neue moderne Formen der Kernenergie bereitgestellt. Auch hier
hat Deutschland den Anschluss an das globale Feld verloren, denn
viele Staaten der Welt investieren in neue Kernkraftwerke.

Apollo oder Lyssenko? Der politische Prestigecharakter des deutschen Energiewendeprojekts spricht für Apollo. Aber die Zielverfehlung,
die aus der Missachtung grundlegender physikalischer Gegebenheiten
rührt, und der Ersatz von Machbarkeit durch Ideologieproduktion
lassen nur den Schluss zu, dass Merkels Energiewendeprojekt der
Abteilung Lyssenko zuzuordnen ist.

Die Elektroauto-Planwirtschaft

Die Bundesregierung strebte im Rahmen des »Nationalen Entwick-
lungsplans Elektromobilität« an, bis zum Jahr 2020 eine Million Elektrofahrzeuge auf deutsche Straßen zu bringen. Merkel unterstützte
dieses Ziel maßgeblich. Im April 2016 hatte die große Koalition finanzielle Anreize zum Kauf von Elektrofahrzeugen durch Markteinfüh-
rungsprämien (Umweltbonus) in Höhe von zunächst 4.000 Euro (beziehungsweise 3.000 Euro für Plug-in-Hybride) für Elektrofahrzeuge
mit einem Preis von maximal 60.000 Euro beschlossen und dann
immer weiter erhöht sowie weitere Markteinführungsprogramme finanziert. Auch wenn die Zahl deutlich stieg (2020 wurden 194.000
reine E-Autos neu zugelassen), wurde das Eine-Million-Ziel weit verfehlt. Zum 1. Januar 2021 waren in Deutschland nur 309.000 Elektroautos auf den Straßen unterwegs – bei mehr als 48 Millionen zuge-
lassenen Pkw in Deutschland ein Anteil von weniger als 1 Prozent.
Nachdem jahrelang groß für das Ziel getrommelt worden war, wurde
es still und leise zu Grabe getragen. Aber die Zielrichtung bleibt.

Elektroautos haben eine Reihe von Vorteilen: ein hohes Drehmo-
ment des Motors ab dem Stand, höheren Fahrkomfort durch leise-

ren und vibrationsarmen Antriebsstrang sowie keine Schaltvorgänge; besseres Verhältnis von Innenraum zu Fahrzeuggröße (bei Fahrzeugen, die als Elektrofahrzeug konzipiert wurden); eine geringe Wartungshäufigkeit wegen einer niedrigeren Zahl beweglicher Teile und des Wegfalls anfälliger Komponenten wie Antriebsstrang und aufwendiges Schaltgetriebe.

Realistischerweise gehen Betriebsräte der Automobilindustrie davon aus, dass zur Produktion nur zwischen einem Drittel bis zur Hälfte der Arbeitskräfte gebraucht werden, sodass in der für Deutschland sehr wichtigen Automobilindustrie bei einer völligen Umstellung auf E-Autos sehr viele, wohl Hunderttausende Arbeitsplätze wegfallen dürften. Man könnte das E-Auto mit Fug und Recht als »Arbeitsplatzkiller« bezeichnen. Das Ifo-Institut für Wirtschaftsforschung ging in einer Analyse im Frühjahr 2021 davon aus, dass bis zu 178.000 Arbeitsplätze schon bis 2025 entfallen und die Beschäftigten entweder verrentet oder entlassen werden.

Die Ökobilanz von Elektroautos ist zwiespältig: Der Schadstoffausstoß wird verlagert – vom Verbrauchsort an den Entstehungsort der Elektrizität. Das hat für verdichtete Ballungsräume sicherlich Vorteile. Die Gesamtbilanz hängt aber von der Stromproduktion ab. Im EU-Durchschnitt errechnet sich eine Schadstoffverringerung, weil unter anderem auch die CO_2-frei produzierenden französischen Kernkraftwerke in den europäischen Mittelwert eingehen. Auf Basis der deutschen Stromerzeugung ergibt sich jedoch keine Verbesserung verglichen mit dem Verbrennungsmotor; die vorliegenden Untersuchungen legen sogar den Schluss nahe, dass die Schadstoffbilanz deutlich negativ ausfällt. Dies ist auch nicht zu bestreiten, weswegen die E-Auto-Lobby auf zukünftige, allerdings in weiter Ferne liegende Verfahren verweist, wie etwa »Grid-to-Wheel« (das Auto beziehungsweise seine Batterie als »Speicher« für gelegentlich anfallende erneuerbare Energien).

Der Hauptnachteil des E-Autos liegt damit in seiner bislang immer noch deutlich begrenzten Reichweite wegen zu niedriger Batteriekapazitäten, der Abhängigkeit von Wetterbedingungen, den langen Ladezeiten und damit unzureichender Verfügbarkeit der Mobilität.

Das heißt nun nicht, dass es keine Anwendungsgebiete für E-Autos gäbe. Sicherlich ist für großflächige, extrem mit verschmutzter Luft belastete Ballungsräume wie etwa das Perlflussdelta in China mit bis zu 50 Millionen Einwohnern die Verlagerung der Schadstoffe aus den Innenstädten in die Gegend der zentralen Kraftwerke außerhalb der Ballungsräume eine mögliche Strategie, um die Atemluft in den Städten zu verbessern und die Verschmutzung über das gesamte Land zu verteilen. Auch für kurzräumige Verkehre und planbare Nutzungszeiten ist das E-Auto eine gute Alternative.

So hat die Deutsche Post/DHL eine Flotte von elektrisch betriebenen »Streetscootern« zur Paketauslieferung im Einsatz, die sie zunächst auch selbst baute, womit sie vorübergehend sogar zum größten deutschen E-Auto-Hersteller geworden ist. Für das Anwendungsgebiet rund um großstädtische Verteilzentren reicht die Reichweite von 50 Kilometern bei jedem Wetter aus; nach Dienstschluss werden die Autos geladen. Ähnliche Anwendungsgebiete mit starren Verkehrszeiten und begrenzter, innenstädtischer und kurzer Wegstrecke gibt es sicherlich viele. Trotzdem wurde das mit vielen Fördermillionen und Vorschusslorbeeren bedachte Unternehmen mittlerweile geschlossen und abgewickelt.

Es stellt sich nur die Frage: Warum wird das Ziel Elektromobilität subventioniert und ein bombastischer »Nationaler Entwicklungsplan Elektromobilität« aufgelegt, der schon von der Rhetorik eher an die berüchtigten Fünfjahrespläne erinnert? Warum lautete das Ziel »eine Million Autos bis 2020«, warum nicht 750.000 oder 1.500.000? Das kann nicht sachlich begründet werden. Das Ziel entspringt einer politisch-ideologischen Dimension – es ist als solches nicht sachlich begründbar, sondern klingt nur gut, erinnert aber fatal an die Tonnenideologie sowjetischer Wirtschaftspläne.

Warum gibt es überhaupt Subventionen? Die deutsche Automobilindustrie ist eine der leistungsfähigsten und reichsten der Welt; ihre jährlichen Gewinne liegen im zweistelligen Milliardenbereich, auch im Corona-Jahr. Die Frage stellt sich also, warum ein großsprecherischer »Nationaler Entwicklungsplan Elektromobilität« verkündet wird, der den Interessen der Verbraucher zuwiderläuft, den die Automobilindustrie nicht braucht, weil es ihr ureigenstes Geschäft ist, Autos weiterzuentwickeln, und der ökonomisch wie ökologisch unsinnig ist. Wenn die Reichweite die zentrale Schwachstelle ist, müsste es nicht um eine Absatzförderung von E-Autos gehen, sondern um die Förderung der Batterieforschung, denn diese ist die eigentliche Schwachstelle.

Apollo oder Lyssenko? Bei der Beantwortung dieser Frage mit Blick auf die E-Auto-Planungen liegt es nahe, zunächst wegen der ehrgeizigen, außerhalb wirtschaftlicher Rationalität liegenden Zielverfolgung das Urteil »Apollo-Programm« zu fällen. Vermutlich würde der Markt ohnehin schneller Marktnischen erkennen und schließen, wie die Deutsche Post/DHL es tat. Der entstehende volkswirtschaftliche Schaden liegt im Milliardenbereich, also im üblichen Fehlerbereich politischer Eingriffe in bestehende Märkte. Eine großflächige Verheerung wie durch Lyssenkos Programm oder die Energiewende gibt es bei der E-Auto-Planwirtschaft zwar nicht. Allerdings ist das E-Auto-Programm auch weit weniger faszinierend als die Vision vom Menschen auf dem Mond. Es hat eher den Charakter einer vergrauten Planwirtschaftsideologie, deren Zielerreichung ebenfalls utopisch bleibt.

Eine vernichtende Bilanz

Gerade Angela Merkel wurde als Physikerin professionelle Kompetenz zugeschrieben, zumal sie auch noch mit einem hoch angesehenen Naturwissenschaftler verheiratet ist. Schaut man die Kernelemente ihrer Forschungspolitik in den 16 Jahren ihrer Kanzlerschaft an, gerät man über die Wirkmächtigkeit des früher Gelernten ins Zweifeln. Die Energiewende erinnert in ihren Auswirkungen wie ihrer gesellschaftlichen Ausgestaltung fatal an planwirtschaftliche Methoden der Fehlsteuerung, die blind an längst erkannten Natur- und Marktgesetzen vorbeischrammen. Der »Nationale Entwicklungsplan Elektromobilität« könnte auch aus der Murkser-Werkstatt der sozialistischen Planwirtschaft stammen – ihm fehlt die Größe von Kennedys Vision. In einer Marktwirtschaft haben sie beide nichts zu suchen.

Deutschland befindet sich am Ende von 16 Jahren Merkel-Kanzlerschaft technologisch in einer unangenehmen Situation: China holt mächtig auf, seine Industrie- und Technikkonzerne schieben sich nach vorne. In den Vereinigten Staaten sind die Silicon-Valley-Techkonzerne im Bereich der Plattform-Ökonomie führend. Deutschland ist in puncto IT-Produkte, Digitalisierung und Künstliche Intelligenz in vielerlei Hinsicht zurückgeblieben. Die einstigen Stärken der deutschen Industrie – insbesondere die Autoindustrie – wackeln.

BIRGIT KELLE

Vergeudung weiblicher Potenziale

Die Sozialdemokratisierung der CDU-Familienpolitik

Vor fünf Jahren, im Sommer 2016, hatten sich in Berlin die Größen der deutschen Frauenpolitik versammelt, um sich gegenseitig zu feiern. Das Frauenministerium beging seinen 30. Geburtstag, von Rita Süssmuth bis Renate Schmidt waren fast alle Ehemaligen zum Festakt gekommen, nur Ursula von der Leyen hatte irgendwo in der Welt sicher wichtige Termine. Auch Angela Merkel war da. Wäre es nicht im Wikipedia-Eintrag gelistet, hätte man vermutlich längst vergessen, dass auch Merkel einst im Kabinett Kohl dreieinhalb Jahre lang das Amt der Frauen- und Jugendministerin bekleidete, als Vorgängerin von »Rüschenbluse« Claudia Nolte. Die Kanzlerin nutzte bei der Festrede die Gelegenheit, ihr »größtes Nightmare-Erlebnis«, wie sie es formuliert, als junge Frauenministerin zum Besten zu geben. Es passierte bei einer CDU-Veranstaltung im rheinischen Pulheim. Eine Frau aus dem Publikum fragte, warum denn Frauen im Osten so viel Rente bekämen. Merkel antwortete: »Die haben ja auch gearbeitet.« Diese spontane Antwort sagt mehr über das DDR-geprägte Selbstverständnis von Angela Merkel und ihr Frauenbild aus, als ein Dutzend Regierungserklärungen es jemals ausdrücken könnten. Vorsichtig gesagt, muss die Stimmung im Pulheimer Saal nach dieser Erklärung der Nachwuchsministerin Merkel nicht wirklich gut gewesen sein. Wie die Kanzlerin erzählt, versuchte sie die Situation zu retten mit dem Hinweis, dass es in all den Jahren in der alten Bundesrepublik nicht dazu gekommen sei, dass Familienarbeit in ähnlicher Weise gewürdigt werde wie andere Formen von Arbeit. Eine wahre Erkenntnis. Heute können wir sagen, dass Merkel dies in ihrer langjährigen Regentschaft leider auch nicht in Angriff genommen hat. Weder als Frauen- und Familienministerin noch als Kanzlerin und auch nicht als Frau. Nach 16 Jahren unter Deutschlands einziger kinderloser »Mutti« muss man sagen: Sie hatte es auch niemals vor.

Totale Sozialdemokratisierung der deutschen Familienpolitik

Stattdessen ist ihr etwas gelungen, was die linken Parteien selbst unter großen Anstrengungen nicht geschafft hätten: die Sozialdemokratisierung der deutschen Familienpolitik durch die Union bei gleichzeitiger Beerdigung eines eigenständigen, früheren familienpolitischen Profils der CDU.

Es ist ein politischer Rollentausch, der ein bisschen an den sozial- und wirtschaftspolitischen Kurs Gerhard Schröders mit der »Agenda 2010« erinnert. Derartig einschneidende Sozialreformen konnten wohl nur von einer SPD-geführten Regierung durchgesetzt werden, denn einer CDU-Regierung wäre bei demselben Vorhaben der erbittertste Widerstand der Genossen entgegengeschlagen. Oder denken wir an die Grünen und die militärischen Auslandseinsätze der Bundeswehr außerhalb des Nato-Gebietes. Es brauchte einen Joschka Fischer in der Verantwortung als Außenminister, damit die Grünen 1999 im Kosovo einen Kampfeinsatz mittrugen, statt dagegen zu demonstrieren. Und genauso brauchte es eben für die CDU mit Ursula von der Leyen eine Familienministerin aus den eigenen Reihen, um das bisherige Wertegerüst der Volkspartei zu dekonstruieren und die bislang tragenden Streben der Gesellschafts- und Familienpolitik umzubiegen oder zu entfernen.

Man kann wirklich nicht behaupten, dass die Familien-, die Gleichstellungs- oder gar die Frauenpolitik ein politisches Steckenpferd von

Angela Merkel gewesen wären. Die Zwischenstation im Familienministerium zu Beginn ihrer politischen Karriere in der vereinigten Bundesrepublik war wohl eher ein politischer Frauenparkplatz, weil für »Kohls Mädchen« damals kein anderes größeres Amt frei war. Man findet auch kaum substanzielle politische Aussagen Merkels zu diesem Politikfeld, und das nicht nur dann, wenn man nach dem christlichen oder gar konservativen Kern der Partei sucht. Immerhin machte sie nie Schröders Fehler, das Ressort als »Frau und Gedöns« öffentlich zu schmähen. Die gesellschaftliche Tragweite und die Möglichkeiten einer staatlich lenkenden Familienpolitik waren ihr als Kennerin der DDR-Politik sicher deutlich bewusst. Die Kanzlerin legte das Ressort in Hände, denen sie offenbar vertraute. Sie ließ es erledigen.

Die Hoffnung im konservativen Lager der CDU war groß, als nach dem Regierungswechsel im Herbst 2005 Ursula von der Leyen, eine siebenfache Mutter mit christlichen Wurzeln, ins Familienministerium einzog. Viele traditionell-konservative CDU-Anhänger atmeten auf nach zwei SPD-Politikerinnen im selben Ressort. Die Ernüchterung folgte allerdings schnell, denn von der Leyen war wild entschlossen, die CDU in eine neue Ära der Familienpolitik zu führen. Merkel ließ sie gewähren. Oder hatte man von der Leyen gar genau deswegen als Quereinsteigerin geholt?

Wobei Gewährenlassen der falsche Ausdruck ist, denn es war kein Hinnehmen, kein widerwilliges Dulden einer zielstrebigen Ministerin mit eigenem Kopf, die nahezu alles über den Haufen warf, wofür die CDU jemals familienpolitisch gestanden hat. Nicht einmal als von der Leyen sich im Kampf um eine Frauenquote im Bundestag mit den Damen der linken Oppositionsparteien offen verbündete und damit der eigenen Fraktion offen in den Rücken fiel, hat Merkel sie gestoppt. Der Verdacht der klammheimlichen Freude liegt zumindest nahe. Manch anderen politischen Hoffnungsträger hat die Kanzlerin wegen weit weniger Eigensinn mit der Versicherung ihres »vollsten Vertrauens« in die politische Wüste geschickt. Im Fall der Familienpolitik arbeiteten zwei Gleichgesinnte in verteilten Rollen. Die »Guter Cop, böser Cop«-Nummer von Merkel und von der Leyen ging politisch wunderbar auf. Man könnte fast sagen, Merkels Meinung zur Familienpolitik manifestiert sich nicht in dem, was sie dazu sagt, sondern in dem, was sie nicht kommentiert. Die Kanzlerin beschweigt den gesellschaftlichen Umbau. Welche Weichen gerade die Familienpolitik der Regierung Merkel schon früh stellte, wurde erst später vollumfänglich klar, weil die Tragweite mancher Entscheidungen von damals erst heute spürbar und sichtbar wird. Klar ist nur eines: Der Kurs von Ministerin Franziska Giffey (SPD) stellte keinen Bruch mit der Politik der CDU-Vorgängerin, sondern eine Vollendung der Ära von der Leyen dar. Genau genommen schließt sich auch mit Manuela Schwesig (SPD) dazwischen ein Kreis bis zu Renate Schmidt, der SPD-Vorgängerin von der Leyens. Schmidt zeigt sich bis heute öffentlich erfreut darüber, wie schön Frau von der Leyen all das zu Ende gebracht habe, was sie selbst nicht fertigbekommen habe. Interessanterweise übernahm von der Leyen einst sogar das führende SPD-Personal im Familienministerium. Wozu auch eigene, CDU-nahe Leute nach dem Machtwechsel installieren, wenn man sowieso nicht vorhat, einen anderen Kurs zu fahren? Das Zwischenspiel von Kristina Schröder (CDU) im Familienministerium blieb aus Unionssicht spurlos. Alle ihre durchaus eigensinnigen Noten hat die SPD danach wieder zurückgeschraubt.

Neues Leitbild: die berufstätige Frau

Nun leidet die CDU traditionell am Vorwurf und Image, ihre Familienpolitik sei rückwärtsgewandt und unmodern. In Zeiten, die das Wort »modern« vor allem durch Überwindung des Bestehenden definieren, erscheint das Festhalten an einem klassischen Leitbild von Familie nicht wirklich sexy. Vater-Mutter-Kind, die Alleinverdiener-Ehe mit Frauen allenfalls in Teilzeitarbeit, also das, was eine Mehrheit der Menschen in Deutschland nach wie vor tatsächlich lebt, gilt auch in der CDU heute als unmodern und überholungsbedürftig – kurz, als Exotenleben unveränderlicher, fast schon hinterwäldlerischer, katholischer Kreise in abgelegenen bayerischen Dörfern.

Stattdessen rückte auch die CDU in den Jahren der Merkel-Regierung die berufstätige Frau in den Mittelpunkt ihrer Politik. Gleichstellung statt Gleichberechtigung, notfalls auch mit Quoten, gepaart mit einer Definition von »Wahlfreiheit der Frau«, die sich mithilfe dessen realisiert, was in der DDR bereits vorgemacht worden war: flächendeckende Krippenbetreuung sowie Ausbau der Ganztagsbetreuung auch im Schulbereich. Kurzum, eine Verlagerung der Erziehung von Kindern raus aus der Familie und hinein in Institutionen (des Staates) und dadurch Freisetzung der weiblichen Arbeitskapazität für Erwerbsarbeit. Aus dieser Perspektive war es nur konsequent, dass von der Leyen nach ihrer Amtszeit im Familienministerium ins Arbeitsministerium wechselte, denn in Wahrheit hat sie nie etwas anderes gemacht als Arbeitsmarktpolitik. Wirklich neu war daran nichts, denn man kannte es schon immer als SPD-Politik.

Die Krippenoffensive, das neue Unterhaltsrecht, die Umwandlung des Erziehungsgeldes in ein Elterngeld: Jeder Punkt für sich war ein Baustein der Agenda für eine Gesellschaft der doppelten Berufstätigkeit für Eltern und einer flächendeckenden Fremdbetreuung für immer mehr und immer jüngere Kinder. Traditionell eher linke, feministische Familienpolitik, die Frauen um jeden Preis in die Erwerbsarbeit bringen möchte, und die Wünsche der Wirtschaft begegnen sich hier in erstaunlicher Allianz: Das Dringen auf ein »Recht auf Vollzeit« für Mütter, das diese selbst nie gefordert haben, als auch das »Recht auf einen Krippenplatz« in der Erwartung, dass die Eltern diesen bitteschön auch frühestmöglich nutzen mögen, waren Bonbons für die Wirtschaft, die angesichts des Fachkräftemangels gerne die stille Reserve der gut ausgebildeten Mütter mobilisieren wollte.

Der schleichende, aber epochale gesellschaftspolitische Umbau wurde flankiert von einer Diffamierungskampagne gegen Eltern und vor allem Mütter, die während der »Betreuungsgeld-Debatte« am heftigsten tobte. Es war die damalige Familienministerin von der Leyen höchstpersönlich, die den Begriff »Herdprämie« ins Tagesgeschäft holte und als Erste öffentlich ihre Sorge äußerte, 150 Euro »Betreuungsgeld« im Monat könnten von den (unverantwortlichen) Eltern für Spielkonsolen und Flachbildschirme in Kinderzimmern vergeudet werden.

Das »Betreuungsgeld« war ein zu bekämpfendes Projekt der CSU, stand es doch dem neuen Frauenideal im Weg, das als Parole auf allen Ebenen einzuimpfen war: Firma sticht Familie, Karriere sticht Kinder, Büro sticht Beziehung. Berufstätigkeit um jeden Preis. Klingt hart und ist es auch. So wurde aus allen Rohren gegen eine finanzielle Unterstützung von Eltern geschossen, die noch in Eigenverantwortung ihre Kinder großziehen wollten: »Verdummungsprämie«, »Fernhalteprämie«, »Schnapsgeld« – so hieß es. Das feministische Lager, sonst bei jedem falschen Halbsatz sofort im #Aufschrei- und #Metoo-Modus, hatte kein Problem damit, dass man in dieser Debatte Frauen pauschal als zu blöde oder fahrlässig im Umgang mit Geld bezeichnete oder ihnen gar einen Hang zum Alkoholismus unterstellte. Es traf ja die »Richtigen«, die unbelehrbaren »Heimchen am Herd«. Aus Sicht dieses feministischen Lagers galt es, die Geschlechtsgenossinnen aus ihrer selbstgewählten Unmündigkeit zu befreien und zu den höheren Weihen einer beruflichen Karriere zu geleiten, um ihr Potenzial nicht weiter »zu vergeuden«.

Auch die Kanzlerin ist bisweilen mit an der Front geschritten. Etwa im Mai 2013, als sie zum Frauengipfel ins Bundeskanzleramt geladen hatte, um zu diskutieren, wie mehr Frauen in Führungspositionen zu bekommen seien. Topmanagerinnen hätten »Seltenheitswert« in der Wirtschaft, beklagte sie dort, und dies sei »eine Vergeudung von menschlichen Möglichkeiten«. Die Frau in der Familienarbeit, die Frau, die keine Top-Position hat, die erziehende Mutter, die Vollzeitmutter, die ehrenamtlich engagierte Frau – aus dieser Perspektive alles »vergeudete menschliche Möglichkeiten« im Produktionsprozess.

Das Konzept der vergeudeten Potenziale wurde im politischen Raum verbal zunehmend von den finanziellen »Fehlanreizen« flankiert, die es zu vermeiden gelte. Das Betreuungsgeld, das Ehegattensplitting, jeder Euro und Cent, der direkt in Familien statt in Institutionen fließt, galt plötzlich als familienpolitischer Fehlanreiz. So kann man es dann auch in der »Gesamtevaluation der familienpolitischen Leistungen« nachlesen, die das Familienministerium in Auftrag gegeben hatte – in Allianz mit dem Wirtschaftsministerium. Ganz unverblümt wurde dort argumentiert, dass direktes Geld in die Familien wie etwa Kindergeld oder Betreuungsgeld oder auch die Steuerersparnis durch das Ehegattensplitting als familienpolitische Instrumente untauglich seien, da sie keinen Anreiz dafür schaffen, dass die Frauen berufstätig seien.

Ein weiteres Instrument des gesellschaftlichen Umbaus war die Krippenoffensive von der Leyens. Gepaart mit ihrem Widerstand gegen das Betreuungsgeld zeigt sie die Abkehr vom traditionellen Familienlastenausgleich, wie man ihn bis dahin kannte und wie er bis dahin von der CDU getragen wurde. Fortan sollten nur noch jene Familien von staatlichen Subventionen profitieren, die die Erwartung von doppelter Berufstätigkeit der Eltern und Fremdbetreuung der Kinder erfüllten. Während sich die CDU bis dato traditionell auf die Fahnen geschrieben hatte, diejenigen zu entlasten, die mit dem Aufziehen von Kindern die sozialen Sicherungssysteme stützten, spielte die neue Politik die einen Eltern gegen die anderen aus. Wer fortan noch selbst die Zeit und Mühe aufbringt, um Kinder zu erziehen, ist der Dumme, und am meisten profitieren finanziell in diesem System sowieso vor allem diejenigen, die zeit ihres Lebens niemals in Kinder investieren.

Die Schieflage im Rentensystem

Eine solche Kritik an der neuen Familienpolitik der Union kann durchaus auch ökonomisch hart begründet werden. Der langjährige Ifo-Präsident Hans-Werner Sinn hat immer wieder darauf hingewiesen, dass im umlagefinanzierten bundesdeutschen Rentensystem jene Familien und Eltern, die Zeit in die Kindererziehung investieren und dabei auf Einkommen verzichten, gegenüber den Kinderlosen benachteiligt werden, deren Renten sie, beziehungsweise ihre Nachkommen, mitfinanzieren. Diese zu geringe Berücksichtigung der Erziehungsleistung beziehungsweise Opportunitätskosten der Eltern im Rentensystem führt tendenziell dazu, dass weniger Kinder geboren werden und das Umlagesystem seine eigene demographische Grundlage unterminiert, so Sinn. Er plädierte dafür, die Erziehungsleistung gegenüber der Erwerbsarbeit im Rentensystem stärker zu berücksichtigen. Auch das Bundesverfassungsgericht hat schon vor mehr als 25 Jahren im sogenannten Trümmerfrauen-Urteil eine relative Besserstellung von Müttern mit Minirenten angemahnt, deren Kinder anderer (kinderloser) Leute Renten finanzieren. Geschehen ist in dieser Hinsicht substanziell aber nahezu nichts.

Dabei gab es durchaus auch aus den Reihen der Union immer wieder andere, bedenkenswerte Ansätze, die sich von der Politik von der Leyens stark unterschieden und die Demographie in den Mittelpunkt rückten. Im Frühjahr 2012 debattierte das Land über den Vorschlag der Bundestagsabgeordneten der Jungen Gruppe in der CDU/CSU-Fraktion, zur Finanzierung einer Art Demographie-Rücklage von jedem kinderlosen Erwachsenen über 25 Jahren 1 Prozent seines Einkommens zu erheben; diese Rücklage sollte die absehbar steigenden Kosten der Kranken- und Pflegeversicherung angesichts einer älter und kinderloser werdenden Gesellschaft absichern. Der empörte Aufschrei ließ nicht lange auf sich warten. »Bestrafung von Kinderlosen« war das Schlagwort, schließlich fürchteten alle Parteien die Macht der zunehmend Kinderlosen-Einkommensstarken – auch in den eigenen Reihen der Union.

Die Kanzlerin bügelte den Vorschlag ab. Zwar sah sie die Ungerechtigkeit des Systems, glaubte aber nicht an das vorgeschlagene Instrument und hielt »schon eine Einteilung in Menschen mit und ohne Kinder« für »nicht zielführend«. Eine gewagte These angesichts eines umlagefinanzierten Rentensystems, das Menschen braucht, die bereit sind, Kinder zu bekommen und Zeit und Geld in Kinder zu investieren. Die Aussage zeigt, welche Aufgabe man nicht bereit war anzugehen: Man hatte nicht vor, die zunehmende Gerechtigkeitslücke zwischen Familien und Kinderlosen zu schließen. Die Familien sollten sich bitteschön selbst mit eigener Berufstätigkeit aus der Misere ziehen und absichern. Alle Instrumente zeigten weiter in die gleiche Richtung.

Selbst gestandene Politikerinnen der Frauen Union geben hinter vorgehaltener Hand heute zu, dass sie die Konsequenzen mancher Entscheidungen, wie zum Beispiel die Änderung des Unterhaltsrechts, das mit den Stimmen der großen Koalition beschlossen wurde und seit 2010 in Kraft ist, damals in seiner dramatischen Tragweite nicht erkannt haben. Das Gesetz verpflichtet verheiratete Frauen nach einer Scheidung sehr viel schneller als früher, eine Erwerbsarbeit zu finden; die ehemaligen Ehemänner sind nur noch kurz unterhaltspflichtig. Die damalige Justizministerin Brigitte Zypries (SPD) sprach von einer »Stärkung der Eigenverantwortung«. Seither ist, wer sich noch auf das Fortbestehen der Ehe verlässt und zugunsten von Kindern und Familie auf Berufstätigkeit und somit eine eigene finanzielle Absicherung verzichtet, der (meistens die) Dumme. Die Solidargemeinschaft der Ehe und Familie wurde mit diesem Gesetz in ein lebendes Misstrauensvotum gewandelt.

Erstaunlich ist bei alledem, wie breitwillig ein Großteil der Bevölkerung bei dieser Familienpolitik mitging und sie auch noch als Wohltat goutierte – selbst dann, wenn sie faktisch für die breite Masse oder einen großen Teil der Bevölkerung finanzielle Verschlechterungen darstellte. Mit der Einführung des Elterngeldes etwa wurde das bisherige »Erziehungsgeld« abgeschafft, bei dem bislang schon im Namen klar war: Die elterliche Erziehung eines Kindes wird honoriert, sie ist wertvoll. Deswegen wurde früher das Erziehungsgeld von 300 Euro nicht auf die Sozialhilfe angerechnet, sondern zusätzlich ausgezahlt – das heutige Elterngeld wird hingegen mit Hartz IV verrechnet.

Sozialleistung soll das Elterngeld ja sowieso nicht mehr sein. Ganz offiziell fungiert es stattdessen als »Lohnersatzleistung« für den Schadensfall Kind. Die Solidargemeinschaft entschädigt also die Karriereunterbrechung von Eltern, und es profitiert vor allem, wer bereits ein hohes Einkommen vorweisen kann, denn der bekommt bis zu 70 Prozent seines bisherigen Gehaltes, maximal 1.800 Euro monatlich, bezahlt. Seit der Umstellung von Erziehungsgeld auf Elterngeld unterstützt der Staat also genau diejenigen Frauen und Männer aus der gut verdienenden Mittelschicht mit höherer Bildung und höherem Einkommen, die im Falle der Familiengründung sogar am ehesten auf staatliche Unterstützung verzichten könnten. Verlierer sind die Mütter in der Ausbildung, Arbeitslose, Studentinnen und Mehrfachmütter, die aus einer Elternzeit in die nächste gehen: Sie alle werden seither mit dem Sockelbetrag von 300 Euro abgespeist. Manche Kinder sind uns eben mehr wert als andere. Dahinter stand unausgesprochen der Gedanke, es mögen doch bitte nur die »Richtigen« Kinder kriegen.

Zu Beginn des Wahljahres 2017 stellte ich einem Mitglied des CDU-Präsidiums die Frage, ob er mir nur ein einziges Alleinstellungsmerkmal der CDU-Familienpolitik nennen könnte und ein einziges Gesicht der CDU, das man spontan mit Familienpolitik verbinde. Er hatte auf beides keine Antwort. Am Schluss fügte er an: »Wir sind die Einzigen, die noch gegen die Homo-Ehe sind.« Das war dann auch schnell passé. Eingeleitet durch ein Statement der Kanzlerin auf der Couch eines Frauenmagazins, gab sie das Thema für die Unionsabgeordneten bei der Abstimmung im Juni 2017 frei. Das Ergebnis ist bekannt.

Eine familienpolitisch ausgehöhlte Partei

Die CDU hat SPD und Grünen die familienpolitische Themenführerschaft völlig übergeben. Nun ist die SPD gesellschaftspolitisch schon immer eine sozialistische Partei gewesen, die auf die lenkende Kraft des Staates auch in Familienfragen setzt. In Erinnerung ist noch Olaf Scholz Formulierung, man wolle die »Lufthoheit über den Kinderbetten« für den Staat erringen. Sämtliche familienpolitischen Vorschläge der SPD, die seit Ende 2013 das Familienministerium besetzt hält, zielten darauf ab, möglichst alle Frauen in Erwerbsarbeit und möglichst alle Kinder in Fremdbetreuungseinrichtungen zu bringen. Man fühlt sich an eine familienpolitische »DDR 2.0« erinnert, auch wenn das von der bis Mai 2021 amtierenden Familienministerin Giffey verbal konsequent als »partnerschaftlich« und modern gelabelt wurde. Eines muss man den Genossen lassen: Sie besitzen zumindest ein familienpolitisches Programm und schon seit Schwesig ein medial präsentables Gesicht, das man langfristig und strategisch aufgebaut hatte, Giffey führte das fort (bis sie wegen ihrer Doktorarbeit-Affäre zurücktrat). Merkels CDU besitzt beides – ein familienpolitisches Programm und Gesicht – nicht mehr. Eine Entwicklung, die sich lange angebahnt hat.

Über Jahre ist die Tatsache der personellen Entkernung der CDU in familienpolitischen Fragen in ihrer Dramatik bloß nicht wahrgenommen worden, denn lange Zeit überdeckte das Engagement der Schwesterpartei CSU den Blick auf die parteipolitische Realität. So konnten die Schwesterparteien CDU/CSU in der Koalition die Illusion aufrechterhalten, dass es doch noch einen Unterschied zur SPD, zu den Linken oder gar den Grünen gäbe. Es waren im Wesentlichen CSU-Politikerinnen, die in der Familienpolitik eigene Akzente setzten und neben dem Ausbau von Kinderbetreuung auch die Unterstützung der traditionellen Familie im Blick hatten. Die 2017 vom damaligen CDU-Generalsekretär Peter Tauber vage angekündigte »Familienoffensive« blieb ein Geheimplan, der bis dato nie enthüllt wurde. Damit lässt die CDU bis heute zu, dass ein Vakuum bürgerlicher Gesellschaftspolitik entstand und die AfD nun geschickt einige traditionell-konservative CDU-Inhalte strategisch bedient.

Zum Abschied eine »Gender-APO«-Stiftung

Angela Merkel hinterlässt nach 16 Jahren Kanzlerschaft eine familienprogrammatisch ausgehöhlte Partei, die dieses Feld nicht nur kampflos, sondern gar bereitwillig der SPD und den Grünen überlassen hat. Auch das in der zweiten großen Koalition durchgesetzte Trostpflaster der »Mütterrente« kann nicht darüber hinwegtäuschen, dass die Familienpolitik der vergangenen Jahre Opfer hinterlassen hat: die immer noch Millionen Mütter im Land, die der Familie statt der Karriere die Priorität gaben und geben und die man mit einem »Selbst schuld, du hast ja nicht gearbeitet« links liegen ließ. Diese ganz normalen Frauen standen nie auf der Agenda Angela Merkels.

Sie wollte Kanzlerin sein, nicht Frau, auch wenn der Spitzname »Mutti« ihr nicht nur Weiblichkeit, sondern gar Mütterlichkeit unterstellt. Tatsächlich hat man sie in ihrer langen Karriere nur ein einziges Mal explizit als Frau wahrgenommen: Im Jahr 2008, als die halbe

Welt bei einer Operneröffnung in Oslo staunend in ihr offenherziges Dekolleté blicken konnte. »Mehr Frau war Merkel noch nie«, schrieb damals die Kölner Boulevardzeitung *Express*. Worte wie »üppig, prall und weiblich« fielen plötzlich. Es war nur ein Ausrutscher, die Kanzlerin zeigte sich nie wieder so. Man muss Angela Merkel am Ende lassen, dass sie etwas geschafft hat, was »Gender-Theoretikerinnen« bislang nur in Träumen zu hoffen gewagt hatten: dass die politische Führung durch eine Frau nicht mehr als weiblich wahrgenommen wird.

Zum Abschied hinterlässt die Ära Merkel dem linken feministischen Lager auf den letzten Metern der Legislaturperiode 2021 noch eine neu installierte »Bundesgleichstellungsstiftung« mit Multimillionen-Budget als Geschenk. Diese ist eine Vorfeldplattform, um einseitig definierte gleichstellungspolitische Ambitionen mit staatlichem Geld und Segen auszustatten und auf Jahre abzusichern. Dass diese Geschlechterpolitik eine linke Schlagseite hat und genderpolitische Ziele verfolgt, ist klar erkennbar, man arbeitet nur mit Organisationen und Expertinnen zusammen, die sehr klar die Zielrichtung bisheriger linker Parteipolitik bestätigen, Quotendenken und Gender-Sprache befürworten.

Die Frage bleibt unbeantwortet, wieso CDU und CSU mit großer Gelassenheit diesem Vorhaben zusehen und es gar unterstützen, das ihnen auf viele Jahre eine steuerfinanzierte vorparlamentarische »Gender-APO« in Fragen der Geschlechterpolitik bescheren wird. Unter möglicher Regie der Grünen nach der Bundestagswahl 2021 würde das Land damit einheitlich regenbogenfarben geflaggt. Nach 16 Jahren Merkel scheint es der Union schlicht egal. Hauptsache sie stellt die »Bundeskanzler*in«.

MICHAEL WOLFFSOHN

Populus und Pöbel

Angela Merkel und die Populisten – kein Nachruf

Meine Beichte vorab: Ich sagte ja zu Angela Merkel als Bundeskanzlerin. Sie war jedoch eine tragische Regierungschefin. Wie in der antiken Tragödie wurde sie schuldlos schuldig. Ihre historische Tragik besteht darin, dass sie (subjektiv ganz und gar ungewollt) diejenige Bewegung kurz vor ihrem 2015 vorhersehbaren Hinscheiden wiederbelebte, die man gemeinhin »Populisten« nennt und deren Speerspitze die AfD ist. Angela Merkel hat dadurch das Parteiengefüge in Deutschland zusätzlich zersplittert und auf diese Weise das Fundament der bundesdeutschen Demokratie gefährdet. Wie gesagt: Subjektiv ungewollt, doch faktisch unbestreitbar.

Indem sie die eher rechts- und konservativ-nationalen, teils auch nationalistischen Kräfte schon lange vor der Flüchtlingswelle des Jahres 2015 der Union zunehmend entfremdete, wurden jene politisch heimatlos. Sie suchten und fanden ihre neue Heimat bei den nationalistischen Populisten rechts von der Union. Damit hat sie *die* herausragende, strukturhistorische, gesamtstaatliche Leistung der frühen CDU (und CSU) revidiert: die Einbindung der Rechten in die parlamentarische Demokratie durch und in eine zweifelsfrei demokratische Partei. Mit anderen Worten: Die Union hatte bezogen auf die demokratieferne, außerparlamentarische Rechte das geleistet, was später SPD und Grüne bezogen auf die demokratieferne, außerparlamentarische Linke vollbrachten: Einbinden. »Durch Merkel und nach Merkel«

ist jene neue, »populistische« Rechte sozusagen losgelassen. »Wehe, wenn sie losgelassen / Wachsend ohne Widerstand ...«

Ja, Angela Merkel hat samt »Groko«-Kabinett in der operativen Flüchtlingspolitik im Jahr 2015 fast alles falsch gemacht, was falsch zu machen war. Ebenso wie ihr parteiinterner und externer Anhang sowie auch viele Kritiker hat sie zu selten zwischen Kriegs- und Bürgerkriegsflüchtlingen, politisches Asyl Suchenden, Wirtschaftsflüchtlingen und unser Sozialsystem Ausnutzenden unterschieden – und im Jahr 2015 alle weitgehend unkontrolliert ins Land gelassen. Alle wurden in den Topf »Menschen in Not« geworfen. Sogar mögliche Terroristen aus Nahost oder Nordafrika kamen so ins Land. Die Zeichen an der Wand waren eindeutig, denn die Sicherheitsbehörden hatten rechtzeitig gewarnt, wie Stefan Meining in seinem Buch *Geheimakte Asyl* (2019) nachweisen konnte. Selten stießen die Nachrichten jener Dienste aufs Ohr der Kanzlerin. Sie ging bekanntlich zu den Sicherheitsverantwortlichen grundsätzlich auf Distanz und hielt sie sich, geradezu wörtlich, vom Leibe. In der wöchentlichen Sicherheitsrunde glänzte sie häufig durch sichtbare Unsichtbarkeit, sprich: Abwesenheit. Das pfiffen nicht nur die Spatzen von Berlins Dächern.

Wer vor Gefahren warnte oder im Volk (lateinisch: populus) Befürchtungen, Ängste oder Ablehnung bekundete, wurde, wenn nicht in die Nazi-, so doch wenigstens in die rechte oder rechtsextreme, auf jeden Fall in die »populistische« Ecke gestellt. So wirr die Gedanken, so wirr, zumindest improvisiert, die Aktionen und Reaktionen aufseiten der Kanzlerin. Auch die ihrer Kritiker. Die Argumente beider Seiten sind hinlänglich bekannt. Die Pro- oder Kontra-Positionen zu wiederholen, würde langweilen. Inzwischen weiß jeder, dass tatsächlich Islamisten den guten Willen von Kanzlerin und Willkommenskultur missbrauchten, um hierzulande ebenso wie in anderen westeuropäischen Staaten, besonders Frankreich und Belgien, ihr Unwesen zu treiben.

Der »Humanitäre Imperativ«

Dennoch! Nicht oft genug – auch angesichts der deutschen Geschichte – ist das Grundverständnis Angela Merkels zu wiederholen. Sie ließ sich, wie sie es in Anlehnung an Immanuel Kants »Kategorischen Imperativ« formulierte, vom »Humanitären Imperativ« leiten. Von der »Humanitas«, im Sinne des Menschlichen schlechthin und nicht nur als humanistische Bildung des antiken griechisch-römischen Erbes verstanden. Diese Humanitas gehörte traditionell zum deutschen Bildungsideal. Real, also in der Wirklichkeit, zumal der deutschen, widerstand diese Schul-Humanitas nicht den Unmenschen und dem Unmenschlichen, dem Nationalsozialismus. So gesehen, hat Merkel das damalige Versagen der Humanitas-Versager-Verkünder nachträglich korrigieren wollen. Das ehrt sie ungemein. Dafür bin ich dankbar.

Verzweifelt hatten meine Eltern und Großeltern, wie unzählige andere Juden, seit 1933 und besonders 1938/1939 Staaten gesucht, die bereit waren, sie aufzunehmen, Asyl oder Aufenthalt zu gewähren, also zu retten. Fast alle Tore blieben fest verschlossen. Albtraumartig ist die Erinnerung an die Konferenz von Evian. Dort, am Genfer See, kamen im Juli 1938 auf Anregung des amerikanischen Präsidenten Roosevelt 32 Staaten zusammen. Sie sollten ausloten, wer wie viele jüdische Flüchtlinge aus Deutschland und Österreich aufnehmen könne. Niemand wollte. Außer der Dominikanischen Republik unter dem grausamen Diktator Rafael Trujillo. Nur 600 Juden kamen, darunter Hilde Palm, die aus Dankbarkeit gegenüber dem Karibikstaat ihren Nachnamen änderte und als Hilde Domin eine berühmte Lyrikerin wurde. Zwar unterstellten alle Neinsager-Staaten Trujillo die finstersten Motive, doch zu einem Ja rangen sie sich nicht durch. Nicht einmal die Vereinigten Staaten. Im Mai 1939 verweigerte Präsident Roosevelt dem Flüchtlingsschiff St. Louis das Anlegen in seinem Land.

Jahrzehntelang hatten alle bundesdeutschen Koalitionen sowie Millionen Deutsche »Nie wieder!« gerufen. Nie wieder Nationalsozialismus und nie wieder solche Unmenschlichkeit gegenüber Menschen, die Notaufnahme suchen, also gegenüber Flüchtlingen. 2015 kam die Stunde der Bewährung. Die Kanzlerin verkündete und verlangte den »Humanitären Imperativ«. Viele folgten ihr, andere nicht. Sie hat getan, was andere jahrzehntelang nur gepredigt hatten. Sie hat die ethische Staatsräson der Bundesrepublik Deutschland wörtlich genommen und in die – freilich unvollendete, weil völlig unkontrollierte – Tat umgesetzt. Wie so oft war »gut gemeint« das Gegenteil von »gut gemacht«. Wer fehlerfrei ist, »werfe den ersten Stein«. Ich bin nicht dabei.

Wie könnte ich angesichts meiner Familien- und »Volks-«Geschichte dieses urhumane Kanzlerinwort geringschätzen? »Humanitärer Imperativ« – viele verhöhnten sie hierfür, aber mir ist eine deutsche Kanzlerin, die sich von einem Humanitären Imperativ leiten lässt, lieber als jeder andere, der Menschen in Not im Stich lässt, oder ein deutscher Kanzler, der, wie Adolf H., den Inhumanen Imperativ wählte.

Ich gestehe: Meine Angela-Merkel-Bewertung scheint mehr emotional als rational. Hier ist nicht der Ort, ihre Politik umfassend zu analysieren. Ich will nur ihren moralischen Grundansatz kommentieren, so wie ich ihn sehe. Sollte ein Humanitärer Imperativ, dem sich Politiker unterwerfen, wirklich nur mein Maßstab sein? Das kann und will ich mir nicht vorstellen. Moralische Politiker, denen sogar krasse Fehler unterlaufen, sind mir lieber als unmoralische, und Fehler begeht jeder.

Wirtschaftswunder und neue Koalitionsmöglichkeiten?

Jenseits der Moral dürfte Angela Merkel freilich mindestens zwei handfeste Gründe gehabt haben, 2015 rund eine Million Menschen nach Deutschland einreisen zu lassen. Der eine heißt Demographie und Ökonomie. Der andere trägt die Überschrift Erweiterung der Koalitionsmöglichkeiten.

Deutschlands langfristiges und strukturelles demographisches Defizit bedarf keiner Erläuterung, es ist allbekannt. Ohne Zuzug von außen können die Deutschen ihre demographische Lücke nicht schließen. Das ist die eine Seite. Die andere: Viele oder »zu viele« (was immer als »Obergrenze« definiert wird) Ausländer hereinzulassen war bis 2015 gesellschaftspolitisch nicht durchsetzbar. Kinder gab und gibt es zu wenige. Inder (und andere) wollte ein Großteil der Deutschen nicht, und sie kamen nicht.

Die morgenländische Migration bot unverhofft und unerwartet eine doppelte Möglichkeit: Erstens würde die Bevölkerung Deutschlands auf einen Schlag erheblich wachsen. Statt des »Klapperstorchs« kam ein anderes demographisches »Geschenk« des Himmels: Flüchtlinge, und mit ihnen andere Zuwanderer. Davon, dass man ihnen nur für die Dauer des Krieges in ihrer Heimatregion Schutz bieten würde oder Wirtschaftsflüchtlinge gar nicht erst aufnehmen sollte, war eigentlich nicht die Rede. Offenbar auch nicht die Absicht der Kanzlerin. In mehrheitsdeutschen und Kanzlerin-Klartext übersetzt lautete landauf, landab die Botschaft: Aus diesen Menschen werden dauerhafte deutsche Neubürger. Im Glanze dieses Glückes würde die deutsche Wirtschaft weiter blühen. Ein Daimler-Chef sprach sogar von einem möglichen »neuen Wirtschaftswunder«. Das war naives Wunschdenken. Insofern repräsentierte Angela Merkel sehr wohl weite Teile der Gesellschaft. Vielleicht nicht die »volonté de tous«, wohl aber die hegemonialideologische »volonté générale«.

Tatsächlich stellt die 2015 erlebte Massenmigration ein massives ökonomisches Problem und wohl auf Jahre hinaus auch eine hohe finanzielle Belastung dar. Auch sprachlich und ausbildungsbezogen, identifikatorisch, ideologisch, kulturell und nicht zuletzt religiös.

Jene, die im Herbst die Willkommenskultur ausriefen, verbanden nicht selten Humanitäres mit Wunschträumen deutscher Demographie und Ökonomie, also der Hoffnung auf ein Ende des Fachkräftemangels. Es schwangen (multi-)kulturelle Träume mit. Sofern Goethe bekannt ist, dürfte so etwas wie der Traum des West-östlichen Divans eine Rolle gespielt haben: »Gottes ist der Orient, Gottes ist der Okzident ...« Auch ohne Goethe zu kennen, lieben manche diesen schönen Traum. Sie meinen, die Kultur des Orients zu importieren – tatsächlich aber importieren sie zahllose Konflikte aus dem Orient zu uns. Sie übersehen zudem, dass teils inakzeptable religions- und geschlechterpolitische Muster aus dieser Region zunehmend unseren Alltag besonders in den Großstädten in Deutschland mitprägen. Unter der Überschrift »Toleranz« fördern sie Intoleranz.

Zwar gehört es zum guten deutschen Ton, das »christlich-jüdi-sche Erbe« hervorzuheben, doch die Mehrheit der Deutschen kennt kaum noch das Christentum, geschweige denn das Judentum. Religion war seit den 1960er-Jahren kein wichtiges westdeutsches, ge-schweige denn ostdeutsches Thema mehr, und das C der CDU war längst weitgehend zum leeren Buchstaben verkommen. Das änderte sich allmählich durch den schon vor 2015 erheblich gestiegenen An-teil von Muslimen in Deutschland. Erst recht danach.

Politisch hatte sich, ebenfalls vor 2015, die Islam-Diskussion und damit das Thema Religion und Politik verschärft, und zwar nicht nur wegen des Wulff-Präsidentenwortes »Der Islam gehört zu Deutsch-land«, das Frau Merkel übernahm. Teile der islamischen Welt und auch der islamisch-deutschen Welt hatten sich radikalisiert, der is-lamistische Terror war explodiert. Auch in Deutschland, und beson-ders seit dem Jahr 2015. Man übersehe nicht: Religion wurde nicht nur im Zusammenhang mit dem Islam, sondern über den Konflikt Israel-Palästina-Islamische Welt auch mit dem Judentum ein politi-sches Thema. Sowohl der neue Antisemitismus als auch Furcht vor und Distanz zum Islam sind Folgeerscheinungen.

Im Volk (populus), zumindest in nicht unerheblichen Teilen und nicht nur bei AfD und Pegida, grassieren seitdem Angst und Sorge. Angst vor dem innerdeutschen »Zusammenstoß der Zivilisationen«, zumindest der Religionen (eher verstanden als ethnisch-religiöse Herkunftsgruppen), islamischem Terror, innergesellschaftlicher Ge-walt ganz allgemein und Sorge wegen der wirtschaftlichen Belastung.

Die traditionellen Positionseliten – nicht nur die Kanzlerin, die Gro-ße Koalition und die kulturhegemonialen Grünen – reagierten auf diese Ängste, Sorgen und (teils heftig überzogene, vom Stammtischgefasel oft nicht weit entfernte und den »Untergang des Abendlandes« beschwö-rende) Kritik von oben herab: »Populismus« sei das. Mit Fakten habe diese Kritik wenig bis nichts zu tun. »Postfaktische« Polemik. Basta.

Zunächst zur Sprachregelung. Wie viele unserer »Mitbürgerinnen und Mitbürger« gebraucht auch Angela Merkel das Wort »postfak-tisch« faktisch falsch. Richtig wäre der Begriff »kontrafaktisch«, also gegen die Tatsachen gerichtet, daher falsch. Es geht um den Inhalt der

Aussage, nicht um ihre zeitliche (»post«, lateinisch = nach) Abfolge. Wenn schon zeitlich argumentiert wird, sei erwähnt, dass schon vor dem »postfaktischen Zeitalter«, sagen wir, nicht immer faktenbasiert argumentiert, also hier und dort geflunkert und gelogen wurde. Bemerkenswert ist diese politisch-sprachliche Tatsache: Kanzlerin & Co. nennen die Fundamentalopposition »populistisch«. Sie verzichten auf eine andere bundesdeutschübliche Schmähung, den politischen KO-Schlag, also auf die NS-Keule »faschistisch« oder »nazistisch«. Das weist auf eine gewisse Verunsicherung hin. Die Bezeichnungen »nazistisch« oder »faschistisch« wären im historischen Vergleich, auch angesichts der Wirtschafts- und Kultursoziologie der neuen Populisten und ihrer Ideologie kontrafaktisch.

Die Versäumnisse der etablierten Politiker und Meinungseliten

Ob es gefällt oder nicht: Jene Populisten drücken ein tiefes und teils berechtigtes Unbehagen aus, welches zumindest große Teile des »Populus« empfinden. Es entstand durch die Unzulänglichkeit der politischen Antworten auf fundamentale Probleme – und nicht zuletzt durch die herablassende, diffamierende Art, mit der Kanzlerin, Koalition und die kulturhegemonialen Kreise reagierten. Sie übersahen dabei, dass Diffamieren das Argumentieren nicht ersetzt, stattdessen Trotzreaktion provoziert und aus Teilen von Populisten (zusätzlich?) Pöbel macht. So eskaliert die innergesellschaftliche Spannung; erst recht, wenn man den Pöbel auch Pöbel oder »Pack« nennt – was Frau Merkel, anders als etwa ihr damaliger SPD-Vizekanzler Sigmar Gabriel, zwar nicht tat, aber ziemlich klar zu verstehen gab.

So gewinnt man weder Hirn noch Herz von Populus und Pöbel. Beide braucht man als Wähler, um regieren zu können. Auf diese Weise wurden Kanzlerin, Koalition sowie die kulturhegemonialen Kreise die unfreiwilligen Geburtshelfer der Populisten. Sie waren der mephistophelische Geist, der stets das Gute will und doch das Schlechte schafft, hier: die Populisten.

Schon lange vor 2015 hatten viele Bürger den nicht unberechtigten Eindruck, dass der Staat sie angesichts steigender innergesellschaftlicher Gewalt bezüglich der inneren Sicherheit im Stich lässt. Der Aufruf staatlicher Behörden, »Zivilcourage« oder »Gesicht zu zeigen«, wurde durchaus als das verstanden, was er war: die Bankrotterklärung des Staates: Wir wollen euch schützen, aber wir können es nicht, sorgt ihr, bitteschön, selbst für eure Sicherheit. In meinem Buch *Zivilcourage: Wie der Staat seine Bürger im Stich lässt* habe ich diese Entwicklung ausführlich beschrieben.

Man vergesse zudem nicht, dass die öffentlichen Hände aus ökonomischen oder ideologischen Gründen die Mittel für Personal und Material der Polizei (von gewissen Kreisen als »Bullen« geschmäht) jahrelang gekürzt hatten. Gleiches wie für die Innere Un-Sicherheit galt bis zu Ursula von der Leyen auch für die äußere Sicherheit, also das Kaputtsparen der Bundeswehr. Dieses wiederum gefährdet die »Bürger in Uniform«, sprich: die im Militär aktiven Teile des Populus. Irgendwann und irgendwie registrieren das alles auch der deutsche Michel und seine Partnerin. So werden sie zu Populisten. Erst recht, wenn – besonders seit 2015 – nicht nur die innergesellschaftliche, sondern auch die terroristische Gewalt für jedermann sichtbar zunimmt. Diese bedroht theoretisch jeden jederzeit und überall. Sowohl des rechten als auch islamischen Terrors sowie linker Gewalt, wie zum Beispiel 2017 in Hamburg beim G-20-Gipfel, wurde der Staat nicht Herr. Was Wunder, dass Populisten im Populus Zulauf erhielten?

Populismus gilt als übel. Er wird meistens dargestellt als Mixtur aus Volkswut, Vulgarität, Intoleranz, Aggressivität, Fremdenfeindlichkeit, Alt-Rechtem in NS-Nähe, Antisemitischem, Antiislamischem, Pseudochristlichem, mit Inhumanem schlechthin. Das ist zum Teil richtig, aber eben nur zum Teil. Argumentieren plus Handeln ist erfolgreicher als wortpralles Diffamieren oder formelhafte negative Etikettierung der Populisten.

Begriffe, wenn sinnvoll, sollen Wirklichkeit beschreiben. Ich frage scheinketzerisch: Besteht zwischen dem Begriff »Populist« und »Demokrat« ein Unterschied? Ja, jener ist dem Lateinischen, dieser dem Griechischen entlehnt. Beide führen unausgesprochen, doch eindeutig zur angestrebten politischen Teilhabe und Teilnahme vom, für und zum Volk = Populus = Demos.

Wie gesagt, ich sympathisiere vorbehaltlos mit den Befürwortern des Humanitären Imperativs, allen voran Frau Merkel. Ich zähle mich zu den Gegnern der Populisten. Allerdings versuche ich, ihre Motive zu analysieren, um sie politisch zu neutralisieren. Wie unfähige Mediziner sind manche Populistengegner nicht fähig, eine Diagnose des »kranken« Volksteils zu erstellen. Ohne richtige Diagnose keine erfolgreiche Therapie. Statt die »Krankheit« des Teil-Volks, der Populisten, zu diagnostizieren und dann zu therapieren, würden sich diese Demokraten am liebsten einen anderen Demos (= Volk) suchen. Unmöglich. Das sind die Leute, die wir haben, »andre jibt et nich«, wusste schon Konrad Adenauer. Nicht zuletzt die Merkel-CDU sollte sich auch diesbezüglich des »Alten« erinnern.

Auf dem Weg zur neuschwarz-grünen Republik

Wir müssen nun den Blick erweitern und kommen zum zweiten Merkel-Motiv: den Koalitionsmöglichkeiten. Das Verhältnis Merkels zu den Populisten ist vielschichtiger, eigentlich dialektisch. Ihre Politik hat ungewollt die Populisten gestärkt. Nicht nur, aber auch die CDU/CSU hat Wähler und Sympathisanten an die Populisten verloren. Umgekehrt und andererseits hat das von Merkel mitzuverantwortende Erstarken der Populisten die Union (sofern CDU und CSU gemeinsam auftreten und im Bundestag abstimmen) koalitionsstrategisch in eine scheinbar komfortable Lage geführt: Abgesehen von einem auf Bundesebene vorhersehbar instabilen grün-rot-roten Links-Bündnis oder einer Ampelkoalition ist die Union auf absehbare Zeit arithmetisch und ideologisch der quasi unverzichtbare Koalitionspartner und Koalitionsführer einer künftigen Bundesregierung (wenn sie in Umfragen nicht weiter abrutscht).

Vorsichtiger formuliert: Die Union »kann« mit jedem, und jeder »kann« mit der Union. Überspitzt: Mit den Populisten der AfD »will keiner«, und mit der Union muss jeder, der mitregieren will.

Koalitionspolitisch ist demnach selbst eine wahlpolitisch geschwächte Union dennoch gestärkt. Wie schwach die Union in der Merkel-Endphase durch ihre Populisten-Politik wurde, zeigten Umfragen und Wahlen bis zum März 2020, vor der ersten Corona-Welle und, nach dem Zwischenhoch, während der dritten Welle, ab März/ April 2021, nach den unglaublichen Regierungsstümpereien bei der Bekämpfung der Pandemie.

Wahrscheinlich ist nun durch und nach Merkel ein schwarz-grüner oder gar grün-schwarzer Koalitionskern. Die Ouvertüre hierzu erklang bereits im März 2011 nach dem Atom-GAU von Fukushima. Merkels Atomausstieg war die erste, ihre Flüchtlingspolitik die zweite strategische Hin- und Zuwendung der CDU in Richtung Grüne. Wer behauptet, Frau Merkel wurstele sich durch und sei strategieunfähig?

Ein dritter, weniger spektakulärer Schritt sei erwähnt: die Kulturpolitik im weitesten Sinne. Die Merkel-CDU ist deutlich urbaner geworden und hat sich dem kulturhegemonialen Milieu der (DDR-Deutsch)»Kulturschaffenden« geöffnet. Das zu sagen, heißt weder zu jammern noch zu jubeln. Es ist Fakt. Den sichtbarsten Beleg bescherte uns Merkel im Sommer 2010. Thilo Sarrazins Buch *Deutschland schafft sich ab* kanzelte die Kanzlerin ab. Sie lehnte es sogar ab, dieses vermeintlich oder tatsächlich populistische Buch überhaupt zu lesen. Ähnlich banausenhaft »argumentierte« auch der damalige Bundespräsident Christian Wulff. Sein »Der Islam gehört zu Deutschland« gehört eben auch zum neuen Deutschland. Dieses wird ideologisch zunehmend neuschwarz-rot-grün. Bildung und Streit werden eher Fassade, denn zu Bildung gehört, wie zur Wissenschaft, auch das Registrieren und gegebenenfalls Konterkarieren unerwarteter oder unerwünschter Faktoren. Dieses Merkel-Verhalten ist überraschend, denn sie entstammt nicht nur einem jener evangelischen Pfarrhäuser, die oft als bildungsbürgerliche Avantgarde bezeichnet werden. Sie war einst als Physikerin wissenschaftlich tätig.

Dies ist kein Nachruf auf Angela Merkel, sondern eine Analyse. Wer sich, abgesehen von durchaus legitimen strategischen und politisch-taktischen Motiven, vom Humanitären Imperativ leiten lässt, verliert meine Unterstützung nicht. Es wird jedoch höchste Zeit, dass deutsche Politik nach Merkel die Motive der Populisten durch kluge Politik sowie überzeugende Argumente und nicht durch platte Diffamierung oder Isolierung neutralisiert. Angela Merkel hat, zumindest durch ihre gutgemeinte und miserabel umgesetzte Anti-Populismus-Politik, unwillentlich das zuvor stabile Gefüge der bundesdeutschen Demokratie destabilisiert. Weil schuldlos schuldig, ist sie die Hauptperson der neudeutschen Tragödie. Deren Titel:»Populisten ante portas«.

RAFAEL SELIGMANN

Bei aller Sympathie

Merkel, die Juden und Israel: Moral versus Macht

Angela Merkel mag die Juden. Mit ihrer Sympathie für das jüdische Volk stellt sich die Politikerin in die Reihe der christlich-demokratischen Regierungschefs Konrad Adenauer und Helmut Kohl. Doch gerade aufgrund ihrer Zuneigung für die Hebräer Deutschlands und aufgrund der unzweideutigen Solidaritätsbekundung mit Zion im israelischen Parlament steigerte die Politikerin den Maßstab des deutschen Beistands erheblich, sodass fast zwangsläufig Ernüchterung und Enttäuschung eintreten mussten.

Konrad Adenauer setzte unmittelbar nach der Gründung der Bundesrepublik Deutschland gegen Widerstände in seiner eigenen Partei und eine strikte Ablehnung in der CSU mithilfe der oppositionellen SPD das Luxemburger Entschädigungsabkommen von 1952 durch. Durch die seither insgesamt 50 Milliarden Euro umfassenden materiellen Leistungen dieser Übereinkunft erfuhren die überlebenden Juden in Israel und der Diaspora, speziell in Deutschland, eine entscheidende Hilfe beim Wiederaufbau ihrer Existenzen. Parallel wurde der jüdische Staat in seiner Anfangsphase stabilisiert. In der Bundesrepublik wurde das Abkommen von einer klaren Mehrheit der Bevölkerung abgelehnt und als »Wiederjudmachung« verspottet. Die DDR gab sich antifaschistisch. Dies diente als Alibi, eine materielle Wiedergutmachung zu verweigern. Zugleich sorgte das SED-Regime, von der Förderung einzelner jüdischer Persönlichkeiten wie Arnold Zweig und Victor Klemperer abgesehen, für die systematische Dezimierung der jüdischen Gemeinde Ostdeutschlands, indem man den dort lebenden Juden das Leben schwer machte – sodass Ende 1989 nur noch knapp tausend Juden in der DDR verweilten.

Rettung der jüdischen Gemeinden vor dem Aussterben

Der seit 1982 als Bundeskanzler amtierende Helmut Kohl vollzog eine klare Wende der deutschen Politik gegenüber den Juden. Während Adenauer und dessen Nachfolger Ludwig Erhard sowie die SPD-Kanzler Willy Brandt und Helmut Schmidt ihre Anstrengungen in erster Linie auf Israel konzentriert hatten, berücksichtigte der Ludwigshafener auch die Juden Deutschlands. Kohl beendete die nichtssagende Trauerformel der »jüdischen Opfer«. Dagegen wies der Bundeskanzler die Deutschen darauf hin, dass die ermordeten und zur Flucht gezwungenen Juden dieses Landes nicht lediglich Opfer, vielmehr auch ihre Landsleute waren. Die Deutschen hatten nicht einen fremden Baum gefällt, sondern den Stamm abgesägt, auf dessen Zweig sie selbst saßen.

Der Historiker Kohl wusste, dass die Juden seit dem vierten Jahrhundert, lange ehe sich Deutschland als Nationalstaat etabliert hatte, Teil der hiesigen Gesellschaft waren. Mahnmale mochten genügen, um an die ermordeten Juden zu erinnern. Zur lebendigen Gemeinschaft mit den Juden in Deutschland aber brauchte es Menschen. Zur Zeit der Wiedervereinigung zählte die Bundesrepublik rund 28.000 Hebräer – vor den Nazis waren es mehr als eine halbe Million gewesen. Nach 1950 gehörten Deutschlands Juden einer rasch aussterbenden Religions- und Schicksalsgemeinschaft an. Ihre Todesziffer war sieben Mal so hoch wie die Geburtenrate.

Die Wiedervereinigung und der kurz darauf erfolgte Zusammenbruch der Sowjetunion schufen die unverhoffte Gelegenheit, die jüdische Gemeinde Deutschlands wiederzubeleben. Viele Juden aus den Staaten der ehemaligen UdSSR wollten ihre Heimat verlassen. Die meisten wanderten nach Israel aus. Ein nicht unbeträchtlicher Teil aber wollte in Europa bleiben. Das Klima, die Kultur und nicht zuletzt die deutsche Sprache waren ihnen vertrauter als das Hebräisch, das in Israel gesprochen wird. Auch die ständig gefährdete Existenz in Zion schreckte viele ab.

Die erste demokratisch gewählte DDR-Regierung unter Lothar de Maizière begriff die Gelegenheit, die sich hier für Deutschland auftat, und zog daraus eine tatkräftige Konsequenz. Sie lud die Juden aus der UdSSR ein, nach Ostdeutschland einzuwandern. Zehntausende nahmen diese Möglichkeit wahr und emigrierten in die DDR. Doch diese Politik endete am 3. Oktober 1990 mit der Wiedervereinigung und der Auflösung der DDR. Die westdeutschen Bundesländer waren durchweg nicht geneigt, eine »Masseneinwanderung« von Juden zu akzeptieren. Sie mochten lediglich eine kleine Zahl aufnehmen. Der damalige bayerische Innenminister Edmund Stoiber schlug vor, innerhalb der kommenden fünf Jahre solle der Freistaat insgesamt 2.000 Juden aus Russland einen Daueraufenthalt erlauben. Die anderen Länder hegten ähnliche Vorstellungen.

Ein Alibi bot die Haltung der israelischen Regierung. Der zionistische Staat versteht sich als Heimat aller Juden. Jeder Hebräer hat das Recht, nach Israel einzuwandern und die Staatsbürgerschaft zu erwerben. So waren die ausreisewilligen Juden aus der ehemaligen Sowjetunion in Zion willkommen. Die israelische Regierung warb um ihre Einwanderung. Gleichzeitig intervenierte Jerusalem in Bonn, keine russischen Juden in Deutschland aufzunehmen, sondern ihnen den Weg nach Zion zu weisen. Bundeskanzler Kohl widersprach Jerusalem nicht öffentlich – faktisch aber ließ Deutschland während seiner Regierungszeit mehr als 150.000 Juden aus der ehemaligen UdSSR einreisen. Die meisten wurden als Kontingentflüchtlinge aufgenommen. Diese stillschweigende Politik Kohls rettete die jüdische Gemeinschaft Deutschlands vor dem Aussterben. Viele Juden aus der einstigen Sowjetunion mochten sich nicht einer jüdischen Gemeinde anschließen – ihr Judentum diente ihnen lediglich als Vehikel zur Emigration. Doch schließlich fand die Mehrheit der russischen Juden zur israelitischen Gemeinschaft Deutschlands, sodass sich diese auf gut hunderttausend Mitglieder verfünffachte.

Angela Merkel war in der Endphase der DDR eine Mitarbeiterin von Ministerpräsident Lothar de Maizière. Die protestantische Pastorentochter teilte die humanistische Haltung des christlich-demokratischen ostdeutschen Regierungschefs, auch gegenüber den Juden. Deutschland habe aufgrund seiner Verbrechen während der Hitlerjahre eine historische Verantwortung gegenüber den Israeliten. Die Aufnahme ausreisebereiter Juden sei daher eine christliche Pflicht.

Der Katholik Kohl teilte die christlich-moralischen Werte des Protestanten de Maizière gegenüber den Hebräern. Der Außenpolitiker Kohl kümmerte sich auch um die Sicherheit und die Überlebensfähigkeit des jüdischen Staates. Nachdem Israel im Golfkrieg 1991 mit ballistischen Raketen Iraks beschossen worden war, folgte der Bundeskanzler der dringenden Bitte Jerusalems und erteilte die Exportgenehmigung für moderne deutsche U-Boote nach Zion, wo sie zur Basis der nuklearen israelischen Abschreckungsmacht umgerüstet wurden.

Eine zwiespältige Bilanz für Merkels Flüchtlingspolitik

Die Position von Kohls politischer Musterschülerin Angela Merkel gegenüber den Juden und anderen Menschen in Not ist weitgehend durch christliche Gesinnungsethik geprägt. Deren praktische Konsequenzen wurden der breiten Öffentlichkeit erst auf dem Höhepunkt der Fluchtbewegung während des syrischen Bürgerkrieges im Jahr 2015 deutlich. Die Christin Angela Merkel versuchte damals in erster Linie den leidenden Menschenkindern zu helfen, ohne zunächst die mittel- und langfristigen Folgen zu bedenken – solange sie dies politisch durchhalten konnte. Als ab Sommer 2015 die Fluchtbewegung aus Syrien, dem Irak und Afghanistan außerordentlich anwuchs, die Emigranten jedoch in Südosteuropa entgegen den EU-Verträgen nicht aufgenommen und an der Weiterreise gehindert wurden, sorgte die Bundeskanzlerin dafür, dass Deutschland ihnen einen Zufluchtsort bot.

Diese Haltung Merkels wird von der Mehrheit der jüdischen Gemeinschaft dieses Landes und weltweit gutgeheißen. Die Israeliten waren über Jahrhunderte verfolgt und diskriminiert worden – wie heute in Iran. Die Juden kennen das Los der Gefährdeten und solidarisieren sich mit ihnen. Die Schoah hat die Juden traumatisiert. Sie wurde erst möglich, weil alle Staaten sich weigerten, eine nennenswerte Zahl der verfolgten Juden ins Land zu lassen. Selbst als die Alliierten ab 1942 über die systematische Ausrottungsaktion der Nazis informiert waren, nahmen sie keine Juden in ihren Ländern auf. Das galt auch für Großbritannien, dem vom Völkerbund das Mandat über Palästina zugesprochen worden war, um dort einen jüdischen Staat zu errichten. Die Rettung von Menschenleben ist ein Gebot des jüdischen Glaubens.

Die praktischen Konsequenzen der Flüchtlingspolitik Angela Merkels werden von der Mehrheit der jüdischen Gemeinde heute dennoch zwiespältig beurteilt. Das hat seine Ursache in der Einstellung vieler Flüchtlinge aus islamischen Ländern gegenüber den Juden. In den arabischen Staaten, speziell Syrien und Irak, sowie in Nordafrika sind die Menschen seit Jahrzehnten einer antisemitischen und antiisraelischen Hasspropaganda ausgesetzt. Die Aussagen der alten russischen Hetzschrift *Protokolle der Weisen von Zion* werden als Entlarvung der Juden gelehrt. Adolf Hitlers judenfeindliche Tiraden aus *Mein Kampf* werden von vielen ebenso befürwortet wie der Nazismus als wirksame Methode im Kampf gegen die Juden hervorgehoben. Im vergangenen Jahrhundert wurde der Judenhass durch den Antizionismus ergänzt und die Bevölkerung damit systematisch infiziert.

Es ist davon auszugehen, dass die Mehrheit der Flüchtlinge aus islamischen Ländern antijüdische Gefühle hegt. Sie werden religiös oder politisch begründet. Die Aussage, als Semiten könnten die Araber keine Antisemiten sein, ist ein semantischer Taschenspielertrick. Eine Minderheit der Jugendlichen unter den Flüchtlingen wird durch vielfältige Hasspropaganda in salafistisch orientierten Moscheen, aus dem Internet oder durch Propagandisten vor Ort für Aktionen gewonnen und zu spontanen, auch gewaltsamen Einzeltaten angestachelt. Die Opfer sind unverhältnismäßig oft Juden.

Das ruft Ängste und Bedenken bei Juden hervor. So warnte der Vorsitzende des Zentralrats der Juden in Deutschland, Josef Schuster, dass viele Flüchtlinge aus islamischen Ländern antisemitische Vorurteile hegen würden. Als einer von wenigen jüdischen Funktionären trat Schuster auch eindeutig für eine Obergrenze bei der Aufnahme von

Asylsuchenden ein. Dies geschah nicht, weil Schuster grundsätzlich gegen die Aufnahme von Flüchtlingen wäre, sondern, weil er befürchtet, dass nicht wenige muslimische Flüchtlinge zu einem antisemitischen Klima in Deutschland beitragen könnten. Warnende Beispiele in Europa sind die skandinavischen Staaten wie Schweden. Dort sind individuelle Juden in Großstädten und jüdische Einrichtungen vielfach Ziel von Verunglimpfungen und Bedrohungen. In Frankreich bekämpft die Regierung Antisemitismus und Islamismus. Doch die brutale Ermordung des Lehrers Samuel Paty im Oktober 2020 zeigt die Ohnmacht des Staates. Im April 2021 gingen mehr als 25.000 Menschen in Paris und anderen Orten zu Demonstrationen gegen eine Entscheidung des höchsten Gerichts auf die Straße. Die Richter hatten die Schuldunfähigkeit eines jungen Mannes aus Mali bestätigt, der seine jüdische 65-jährige Nachbarin unter »Allahu Akbar«-Rufen geprügelt, Koranverse zitiert und sie dann vom Balkon gestürzt hatte. Die Unfähigkeit der Justiz zu konsequenten Bestrafungen der Täter führt zu einem Klima der Angst und der Einschüchterung.

Juden und andere Minderheiten, auch Moslems, werden auch von anderer extremistischer Seite bedroht. Nicht nur in Neuseeland oder Norwegen. Dies beweist der Anschlag eines Rechtsextremen auf die Synagoge in Halle im Oktober 2019. Der Terrorist wollte die Besucher eines Gottesdienstes am höchsten jüdischen Feiertag umbringen. Da er an der Sicherheitstüre dort scheiterte, ermordete er andere Menschen. Ein Fanal, das Folgen haben muss.

Merkels Haltung gegenüber der jüdischen Gemeinschaft und Israel

Während die deutschen Juden in der Flüchtlingsfrage zwischen prinzipieller Hilfsbereitschaft, Willkommenstradition und ihren Ängsten schwanken, besteht breite Übereinstimmung, dass Angela Merkel eine positive Einstellung gegenüber der jüdischen Gemeinschaft pflegt. Wichtig ist den hiesigen Juden die Haltung der Bundesregierung gegenüber Israel, das als letzter Zufluchtsort angesehen wird.

Angela Merkels Politik gegenüber Israel ist prinzipiell wohlwollend. Dagegen wird die Siedlungspolitik der Regierung Netanyahu seit Jahren von allen deutschen Regierungen und den sie tragenden Parteien abgelehnt. Ein Höhepunkt ihrer Solidarität mit dem jüdischen Staat war die Adresse Angela Merkels an das israelische Parlament am 18. März 2008. In dieser deutschsprachigen Rede wird wie unter einem Brennglas die Israel-Einstellung der Bundeskanzlerin deutlich. Deutschland und Israel würden, so Merkel, durch die Schoah für immer auf besondere Weise verbunden bleiben. Daraus erwachse die politische Verantwortung Deutschlands für die Gegenwart. Scharf kritisierte die Kanzlerin, dass eine »deutliche Mehrheit in der Europäischen Union in Umfragen angibt, die größte Bedrohung für die Welt (gehe) von Israel aus und nicht etwa von Iran«. Schließlich kam die Regierungschefin zum Kern ihrer Botschaft: »Die historische Verantwortung Deutschlands [für die Sicherheit Israels] ist Teil der Staatsräson meines Landes. Das heißt, die Sicherheit Israels ist für mich als deutsche Bundeskanzlerin niemals verhandelbar.«

Die israelischen Abgeordneten dankten der deutschen Regierungschefin mit höflichem Applaus. Sie sind große Versprechungen ausländischer Staatsgäste gewohnt – und wissen zugleich, dass im politischen Alltag zunächst die nationalen Interessen kommen und erst danach die Moral, die Verantwortung und weitere hehre Werte. Entscheidend sind den realistischen Israelis harte Tatsachen, wie die deutschen U-Boote als Träger ihrer nuklearen Abschreckungsmacht – neben dem neuesten amerikanischen Kriegsgerät.

Die deutschen Juden, die nach dem Völkermord durch die Nazis in Israel und in der Diaspora unter dem Odium der »ehrlosen (jüdischen) Gesellen«, die sich im einstigen Hitler-Reich niederließen, zu leiden hatten, vernahmen die Rede Merkels mit Genugtuung. Derartig klar für Israel hatte noch kein internationaler Spitzenpolitiker Stellung bezogen. Weitsichtige deutsche Politiker, zuvorderst der damalige Bundespräsident Gauck, hingegen warnten: Deutschland könne im Krisenfall kaum seinen vollmundigen Versprechungen gegenüber dem Judenstaat nachkommen und wirksame Unterstützung leisten, erklärte der Präsident während eines Israelbesuches im

Herbst des Jahres 2015. Gauck – ebenfalls ein gläubiger Protestant – beurteilte die Konsequenzen der Solidaritätsadresse Merkels weitaus nüchterner als die als kühle Machtpolitikerin geltende Kanzlerin.

Kurz zuvor hatten sich die ständigen Mitglieder des UNO-Sicherheitsrates plus Deutschland mit Teheran auf ein Abkommen zur Verhinderung des Baus iranischer Atomwaffen geeinigt. Dies Abkommen geschah gegen den ausdrücklichen Willen Israels sowie auch arabischer Staaten, etwa Saudi-Arabien und Ägypten. Berlin hatte, anders als Angela Merkel vor der Knesset verkündete, durchaus über Israels Sicherheit verhandelt. Dabei hatte es Deutschland nicht fertiggebracht, das Existenzrecht des jüdischen Staates oder seiner moderaten arabischen Nachbarn im Abkommen festzuhalten. Israel, um dessen Schicksal es ging, durfte an den Verhandlungen nicht teilnehmen – um Teheran nicht zu verärgern. Iran hält offen an seinem Ziel fest, Israel zu vernichten. Die Weltmächte konnten und wollten Teheran nicht davon abbringen – auf Kosten des jüdischen Staates.

Entgegen ihrer Verantwortung für Israels Sicherheit heischenden Worte in der Volksvertretung in Jerusalem behielt am Ende auch bei Angela Merkel das vermeintliche nationale Interesse Deutschlands die Oberhand. Deutschland und seine weltpolitischen Partner werden eines Tages von Teheran die Rechnung für diese kurzsichtige Beschwichtigungspolitik präsentiert bekommen. Prinzipiell steht die deutsche Politik hinter Israel. Beispielhaft ist die Anti-BDS-Resolution des Bundestags (die BDS-Bewegung steht für einen Boykott Israels) vom 15. Mai 2019. Sie wurde von einer breiten Mehrheit der Parteien mit Ausnahme der Linken getragen. Die häufige Zustimmung (bestenfalls Stimmenthaltung) Berlins zur unentwegten Serie einseitig anti-israelischer UN-Resolutionen zeigt aber, dass Berlin entgegen Merkels idealistischer Aussagen vor der Knesset im außenpolitischen Alltag opportunistisch verfährt.

Viele deutsche Juden sind davon in den Jahren der Merkel-Regierung enttäuscht worden. Sie sollten von Angela Merkel nicht enttäuscht sein. Die scheidende Kanzlerin hegt für sie wahre Gefühle christlicher Nächstenliebe. Doch Merkel war eine europäische Realpolitikerin. Auch bei ihr stand der politische Machterhalt an erster Stelle – oder das, was sie dafür hielt.

NECLA KELEK

DAS MÄRCHEN VON DER INTEGRATION

Verlorene Jahre unter der Merkel-Regierung

Ich habe mich geirrt. Fast genauso lange wie Angela Merkel Bundeskanzlerin ist, nämlich seit 2005, wird in der Öffentlichkeit intensiv darüber gestritten, wie Migranten und Muslime in die deutsche Gesellschaft zu integrieren sind. Heute muss ich feststellen, dass gegen Windmühlen gekämpft wurde. Viele Migranten, hier insbesondere die muslimisch- und türkischstämmigen Migranten und ihre Organisationen, und auch die verantwortlichen Politiker und Oppositionsparteien haben Integration nicht wirklich gewollt. Es geht vielen Migranten heute um die Durchsetzung von Gruppenrechten, und es ging der Regierung Merkel um Schadensbegrenzung. Diese Fragen, wie wir gemeinsam leben wollen und was wir dafür tun müssen, blieben auf der Strecke.

Integration ist das Fake-Wort des Jahrzehnts, die einzige Lüge, für die es eine eigene Beauftragte der Bundesregierung gibt. Ein Amt, dessen Leiter eher daran arbeiten, Deutschland die Identität zu nehmen. Und die in der CDU/CSU mit der Bundeskanzlerin Merkel auf einen Regierungspartner trafen, der sich vom Thema verabschiedet und widersprüchlich, konzeptlos agiert hat.

Was ist Integration?

Integriert ist – insoweit bestand früher Einigkeit – derjenige, der die Gesetze des Landes kennt und danach handelt, der sich in deutscher Sprache verständigen kann, der weiß, in was für einem Land er lebt und welche Gepflogenheiten gelten. Er muss dafür nicht die deutsche Staatsbürgerschaft haben, aber bereit sein, die Kultur und Geschichte des Landes, die Werte oder Prinzipien der Gesellschaft zu akzeptieren. Die Kultur einer Gesellschaft drückt sich in der Rechtsordnung aus, was Montesquieu als den »Geist der Gesetze« definierte, und in den besonderen Erfahrungen der Geschichte eines Landes – in Deutschland gehören dazu zum Beispiel die Reformation, die Aufklärung, die Kriege, der Holocaust, die Teilung und die Wiedervereinigung. In Deutschland gehören zu dieser Kultur die Grundrechte ebenso wie der kategorische Imperativ Kants oder die christlichen Grundsätze der Nächstenliebe und des Vergebens. Diese Definition scheint aber wie einiges andere inzwischen obsolet.

Ein Rückblick. Integriert in die oben beschriebene Werteordnung hat sich in der Bundesrepublik seit Jahren die übergroße Zahl der fast 15 Millionen Einwanderer und Migranten, auch viele Muslime. Meist ohne Integrations- und Sprachkurse, ganz auf eigene Initiative hin, weil sie die Chancen, die Rechte, die Sicherheit dieses Landes schätzen. Wir reden in Sachen Integration auch nicht von dem vietnamesischen Restaurantbesitzer oder Verkäufer (warum eigentlich nicht?) oder von der Musikerin aus Russland, denn die beanspruchen keine Extrawürste, sondern leben unter uns, beteiligen sich an der Gemeinschaft, sind meist wie andere Bürger unauffällig.

Wir sprechen bei Integrationsverweigerern meist von ihren Traditionen und Gebräuchen verhafteten muslimischen, arabisch- oder türkischstämmigen Migranten. Es geht um diejenigen Türken, Kurden oder Syrer, Afghanen, Maghrebiner, die eine Sonderstellung für sich, ihre Religion und Lebensweise beanspruchen. Gruppen, die ihre Ethik, Traditionen, Sitten und Wertvorstellungen hier zur Norm machen wollen, sich selbst ausgrenzen und in gegengesellschaftlichen Strukturen leben. Und das, obwohl sie gerade wegen dieser Traditionen und der dysfunktionalen Zivilisation und Sozialordnung ihre Staaten verlassen haben, die ihnen keinen Wohlstand, kein Leben in Freiheit, Frieden und Sicherheit gewährleisten konnten. Im Fall der Türken ist es zudem so, dass sie von der Regierung ihres Herkunftslandes nicht losgelassen werden, sondern als Botschafter oder, wenn man so will, als »Geiseln« instrumentalisiert werden.

Deshalb müssen wir von ihrer Religion und der spezifischen Form der Zivilisation, dem Islam, sprechen. Weil sie selbst ihr Anderssein mit ihrer Religion begründen. Einer Religion, die die Säkularität, die Trennung von Staat und Religion, von Glaube und Gesellschaft, nicht akzeptiert und auch nicht praktiziert.

Die muslimische Weltsicht steht im Zentrum der Debatte um die »Kulturdifferenz«. Das Verhalten der Muslime und ihrer Organisationen führt dazu, dass Themen wie Gleichberechtigung, Kopftuch, Zwangsheirat, Schwimmunterricht, Moscheebau, Parallelgesellschaft, Kinderehe, Terrorismus und so weiter auf die Tagesordnung gesetzt werden müssen. Weil sich, um nur ein Beispiel zu nennen, die Apartheid von Männern und Frauen nicht mit den Grundwerten unserer Gesellschaft verträgt.

Diese Gruppen dominieren die Agenda der Debatten um Integration, Werte und das Zusammenleben, die in den 16 Merkel-Regierungsjahren verstärkt geführt wurden. Die genannten Gruppen fordern religionsspezifische Gruppenrechte ein, durch politische Vorstöße ihrer Verbände und indem sie immer wieder versuchen, mit Klagen von Einzelpersonen – wie zum Tragen des Kopftuches – religiöse Regeln durchzusetzen.

Von den Linken, Grünen und Teilen der SPD sowie auch manchen in der CDU wird der Zusammenhang zwischen Integrationsschwierigkeiten und Islam, also von sozialer Lage und kultureller Prägung oder Religion, geleugnet. Dabei wird die schlechte sozialökonomische Lage zum Beispiel der türkischstämmigen Migranten als »Klassenfrage« definiert (bei den Linken schwingen hier marxistische Prägungen mit), auch wenn dafür geschmeidigere Vokabeln wie »strukturelle Diskriminierungen« gefunden werden. Unerklärbar in diesem Ansatz ist allerdings der Umstand, dass andere Migrantengruppen – wie Griechen oder Russen – bei gleicher sozialer und ökonomischer Ausgangslage wesentlich erfolgreicher in Schule, Bildung und Karriere sind. Während nur etwa 5 Prozent aller Personen türkischer Herkunft 55.000 Euro im Jahr verdienen (das Anderthalbfache des mittleren Bruttoeinkommens), sind es unter den Osteuropäern 21 Prozent. Ein Drittel der Türken verdient weniger als 22.000 Euro im Jahr (weniger als 60 Prozent des Durchschnittseinkommens, was als »relative Armut« definiert wird).

Eine Ausnahme in der islamischen »Community« sind hier die Iraner, die gebildete Schicht der vor dem Schah, dem Islam und Khomeini Geflohenen. Das Argument der sozialen Benachteiligung (die es auch gibt) geht am Kern des Problems vorbei und ist Augenwischerei. Es geht um einen kulturellen Konflikt.

Die Integrationsdebatte seit 2005

Am 7. Februar 2005 wurde Hatun Sürücü, eine kurdischstämmige, alleinerziehende Mutter und Auszubildende, vor ihrer Wohnung in Berlin-Kreuzberg von ihrem jüngeren Bruder mit drei Schüssen in den Kopf hingerichtet, weil sie nach der Aussage des Täters »wie eine Deutsche« leben wollte. Dieser sogenannte »Ehrenmord« und mein damals zur gleichen Zeit erschienener Bericht »Die fremde Braut« über »Importbräute« aus der Türkei und den Zwang zur Ehe in muslimischen Gesellschaften brachten das Fass zum Überlaufen und setzten eine Debatte in den Medien und in der Politik in Gang. Plötzlich wurde für viele im eigenen Land fassbar, was seit dem 11. September 2001 und dem Irak-Krieg die große politische Bühne beherrschte.

Medien und Politik sprachen über Anzeichen gescheiterter Integration, Beispiele von Missständen häuften sich. Türkischstämmige Frauen wie Seyran Ateş, Serap Çileli und Fatma Bläser traten mit eigenen Schilderungen über die miserable Lage der Frauen in muslimischen Familien auf. Die Debatte um das Kopftuch im Schuldienst, die 2003 von Fereshta Ludin bis vor das Bundesverfassungsgericht gebracht wurde, flammte neu auf. Viele Türken- und Moscheevereine leugneten indes die Existenz der Probleme, aber die Tatsachen waren erdrückend, und der Islam, vor allem der Bau von Moscheen und die Integration, wurde ein Topthema, an dem auch die politischen Parteien nicht vorbeigehen konnten.

Nachdem Angela Merkels CDU 2005 denkbar knapp die Bundestagswahl gewonnen hatte, wertete die neue Regierung die Stelle der »Ausländerbeauftragten« zur Staatsministerin für Migration, Flüchtlinge und Integration auf. In der Folge versuchte die Merkel-Regierung die Probleme mit der Einrichtung eines »Integrationsgipfels« und der »Islamkonferenz« ab September 2006 anzugehen. Integration wurde aber nicht als Förderung eines Miteinanders von individuellen Bürgern, sondern als Interessenbefriedigung und Gewährung von Rechten für religiöse, ethnische und soziale Gruppen gesehen. Nicht der individuelle Bürger muslimischen Glaubens, sondern »der Islam« sollte zu Deutschland gehören, nicht Tayfun oder Türkan, sondern »die Türken« sollten integriert werden.

Ein Teil Deutschlands

Der damalige Innenminister Wolfgang Schäuble hat versucht, das Problemfeld »Islam« mit der Islamkonferenz in den Griff zu bekommen. »Der Islam ist Teil Deutschlands und Europas. Der Islam ist Teil unserer Gegenwart und unserer Zukunft«, sagte Schäuble bereits im September 2006 anlässlich des Auftakts der »Islamkonferenz« (wie vier Jahre später dann mit noch zugespitzter Diktion »Der Islam gehört zu Deutschland« Bundespräsident Wulff und die Bundeskanzlerin). Schäuble brachte sowohl säkulare Muslime (inklusive der Autorin dieses Beitrags) als auch Vertreter der in Verbänden organisierten Muslime an einen Tisch, damit sie untereinander und mit staatlichen Vertretern diskutieren. Neben dem türkischen Dachverband Ditib waren der Islamrat, durch den die Milli Görüs präsentiert war, der Zentralrat der Muslime, Dachverband der den Muslimbrüdern nahestehenden Moscheevereine, der Verband der islamischen Kulturzentren (VIKZ) und – sehr zum Ärger der Sunniten – auch die Alevitische Gemeinde vertreten.

Eigentlich eine kluge Idee. Mehr als 200 Jahre früher hatte Napoleon den »Großen Sanhedrin« (Großer Rat) mit Rabbis und jüdischen Honoratioren einberufen und dort Treue zum Code Civil verlangt. Die Absicht Schäubles, mit den säkularen bis konservativ-gläubigen Muslimen gemeinsam über die Akzeptanz der Verfassung und die Einbindung in Integrationsprozesse zu diskutieren, erschien hoffnungsvoll. Die Sache ist aber gescheitert, weil es in den ersten drei Jahren der »Islamkonferenz« selbst der geballten staatlichen Autorität nur unter Druck gelang, die Islamverbände dazu zu bewegen, das Grundgesetz anzuerkennen. Warum Schäuble dies als Erfolg gesehen hat, bleibt bis heute ein Rätsel.

Die Verbände – das wurde deutlich – wollten und wollen keine Integration, sondern allein Anerkennung als Körperschaften öffentlichen Rechts, was große finanzielle und politisch-institutionelle Vorteile bringen würde, und die Deutungshoheit darüber, wie der Islam in Deutschland zu leben ist. Sie haben sich bis zur Gefahr des Scheiterns gegen ein Bekenntnis zur Verfassung gewehrt. Dabei argumentierten sie, weil das Grundgesetz in Artikel 4 Religionsfreiheit gewähre, müssten der Staat und die deutsche Gesellschaft die religiösen Traditionen und Praktiken des Islam als gegeben und legitim betrachten. Ein Bekenntnis zu einzelnen Grundrechten sei nicht nötig.

Faktisch stellten sie die Regierung nach der Bundestagswahl 2009 vor die Alternative, entweder die nächste Islamkonferenz ohne Säkulare oder ohne die Verbände fortzuführen. Die Regierung wollte im Gespräch bleiben und lud die kritischen Vertreterinnen der Muslime aus. Sie setzte auf die Islamverbände, in denen aber nur ein Bruchteil der Muslime wirklich organisiert ist, und nicht auf ihre muslimischen Bürger.

Man hat dann die Agenda der Islamkonferenz an die neue Sicherheitslage durch den aufkommenden Dschihadismus angepasst und unter anderem über Sicherheitsfragen, Prävention von Extremismus und die Imam-Ausbildung in Deutschland diskutiert. In Letzterem hat man eine Perspektive für eine liberalere Ausrichtung der Religion gesehen. Aber die Muslimverbände dachten gar nicht daran, irgendwelche Kompromisse zu machen. Sie hatten in der SPD und den

Grünen Fürsprecher und bestanden darauf, über die Curricula und die Berufungen für die entsprechenden Lehrstühle mitzuentscheiden. Die Imam-Ausbildung funktioniert bis heute nicht. Es predigen in bundesdeutschen Moscheen noch immer keine in Deutschland ausgebildeten Imame. Die Vereine akzeptieren sie einfach nicht. Und die Politik schweigt dazu. Die deutsche Politik hat der Türkei gestattet, in Deutschland Islampolitik zu betreiben. Die über 1.000 Vorbeter in den türkischen Ditib-Moscheen werden ohne jede Kontrolle von der Religionsbehörde der Türkei, der Diyanet, ausgewählt, für fünf Jahre entsandt, bezahlt. Jeden Freitag erhalten sie aus Ankara die Predigttexte. Es sind Beamte des türkischen Staates, die auf Türkisch predigen und meist kein Deutsch sprechen. Das hat die Bundesregierung von Beginn an gewusst und geduldet. Niemand brachte den Mut oder das Interesse auf, sich mit den Islamverbänden und der türkischen Regierung anzulegen oder nachzufragen, was sie in ihren Moscheen tun.

Auch die Finanzierung der Moscheeprojekte durch ausländische Staaten und Stiftungen war kein Thema. Kein namhafter deutscher Politiker setzt sich – wie in Österreich per Gesetz verfügt – für ein Verbot der Finanzierung von Moscheevereinen durch das Ausland ein, niemand pocht wirklich auf Kontrolle und fordert Integration ein. Was in Koranschulen und Moscheen gepredigt wird, blieb so lange außerhalb des Interesses, bis sich einige Moscheen als Ausbildungs- und Rekrutierungszentren für Dschihadisten herausstellten. In Hamburg und Bremen schlossen die SPD-geführten Landesregierungen Staatsverträge mit Islamvereinen, in Niedersachsen und Nordrhein-Westfalen hat die SPD mit der Ditib über die Anerkennung als Körperschaft des öffentlichen Rechts verhandelt, obwohl bekannt war, wie abhängig gerade dieser Verein von der türkischen Regierung ist. Nachdem Ditib-Imame inzwischen in Verdacht stehen, im Auftrag der Erdoğan-Regierung ihre türkischen Landsleute auszuspionieren, zum Märtyrertum aufzurufen und antisemitisch zu predigen, gab man sich überrascht und fühlte sich hintergangen. Das ist naiv.

Keine Partei will es sich mit der Wählerschaft der Muslime verderben

Nach 16 Jahren Islampolitik der verschiedenen Merkel-Regierungen und einzelner Länderregierungen ist festzustellen, dass man die Islamverbände wider besseres Wissen hat gewähren lassen. Es scheint Common Sense der regierenden Politiker zu sein, dass davon auszugehen ist, dass Religion an sich immer gut sei und nur ein paar Fanatiker den Glauben missbrauchten. Merkel und ihre Berater verkennen die gesellschaftlichen Strukturen und tiefsitzenden »Memories« der islamischen Religion und Weltanschauung. Bis zu den Terroranschlägen in Deutschland im Jahr 2016 herrschte (trotz Warnungen der Sicherheitsdienste) in den politischen Kreisen und Medien die Einschätzung vor, der politische Islam und seine Ausprägung als Salafismus sei eine jugendliche Protestbewegung, der man mit Nachsicht begegnen möge. Der Zusammenhang zwischen einem konservativen Islamverständnis, Chauvinismus und Gewalt wurde nicht ernst genommen. Deshalb die katastrophalen Fehleinschätzungen sowohl beim politischen Islam zu Beginn des »arabischen Frühlings« und dann auch beim Bürgerkrieg in Syrien.

Der Islam wurde und wird verharmlost. Im Kern sei er gut, ihm fehle lediglich die Aufklärung. Dass der Islam sich selbst als Vollendung von Gottes Willen versteht und von Beginn an – also mit Mohammed – den Dschihad als »Welterlösung« (durch Unterwerfung unter den Islam) verstanden hat, wird geflissentlich übersehen. Vielmehr werden Muslime gern als Opfer des Kolonialismus oder westlich-christlicher Aggression gesehen, beginnend mit den Kreuzzügen, die ein kollektives Trauma in der islamischen Welt hinterlassen hätten. Die Muslimverbände haben diese Opferkultur gern aufgenommen, pflegen sie und genießen Minderheitenschutz.

Die gern wiederholte Formulierung »Der Islam gehört zu Deutschland« als Zeichen von Toleranz und das Festhalten an den Islamverbänden als Partner erscheinen heute als eine Demutsgeste gescheiterter Politik. Sie zeugen vom Unverständnis der Regierung diesem Problem gegenüber. Bundeskanzlerin Merkel wie auch Bundespräsident Steinmeier leugneten beharrlich die Existenz und Wirkung eines globalen politischen Islam, der sich auch in Deutschland breitmachen möchte.

Türkischer Wahlkampf in Deutschland

Bis 2015 lebten etwa vier Millionen muslimische, überwiegend türkischstämmige Bürger in Deutschland. Der große Flüchtlingszustrom 2015/2016 hat diese Zahl um rund eine Million erhöht. Laut neuster Erhebung des Bundesamtes für Migration und Flüchtlinge ist die Zahl der Muslime in Deutschland 2019 auf 5,3 bis 5,6 Millionen gewachsen – ein Anstieg um 20 Prozent in vier Jahren.

Es gibt nach wie vor etwa 1,5 bis 1,7 Millionen Türkischstämmige, die in der Türkei wahlberechtigt sind. Fast zwei Drittel wählen die Regierungspartei AKP von Erdoğan. Die türkische Regierung und die türkischen Verbände tun so, als wäre das hier ihre Bevölkerung, und die Türken feiern ihren Nationalismus. Besonders aggressiv wurde der Ton vor dem türkischen Verfassungsreferendum im April 2017. Die übergriffigen Reden des Staatspräsidenten Erdoğan und Angriffe gegen verschiedene europäische Regierungen, denen er »Faschismus« oder »Nazimethoden« vorwarf, haben eine diplomatische Krise ausgelöst. An die Adresse Merkel gerichtet behauptete Erdoğan – der sie dabei duzte –, sie würde »Terroristen« unterstützen.

Die AKP-Vertreter glauben, sie könnten so aggressiv auftreten, weil in der Vergangenheit zugelassen wurde, dass sie über die Muslimverbände wie Ditib und Milli Görüs national-islamistische Politik machen konnten. Sie sprechen von »ihren« Landsleuten in Deutschland. Dass dies möglich ist, ist auch eine Folge der Politik, die die Migranten als fremde Kollektive sieht und nicht als einzelne Bürger.

Und diese Erdoğan-Anhänger sind nicht loyal zu dem Land, das ihnen Bildung, Sicherheit und Auskommen bietet. Sie jubeln einem Despoten zu. Das ist beschämend und ein Beleg dafür, dass die bisherigen Integrationsbemühungen gescheitert sind. Und es ist auch eine Folge der doppelten Staatsbürgerschaft. Sie verhindert gerade-

zu Loyalität mit der neuen Heimat Deutschland. Hier wählt der tür-
kischstämmige Muslim die SPD oder die Partei, die den Muslimen
Moscheen, das Kopftuchtragen etc. zubilligt; in der Türkei wählt man
AKP, weil diese den Islam als Alleinkultur durchsetzen will.

Ehrenmorde und Zwangsehen

Der Mord an Hatun Sürücü hat 2005 eine Debatte um die Parallelgesellschaft in Deutschland ausgelöst. Besonders als bekannt wurde,
dass es innerhalb der muslimischen Community Ansätze von Paral-
leljustiz gibt.»Walis«, sogenannte Friedensrichter, regeln Streitigkei-
ten innerhalb der Gruppen, handeln bei Übergriffen Preise für Kör-
perverletzungen aus und »betreuen« Zeugen vor Gericht. So auch im
Fall Sürücü. Im Jahr 2005 hat die Website www.ehrenmord.de zwölf
Verbrechen im »Namen der Ehre« registriert. In den 16 Jahren seit
dem Ehrenmord an Sürücü wurde annähernd in jeder zweiten Woche
eine junge Frau oder ein Mann aus der muslimischen »Community«
Opfer eines solchen Verbrechens. 2016 waren mehr als 50 Taten zu
beklagen. Das ist etwa ein Sechstel aller Mordtaten in Deutschland,
bei einem muslimischen Bevölkerungsanteil von gut 5 Prozent.

Viele dieser Taten werden wohl statistisch als »Beziehungstaten«
registriert, weil nicht bei allen eine familiäre Verabredung oder ein
eindeutig formuliertes »Ehr-/Schande«-Motiv nachgewiesen werden
kann. Trotzdem, die Zahl der Gewalttaten gegen Frauen im muslimischen Milieu ist gestiegen, die Gewalttätigkeit und Angst sind präsent. Sie zeigt, dass die Gewaltherrschaft des muslimischen Mannes
über die Frau auch in Deutschland ungebrochen ist.

Ein weiterer Grund für das Misslingen einer Integration der Mus-
lim- und Türkeistämmigen ist die ungebrochene Tradition des Ver-
heiratetwerdens. Nach wie vor entscheidet die patriarchalisch struk-
turierte Familie über die Zukunft der Tochter. Sie soll möglichst früh
mit einem nahen Verwandten oder der Familie bekannten Mann verheiratet werden. Frauen, die bereits als Mädchen versprochen und
verheiratet werden, haben keine Chance auf Selbstständigkeit und

Verwirklichung. Sie bleiben in der Familie unter der Herrschaft des Mannes gefangen.

Die Empörung über die Lage der türkischen Frauen, die als »Importbräute« durch arrangierte Ehen oder Zwangsheirat nach Deutschland kamen und hier ohne Sprachkenntnisse faktisch rechtlos leben, war groß. Die CDU mit der Staatsministerin Maria Böhmer reagierte und führte 2007 verpflichtende Integrations- und Sprachkurse ein. Jede Frau oder jeder Mann, die im Rahmen der Familienzusammenführung nach Deutschland kommen wollten, mussten nunmehr 300 Worte Deutsch kennen und noch in der Türkei eine Prüfung ablegen. 2011 wurde zusätzlich »Zwangsheirat« unter Strafe gestellt.

Die Maßnahme hat etwas bewirkt, denn anstatt bis zu 40.000 kamen im ersten Jahr nach der Verabschiedung nur noch 32.000 »Importbräute« nach Deutschland. Die Zahl der Ehe-Visa sank. Islamverbände, die türkische Gemeinde, die Linke und die Grünen, vor allem deren türkischstämmige Abgeordnete, liefen Sturm und zogen vor Gericht gegen diese zum Schutz der Frauen erlassenen Gesetze. Der Europäische Gerichtshof kassierte 2014 die Regelung, den Familiennachzug an vorige Deutschtests zu koppeln. So haben die Linken und Grünen einen vermeintlichen Sieg gegen die Regierung davongetragen. Tatsächlich haben sie das Recht der Frauen auf ein Stück Integration und Selbstständigkeit verhindert.

Das Gesetz gegen Zwangsheirat (Paragraph 237 StGB), das 2011 beschlossen wurde, erwies sich als ein Papiertiger. Obwohl Tausende Mädchen und junge Frauen von einer Zwangsehe bedroht waren und sind, fanden sich in der Folgezeit (fast) keine Kläger und keine Richter. Seit 2012 hat es lediglich 60 Ermittlungsverfahren, drei Anklagen und zwei Verurteilungen gegeben. Als in der Flüchtlingsdebatte die Frage der »Kinderehen« in die Schlagzeilen kam, reagierten der sozialdemokratische Justizminister Heiko Maas und seine Parteifreundin Aydan Özoguz nicht wie Menschenrechtsschützer, sondern wie Bedenkenträger patriarchalischer Befindlichkeit. Anstatt den mehr als 1.400 festgestellten Kinderbräuten in Deutschland den Schutz durch das Gesetz zu gewähren, wollten sie prüfen lassen, ob die 15-jährige Kindsbraut nicht doch bei ihrem 40-jährigen »Ehemann« und Vergewaltiger besser aufgehoben ist als im Jugendheim. Der Staat schützt so nicht mehr die Schwachen, sondern die Verhältnisse. Immerhin hat die CDU Anfang 2017 einen Gesetzesentwurf vorgelegt, der auch im Ausland geschlossene Ehen mit Partnern unter 16 Jahren für nichtig erklärt. Das Gesetz zur Bekämpfung von Kinderehen trat im Juli 2017 in Kraft, führte aber nicht zu einer Prävention oder verstärkten Kontrolle durch Jugendämter. Die Frauenrechtsorganisation Terre des Femmes ermittelte von 2017 bis 2019 in einer Umfrage 813 Fälle, von denen nur zehn Ehen von Amts wegen aufgelöst wurden.

Diversität statt Multikulti, Teilhabe statt Integration

Nach 2005 ist allen Parteien sehr schnell klar geworden, dass mit den Themen Islam und Integration keine Wahlen zu gewinnen, sehr wohl aber zu verlieren sind. Die erste Regierung Merkel hatte viel Geld (über 750 Millionen Euro jährlich) für einen Integrationsplan ausgelobt. Als sich aber herausstellte, dass die Integrationsbemühungen bei den muslimischen Migranten und ihren Vertretern überwiegend nicht verfingen und Erfolge ausblieben, verschwand das Thema weitgehend von der Agenda der Parteien. Probleme, die man nicht lösen kann, werden, so das merkelsche Paradigma, ignoriert.

Im Wahlkampf 2009 war Integration kein Thema. Das änderte sich erst mit Thilo Sarrazins Buch *Deutschland schafft sich ab*, in dem er – wenn auch mit einigen fragwürdigen Thesen – die Lage hart und kritisch analysierte. Die Äußerung der Bundeskanzlerin, sie habe das Buch nicht gelesen, aber es sei »nicht hilfreich«, stellte eine Zäsur nicht nur im Integrationsdiskurs dar. Von diesem Zeitpunkt an hat man Fakten öffentlich geleugnet, und die Diffamierung politischen Widerspruchs wurde regierungsfähig. Merkel erschien inhaltlich unzufrieden und agierte nicht alternativ-, sondern zunehmend konzeptionslos.

War von 2005 bis 2009 die Formulierung eines Programms, die Einbindung verschiedener gesellschaftlicher Gruppen und die Bekämpfung von Missständen wie Zwangsheirat das Ziel, ging es der zweiten Regierung Merkel mit der schwarz-gelben Koalition nur noch um Schadensbegrenzung. Der Name »Sarrazin« wurde zur Keule in jeder Talkshow, die kritische Einwände niederknüppelte. Dies befreite alle Lobbyisten und Islamfreunde für lange Zeit von der Notwendigkeit, Argumente für ihre Politik vorbringen zu müssen. Man begann den zu Essig gewordenen Wein des Multikulturalismus in neue Schläuche zu füllen und sprach nicht mehr von Integration, sondern von »Vielfalt« und »Diversität«. Aus Integration wurde im Sprachgebrauch von Migrationsforschern »Partizipation« und »Teilhabe« am »Haben und Sagen«, wie es in einem Papier der Integrationsbeauftragten steht.

Teilhabe wurde in der dritten Regierung Merkel von 2013 an mit Aydan Özoguz als verantwortlicher Staatsministerin zum Programm. Mit ihr kam eine türkischstämmige islamaffine SPD-Politikerin in die Position, Lobbyarbeit für Migrantenorganisationen als Regierungsarbeit zu definieren. Sie ist der Beleg dafür, dass man Experte durch Herkunft werden kann.

Zunehmend selbstbewusst fordern die Migranten-Lobbyisten einen Anteil an der Macht. Ausdruck dieser versuchten Landnahme ist das »Impulspapier der MigrantInnen-Organisationen zur Teilhabe in der Einwanderungsgesellschaft«, das auf dem 9. Integrationsgipfel der Bundesregierung im November 2016 von Özoguz im Beisein und mit Zustimmung der Kanzlerin präsentiert wurde. Das Impulspapier stellt eine Machtphantasie von Migrantenfunktionären und ihren Fürsprechern dar. Sie wollen das Grundgesetz ändern und ein Staatsziel »gleichberechtigte Teilhabe« einführen. Grundrechte sollen von denen, »die schon länger hier leben«, und denen, »die neu hinzugekommen sind«, nach Auffassung der Staatsministerin »täglich neu ausgehandelt« werden. Gesetze sollen daraufhin geprüft werden, ob sie »kultursensibel« sind, und nur mit Zustimmung eines »Rats für interkulturelle Öffnung« verabschiedet werden. Es soll Migrantenquoten in Behörden und staatlichen Instituten geben; man wünscht sich »positive Diskriminierung«, also die institutionell festgelegte Bevorzugung von legalen und illegalen Einwanderern bei Studienplätzen. Erschreckend, dass Merkel all dem nicht dezidiert widersprach. In diesem Papier hat man nicht mehr von Deutschen gesprochen. Es heißt nur noch Mehrheitsgesellschaft – das Hauptaugenmerk liegt auf den wachsenden Minderheiten. Wer sich in wessen Kultur integrieren soll, bleibt offen. Und was macht die CDU? Bis auf wenige Ausnahmen wie Julia Klöckner oder Jens Spahn hielten sich die führenden Unionsvertreter vornehm zurück. Integration wird im Mund geführt, aber es gibt weder eine Agenda, wie jetzt von der SPD formuliert, noch eine klare Strategie. Deutlich wird das in der Haltung zu den Muslimen, die man auf vielfältige Weise zu umwerben versucht. Schon länger ist bekannt, dass sich Vertreter von Islamverbänden wie Ditib, dem Islamrat oder der islamistischen Milli Görüs in der CDU unter dem Etikett »Muslime in der Union« organisieren. Die Parteiführung reagiert hilflos, will es sich aber wohl nicht mit der potenziellen Wählerschaft verderben. Von den Bundestagsparteien hat einzig die CSU einen Leitantrag »Politischer Islam« formuliert, der sich mit dem Zusammenhang von Islam, Terrorismus und Totalitarismus beschäftigt, die Kulturdifferenz als Integrationshindernis benennt und konkrete Forderungen ableitet. Merkel hat jedoch der SPD das Regierungshandeln in Sachen Integration übertragen. Die CSU fügt sich.

Die Integrationspolitik – von Angela Merkel der SPD überlassen – ist gescheitert. Sie ist von dem Ziel, die neuen Bürger und Bürgerinnen an die deutsche Kultur, an ihre Sprache und Werte heranzuführen und das Miteinander zu fördern, abgekommen und auf das Gleis geraten, Migranten und Islam-Verbänden kollektive Rechte zu gewähren, die eher der Abgrenzung als der Integration dienen. SPD, Grüne und Linke verstehen unter Integrationspolitik überwiegend Lobbyarbeit für muslimische Interessen. Im Ergebnis ist unser Land gespalten. Es gelingt den politisch Verantwortlichen nicht mehr, ein »Wir« zu formulieren. Das aggressive Auftreten der türkischen Regierung und die hilflosen, matten Reaktionen der Merkel-Regierung offenbaren die Schieflage der Beziehungen. Wenn Integration noch gewollt wird, müssten wir uns von Veranstaltungen wie Integrationsgipfel und Islamkonferenz verabschieden und uns den einzelnen

Menschen zuwenden, ganz gleich welcher Herkunft, ob Afghane, Pole, Spanier, Syrer oder Ghanaer. Ihnen muss die Aufmerksamkeit gelten.

Deutschland als türkische Provinz?

Wer aber – wie viele Türken – eine andere, autoritäre Herrschaft und einen anderen Präsidenten bevorzugt, kann sich anders entscheiden. Beim türkischen Referendum über die neue Verfassung, die in der Türkei höchst umstritten ist und nur knapp angenommen wurde, haben die in Deutschland lebenden Türken im Jahr 2017 zu fast zwei Dritteln »Ja« zu Erdoğans autoritärem Umbau gesagt. Erdoğan ist damit an einem Etappenziel angekommen. Er wird nun daran arbeiten, die gesamte Macht auf sich zu konzentrieren und zukünftig als von Allah erwählter Sultan, Kalif und Kadi, also weltlicher und religiöser Führer wie Richter in einer Person, aufzutreten. Die Demokratie hat Erdoğan schon früher nur als einen Zug gesehen, um sein Ziel einer islamischen Türkei zu erreichen. Auf diesem Weg haben ihm viele, von Linksparteien bis zu CDU in Deutschland und darüber hinaus in der EU, jahrelang den Rücken gestärkt. Die Türkei galt lange bei den westlichen Eliten als das Vorzeigeprojekt für die Vereinbarkeit von Demokratie und Islam. Diese romantische Hoffnung wurde inzwischen zunichtegemacht.

Die hiesigen Türken haben unterdessen gezeigt, wo sie stehen. Zwei Drittel der Abstimmenden haben Nein gesagt zu Demokratie und Nein zur Integration. Sie wollen Türken sein und bleiben. Diese Identität haben sie in ihren Familien und in aus der Türkei gelenkten Moscheen gelernt. Sie wurden in der »Opferrolle« des angeblich ausgegrenzten Migranten von linksgrünen Politikern bestärkt. Jetzt weinen all diese Wahlbeobachter Krokodilstränen über den Weg der Türkei in die Diktatur.

Die meisten Muslime in Deutschland, ob türkischstämmige oder andere, gehen friedlich ihren eigenen Weg. Ein großer Teil aber, vor allem die in Verbänden organisierten, fordern Gruppenrechte ein:

Auch die Migranten der dritten und vierten Generation leben oft abgeschottet in Parallelwelten. Sie leben mit der vor allem in Moscheen verbreiteten Auffassung, dass dieses Land eines Tages sowieso ihnen gehören wird, weil sie eine höhere Geburtenrate haben.
Immer wieder hat Erdoğan die Türken in Europa dazu aufgerufen, jeweils fünf Kinder zu haben, um so »das faschistische Europa« zu verändern. Die verbalen Übergriffe der türkischen Regierung hören sich so an, als sei Deutschland bereits eine Provinz der Türkei, sie zeugen von der Zukunft, welche die Islamisten in Ankara für Europa voraussehen. Diese Vorstellung beruht zwar auf Hybris, macht aber deutlich, was uns erwartet, wenn es tatsächlich um die Macht hier und in Europa gehen sollte.

Das letzte Kapitel des Märchens der Integration

Wer nach der Wahl 2017 gehofft hatte, dass im vierten Kabinett Merkel nun die CDU-Politikerin Widmann-Mauz als Staatsministerin für Migration und Integration oder der CSU-Innenminister Horst Seehofer die Politik des Appeasements gegenüber den Islam- und Migrantenverbänden korrigieren würden, wurde eher enttäuscht. Seehofer setzte nicht auf Prävention gegen den militanten oder legalistischen Islamismus, sondern propagierte (nach seinem verbalen Ausrutscher kurz nach seiner Amtsübernahme im März 2018 in einem *Bild*-Interview: »Nein. Der Islam gehört nicht zu Deutschland. Deutschland ist durch das Christentum geprägt.«) wie sein Vorgänger ein »besseres Miteinander von Muslimen und Nicht-Muslimen«. Die Integrationsbeauftragte korrigierte in keiner Weise die relativierende Politik ihrer SPD-Vorgängerin Özoguz.
Und wie seine Vorgänger setzte Innenminister Seehofer auf die Zusammenarbeit mit den Islamverbänden, trat gemeinsam mit Aiman Mazyek, dem Sprecher des Zentralrats der Muslime, auf, der einen Verband mit Mitgliedsvereinen vertritt, die der Verfassungsschutz in der Nähe der Muslimbrüderschaft verortet. Eine zentrale Rolle spielten nicht die Forderung nach Unabhängigkeit der Moschee-

NECLA KELEK

vereine von ausländischem Einfluss, die Durchsetzung von Frauenrechten, sondern es wurden Workshops und Arbeitskreise über »Islam- und Muslimfeindlichkeit« eingerichtet. Nicht eine Debatte über das Kopftuch bei Kindern in Kitas und Schulen wurde angestoßen, sondern dem Kampf gegen die sogenannte Islamophobie wurde dieselbe Priorität eingeräumt wie Maßnahmen gegen Antisemitismus und Rechtsextremismus. Die Zusammenarbeit mit säkularen Muslimen wurde faktisch eingestellt.

Als eine mit großem medialem Tamtam präsentierte Lösung für die Probleme mit dem Islamismus und als Präventionsmaßnahme dagegen wurde eine Reform der Imam-Ausbildung versprochen. Imame sollen zukünftig in Deutschland ausgebildet und nicht mehr zum Beispiel von der türkischen Regierung ausgebildet, bezahlt, angeleitet und nach Deutschland in die etwa 1.000 Moscheen der Ditib geschickt werden. Nur stellten sich die Vorstellungen der Ministerialbürokratie als realitätsfern dar. Zum einen kann man einem Moscheeverein nicht vorschreiben, wen er als Vorbeter beschäftigt. Zum anderen müssen die Islamverbände keine Religionslehrer akzeptieren, die an staatlichen Universitäten ausgebildet wurden. Was die Regierung nun als »Imam-Ausbildung in Deutschland« der Öffentlichkeit angeboten hat, ist eher eine von ihr finanzierte Imam-Ausbildung unter Organisation und Kontrolle der Islamverbände in Deutschland. Und obwohl dem Innenministerium klar ist, dass die Islamverbände nur einen Teil der muslimischen Bevölkerung repräsentieren und die Vereine kein religiöses Selbstverständnis oder eine Organisationsform wie die Kirchen haben, wird die Zusammenarbeit auf Grundlage des Staatskirchenrechts durchgeführt.

Inzwischen – die Bundestagswahlen 2021 stehen vor der Tür – scheint der Bundestagsfraktion von CDU/CSU die Politik der eigenen Regierung nicht mehr ganz geheuer. Auf der Sitzung, auf der sich die Fraktion für den Kanzlerkandidaten Armin Laschet aussprach, wurde ein Positionspapier zum politischen Islam beschlossen. Erstmals stellt die CDU/CSU die Herausforderung durch den legalistischen Islamismus fest und fordert unter anderem die Erforschung der Strukturen des Politischen Islam durch Einrichtung von Lehrstühlen, die

Einrichtung einer Dokumentationsstelle »Politischer Islamismus«, die Beendigung der Kooperation mit Organisationen des Politischen Islamismus. Es bleibt abzuwarten, ob diese Absichtserklärung umgesetzt wird.

Wenn man Probleme nicht lösen kann, definiert man sie gerne weg. Diese Kunst der Weg- oder Umdefinition beherrschen die Verantwortlichen im Bundeskanzleramt vorzüglich. In Sachen Integration hat sich Deutungsmacht im Laufe der Jahre – auch mithilfe der hochsubventionierten Migrationsforschung und des Vereins »Neue Deutsche Medienmacher« (einem Zusammenschluss von journalistisch tätigen Lobbyisten der Pro-Migrantenszene) – in umfassender Weise verschoben. Integration ist nach dieser Deutung auf keinen Fall mehr Assimilation, sondern sie wird als Vielfalt, Partizipation und Teilhabe neu definiert.

Probleme von und mit Migranten und Migrantinnen, wenn sie denn vorkommen, sind auf Diskriminierung, strukturellen Rassismus oder Vorurteile zurückzuführen. Die Migrationsforschung ist inzwischen weitgehend zur Vorurteilsforschung verkommen. Ein sprechendes Beispiel für diese neue Sozialforschung ist die Studie, die das BAMF im April 2021 unter dem Titel »Muslimisches Leben in Deutschland 2020« vorgestellt hat.

Sie ist die aktuell größte bundesweit repräsentative Untersuchung zu Zahlen und Strukturen, religiöser Alltagspraxis sowie Aspekten der Integration der in Deutschland lebenden muslimischen Bevölkerung. Sie wurde vom Forschungszentrum des BAMF im Auftrag der Deutschen Islam Konferenz (DIK) durchgeführt. Zugewanderte aus 23 muslimisch geprägten Herkunftsregionen wie auch deren in Deutschland geborene Nachkommen wurden befragt. Insgesamt wurden rund 4.600 Interviews mit Frauen und Männern, die aus der Türkei, Südosteuropa, Nordafrika sowie dem Nahen und Mittleren Osten stammen, durchgeführt.

Nach dieser Studie ist die muslimische Bevölkerung auf 5,3 bis 5,6 Millionen gewachsen und macht inzwischen 6,4 bis 6,7 Prozent der Gesamtbevölkerung Deutschlands aus. Knapp die Hälfte der hiesigen Muslime besitzt die deutsche Staatsbürgerschaft. Die muslimische Bevölkerung ist sehr viel jünger als die Gesamtbevölkerung, sie hat mehr Kinder, lebt in größeren Haushalten. 59 Prozent der zugewanderten Muslime haben keine Berufsausbildung oder ein Studium in Deutschland abgeschlossen. Bei der nachfolgenden Generation bessere sich das Bild jedoch deutlich. Die Arbeitsmarktsituation ist indes auch problematisch.»Muslimische Religionsangehörige erreichen die niedrigste Erwerbstätigenquote (52 Prozent) und mit 28 Prozent die höchste Erwerbslosenquote aller hier betrachteten Gruppen im arbeitsfähigen Alter«, heißt es in der Studie. Muslimische Frauen sind nur zu 41 Prozent berufstätig (gegen 68 Prozent der Frauen ohne Migrationshintergrund). Die tieferen Gründe werden nicht hinterfragt.

Einige der »Ergebnisse«, die auf Selbstauskünften beruhen, erscheinen fragwürdig. Die Studie titelt zum Beispiel zum Thema Kopftuch: »Die deutliche Mehrheit (70 Prozent) der muslimischen Frauen trägt kein Kopftuch.« Will sagen: Das Kopftuch ist kein Problem? Die Zahlen lassen sich aber auch anders darstellen: Bereits mehr als eins von zehn Mädchen zwischen 11 und 15 Jahren trägt (nach dieser Studie) Kopftuch im Alltag, von den erwachsenen Frauen über 26 Jahren tragen 40 Prozent, über 66 Jahre sogar über 60 Prozent das Kopftuch. Von den Kopftuchträgerinnen bezeichnen dies fast 90 Prozent als ihre »religiöse Pflicht«. Was bedeutet es, wenn 29 Prozent der Kopftuchträgerinnen sagen, sie trügen das Kopftuch, um die »Sichtbarkeit als Muslimin« deutlich zu machen? Wären Nachfragen nicht sinnvoll, wie dies zu verstehen ist? Dies sind nur Beispiele, aber sie zeigen die Tendenz.

Dasselbe gilt für das Verhältnis zu Verbänden und Repräsentanz. 40 Prozent der muslimischen Religionsangehörigen fühlen sich laut der Studie von den dreizehn Islamverbänden vertreten. Die Darstellung der Verbände und ihrer politischen Ausrichtungen bleibt in der Studie selbst hinter Wikipedia-Einträgen zurück. Da wird der sektenartig organisierte Verband Ahmadiyya Muslim Jamaat unkritisch als »Reformbewegung« vorgestellt, kommen die Organisationen des legalistischen Islamismus gar nicht vor. Fragen zur Auslandsfinanzierung, respektive der Selbstständigkeit der Moscheegemeinden? Fehlanzeige.

Auffällig ist, dass die Auswertung der Befragungen des BAMF von dem Bestreben getrieben ist, die muslimische Bevölkerung als divers und integriert zu beschreiben. Probleme scheint es kaum zu geben. Kritische Nachfragen zu Werten oder Identität, zu Parallelgesellschaften, Selbstausgrenzung, Zwangsheirat etc. kommen nicht vor. Im Gegenteil, den Muslimen wird ein gutes Zeugnis ausgestellt: »Muslimische Religionsangehörige fühlen sich stärker mit Deutschland verbunden als Personen ohne Migrationshintergrund.« Dieser Befund sei »besonders hervorzuheben, da die hohe Verbundenheit mit Deutschland auch als Zustimmung zum hiesigen Werte- und Demokratiesystem interpretiert werden kann.« Allerdings wird dieses Wertesystem in der Studie gar nicht definiert und entsprechend auch nicht hinterfragt und stellt somit eine Behauptung dar. Wird so nicht der Anschein erweckt, Muslime seien die besseren Deutschen? (Pardon, die Studie sagt nicht »deutsch«, sondern »Personen ohne Migrationshintergrund«.) Und noch eine erfreuliche »Erkenntnis« der Studie: »Der Einfluss der Religion auf die Integration wird in Bezug auf Menschen aus muslimisch geprägten Herkunftsländern häufig überschätzt. Es lässt sich festhalten, dass die jeweilige Religionszugehörigkeit bei Personen mit Migrationshintergrund aus muslimisch geprägten Herkunftsländern in Bezug auf die betrachteten Aspekte der Integration keinen oder nur einen geringen Einfluss hat.« Das ist ein Ergebnis, mit dem die Kanzlerin und ihre Integrationsbeauftragte zufrieden sein können.

Wenn es so ist, warum wird noch über den Islam diskutiert? Die Integration scheint doch gelungen. Das Märchen von der Integration in Deutschland ist zu Ende.

JOACHIM STEINHÖFEL

MEINUNGSFREIHEIT IN DER MERKEL-ÄRA

Die fatale Dynamik des NetzDG

Die 16 Jahre Merkel-Regierung sind für die Meinungsfreiheit in Deutschland keine guten gewesen. Statt freier, offener Debatten hat sich ein denunziatorisches und zensorisches Klima breitgemacht. Der Hochschulverband warnt vor »Denk- und Sprechverboten«. Im Internet hat die Merkel-Regierung durch das Netzwerkdurchsuchungsgesetz (NetzDG) eine fatale Dynamik ausgelöst, durch die viele Tausende für legale und legitime Äußerungen zum Opfer von Zensur wurden. Die Bilanz der ersten Regierungschefin des wiedervereinigten Deutschlands, die in der DDR aufgewachsen ist, sieht in Sachen Meinungsfreiheit schlecht aus.

In der Generaldebatte des Bundestages 2019 hat Angela Merkel recht präzise ihre Haltung zur Meinungsfreiheit, einem der wichtigsten Grundrechte überhaupt, ausgedrückt: »Es gibt keine Meinungsfreiheit zum Nulltarif«, sagte sie. Die Meinungsfreiheit kenne Grenzen. Und die »beginnen da, wo gehetzt wird, da wo Hass verbreitet wird ... und dagegen müssen wir uns stellen in diesem Hause«. So die Kanzlerin im November 2019 vor dem Bundestag. Applaus aus den Reihen der Koalitionsfraktionen für diese schwammigen Floskeln von »Hetze und Hass«, die ein Narrativ bedienen, das dazu dient, schwerwiegende Eingriffe in die Meinungsfreiheit unter dem Deckmantel einer überlegenen Moral zu rechtfertigen.

Ein Zitat aus einem jüngeren Urteil des Bundesverfassungsgerichts zeigt, wie sehr die von Merkel vertretene Haltung sich auf Kollisionskurs mit den verbrieften Grundrechten in einem freiheitlichen Rechtsstaat befindet. »Die mögliche Konfrontation mit beunruhigenden Meinungen, auch wenn sie in ihrer gedanklichen Konsequenz gefährlich und selbst wenn sie auf eine prinzipielle Umwälzung der geltenden Ordnung gerichtet sind, gehört zum freiheitlichen Staat«, schrieben die Verfassungsrichter. »Der Schutz vor einer ›Vergiftung des geistigen Klimas‹ ist ebenso wenig ein Eingriffsgrund wie der Schutz der Bevölkerung vor einer Kränkung ihres Rechtsbewusstseins durch totalitäre Ideologien oder eine offenkundig falsche Interpretation der Geschichte.« (1 BvR 2150/08.) Was die Bundeskanzlerin unter einem »freiheitlichen Staat« versteht, was man in einem solchen Gemeinwesen sagen darf und was nicht, weicht von den Vorstellungen des Bundesverfassungsgerichts deutlich ab.

Die Vokabel »Hatespeech« als Vehikel der Diskreditierung

Das Bundesministerium des Inneren schrieb auf Twitter in einem denkwürdigen Tweet am 28. Juli 2016: »Wir sprechen uns gegen Hatespeech aus, egal ob strafbar oder nicht. Jeder darf seine Meinung äußern, aber sachlich & ohne Angriffe.« »Hatespeech«, »Hass und Hetze«! Juristisch sind diese Begriffe unbrauchbar, weil vage und unbestimmt. Wer verwendet diese problematischen Vokabeln und warum tut das die Kanzlerin?

Nähern wir uns der Sache juristisch an. Äußerungen können als Volksverhetzung, Beleidigung, Verleumdung oder üble Nachrede strafbar sein. Dabei handelt es sich um Straftatbestände, die im Strafgesetzbuch stehen und klar definiert sind. Demgegenüber steht das für ein demokratisches Gemeinwesen schlechthin konstituierende und durch die Verfassung mit Ewigkeitsgarantie verbürgte Recht auf Meinungs- und Pressefreiheit (Artikel 5, Absatz 1 Grundgesetz). Der Begriff »Hatespeech« ist ungenau, schwammig. Er kann zum Instrument derjenigen werden, die jenseits der Gesetze erreichen möchten, zulässige Meinungsäußerungen, die ihrer politischen Ausrichtung zuwiderlaufen, zu kriminalisieren, jedenfalls aber gesellschaftlich zu delegitimieren.

Werfen wir einen Blick in eine Broschüre der durch die Merkel-Regierung mit über 1 Million Euro geförderten Amadeu-Antonio-Stiftung. Sie beschreibt dort 2016, im Jahr nach dem großen Flüchtlingszustrom, was aus ihrer Sicht »rassistische Hetze« gegen Flüchtlinge ist, und zeigt, wie extrem dehnbar der Begriff verwendet wird: Die »Gegenüberstellung ›Wir‹ und ›Die‹« falle darunter, ebenso »Abwertende Bezeichnungen: zum Beispiel ›Wirtschaftsflüchtling‹ suggerieren, dass das Grundrecht auf Asyl hier von Menschen ausgenutzt werde, die nur aus wirtschaftlichen Gründen nach Deutschland kommen, nicht, weil sie Schutz vor Verfolgung suchen.« Der zutreffende Hinweis, dass eine große Zahl der Flüchtlinge sich im völlig legitimen Streben nach einem wirtschaftlich besseren Leben auf den Weg machen, diese aber dennoch nach dem deutschen Recht keinen Anspruch auf Asyl haben, wird danach in die Zone der »rassistischen Hetze«, des Unsagbaren verlagert.

Insbesondere nach den aufgeheizten Debatten über Merkels Migrations- und Flüchtlingspolitik und die Grenzöffnung im September 2015 verschärfte sich der Druck gegen Kritiker. Die mit Millionen subventionierte Amadeu-Antonio-Stiftung ist nur ein kleiner Teil einer Phalanx bis hin zum Innenministerium und zu Angela Merkel selbst, die dabei sind, Menschen einzuschüchtern, die ihre verfassungsmäßigen Rechte auf freie Meinungsäußerung wahrnehmen. Immer wenn jemand den Begriff »Hatespeech« in den Mund nimmt, sollte man ihn fragen, ob er oder sie diesen Begriff auch auf Äußerungen bezieht, die die Verfassung gestattet, oder nur auf das, was das Strafgesetzbuch untersagt. Wer Ersteres bejaht, möchte die Meinungsfreiheit einschränken. Wenn er nur Letzteres meint, soll er erklären, warum er nicht von »strafbaren Äußerungen« spricht. Tertium non datur – Ein Drittes gibt es nicht.

Wenngleich sich ein Vergleich unserer demokratischen Institutionen mit dem Unrechtsstaat DDR verbietet (es ist heute sicherer, das hinzuzufügen), darf man sich den dortigen Straftatbestand »Staatsfeindliche Hetze« noch einmal in Erinnerung rufen: »Staatsfeindliche Hetze« war in der DDR ein als Staatsverbrechen eingestuftes Delikt (Paragraph 106 StGB, ursprünglich »Boykotthetze«), das in weit gefassten Rechtsbegriffen unter anderem den Angriff oder die Aufwiegelung gegen die Gesellschaftsordnung der DDR durch »diskriminierende« Schriften und Ähnliches unter Strafe stellte. Unter dem Vorwurf der »staatsfeindlichen Hetze« wurden viele Oppositionelle verhaftet, insbesondere weil die Formulierungen des Paragraphen so offen gestaltet waren, dass beinahe jede kritische Äußerung unter Bezug auf diesen Artikel geahndet werden konnte. Merkel, die dreieinhalb Jahrzehnte in der DDR gelebt hatte, kannte diesen Mechanismus. Eigentlich müsste sie höchst sensibilisiert sein gegen Einschränkungen der freien Rede.

Der ubiquitären Verwendung der Begriffe »Hatespeech« oder »Hass und Hetze«, die in der Merkel-Ära üblich geworden ist, muss man vehement widersprechen. Auch und gerade, wenn solche direkt auf die Ausübung der Meinungsfreiheit gerichteten Reden von der Bundeskanzlerin selber stammen. Ebenso wenig, wie wir eine Regierungschefin brauchen, die so spricht, brauchen wir ein Ministerium, das sich mit unbestimmten Rechtsbegriffen daran beteiligt, Bürger dazu zu nötigen, den Mund zu halten. Sie tragen Verunsicherung in die Debatte und führen häufig zur Selbstzensur.

Merkel und Mark Zuckerberg

Der Herbst 2015 war für Merkels Kanzlerschaft ein Wendepunkt. Ihre demokratisch nicht legitimierte und verfassungsrechtlich mit Blick auf Artikel 16a Grundgesetz höchst problematische Ad-hoc-Entscheidung, durch massenhafte Ausweitung der Asylmigration zur »Flüchtlingskanzlerin« zu werden, heizte das gesellschaftliche und politische Klima an. In den sozialen Netzwerken des Internets brach sich damals Kritik mit nie da gewesener Wucht Bahn. Die Kanzlerin war indigniert. Noch 2013 hatte sie das Internet »für uns alle Neuland« genannt – nun bemerkte sie, wie politisch gefährlich dieses Neuland für ihre Kanzlerschaft werden konnte.

Die politischen Eliten unseres Landes waren es lange nicht gewohnt, dass sich einfache Bürger ungefiltert zu Wort melden, ohne die Diskurs-Gatekeeper in etablierten Medien. Wir leben in einer Zeit, in der sich der politische Diskurs in einem gewaltigen Umbruch befindet. Und in einem Prozess der Demokratisierung, der zwar auch Schattenseiten, aber vor allem sehr viele Vorteile hat. Früher gab es eine Handvoll wichtiger überregionaler Tageszeitungen und die öffentlich-rechtlichen Radio- und TV-Sender. Diese räumten den politischen Mandatsträgern ein Forum und damit das Privileg ein, meinungsbildend zu sein. Der einfache Bürger hingegen hatte dazu keinen Zugang. Heute kann jeder seine Meinung der gesamten Öffentlichkeit im Internet, auf Blogs, Facebook, YouTube oder Twitter präsentieren. Die frühere Meinungshoheit des Establishments löst sich auf. Und Frau Merkel gefiel das auf dem Höhepunkt der Flüchtlingskrise ganz und gar nicht.

Dieser fundamentale Wandel der politischen Debatte und des Ortes, an dem diese stattfindet, traf 2015 mit dramatischen und weitreichenden Veränderungen in der Bundesrepublik zusammen. Und dies spiegelte sich in einem aufgeheizten Diskurs in den sozialen Medien wider. Dieses Aufbegehren relevanter Teile der Bevölkerung, die diese Entwicklung nicht widerspruchslos hinnehmen wollten, glaubte man in weiten Teilen der politisch-medialen Klasse und vor allem im Bundeskanzleramt am besten durch repressive Maßnahmen kontrollieren zu können.

Zunächst versuchte es die Kanzlerin noch mit gutem Zureden, als sie Facebook-Chef Marc Zuckerberg im September 2015 in New York traf. Bei offenem Mikrofon konnte jeder mithören, wie sie Zuckerberg aufforderte, etwas gegen die auf Facebook tobende Kritik an ihrer Migrationspolitik zu tun. Natürlich formulierte sie das etwas anders, indem sie ihre tiefe Sorge vor »Hass und Hetze« zum Ausdruck brachte, die sich in Zusammenhang mit ihrer Flüchtlingspolitik in den sozialen Medien Bahn brächen.

Das NetzDG: Ein Frontalangriff auf die Meinungsfreiheit

Als das nichts half, schlug die große Stunde von Merkels Justizminister Heiko Maas (SPD) und dessen »Netzwerkdurchsetzungsgesetz«. (Der *Zeit*-Chefredakteur Giovanni di Lorenzo fragte einmal in einer Talk-Show: »Wer denkt sich so einen Namen aus?« Maas antwortete: »Kann ich Ihnen auch nicht so genau sagen.«) Als Handlanger der Kanzlerin brachte er das – nach Ansicht zahlreicher Rechtsexperten – verfassungswidrige Gesetz auf den Weg.

Mit dem »Netzwerkdurchsetzungsgesetz« (NetzDG) hat Angela Merkel den gravierendsten Anschlag auf die Meinungsfreiheit zu verantworten, den die Republik seit Adenauers vor dem Verfassungsgericht gescheiterten Versuch, ein Staatsfernsehen zu gründen, erlebt hat. Adenauer musste damals lesen, »dass dieses moderne Instrument der Meinungsbildung [das Fernsehen] weder dem Staate noch einer gesellschaftlichen Gruppe ausgeliefert« werden darf (BVerfG 12, 205, Urteil vom 28. Februar 1961). 60 Jahre später geht die Attacke Merkels gegen die Meinungsfreiheit in den sozialen Medien in eine ähnliche Richtung. Wenn man das moderne Massenmedium Facebook, das in Deutschland fast 40 Millionen Menschen nutzen, schon nicht komplett kapern kann, dann soll wenigstens eine Regulierung so greifen, dass auch zulässige Widerworte der Bürger gegen die Alternativlosigkeit dort massenhaft gelöscht werden. Und genau das geschieht dort bekanntlich auch.

Wohl selten haben die Koalitionsparteien im Rechtsausschuss des Bundestages schon vor der Verabschiedung eines Gesetzes von den selbst benannten Sachverständigen ein so einhelliges Unwerturteil über ein Gesetzesvorhaben anhören müssen, wie dies im Sommer 2017 zum NetzDG geschah. Das Gesetz sei – so die Aussagen der angehörten Sachverständigen – »verfassungswidrig, europarechtswidrig«, »schwerwiegende Grundrechtseingriffe seien denkbar«, »Das Gesetz wird in Karlsruhe scheitern. Das Bundesverfassungsgericht wird seine Rechtsprechung nicht vom Netzwerkdurchsetzungsgesetz faktisch einebnen lassen«, »Facebook wird gedrängt, Richter über die Meinungsfreiheit zu sein, ohne dass dies rechtsstaatlich begleitet wird. Das Gesetz bedroht die Meinungs- und Pressefreiheit«, man habe »ausdrückliche verfassungsrechtliche Bedenken«, das Gesetz sei »nicht verfassungsgemäß« und »völlig praxisfern«. Gekümmert hat diese geballte Kritik die Abgeordneten von Union und SPD nicht.

»Zensurmaßnahmen dürften nicht an private Rechtsträger delegiert werden«, schrieb der Sonderbeauftragte der UN für die Meinungsfreiheit, David Kaye, am 1. Juni 2017 an die Bundesregierung. Kaye sah darüber hinaus Verstöße gegen den Internationalen Pakt über bürgerliche und politische Rechte (UNO-Pakt II), den auch die Bundesrepublik ratifiziert hat. Kayes Adressaten sind normalerweise autoritäre oder totalitäre Regierung und nicht westliche Demokratien. Eine weltweit zur Kenntnis genommene Demütigung der Regierung Merkels, die die Regentin und ihren Justizminister nicht beeindrucken konnte.

Merkels und Maas NetzDG ist nicht nur ein Frontalangriff auf die Meinungsfreiheit, sondern gleichzeitig ein Anschlag auf die Gewaltenteilung. Die Entscheidung über die Strafbarkeit von Äußerungen obliegt nicht mehr den Gerichten, sie wird an ein Privatunternehmen mit juristisch nicht geschulten Mindestlohn-Akteuren übertragen. Eine Privatisierung der grundgesetzlich untersagten Zensur, die durch gigantische Bußgelder von bis zu 50 Millionen Euro erpresst wird, die nicht nur dem Unternehmen drohen, sondern auch den leitenden Angestellten. Diese Sanktionen, bis zum Zweihundertfachen des Betrages, der bei einem Verstoß gegen eine einstweilige Verfügung verhängt werden kann, bewirken einen Druck, der zu einem massenhaften Blockieren und Löschen zulässiger Inhalte führt. »Overblocking« nennt man das. Die massenhafte Verletzung des Rechts auf Meinungsfreiheit, digitale Massenvernichtung freier Rede. Die Privatisierung dieser Rechtsdurchsetzung eröffnet einer willkürlichen und allein dem Zeitgeist oder politischer Opportunität unterworfenen Kommunikationskontrolle Tür und Tor.

Und es hat prima im Sinne der Kanzlerin funktioniert. Einige prominente Fälle seien hier erwähnt. 2018 löschte Facebook eine vom Petitionsausschuss des Bundestages geprüfte und auf der Internetseite www.bundestag.de veröffentlichte Petition (»Gemeinsame Erklärung 2018«) als »Hassrede«. Die Petition, die später zu einer öffentlichen Anhörung im Petitionsausschuss führte, befasste sich kritisch mit der Flüchtlingspolitik von Angela Merkel. Die Löschung auf Facebook wurde durch das Landgericht Bamberg rechtskräftig verboten. »Facebook löscht mit politischer Schlagseite«, titelte die *FAZ*, die den Prozess verfolgt hat, über den IT-Konzern, der diesen rechtswidrigen Eingriff in die Meinungsfreiheit mit Schriftsätzen in einem Umfang von mehr als tausend Seiten zu verteidigen versuchte.

2019 löschte Facebook einen Ausschnitt aus der ersten Folge der ersten Staffel der in der ARD ausgestrahlten Serie »Entweder Broder – Die Deutschland-Safari«, für die Henryk M. Broder und Hamed Abdel-Samad den Bayerischen Fernsehpreis gewannen. Verharmlosung des Holocaust und Verspottung von dessen Opfern durch Broder, dessen Eltern die Vernichtungslager überlebt haben, in einem öffentlich-rechtlichen Sender, meinte Facebook bis zum rechtskräftigen Verbot dieser Löschung durch das LG Stuttgart (»Meinen Sie das ernst?«, fragte der Vorsitzende Richter den Anwalt von Facebook in der mündlichen Verhandlung). 2020 löschte YouTube ein vom Suhrkamp-Verlag herausgegebenes Video mit dem berühmten österreichischen Kabarettisten Helmut Qualtinger, das Auszüge aus einer Produktion von ORF und ZDF enthielt (»Qualtinger liest *Mein Kampf*«). »Besser als Qualtinger kann man die widerliche Mischung aus Dummheit, Hysterie und Menschenverachtung dieses berühmt-berüchtigten Buches nicht zum Ausdruck bringen«, schrieben die *Nürnberger Nachrichten*. Aber auch hier hat man unter dem Druck des NetzDG »Hass« lokalisiert. 2021 schließlich ist der schon zu Lebzeiten verfolgte Heinrich Heine, dessen Bücher von den Nationalsozialisten verbrannt wurden, bei Facebook in den Status eines »Hassredners« aufgestiegen und authentische Zitate Heines werden bundesweit gelöscht.

So verlaufen die Demarkationslinien von Hass und Hetze in Merkels Deutschland im Jahr 2021.

Sucht man auf der Website der CDU-nahen Konrad-Adenauer-Stiftung den Bereich »Geschichte der CDU« auf, stößt man auf einen Abschnitt über Johann Joseph Görres, einen einflussreichen Publizisten des frühen 19. Jahrhunderts. Er war, so die Stiftung, von den menschheitlichen Ideen der Französischen Revolution ergriffen und trat zunächst für den Anschluss seiner rheinischen Heimat an Frankreich an, später bekämpfte der katholische Publizist und Herausgeber des *Rheinischen Merkur* die napoleonische Besatzung und stritt für ein geeintes, demokratisches Deutschland. Von Görres stammt das folgende Zitat, das aber häufig irrtümlich Napoleon zugeschrieben wurde: »Es gibt kein gutmütigeres, aber auch kein leichtgläubigeres Volk als das deutsche. Zwiespalt brauchte ich unter ihnen nie zu säen. Ich brauchte nur meine Netze auszuspannen, dann liefen sie wie ein scheues Wild hinein. ... Untereinander haben sie sich gewürgt, und sie meinten ihre Pflicht zu tun. Törichter ist kein anderes Volk auf Erden. ... Keine Lüge kann grob genug ersonnen werden: die Deutschen glauben sie. Um eine Parole, die man ihnen gab, verfolgten sie ihre Landsleute mit größerer Erbitterung als ihre wirklichen Feinde.« Facebook hat diese Passagen von Görres in NetzDG-Zeiten in einer Vielzahl von Fällen als »Hassrede« eingestuft.

Es gibt zahlreiche weitere Beispiele für nicht-gesetzwidrige Äußerungen, die aufgrund des NetzDG auf Facebook oder Twitter gelöscht wurden. Die für diesen Lösch-Tsunami Hauptverantwortliche ist dann aber gerissen genug, sich gönnerhaft in Szene zu setzen und es als »problematisch« anzusehen, dass der Twitter-Account des früheren amerikanischen Präsidenten Donald Trump gelöscht wurde. »Das Grundrecht auf Meinungsfreiheit ist von elementarer Bedeutung«, sagte ihr Sprecher Steffen Seibert. Eingriffe könne es daher nur entlang der Gesetze und innerhalb des durch den Gesetzgeber definierten Rahmens geben und »nicht nach dem Beschluss der Unternehmensführung von Social-Media-Plattformen«. Ist das nicht lustig? Twitter macht in den USA genau das, was dem Unternehmen in Deutschland durch Merkels NetzDG oktroyiert wird, geschieht das aber dort, findet Merkel es »problematisch« und weint Krokodilstränen um die Meinungsfreiheit.

Warnung vor Denk- und Sprechverbote

»Politische Meinungsbildung funktioniert genauso wie Wissenschaft: Man stellt infrage, nur dann kommen wir weiter«, erklärte der Vizepräsident des Deutschen Bundestages, Wolfgang Kubicki (FDP), im Sommer 2020. Früher war das eine Binsenweisheit, heute muss das immer wieder gesagt werden. Das Deutschland des Jahres 2021 ist ein Land, in dem das Schlagwort »Cancel Culture« kursiert, in dem Denunziation, Delegitimierung und das Bestrafen von Abweichlern zunehmen. Das ist natürlich nicht nur die Schuld Merkels allein, aber ihre Regierung hat sich den Tendenzen nicht nur nicht entgegengestemmt, sondern sie vielmehr gefördert. Der Deutsche Hochschulverband (DHV), der mehr als 30.000 Hochschullehrer vertritt, sieht die Meinungsfreiheit an Universitäten in Gefahr. Es gelte, »Denkund Sprechverboten« entgegenzutreten, so heißt es in einer Resolution des Hochschulverbands von 2019. Der DHV-Präsident Bernhard Kempen sorgt sich, »dass wir ganz allmählich eine Verengung des Diskurskorridors erleben«. Der Bereich dessen, »was gesagt werden darf und diskutiert werden kann, wird immer schmaler«, beklagte der Juraprofessor im Deutschlandfunk. Laut einer Allensbach-Umfrage von 2019 halten sich zwei Drittel der Bürger in Deutschland mit der eigenen Meinung zu vermeintlichen Tabuthemen öffentlich zurück.

Meinungsdruck in Corona-Zeiten

Die extreme Ausnahmesituation der Corona-Krise hat schubartig einen neuen Konformitätsdruck gebracht. Wie schon in früheren Krisen schien Merkel dazu zu tendieren, ihre Politik und Lockdown-Vorstellungen für »alternativlos« anzusehen. Wer anders dachte, landete schnell am Pranger.

Im April 2021 erscheinen völlig überraschend 50 Kurzfilme, ironische Kommentare unter dem Motto #allesdichtmachen. Gesprochen von prominenten Schauspielern, etwa Jan Josef Liefers, bekannt aus dem *Tatort*, oder seinem Kollegen Ulrich Tukur, der auch im Stasi-Film *Das Leben der Anderen* mitspielte. Die Crème de la Crème der deutschen Fernsehabende. Mit Sarkasmus und Ironie wurden die Leistungen der politischen Klasse und deren Begleitung durch die Medien in der Corona-Krise thematisiert, aber ebenso Mängel der Diskussionskultur im Lande. Das durfte nicht sein: »Ein Dammbruch« tönte aus der Komfortzone und der Sicherheit der vermeintlichen Mehrheitsmeinung heraus.

Das Für und Wider dieser Spots darf man gerne lebhaft diskutieren. Die einen sehen harte und lange Lockdowns zur Bekämpfung des Corona-Virus für unerlässlich an, die anderen sind besorgt über die Einschränkung der Freiheit und bezweifeln den Sinn mancher Lockdown-Maßnahmen bis hin zu abendlichen Ausgangssperren. Die heftigen Reaktionen auf die kritischen Schauspieler-Spots zeigten jedoch in entlarvender Deutlichkeit, wie es um die Meinungsfreiheit in Deutschland bestellt ist.

Es wurde für jedermann überdeutlich, was es tatsächlich bedeutet, wenn es »Meinungsfreiheit nicht zum Nulltarif« gibt. Der nordrhein-westfälische SPD-Politiker und WDR-Rundfunkrat Garrelt Duin forderte sofort Konsequenzen für die beteiligten Schauspieler: »Jan Josef Liefers und Tukur verdienen sehr viel Geld bei der ARD, sind deren Aushängeschilder. ... Durch ihre undifferenzierte Kritik an ›den Medien‹ und demokratisch legitimierten Entscheidungen von Parlament und Regierung leisten sie denen Vorschub, die gerade auch den öffentlich-rechtlichen Sendern gerne den Garaus machen wollen. Sie haben sich daher als deren Repräsentanten unmöglich gemacht. Die zuständigen Gremien müssen die Zusammenarbeit – auch aus Solidarität mit denen, die wirklich unter Corona und den Folgen leiden – schnellstens beenden. Viele Grüße, ein Rundfunkrat.« Im Klartext: Die *Tatort*-Schauspieler sollen nicht mehr in ihren Rollen eingesetzt werden, sondern wegen der kritischen Videos ihre Arbeit verlieren! Dass die Äußerung später zurückgezogen wurde, spielt keine Rolle mehr.

Die Wahrnehmung eines Grundrechts soll mit dem Entzug der bürgerlichen Existenz, mit Verlust des Arbeitsplatzes bestraft werden. Zu einem Rücktritt vom Posten des Rundfunkrates hat diese unglaubliche Entgleisung nicht geführt. Sie macht aber deutlich, welches Selbstverständnis in den Aufsichtsgremien von Sendern herrschen muss, die laut Verfassungsgerichts »staatsfern« sein müssen. Die Angriffe auf und die Gefahren für die Meinungsfreiheit mögen durchaus aus unterschiedlicher Richtung kommen. In mehreren Grundsatzurteilen hat das Bundesverfassungsgericht dargelegt, dass der freiheitliche Rechtsstaat nicht nur die Pflicht hat, Angriffe auf die Meinungsfreiheit abzuwehren, sondern auch die Pflicht, aktiv für ein freiheitliches, offenes Klima zu sorgen, in dem Bürger ohne Angst vor Repressionen oder Sanktionen ihre Meinung äußern können. Das genau ist in der Merkel-Zeit nicht geschehen. Merkels Regierung und die Gesetze wie das NetzDG durchwinkenden Abgeordneten der Großen Koalition haben dem freiheitliche Diskussionsklima erheblichen Schaden zugefügt.

ANTHONY GLEES

Bye-bye Britain

Wie Angela Merkel den Ausschlag zum Brexit gab

»Ein Rätsel, eingehüllt in ein Mysterium innerhalb eines Geheimnisses« – mit diesen berühmten Worten beschrieb Winston Churchill im Oktober 1939 seinen verwirrten britischen Landsleuten die Sowjetunion. Es ist nicht übertrieben, wenn man sagt, dass Angela Merkel heute den Briten in ähnlicher Weise geheimnisvoll erscheint. Sie ist ein Rätsel.

Über die Medien hat sie sich überwiegend als eine bodenständige Frau präsentiert, die sich in einer fiesen Männerwelt zurechtfindet: solide, anständig, gediegen. Sie reagiert, agiert niemals. Öfter erscheint sie passiv-aggressiv, behält aber ihre Würde – wie die Welt bei ihrem ersten Treffen mit Donald Trump erleben konnte. Ohne Frage kam sie aus dieser öffentlichen Begegnung vorteilhaft heraus, selbst als ihr in etwas beleidigender Weise vom amerikanischen Präsidenten der Handschlag verweigert wurde. In ihrer eigenen norddeutschen Art erscheint Merkel nicht ganz unähnlich unserer Königin Elizabeth: Sie ist ein Zuhörer, wachsam, eher zögerlich beim Sprechen, zurückhaltend und distanziert. Merkel ist ganz anders als die hyperaktive, ultrafeminine und rechthaberische »Eiserne Lady« Margaret Thatcher.

Entscheidungen aus dem Bauch heraus

Meist sah es so aus, als sei Merkel als Anführerin der freien, mächtigen, einflussreichen Bundesrepublik vorhersehbar, wissenschaftlich-rational in ihrer Art, Politik zu machen. Genau so, wie man sich einen deutschen Regierungschef wünscht. Aber nicht immer. Es gibt auch eine andere Seite von Merkel – das ist das Rätsel der Angela Merkel aus britischer Sicht.

Immer wieder hat sie, seit sie 2005 Kanzlerin wurde, in ganz anderer Weise gehandelt: unvorhersehbar, irrational und emotional getrieben. Mehrfach hat sie alle Vernunft in den Wind geschlagen und sich beinahe hippiehaft über Common Sense und Regeln hinweggesetzt. 2015, im Fall der Massenmigration nach Deutschland und Europa, kann man zeigen, dass ihr Handeln desaströse Konsequenzen hatte, die fast sicher, wie ich weiter unten erklären werde, zum historischen Brexit-Votum der Briten am 23. Juni 2016 geführt haben.

Zu Ende ihrer Kanzlerschaft ging es um die Bekämpfung von Covid durch die Beschaffung von Impfstoffen. Aus britischer Perspektive haben sich die EU-Politiker und Merkel hierbei überhaupt nicht mit Ruhm bekleckert. Die Impfstoffbeschaffung und die Immunisierungskampagne in Großbritannien waren schneller, effektiver und erfolgreicher als die EU-Bemühungen. Für Verärgerung sorgte auf der Insel, dass europäische Politiker wie Emmanuel Macron den in Oxford entwickelten und von Astra-Zeneca produzierten Impfstoff öffentlich zunächst als weitgehend unwirksam anzweifelten. Merkel hielt sich zurück. Dies wurde von den Briten als negative und unverständliche Einstellung empfunden, die zur Folge hatte, dass die Impfskepsis auf dem Kontinent wuchs.

Dass Merkel die Impfstoffbeschaffung 2020 an die EU-Kommission übertrug, die damit offenkundig überfordert war, hat dem Kontinent nicht gutgetan. Sie behauptete, diese Grundentscheidung, die die Sicherheit und Gesundheit der europäischen und deutschen Bürger betrifft, sei aus Solidaritätsgründen notwendig gewesen, obwohl der Vertrag von Lissabon solche Fragen den verantwortlichen Regierungen überlässt. Aus britischer Perspektive war das europäische Versagen, wie es sich im Winter und Frühjahr 2021 mit deutlich langsameren Fortschritten als auf der Insel zeigte, nur abermals ein Beleg für die ineffiziente und inkompetente Brüsseler Bürokratie. Viele Brexit-Briten fühlten sich durch ihren Impferfolg bestätigt, dass der EU-Austritt und ihr Alleingang die richtigen Entscheidungen gewesen seien.

Es ist ironisch, dass letzten Endes gerade Merkel mit dem wissenschaftlich und organisatorisch zu lösenden Problem der Impfkampagne schlechter fertig wurde als der populistische Boris Johnson. Die kühle rational-wissenschaftliche Bundeskanzlerin wurde vom närrischen englischen Glücksritter und »Clown« übertroffen.

Merkel wird in Großbritannien wohl neben ihren vielen guten Taten für immer in Erinnerung bleiben als jene Kanzlerin, die über Londons Austritt aus der Europäischen Union präsidierte. Sie wird als jene Person gesehen werden, deren Handeln in der Migrationskrise die größte Bedrohung für die europäische Idee darstellten, seit sie von den Gründervätern der Europäischen Gemeinschaft für Kohle und Stahl aus den Trümmern des Zweiten Weltkriegs gehoben wurde.

Die überhastete, kopflose Energiewende

Fangen wir mit der ersten der vier irrationalen, unvernünftigen Handlungen Frau Merkels an: der überstürzten Entscheidung zum Ausstieg aus der Nuklearenergie. In Großbritannien hat das Unverständnis hervorgerufen. Mit den Amerikanern sehen sich die Briten als eine der ersten Nationen, die sich die Atomkraft zunutze gemacht haben, für friedliche Zwecke zur Energiegewinnung und für das Militär. Es gibt in Großbritannien keine große Opposition gegen die Ausnutzung der Kernkraft als Energiequelle (und auch nicht gegen die Nuklearbewaffnung). Wir Briten finden die Kernkraft modern in technischer Hinsicht, sauber (wenn die Abfälle richtig gelagert werden) und sicher, wenn die Kernkraftwerke wissenschaftlich richtig gehandhabt werden.

Frau Merkel, immerhin früher forschende Naturwissenschaftlerin, hat sich in ihrer Politikerkarriere stets als Befürworter der Kernkraft für friedliche Zwecke geäußert, nicht zuletzt, weil mit ihrer Nutzung die Kohlendioxidemissionen Deutschlands reduziert werden und ebenso die Abhängigkeit vom Erdgas, das von Russland geliefert wird. Mer-

kel bezeichnete die Atomkraft als wichtige »Brückentechnologie«, bis
Erneuerbare Energien ausreichend sicher zur Verfügung stünden. Einem Abschalten deutscher Atomkraftwerke, nur um dann Atomstrom
aus anderen Ländern zu importieren, erteilte sie eine Absage. Doch
nach der Kernschmelze im weit entfernten, erdbebengefährdeten Fukushima im März 2011 machte Merkel eine scharfe Kehrtwende. Der
japanische Reaktorunfall hat viele Menschen auf der ganzen Welt er-
schreckt, manche fürchteten ein zweites Tschernobyl; in Deutschland
erklang der Ruf nach einer sofortigen Atomwende. Kurz darauf hat
auch Merkel sich komplett gedreht und erst ein Moratorium, dann einen beschleunigten Atomausstieg verordnet.

Die meisten britischen Beobachter hat Merkels plötzliche Atomwende aufgrund des japanischen Unfalls verwundert. Zumal der
deutsche Atomausstieg unglücklicherweise die Abhängigkeit von russischem Gas erhöht, das durch Putins Nordstream-2-Pipeline fließen
wird, wodurch Deutschland gegenüber dem aggressiven Kurs des
Kreml-Herrschers in eine ungemütliche Lage kommt. Den Atomausstieg hat weltweit kein anderes Land in ähnlicher Weise wie die Deutschen vollzogen. In Großbritannien wurde die deutsche Wende als bi-
zarr und nicht wissenschaftlich motiviert gesehen, als Entscheidung,
die aus Bauchgefühlen und Emotionen, nicht aus rationalen, vernünftigen Gründen getroffen wurde.

Eine naive Reaktion auf die Abhöraffäre

Das zweite Mal, dass Frau Merkel sich gefährlich jenseits des Wegs
der Vernunft bewegte, war im Juni 2013 – allerdings fiel ihr damaliger schwerer Lapsus wohl vor allem Sicherheitsexperten ins Auge.
Im Zuge der Snowden-Enthüllungen über das extensive Horten ab-
gehörter Kommunikationsdaten durch den amerikanischen Geheim-
dienst NSA überraschte Merkel mit einer für eine Regierungschefin
bestenfalls naiven, schlechtestenfalls für die Sicherheit ihres Landes
riskanten Reaktion. Britische Beobachter, die sich mit Sicherheits-
und Geheimdiensten auskennen, waren völlig verblüfft. Sicherheit

und Schutz vor terroristischen Aktivitäten kann heutzutage nur dann gewährleistet werden, wenn die Kommunikationsmittel überwacht werden. Außerdem spionieren wohl alle größeren Geheimdienste auch befreundete Regierungen aus, um mehr Informationen über deren politischen Kurs und ihre Ansichten zu erhalten. Überraschend leichtfertig rüffelte nun, nachdem die NSA-Aktivitäten bekannt geworden waren, Merkel ihren wichtigsten internationalen Freund, Präsident Barack Obama, der dem wohl 2002 begonnenen Abhören des Kanzlerin-Handys bis 2015 zugestimmt hatte.

Dass sie keine Ahnung gehabt haben soll, wie sie beteuerte, dass ihre Telefonate vom BND für die NSA abgehört wurden, war zwar leicht gesagt, aber nicht besonders überzeugend. Dass Merkel hinzufügte:»Abhören unter Freunden, das geht gar nicht, es ist nicht akzeptabel«, komplizierte das Problem. Entweder befand sich die Kanzlerin in seliger Unwissenheit moderner Regierungs- und Sicherheitspolitikmethoden oder sie sagte die Unwahrheit. Als deutsche Kanzlerin war sie (hoffentlich) nicht völlig uninformiert über das, was alle Geheimdienste, auch im Besonderen ihr eigener, im Rahmen der Gesetze (oder am äußersten Rand des Legalen) tun und zu tun versuchen. Alle Kanzler der Bundesrepublik müssen verstehen, bis zu welchem Grad die absolut dominierende Rolle der Vereinigten Staaten, die diese beim Aufbau des westdeutschen Geheimdienstes nach 1945 gespielt haben, bis heute ein Vermächtnis bedeutet, das Deutschland akzeptieren und mit dem es leben muss. Diese Dominanz ist ebenso ein Faktum wie die umfassende, verwerfliche und letztlich destruktive Bespitzelung durch die Stasi in der DDR, in der Merkel aufwuchs. Aber die NSA ist mit Sicherheit nicht die Stasi, das musste Merkel verstehen.

Merkels Willkommenspolitik half britischen EU-Gegnern

Der dritte Fall eines Regierungshandelns Merkels, das alle Vorsicht und Vernunft in den Wind schlug, war der folgenreichste – er hat Europa tiefgreifend verändert. Ende August 2015 spitzte sich die Krise mit illegalen Immigranten, die in Deutschland pauschal Flüchtlinge genannt wurden, gefährlich zu. Merkel entschied Anfang September, die Grenze zu öffnen; insgesamt kamen 2015 und 2016 weit mehr als eine Million Migranten nach Deutschland, das sich zum Magneten innerhalb Europas entwickelte. Merkel reagierte auf den Ansturm mit der seither berühmt gewordenen Phrase »Wir schaffen das«. Sie hat damit das Gesicht Europas verändert und Deutschlands jahrelangen Ruf von Verlässlichkeit und klarem, kühlen Denkvermögen massiv geschädigt. Außerhalb Deutschlands verfolgte die große Mehrheit der Staaten den Merkel-Kurs zur unbegrenzten Aufnahme von Migranten und Flüchtlingen mit wachsendem Unverständnis. Ihre Entscheidung hat indirekt auch das britische Schicksal als Mitglied der EU besiegelt, wie ich gleich näher ausführen werde.

Europas Staaten haben sich zur Sicherung der Außengrenzen verpflichtet. Die Existenz des Schengen-Raums ohne Grenzkontrollen hatte diese sicheren Außengrenzen zur unabdingbaren Voraussetzung; sie sind ein Sicherheitsimperativ. Auch in Artikel 4 des Nato-Vertrags verpflichten sich die Mitglieder zur Sicherung ihrer Grenzen. Offenkundig hat die Sicherung der Außengrenzen nicht funktioniert, das erst hat die Eskalation der Migrationskrise ermöglicht. Unilateral die Aufnahme von rund einer Million Migranten, Flüchtlingen und Asylbewerbern in Deutschland zu beschließen, hatte unvermeidlich eine Auswirkung auf die anderen EU-Staaten via Schengen ebenso wie Merkels Forderung, dass die Migranten in der EU auf alle Staaten verteilt werden müssten, auch wenn diese ihre Politik der offenen Tür rundweg ablehnten.

Merkels Politik im Alleingang und ihre Forderungen haben die anderen Staaten verunsichert und ließen Deutschland als den »Bully« Europas erscheinen, als den viele Kritiker und Verleumder das Land schon lange dargestellt hatten. Die wiedervereinigte Bundesrepublik ist kein und war nie ein »Viertes Reich«. Aber im Herbst 2015 erschien sie nicht wenigen Europäern erstmals als reale Bedrohung ihrer Sicherheit und ihrer politischen Kultur. Nirgendwo war dies so stark der Fall wie im Vereinigten Königreich.

Das britische Brexit-Votum im Juni 2016 hatte nicht eine einzelne Ursache, sondern es waren viele Gründe, die zu der mehrheitlichen Entscheidung gegen die EU führten. Seit vielen Jahren gab es populistische und sogar demagogisch-ideologische Attacken gegen »Brüssel« und die Europäische Union; unterstützt wurden sie durch eine unheilvolle Zeitungskultur, wo jeder Titel um Auflage und Aufmerksamkeit kämpft und diese durch einen Wettbewerb zu erhalten trachtet, möglichst viele schlimme Dinge aus Europa zu enthüllen. Boris Johnson, 2016 bis 2018 Außenminister und seit Juni 2018 Premierminister, hat offen zugegeben, dass er in seiner Zeit als Europa-Korrespondent des *Daily Telegraph* auch mal Geschichten erfunden hat. Wenige Briten haben die EU verstanden, wenige haben große Sympathien für sie. Kein maßgeblicher britischer Politiker hat in den Jahren vor dem Referendum die Vorteile herausgestellt, die mit der EU-Mitgliedschaft verbunden sind. Die wirtschaftlichen Vorteile der EU haben die Bürger vor der Brexit-Abstimmung mehrheitlich nicht gesehen.

Aber was eine große Mehrheit stark bewegt hat, war die Migration und das Konzept der Kontrolle über die Grenzen. Umfragen zeigen, dass dieses Versprechen, die Kontrolle zurückzugewinnen (»take back control«), massive Zustimmung erfuhr: 94 Prozent der »Leave«-Wähler und 54 Prozent der »Remain«-Wähler sind für die Kontrolle über die eigenen Grenzen – und damit gegen eine ungesteuerte oder von außen aufgezwungene Migration.

Es ist sehr plausibel, dass bei dem recht knappen Ausgang des Brexit-Referendums mit einer 52-zu-48-Mehrheit für den Austritt der Wunsch nach Wiedererlangung der Kontrolle über die Migration ausschlaggebend war. Die EU erschien in den Monaten vor dem Referendum als Schauplatz hässlicher Kämpfe um die Abwehr einer von der Mehrheit unerwünschten Massenmigration; davon wollte sich die Mehrheit der britischen Wähler fernhalten.

Man kann also mit guten Gründen argumentieren, dass das Brexit-Votum einen umgekehrten Ausgang genommen hätte, wenn Frau Merkel vorausschauend die Eskalation der Flüchtlings- und Migrationskrise im Herbst 2015 vermieden hätte, indem sie gesagt hätte, sie nehme einige Milliarden in die Hand, um die Flüchtlingslager der Syrer und anderer in der Nähe ihrer Herkunftsregionen zu den besten, modernsten und erträglichsten Camps auszubauen. Das hätte als humanitärer Akt gegolten, aber gleichzeitig den Migrationsdruck auf Europa gemildert, die Sicherheit der Grenzen so verbessert und die kulturelle Identität gesichert, die auf römisch-jüdisch-christlichen Wurzeln beruht und eine andere ist als die der mehrheitlich muslimischen Zuwanderer. Eine solche deutsche Politik hätte die EU vor dem Flüchtlingschaos bewahrt und dem Brexit-Votum einen Schub in die andere Richtung – für den Verbleib in der EU – gegeben.

Merkel selbst hat später (und viel zu spät und zu zögerlich) erkannt, dass ihr »Management« versagt hat im Angesicht des Flüchtlingsansturms. Mit einem einzigen Streich wurde sie zum Symbol dessen, was vielen Briten schon jahrelang von Medien suggeriert wurde, dass nämlich die Deutschen die EU dominieren wollten. Und die Wähler wurden angesichts des neuen EU-Streits über die Migrationspolitik in ihrer Ablehnung oder gar ihrem Hass (das Wort ist nicht zu stark) auf die Union bestärkt.

Eine Scheidung zum beiderseitigen Schaden

Merkel hat das Problem aber dadurch verschärft und verkompliziert, dass sie sich vor dem britischen Referendum rundweg weigerte, das Problem der Immigration ernsthaft zu behandeln. Sie zeigte keinerlei Einsicht oder Verständnis für die Zwickmühle, in der sich Premierminister David Cameron befand. Cameron hatte gewarnt, dass viele britische Wähler gegen die EU und zugleich immigrationskritisch seien; noch schwerer aber wog, dass seine eigene Partei sich vermutlich gespalten hätte, wenn er keine Zugeständnisse der anderen EU-Länder in der Frage der unkontrollierten Migration hätte vorweisen können.

Merkel tat indes nichts Substanzielles, um die britischen Wähler zu besänftigen, trotz ihrer behaupteten Zuneigung zum Vereinigten Königreich. Sie erschien während des Wahlkampfs vor dem Bre-

ANTHONY GLEES

xit-Referendum als unnachgiebig gegenüber britischen Wünschen,
unempfänglich und nicht kompromissbereit – in scharfem Kontrast
zu ihrer äußerst nachgiebigen, offenen und kompromissbereiten
Einstellung gegenüber Migranten von außerhalb der EU.
Die deutsche Regierungspolitik vor dem Referendum basierte auf
einer totalen Fehlkalkulation und Fehleinschätzung. Natürlich wollten die deutsche Regierung und die Deutschen keinen Brexit. Aber
Deutschland hat nicht besonders viel dafür getan, ihn zu verhindern.
Bedenkt man, wie viele Gipfeltreffen und Hilfen und Konzessionen
es zugunsten von Griechenland in seiner Finanz- und Wirtschaftskrise gab, das mit Milliardenkrediten »an Bord« gehalten wurde, so
erscheint das kontinentaleuropäische Engagement für einen Verbleib
der Briten in der EU ziemlich mager. Offenbar hielt Berlin ein mehr-
heitliches Brexit-Votum für völlig unwahrscheinlich. Möglicherweise
hat Frau Merkel den Anglophilen in ihrem diplomatischen Dienst ge-
glaubt, die (wie auch Cameron selbst) erklärten, die Briten seien wie
das Sandkorn in der europäischen Auster: kratzbürstig, aber letztendlich doch loyal und wertvoll. Die Briten seien keine Aussteiger, keine
»Quitters«, sagte Cameron. Er glaubte, es werde keine Mehrheit für
den Brexit geben. Er hatte sich fatal getäuscht. Merkel vertraute vielleicht zu sehr Cameron, einem der Leichtgewichte unter den Nach-
kriegspremiers. Eine bessere, kritischere Risikoeinschätzung hätte
geholfen, einen großen Fehler zu verhindern.
Aber Merkel wollte sich explizit nicht einmischen. Das erschien
als eine »Ist mir egal«-Einstellung gegenüber einem Land, das Berlin
als einen der wichtigsten Partner in der EU unbedingt hätte halten
müssen. Natürlich konnte Deutschland die Briten nicht zwingen, in
einer europäischen »Ehe« zu bleiben, die viele Briten nie als Liebes-
heirat angesehen haben, doch man hätte sie bei verbesserten Bedingungen zu einer Vernunftehe machen und die Scheidung vermeiden
können.
Merkels Versagen in der Immigrationspolitik, die zwar humanitär begründet war, was lobenswert ist, aber mit zu viel Herz und zu
wenig Kopf durchgeführt wurde, hat die Briten aus der EU heraus-
geschoben. Zugleich hat es Deutschland selbst massiven Schaden

zugefügt. Ironischerweise haben die deutschen Politiker, die zu den vehementesten Befürwortern einer immer engeren EU-Integration zählen, den britischen EU-Feinden eine Steilvorlage geliefert, um ihr Ziel eines EU-Austritts zu erreichen – und damit die Union und die Integration weit zurückzuwerfen.

Während in Brüssel einige EU-Funktionäre nach 2016 die Briten durch eine harte Verhandlungsstrategie quasi zu bestrafen trachteten (der deutsche EVP-Fraktionsvorsitzende Manfred Weber etwa sagte, der Brexit dürfe kein Erfolg werden, sonst gebe es Nachahmer), hielt sich Merkel eher im Hintergrund bei den langwierigen und quälenden Verhandlungen über den genauen Brexit-Vertrag und das britisch-europäische Freihandelsabkommen, das dann in allerletzter Minute kurz vor Jahresende 2020 zustande kam.

Schweres Erbe für die CDU

Ohne die Flüchtlingskrise und den Brexit wäre das deutsch-britische Verhältnis in der Ära Merkel weitgehend entspannt gewesen. Fiele nicht die Brexit-Zäsur in diese Zeit, würden die Briten Merkel in der Rückschau als eine »große« Kanzlerin ansehen. Kohl und auch Adenauer gelten auf der Insel eher als »Bullys«, Brandt und auch Schmidt als Träumer. Merkel hätte als talentierte Realpolitikerin gegolten, viele britische Medien waren ihr weitgehend wohlgesinnt. Doch der Brexit kam dazwischen. Nun erscheint sie als Rätsel, warum sie diese Entwicklung einfach so geschehen ließ.

Die Vergeblichkeit der britischen Versuche, das Rätsel Angela Merkel zu verstehen, liegt auch daran, dass sie nicht dem »deutschen Paradigma« oder Stereotyp entspricht, das die Briten sich zurechtgelegt haben. In ihren Augen war Helmut Kohl ausgesprochen durchsetzungsfähig, proaktiv und arrogant, Merkel ist all dies nicht. Das Mysterium geht darüber hinaus. Die Politik dieser CDU-Kanzlerin in einer großen Koalition, die aber auch manche »grüne« Züge trägt, mag auch durch das komplizierte deutsche politische System mitgeprägt sein, das zu Konsenssuche und Koalitionen drängt, während

ANTHONY GLEES

das britische System und die Medien seit Längerem zu politischen
Fronten, Gegnerschaften und Polarisierung tendieren. Wieder andere glauben, dass der Grund für die rätselhafte Politik Merkels letztlich
in ihrer Persönlichkeit liegt, die sich nur schwer durchschauen lässt.
Vor zwei Jahrzehnten, als Angela Merkel an die Spitze der CDU
kam, konnte man sich einbilden, dass sich hinter ihrem oft leer und
emotionslos wirkenden Gesicht eine philosophische Tiefe verberge.
Manche hatten gedacht, die erste Frau, die in Deutschland 2005 die
Regierung übernahm, werde viel ändern und viel erneuern. Das ist
nicht geschehen. Obwohl der Krisenmanagerin manches gelungen ist
und sie auch außenpolitisch teils eine gute Figur machte, haben einige ihrer abrupten Wenden Deutschland geschwächt. Die verwirrende
Corona-Krisenpolitik mit der eher schleppenden Impfkampagne und
dem Vertrauensverlust in ihre Politik gehört aus Sicht vieler Briten
zu ihrem Erbe, das die CDU im Bundestagswahlkampf 2021 schwerst
belastet. Am Ende könnte der Machtverlust ihrer Partei stehen. Margaret Thatcher pflegte zu sagen, dass alle politischen Karrieren in
Tränen enden. So könnte es auch bei Frau Merkel sein.

BORIS KÁLNOKY

Entfremdung von Deutschland

Merkels Bilanz aus mitteleuropäischer Sicht

16 Jahre lang war Angela Merkel deutsche Bundeskanzlerin, aber wenn man in Mitteleuropa über sie spricht, dann ist meistens nur von sechs Jahren die Rede: Von ihrer Politik seit 2015. Bis dahin war Deutschland eben Deutschland. Ein Land, das man historisch immer als Großmacht betrachtet hatte und nun vertrauensvoller als die »unverzichtbare Nation in Europa« sah. Man orientierte sich an den Deutschen und an ihrer Bundeskanzlerin und wunderte sich höchstens ein wenig, warum sie nicht wirklich führen wollte. Er habe nicht Angst vor der Macht Deutschlands, sondern vor seiner Untätigkeit, sagte 2011 Polens damaliger Außenminister Radoslaw Sikorski.

Merkel war in der Tat nicht Helmut Kohl, den man in Prag, Warschau, Bratislava und Budapest noch heute als visionäre Führungspersönlichkeit verehrt. »Er verstand es, auch uns kleineren Ländern immer auf Augenhöhe zu begegnen«, meint Ungarns früherer (2012 bis 2018) Minister für Humanressourcen, Zoltán Balog. Unter Merkel sei das »leider verlorengegangen«. Balog ist bis heute eine einflussreiche Stimme, wenn es um die Beziehungen zu Deutschland geht – Ungarns »Berlin-Team« besteht zu einem guten Teil aus Politikern, die als seine Entdeckungen gelten, etwa Kanzleramtsminister Gergely Gulyás oder Fidesz-Vizepräsidentin und Familienministerin Katalin Novák.

»Augenhöhe« hin oder her, immerhin war auf das vernünftige Deutschland und seine pragmatische Kanzlerin Verlass. Ihr harter, aber auf Stabilisierung bedachter Kurs in der Griechenlandkrise wurde begrüßt. Niemand in den relativ armen Ländern des östlicheren Europas hatte Verständnis für Forderungen aus Athen, den vom Lebensstandard her deutlich wohlhabenderen Griechen auf Kosten der viel ärmeren osteuropäischen Steuerzahler noch mehr Geld zu geben oder ihnen noch mehr Schulden zu erlassen. Gut, dass es Merkel gab. In der Europapolitik mochte man Merkel mehr als ihre Partei, die CDU. Deren damaliges ständiges Mantra von »mehr Europa« liegt nicht unbedingt in der politischen DNA der Länder des früheren Ostblocks, die sich nach all den Jahrzehnten der Gängelung durch Moskau vor allem mehr Freiheit wünschen. Man sah aber zufrieden, dass Merkel persönlich diese Linie nur begrenzt vertrat. Sie stellte sich beispielsweise anfangs gegen die Wahl des Integrations-Predigers Jean-Claude Juncker zum EU-Kommissionspräsidenten. Europa schien sie selektiv zu bemühen, immer dann, wenn es im deutschen Interesse war. Das entsprach auch der mitteleuropäischen Denkweise.

Zwar gab es auch eine gewisse mitteleuropäische Zusammenarbeit im Rahmen der sogenannten Visegrád-Gruppe (»V4« – Polen, Tschechien, Slowakei, Ungarn). Aber jedem dieser Länder waren gute bilaterale Beziehungen zu Deutschland viel wichtiger als die V-4-Kooperation. Jeder wollte Deutschlands und vor allem Merkels bester Freund sein.

Ein Weckruf für Mitteleuropa

Merkels Flüchtlingspolitik 2015/2016 wirkte aber wie ein Weckruf auf die meisten Mitteleuropäer. Deutschland war plötzlich wieder der gefürchtete Nachbar aus alten Zeiten: mächtig, hysterisch und unberechenbar. Ein Land, das ohne Vorwarnung weltverändernde Dinge tat, die alle Nachbarländer in Mitleidenschaft zogen. Eine Gefahr, gegen die man sich wappnen musste.

Die Visegrád-Gruppe wurde deswegen ab 2015 zu einer Art Selbstverteidigungsbündnis umfunktioniert. Das Schüsselerlebnis waren dabei die Verhandlungen im Rat der Innenminister am 22. September 2015 über sogenannte Pflichtquoten zur Verteilung von – vorerst – 160.000 Flüchtlingen. Ungarns Ministerpräsident Viktor Orbán sagte dem Verfasser dieser Zeilen damals im Vorfeld der Beratungen, er werde den Europäern anbieten, das Ungarn zugedachte Kontingent »freiwillig« zu akzeptieren, aber als einmalige Sache und ohne dass daraus ein verpflichtender Mechanismus entstehen dürfe. Und er warnte: Wenn Deutschland mit aller Macht seinen Willen durchzusetzen versuchte, dann wäre eine gültige Mehrheitsentscheidung zwar rechtlich bindend, würde aber in der Folge »erhebliche politische Kosten« nach sich ziehen. Mit ähnlichen Positionen gingen auch die anderen Visegráder ins Treffen, und mit ihnen die Rumänen.

Freiwilligkeit war den Deutschen aber nicht gut genug, sie bestanden auf Pflichtquoten als Vorentscheidung für einen allgemeinen und permanenten, zwingenden Verteilungsschlüssel in der EU. Erstmals wurde der Hebel einer qualifizierten Mehrheitsentscheidung im Rat der Innenminister eingesetzt, ausgerechnet bei einem Thema, das die Mitteleuropäer als Schicksalsfrage ansahen, wo es keinen Kompromiss geben konnte. Sie verstanden, dass Deutschlands Machtinstinkt zu neuem Leben erwacht war. Ihr eigener Instinkt, aus langer historischer Erfahrung, war Selbstverteidigung.

So wurde aus der einst bedeutungslosen V-4-Kooperation ein potenter politischer Block in der EU, ein neuer Machtfaktor, mit dem man fortan rechnen muss. Der V-4-Gipfel mit Merkel in Warschau im August 2016 war auch ein zähneknirschendes Eingeständnis dieser neuen Realität. Da waren sie, die von Orbán prophezeiten »politischen Kosten« der deutschen Unnachgiebigkeit. Die Mitteleuropäer trugen maßgeblich dazu bei, dass nach den Europawahlen 2019 nicht EVP-Spitzenkandidat Manfred Weber Kommissionspräsident wurde, sondern Ursula von der Leyen – womit zugleich auch das »Spitzenkandidat«-Prinzip schweren Schaden nahm.

Im Schicksalsjahr 2015 gründeten zudem Polen und Kroatien die »Drei-Meere-Initiative«, eine lockere Kooperation aller 2004 neu beigetretenen ostmitteleuropäischen EU-Mitglieder plus Österreich. Es ist die Neuauflage einer polnischen Idee aus den 1930er-Jahren. Da ging es darum, sich gegen russische und deutsche Machtpolitik zur Wehr zu setzen. Die jetzige Initiative sei natürlich weit entfernt von solchen Zielsetzungen, beteuern die Organisatoren. Aber in Wirklichkeit geht es sehr wohl darum: Einander zu stärken, statt deutschem oder russischem Einfluss ausgeliefert zu sein, vor allem wirtschaftlich. »Historisch ist die Infrastruktur in Europa entlang einer Ost-West-Achse entwickelt worden«, sagt ein ungarischer Insider des Projekts. »Straßen, Eisenbahnschienen, Energienetz. Wir wollen eine infrastrukturelle Nord-Süd-Achse aufbauen, um den Handel der Ostmitteleuropäer untereinander zu fördern.«

Beide, die verstärkte V-4-Kooperation und die Drei-Meeres-Initiative, sind ihrem Wesen nach emanzipatorisch. Und beide sind zumindest teilweise entstanden als Reaktion auf das deutsche Übergewicht und Deutschlands Richtung in der Europa-Politik unter Angela Merkel seit der Migrationskrise. Ganz nebenbei haben sich die Mitteleuropäer dadurch als geopolitischer Faktor etabliert. Die USA, China, Israel, die Türkei – sie alle machen der »Ost-EU« den Hof, auch Russland versucht sein Glück in Teilen der Region. Das erfreut die Westeuropäer nicht und kann auch nicht sonderlich im deutschen Interesse sein. Es ist aber – zumindest teilweise – ebenso wie der Brexit ein unbeabsichtigtes Nebenprodukt deutscher Politik unter Angela Merkel. Ein Versuch der Mitteleuropäer, ihren politischen Spielraum zu erweitern in einer von Deutschland geführten EU, die diesen Spielraum fortwährend einengt.

»Merkel galt bei uns bis 2015 als kühler Kopf, pragmatisch, effizient, berechenbar«, meint die konservative polnische Publizistin Aleksandra Rybinska. Als aber Hunderttausende Migranten quer durch Europa nach Deutschland strömten, habe sie plötzlich kopflos gewirkt, »emotional, von Gefühlen getrieben«. Ihre »Willkommenspolitik« werteten vor allem konservative osteuropäische Denker, wie der rumänische Politologe Ioan Stanomir, kopfschüttelnd als nationalen »Alleingang, mit dem Frau Merkel das europäische Projekt sabotierte«. Auch der polnische Publizist Igor Janke sieht Merkels Flüchtlingspolitik als den entscheidenden Moment, der sowohl das Deutschland-Bild als auch das Merkel-Bild in Polen tief veränderte.

Als dann auch noch aus Deutschland schrille Kritik an Ungarn kam, weil es die Schengen-Regeln einhielt und die EU-Außengrenze wirkungsvoll schützte, schlug das Unverständnis in regelrechten Groll um. Merkel, die bis dahin als nüchterne, gefühllose Pragmatikerin gegolten hatte, wurde zum Inbegriff überheblich moralisierender Inkompetenz am Steuer des mächtigsten Landes in Europa.

Am meisten nervte die Mitteleuropäer, die die Dinge gerne beim Namen nennen, Merkels vermeintliche »Heuchelei« und ihr verstörend moralisierender Ton in der Migrationskrise. Sie wussten, dass die Kanzlerin in den diversen Grenzzäunen entlang der Balkanroute durchaus auch einen Nutzen sah, dennoch verurteilte sie die Grenzsicherung Ungarns und Mazedoniens vom hohen moralischen Ross herab. In der Energiepolitik verhinderte harter politischer Druck aus den USA, Brüssel und Berlin das Pipeline-Projekt »South Stream«, mit dem russisches Gas unter Umgehung der Ukraine nach Südosteuropa gelangt wäre. Grund war die russische Aggression in der Ukraine: Man wollte Putin nicht auch noch helfen, die Ukraine strategisch zu schwächen. Aber »Nord Stream 2«, eine Pipeline, die russisches Gas unter Umgehung der Ukraine nach Deutschland bringen soll, das ist für Merkel kein Problem. »Von ihr kommt null Solidarität, wenn das deutschen Interessen schadet, aber sie fordert von uns Solidarität in Bereichen, die unseren Interessen schaden«, meint Aleksandra Rybinska.

Andere blicken tiefer zurück und sehen den Ursprung der Probleme weit vor der Flüchtlingskrise. »Ihr größter Fehler war, dass sie aus der Griechenlandkrise ab 2008/2009 nicht die richtigen strategischen Schlussfolgerungen zog«, meinte – im Jahr 2017 – ein enger Deutschland-Berater von Ungarns Ministerpräsident Viktor Orbán. Ihm zufolge hätte die Kanzlerin überlegen müssen, wer in Europa ihre wirtschaftspolitischen Vorstellungen teilt, wer als Partner infrage kommt gegen die undisziplinierte Wirtschafts- und Finanzpolitik der Mittelmeerländer. »Sie hätte erkennen müssen, dass wir Mitteleuropäer ihr in dieser Hinsicht viel näherstehen als beispielsweise Frankreich«, sagt der Berater. Merkel habe nicht hinreichend verstanden, dass »die wirtschaftliche Dynamik der Visegrád-Gruppe deren Gewicht in der EU von Jahr zu Jahr stärkt. Wir werden irgendwann Nettozahler sein.« Der Orbán-Berater wirft Merkel zudem vor, eine vertiefte Kooperation der V-4-Länder untereinander immer »aktiv bekämpft« zu haben, »statt eine strategische Partnerschaft mit ihnen zu suchen.« In dieser Lesart war es nicht die Flüchtlingskrise, die zu einer Abkühlung zwischen Deutschland und den Mitteleuropäern führte. Vielmehr, so der Berater, »wurde der Bruch dadurch erst sichtbar, das Unbehagen war aber schon viel früher da«.

Wendepunkt 2019: Die »positive Agenda«

Die Klagen der Mitteleuropäer blieben nicht ganz ohne Gehör. Merkel verfeinerte ab 2018 ihre Osteuropapolitik. Eine »positive Agenda« sollte einen besseren Grundton in die Beziehungen bringen. Sichtbar wurde das im August 2019, als die Kanzlerin nach Ungarn kam, zum 30. Jahrestag des »Paneuropa-Picknicks« im westungarischen Sopron – das Symbol schlechthin für den Fall des Eisernen Vorhangs 1989. Es war eine ganz andere Atmosphäre als bei ihrem Besuch in Budapest im Februar 2015, als sie höflich, aber kühl und politisch distanziert aufgetreten war. Jetzt lächelte sie viel und sagte öffentlich, Ungarn verwende seine EU-Gelder »zum Wohl der ungarischen Bürger« – eine Enormität in den Augen der ungarischen Opposition, die die Regierung von Ministerpräsident Orbán gern als »korrupt« darstellt und ihr vorwirft, Gelder aus den EU-Kohäsionsfonds zu »stehlen«.

Bundesaußenminister Heiko Maas verkündete im September 2018 eine »neue Ostpolitik« und bereiste fortan die Länder der Region. Er nahm als Gast 2018 am Bukarester Gipfeltreffen der Drei-Meere-Initiative teil und bekundete gar ein Interesse Deutschlands, der Organisation beizutreten. Das Echo blieb kühl.

Den neuen deutschen Denkansatz umriss der deutsche Botschafter in Budapest, Johannes Haindl, in einer Diskussion mit Studenten am Budapester Mathias Corvinus Collegium im Februar 2021. Es gebe zum einen die »positive Agenda«, sagte er, ein Fokus auf Themenbereiche, in denen man gut zusammenarbeiten könne. Das betreffe vor

allem die wirtschaftliche Kooperation. Und andererseits Streitfragen –
etwa Rechtstaatlichkeit oder Migration –, die aber eher auf der EU-Ebene angesiedelt seien und dort diskutiert würden. Das betraf Ungarn, es
ist aber grundsätzlich die neue deutsche Mitteleuropa-Strategie. Einander öffentlich anlächeln, Geschäfte miteinander machen – und harte
Konflikte in Brüssel austragen. Das gefiel den Mitteleuropäern, bis sie
erkannten, wer in Brüssel am längeren Hebel sitzt: Deutschland.

Merkels »Rechtstaatlichkeit« – Grundwert oder Knüppel?

Der nächste große Konflikt entstand um die Frage eines neuen EU-
»Rechtstaatlichkeitsmechanismus«. Die Emanzipationsbestrebungen
der östlichen EU-Mitglieder ließen im Westen Europas den Ruf nach
Strafen laut werden. Wer nicht entlang »europäischer Werte« regiere,
dem sollten EU-Mittel entzogen werden, so die Forderung. Es war dies
ein Konflikt, in dem es ums Ganze ging: Ungarn und Polen, und mit
ihnen – aber diskret im Hintergrund – andere Länder der Region warfen ihr neues politisches Gewicht in die Waagschale und wagten die
offene Konfrontation. Polen und Ungarn drohten mit Veto gegen den
neuen EU-Haushaltsrahmen, samt dem massiven Covid-Wiederauf-
bau-Fonds (NGF) im Volumen von 750 Milliarden Euro – solange dort
eine Koppelung an einen Rechtstaatlichkeitsmechanismus vorgesehen
war. Zwischen jenen, die um jeden Preis dieses neue Machtmittel wollten, um renitente Mitgliedstaaten zu disziplinieren, und den Betroffenen, die das ablehnten, gab es keine erkennbare Kompromissmög-
lichkeit.

Es oblag Merkel und der deutschen Ratspräsidentschaft, eine Lösung zu suchen. Zunächst spielte Merkel, unterstützt vom französischen Staatspräsidenten Emmanuel Macron, auf Zeit. Ein EU-Gipfel-
treffen im Juli 2020 endete mit einer vagen Kompromissformel, in
die jeder alles hineinlesen konnte. Die V4 feierten sich als Sieger dieses Kräftemessens. Aber dann, im Herbst, legte die deutsche EU-Ratspräsidentschaft ohne vorherige Absprache in Brüssel einen geänder-

ten Entwurf vor, der plötzlich doch eine Konditionalität vorsah. In Budapest und Warschau meinte man zu spüren, dass der Wind plötzlich anders wehte. »Wir hatten bisher in der Rechtsstaatlichkeitsfrage immer einen Rückhalt bei den Deutschen«, meinte damals ein ungarisches Regierungsmitglied im Gespräch mit dem Autor dieser Zeilen. »Aber das ist plötzlich weg.«

In den folgenden Verhandlungen mit Kommission und EU-Parlament entstand ein Text, der sehr wohl eine Koppelung der Verteilung und Verwendung von EU-Mitteln an rechtsstaatliche Bedingungen vorsah. Da der Begriff »Rechtsstaatlichkeit« juristisch schwammig ist, öffnete das die Tür für politische Manipulation. Polen und Ungarn drohten mit Veto. Angela Merkel persönlich fand einen Ausweg: Ein Gipfeltreffen des Rates der Staats- und Regierungschefs im Dezember 2020 beließ zwar den ursprünglichen Text unverändert, fügte dem aber als zusätzliches Dokument eine Erklärung bei, die allen Wünschen der V4 entsprach. Demzufolge könne der Mechanismus nur dann angewendet werden, wenn rechtstaatliche Mängel direkt und nachweisbar die korrekte Verwendung von EU-Mitteln gefährdeten. Zudem würde der Mechanismus erst angewendet, wenn der Europäische Gerichtshof (EuGH) ein Urteil zu der Frage gefällt habe – denn Polen und Ungarn planten, den Mechanismus vor dem EuGH als rechtswidrig anzugreifen. Das wiederum bedeutete potenziell einen Aufschub von gut anderthalb Jahren – bis nach den Parlamentswahlen in Ungarn. Viktor Orbán nannte Merkels Idee »genial« und unterschrieb den EU-Haushalt.

Vielleicht aber hatte Angela Merkel Polen und Ungarn nur genial ausgetrickst. Es ist nicht klar, ob das Zusatzprotokoll überhaupt rechtlich verbindlich ist, und es erscheint wahrscheinlich, dass der EuGH im Eilverfahren noch im Sommer 2021 entscheiden könnte. EU-Mittel könnten dann rasch blockiert werden, noch vor den ungarischen Wahlen.

Die Windrichtung drehte sich noch spürbarer, als CDU und CSU in der EVP Ungarns Regierungspartei Fidesz fallen ließen. Ganz im Stil des vorangegangenen Rechtsstaatlichkeitsmanövers: höflich lächelnd den Teppich unter den Füßen wegziehen. Auf jeden Fall, so signali-

sierte der neue CDU-Chef Armin Laschet nach Budapest, wolle man
Fidesz in der EVP halten. Aber er ließ zu, dass die Unionsabgeordneten in der EVP-Fraktion für eine neue Verfahrensregel stimmten, die
den Ausschluss der Fidesz-Abgeordneten aus der Fraktion – nicht aber
aus der EVP – ermöglich hätten. Orbán hatte da keine andere Wahl,
Fidesz trat zwei Wochen später aus der EVP aus. (Die Mitgliedschaft
der Ungarn war bereits seit März 2019 »suspendiert« gewesen.) War
das schon Laschets eigene Entscheidung oder noch Merkels Einfluss?
Man hatte die Ungarn so lange bei Laune gehalten, bis der EU-Haushalt verabschiedet war, und sie dann fallen gelassen.

Das führt zu einer ganz neuen Stimmungslage in Europa. Es formiert sich ein vor allem mitteleuropäischer Block um Polen und Ungarn, der den Christdemokraten die Idee der Christdemokratie streitig
macht. Ein Ringen um das Wesen bürgerlich-konservativen Denkens
und um die Essenz der europäischen Identität ist entbrannt. Auch das
ist ein Ergebnis der merkelschen Mitteleuropa-Politik.

»Merkel duldet als Partner nur Ja-Sager«

Merkels begrenztes Verständnis für manche Argumente und poten-
zielle Stärken der »Osteuropäer« – obwohl sie durch ihre DDR-Her-
kunft doch selbst auch »Ossi« ist – gab und gibt den Regierungen in
Warschau, Budapest, Prag und Bratislava Rätsel auf. »Deutschlands
Handelsvolumen mit den V-4-Ländern ist größer und wächst dyna-
mischer als Deutschlands Handel mit Frankreich«, sagt der ungari-
sche Kanzleramtsminister und Deutschland-Kenner Gergely Gulyás.
Die deutsche Wirtschaft ist in Teilen tiefer verflochten mit Mitteleuropa als mit Frankreich. Dieser wachsenden wirtschaftlichen Bedeutung entspricht aber keine wachsende politische Nähe. »Niemand
unter Merkels Beratern hat wirklich Ost-Erfahrung«, bedauert ein anderer ungarischer Berater und Deutschland-Experte der Regierung
und fragt sich, ob sie eventuell sogar unter einem Ossi-Komplex lei-
de: »Sie schaut immer nach Westen, will auf keinen Fall, dass ihr jemand eine geistige Nähe nachsagt zum Osten.« Was Merkels Verhält-

nis zu Partnern betrifft, hat Aleksandra Rybinska eine Vermutung: Die Mitteleuropäer sind es gewohnt, laut und offen ihre Meinung zu sagen, aber »Merkel duldet als Partner nur Ja-Sager«. Mittlerweile scharen sich immer mehr Länder um die V4: Slowenien, Bulgarien, Kroatien, die baltischen Länder rücken näher heran an die Visegráder. Den deutschen Interessen entspricht das sicher nicht, und insofern diese Blockbildung eine Folge der merkelschen Flüchtlingspolitik ist, muss dies wohl als ihr Fehler bezeichnet werden. Es wäre aber ein weiterer Fehler, meint der polnische Publizist Igor Janke, gegen diese neue Realität ankämpfen zu wollen, denn die engere Visegrád-Kooperation sei an sich »nicht gegen Deutschland gerichtet«. Niemand wolle die EU verlassen, auch wenn man ihren derzeitigen Zustand kritisiere. Nirgends genießt die EU-Mitgliedschaft mehr Rückhalt als bei den Bevölkerungen der mitteleuropäischen Länder. Auch gesellschaftlich seien dies die stabilsten Länder Europas: »Bei uns gibt es trotz heftiger Debatten keine radikalen Verwerfungen in der Gesellschaft, keine Vorort-Unruhen mit brennenden Autos, kein Calais.« Kurzum: Deutschland täte gut daran, die Nähe der Mitteleuropäer zu suchen, statt sie von oben herab abzukanzeln. Und die Visegráder, sagt Janke, täten gut daran, weniger emotional aufzutreten und ihrerseits auf Deutschland zuzugehen.

Fachpolitisch überwog zwischen Merkel und den Mitteleuropäern immer das Gemeinsame, in Bereichen wie Wettbewerbsfähigkeit, Haushaltsdisziplin oder Verteidigungspolitik. Die Visegráder unterstützen die Idee einer gemeinsamen europäischen Armee. In der Flüchtlingspolitik hat sich Merkel den »Osteuropäern« nach der Entfremdung 2015 in den folgenden Jahren etwas angenähert.

Die heftigen Stimmungsschwankungen in der deutschen Innenpolitik werfen in Mitteleuropa freilich grundsätzliche Fragen auf. Dass die CDU nun plötzlich schwächer erscheint als die Grünen, das wertet ein ranghoher ungarischer Diplomat als ein Zeichen, dass »Deutschland unberechenbarer geworden ist, nicht nur als Regierung, auch als Gesellschaft«. Und das wiederum bedeutet, dass man sich in der Region verstärkt um die selbstbewusste Verteidigung der eigenen Interessen bemühen muss – notfalls gegen die Deutschen.

ANDREAS UNTERBERGER

Mutti Germaniae oder Minusfrau?

Wie Merkel in Österreich gesehen wird

Das Merkel-Bild im österreichischen Nachbarland hat in den 16 Jahren ihrer Kanzlerschaft ein erstaunliches Auf und Ab genommen. Anfangs suchte die Wiener Politik ihre Nähe, der sozialdemokratische Kanzler Werner Faymann galt als ihr enger Verbündeter in der frühen Flüchtlingskrise, doch das änderte sich abrupt, als die Flüchtlingsdynamik allen über den Kopf wuchs. In der Folge kippte auch das öffentliche Meinungsbild über Merkel. Und man kann sagen, dass Merkel indirekt und ungewollt damit den Aufstieg des damaligen harten Merkel-Kritikers Sebastian Kurz zum Kanzler mitbefördert hat.

»Wenn Werner Faymann zu mir kommt, hat er keine Meinung. Wenn er hinausgeht, hat er meine.« Es gibt keinen Beleg, dass dieses Angela Merkel zugeschriebene Zitat über den österreichischen Bundeskanzler (2008 bis 2016) authentisch ist. Aber dieser kolportierte Satz war eine treffende Beschreibung des Verhältnisses zwischen ihr und dem damaligen österreichischen Träger des gleichen Titels – bis knapp zu seinem Rücktritt.

Der Sozialdemokrat war bis dahin getreuer Gefolgsmann Merkels gewesen und damit auch Außenstelle ihrer Migrationspolitik in Österreich. Er rief im September 2015: »Grenzbalken auf für die

Menschlichkeit«. Das war »Wir schaffen das!« auf Österreichisch. Im Oktober führte die SPÖ mit dem Slogan »Haltung!« einen Wiener Kommunalwahlkampf ganz im Zeichen der Welcome-Euphorie. Besonders schwierig wurde 2015 hingegen die Lage für die Österreichische Volkspartei (ÖVP), die Schwesterpartei von CDU/CSU. Im Sommer 2015 rief der parteiintern hochverehrte Altkanzler Wolfgang Schüssel noch ganz auf Merkel-Linie zur Hilfe für die Flüchtlinge auf. Ein paar Monate später waren von keinem ÖVP-Politiker mehr solche Töne zu hören. Sie haben erkannt, wie unpopulär bei ihren Wählern die Welcome-Politik ist. Öffentlich auszudrücken wagte diese Distanz aber nur einer von ihnen schon im Jahr 2015.

Österreichisches Unverständnis

Zum Jahreswechsel 2015/2016 traf der Autor dieser Zeilen mehrere ÖVP-Spitzenpolitiker zu privaten Gesprächen. Alle waren tief unglücklich über Merkels Willkommenspolitik und die Folgen für Österreich. Dennoch waren sie einig: »Wir können doch nicht öffentlich gegen Merkel auftreten!« Ein früherer ÖVP-Chef meinte: »Wahrscheinlich wird sie koalitionsintern von der SPD erpresst.«

Der damalige Parteichef und Vizekanzler Reinhold Mitterlehner ging dem Thema Flüchtlings- und Migrationskrise meist ganz aus dem Weg, er glaubte die Konzentration auf sein Wirtschaftsressort wäre ausreichend. Aber auch er konnte nie ein Vertrauensverhältnis zu Merkel aufbauen. Im Unterschied zu Faymann. Dieser hat 2015 den Eindruck vermitteln können, er telefoniere täglich mit Merkel und sei ihr wichtigster internationaler Vertrauter.

Lediglich der junge damalige ÖVP-Außenminister Sebastian Kurz hat 2015 gewagt, öffentliche Kritik an Merkel zu üben. Der Mainstream der ÖVP sah Merkel hingegen damals noch irgendwie als Überchefin an. Im Februar 2016 warf die Partei den Parlamentsabgeordneten Marcus Franz wegen Merkel-Beleidigung hinaus. Franz, ein Arzt, hatte sich als Psychoanalytiker versucht: »Frau Merkel will als die metaphorische ›Mutti‹ des Staates das negative Faktum der nicht vorhandenen oder zu wenigen eigenen Kinder mit der Einbringung vieler, vieler junger Migranten wiedergutmachen«. Nach einem Anruf aus Berlin musste Franz die ÖVP-Fraktion verlassen. Heute hätte er für solche Sprüche wohl maximal einen sanften Verweis, aber sicher keinen Rauswurf zu befürchten.

Wie schwierig und zugleich wichtig für Österreich die Beziehungen zu Deutschland sind, kann man dann am besten einordnen, wenn man sich das wilde Auf und Ab der Beziehungen der letzten 300 Jahre zwischen Wien und Berlin vor Augen hält: Den ersten Tiefpunkt gab es, als Friedrich II. (den niemand in Österreich den »Großen« nennt) Maria Theresia Schlesien entriss. Jahrzehnte später waren der gemeinsame Sieg über Napoleon sowie die »Heilige Allianz« Zeichen einer engen Freundschaft. Auf diese folgte ein neuer Tiefpunkt durch die Niederlage der Habsburgermonarchie bei Königgrätz im Jahr 1866 und das Hinausdrängen Österreichs aus Deutschland.

Im Ersten Weltkrieg waren beide Länder dann wieder Waffenbrüder. Freilich: Ab 1917 versuchte der neue Wiener Kaiser Karl an Berlin vorbei einen Sonderfrieden zu erreichen, da er Österreichs Schwäche und die katastrophalen Folgen des Krieges erkannt hatte. Nach dem Krieg wollte sich das klein gewordene Österreich unbedingt an das Deutsche Reich anschließen, was aber die Siegermächte verboten. Neue Tiefpunkte waren 1934, als Österreich eine blutige Konfrontation mit putschenden Hitler-Anhängern austragen musste, und 1938, als es ohne Widerstand, aber unter Protest den Anschluss an das Hitler-Reich hinnehmen musste.

NS-Terror und das Kriegstrauma haben nach 1945 dazu geführt, dass seither eine Mehrheit der Österreicher für die Eigenständigkeit ihres Landes und die komplette Trennung von Deutschland eintritt. Zugleich aber kooperierten beide eng beim Wiederaufbau. Der nächste Tiefpunkt: 1955 war Konrad Adenauer verbittert über Österreichs Staatsvertrag, weil der österreichische ÖVP-Kanzler Julius Raab den Abzug der Besatzer durch Ausrufung der Neutralität erkaufte. Adenauer war überzeugt, dass dadurch eine Abhängigkeit von der Sowjetunion entstehen würde.

Neuer Höhepunkt war in den 1970er-Jahren die Freundschaft zwischen den sozialdemokratischen Bundeskanzlern Bruno Kreisky und Willy Brandt, die vor allem im ideologischen Gleichklang wurzelte. Der austrophile Helmut Kohl war dann überhaupt der größte Freund Österreichs in der Berliner und Bonner Geschichte. Seine Sympathie galt dabei weniger den in Wien regierenden Sozialdemokraten, sondern der ÖVP. Unter Gerhard Schröder ein neuer Tiefpunkt: Schröder war Drahtzieher der antiösterreichischen EU-Sanktionen wegen der Bildung einer schwarz-blauen Regierung. Die Antwort war dann österreichischer Triumphalismus, als die Alpenrepublik gegen Ende der Ära Schüssel (2000 bis 2006) einige Jahre in allen ökonomischen Belangen besser dastand als das wirtschaftlich kränkelnde Deutschland.

Wie ist vor diesem Hintergrund die Ära Merkel zu bewerten? Lange Zeit war das Verhältnis relativ problemlos, weder mit Höhe- noch Tiefpunkten. Das galt für Rot wie Schwarz. Merkels nüchtern-ruhige Art kam nach den liebevollen, aber etwas paternalistischen Umarmungen durch Kohl gut an. Und die ÖVP war vor allem heilfroh, den als imperialistisch empfundenen Sanktionsbefürworter Schröder losgeworden zu sein. Umgekehrt war für Merkel Österreich bis 2015 recht unwichtig.

Wiederaufleben der Mitteleuropa-Debatte

Mit Faymann hatte Österreich einen Bundeskanzler, der sich erst im Amt brauchbares Englisch anzueignen begann, weshalb er sich nur in Berlin gut verständigen konnte. Er handelte außenpolitisch nach der Devise: Im Kielwasser Merkels könne ihm nichts passieren. Auch inhaltlich war Merkels Politik ganz nach sozialdemokratischem Geschmack, insbesondere ihr Ausstieg aus der Nuklearenergie. Die deutsche Abschaffung (offiziell: Aussetzung) der Wehrpflicht veranlasste die SPÖ sogar, plötzlich ebenfalls, wenn auch erfolglos, gegen die Wehrpflicht einzutreten, obwohl diese für sie lange eiserne Doktrin gewesen war.

Die Krise entstand erst durch Merkels Migrationspolitik. Freilich kaum für die österreichischen Sozialdemokraten, die auch in dieser Frage anfangs ganz die Linie Merkels teilten. Genau auf dieser Linie beschimpfte Faymann im Herbst 2015 Ungarn. Dieses hat damals als erstes Land die Massenmigration zu stoppen begonnen, während in Österreich und Deutschland noch »Welcome«-Euphorie angesagt war. Faymann fand dafür tiefe NS-Vergleiche: »Flüchtlinge in Züge zu stecken in dem Glauben, sie würden ganz woanders hinfahren, weckt Erinnerungen an die dunkelste Zeit unseres Kontinents.« Er fühlte sich ganz offensichtlich als Gefolgsmann Merkels zu solchen Beleidigungen befugt, die freilich in Ungarn weniger gut ankamen und zum bilateralen Bruch führten.

Ungarn und die anderen Ostmitteleuropäer sind für die Sozialdemokraten freilich sowieso kaum interessant gewesen, wohl auch aus Kränkung, weil dort der Realsozialismus so krachend gescheitert ist. In der bürgerlichen Hälfte Österreichs wurde hingegen immer wieder diskutiert: Sollte sich das Land nicht mehr an diesem dynamisch gewordenen, in der Migrationspolitik so ähnlich denkenden und historisch mit Österreich verbundenen Raum orientieren statt so stark an Deutschland mit seiner unberechenbaren Kanzlerin und seiner nachlassenden Wirtschaftsdynamik?

Die Renaissance eines Mitteleuropa-Denkens hat noch zwei andere Gründe: den Brexit und Russland. Großbritannien ist proamerikanisch orientiert, rational und marktwirtschaftlich – eine Stimme, die jetzt den Mittelosteuropäern wie auch vielen Österreichern in der EU sehr fehlt. Zugleich fürchten sie langfristig ein Absinken in die Rolle von Satelliten Deutschlands, das EU-intern übermächtig geworden ist. Nicht nur Ungarn und Polen sind überzeugt, dass der kasernenartige Umgangston der EU und vieler deutscher Politiker ihnen gegenüber zu Zeiten eines Helmut Kohl undenkbar gewesen wäre.

Deshalb sucht etwa Ungarn trotz der Erfahrungen der Vergangenheit wieder eine vorsichtige Annäherung an Russland. Dieses scheint sich ja stärker für ein christliches Europa einzusetzen und der schleichenden Islamisierung entgegenzutreten als Merkel-Deutschland. Ein anderer Teil Osteuropas – Polen und die baltischen Staaten – hat allerdings umgekehrt große Angst vor Russland. Dort setzt man deshalb ganz auf die Vereinigten Staaten. Schon im Wissen, dass Deutschland sie nicht gegen Russland schützen könnte. Osteuropa hat auch kein Verständnis für Merkels sendungsbewusste Anti-Atom-Haltung und ihre Klimapanik.

Merkel-Deutschland hat in Mittel- und Osteuropa gegenüber dem Kohl-Deutschland eindeutig an Sympathie verloren. Genauso wie Deutschland seine Sympathie für diesen Raum verloren hat. Der geschichtsorientierte Helmut Kohl hatte hingegen immer versucht, Österreich und den Ländern im Osten emotionale Zuwendung zu zeigen. Er wusste um den schmalen Grat in deren Psyche zwischen der historisch ja nicht ganz unbegründeten Angst der kleineren Länder vor einer Bevormundung durch Deutschland einerseits, aber andererseits auch um deren Angst vor einer Absenz Deutschlands als stärkstes Land Europas. Gerhard Schröder hingegen besaß für solche Sensibilitäten überhaupt kein Sensorium mehr, sondern vermittelte den Eindruck eines hemdsärmeligen »Germany first«.

Aber auch Merkel macht es kaum besser. Sie strahlt maximal freundliches Desinteresse für die kleineren Staaten im Osten und Südosten aus. Merkel ist ganz auf Frankreich orientiert. Mitteleuropäer vermissen die Fähigkeit zu einem strategisch-europäischen Denken, das über Pro-EU-Rhetorik hinausginge. In Mitteleuropa wird es auch als großer Fehler Merkels angesehen, dass sie kaum bemüht war, Großbritannien in der EU zu halten. Ein Verbleib der Briten wäre aber für die kleineren Staaten Mittel- und Osteuropas zur Herstellung eines innereuropäischen Gleichgewichts gegenüber Deutschland, Frankreich und den Mittelmeerstaaten enorm wichtig gewesen. Merkel nahm hingegen den Gang der Dinge nur apathisch hin.

Österreich geht auf Distanz

Die Jahre 2015/2016 wurden zu einer Zeit der großen Entfremdung zwischen Deutschland und Österreich. Selbst Kanzler Faymann wurde von Merkel sofort mit Ignoranz bestraft, als sich die öffentliche Stimmung in Österreich scharf gegen den merkelschen Willkommenskurs wandte und sich Faymann ein wenig danach zu orientieren versuchte. Und mit dem jungen Kurz (damals noch nicht 30 Jahre alt) verband Merkel überhaupt eine tiefe Aversion. Der Grund dafür war zweifellos, dass der aufsteigende ÖVP-Außenminister die treibende Kraft bei der migrationskritischen Wende Österreichs gewesen war – statt auf Merkel zu hören. Darüber war die deutsche Kanzlerin so empört, dass zwischen ihr und Kurz in der Folge Eiszeit ausbrach, die bis heute nicht vollständig zu Ende ist.

Der heutige ÖVP-Bildungsminister Heinz Fassmann hat, damals noch als Vizerektor der Universität Wien, die Kritik des Kurz-Lagers an Merkel so formuliert: »Das europäische Asylsystem ist durch Merkel außer Kraft gesetzt.« Kurz hat daher gegen den Widerstand Merkels am 24. Februar 2016 die Sperrung der Balkanroute organisiert. Das war einer der wichtigsten Wendepunkte in der Massenmigrationskrise Europas. Gemeinsam mit der ÖVP-Innenministerin Johanna Mikl-Leitner hat Kurz alle Balkanländer in Wien versammelt. Aber ohne Deutschland und ohne die SPÖ, obwohl die noch den Bundeskanzler stellte. Dabei wurde beschlossen, gemeinsam die mazedonisch-griechische Grenze robust gegen illegale Migrantenströme zu sichern. Das hat in der Folge zwar nicht perfekt, aber halbwegs funktioniert.

Für Merkel war dieser Balkansperre-Beschluss demütigend. Er zeigte Ungeheuerliches: Europäische Kleinstaaten wagen, ohne Deutschlands Erlaubnis zu handeln. Und sie sind noch dazu ohne Deutschland effizienter als mit ihm. Merkel hat hingegen auf ein EU-Abkommen mit der Türkei gesetzt, das knapp einen Monat nach der Balkanrouten-Sperre unterzeichnet worden ist. Kurz hatte hingegen schon seit Herbst 2015 davor gewarnt: Europa solle sich nicht von einem Staat wie der Türkei unter ihrem Präsidenten Erdoğan abhängig machen.

Noch mehr Unmut Merkels löste der Vorschlag von Kurz aus, den er von 2015 bis 2017 beharrlich wiederholt: Er sah im australischen Umgang mit illegalen Migranten das einzig sinnvolle Vorbild. Australien fängt illegale Immigranten ab und bringt sie auf Inseln, ohne Chance, dass sie jemals nach Australien kommen. Diese Abschreckungspolitik hat dort zu einem drastischen Ruckgang des Migrationsstroms geführt (und die Zahl der Todesopfer auf dem Meer fast auf null gesenkt, weil nun kaum mehr illegale Migranten Richtung Australien losfahren).

Eine ähnliche Politik zur Sperrung der Mittelmeerroute für afrikanische illegale Migranten kann freilich nur als Aktion der EU gelingen und bräuchte militärische Dimensionen sowie großangelegte Rückführungsaktionen. Zwar haben auch etliche andere europäische Politiker erkannt, dass dies die einzige realistische Lösung wäre. In Merkels Denkwelt kam sie aber nicht vor. Sie ignorierte stattdessen wohlwollend, dass aus Deutschland finanzierte NGO-Schiffe nordafrikanischen Schlepperbanden ihre menschliche Fracht abnahmen. Kurz wagte es hingegen, offen zu fordern,»der NGO-Wahnsinn« im Mittelmeer müsse aufhören. In Merkels Ohren müssen solche Sätze wie vom rechten Rand der AfD geklungen haben. Dagegen ist Kurz durch seine Antimigrationspolitik für viele andere in Mittel- und Osteuropa, also auch in Österreich, zumindest eine Zeitlang zum Helden geworden.

Kurz und Merkel in Antipathie verbunden

Bis heute unangefochtenen Heldenstatus hat Kurz auch in seiner eigenen Partei, die er im Mai 2017 mit nur 30 Jahren übernommen hat. Vorgänger Mitterlehner wich zwar nur sehr unwillig. Aber die hohen Umfragewerte des charismatischen Kurz ließen dem farblosen Wirtschaftspolitiker keine Chance. Fast die ganze ÖVP wandte sich von Mitterlehner ab, weil Parteien halt ein Wahlsieg wichtiger als alles andere ist (Fußnote am Rande: Es ist auffällig, wie die ÖVP damals auf die Stimmung der Wähler deutlich mehr Rücksicht genommen als die CDU dann später bei der Regelung der Merkel-Nachfolge).

Kurz gelangen 2017 wie 2019 zwei eindrucksvolle Wahlsiege. Dabei spielte weiterhin neben seiner Ausstrahlung und seinem Kommunikationstalent seine klare und sich in vielen Detailentscheidungen zeigende Antimigrationspolitik eine wichtige Rolle. Der Unterschied zu Merkel lässt sich vielleicht am knappsten dadurch zeigen, dass er seine Linie als »Ordentliche Mitte-Rechts-Politik« bezeichnete und nie Merkels Ausdruck von der »Mitte« verwendete.

Als Kurz Ende 2017 eine Koalition mit der rechtspopulistischen FPÖ aufnahm, brachte das im Verhältnis zu Merkel ein neuerliches Tief. Drohte diese Koalition in Wien doch Merkels Politik einer totalen Ausgrenzung der mit der FPÖ vergleichbaren AfD zu durchkreuzen. Aber Kurz war und ist eben nicht Merkel-hörig, sondern versuchte, eigenständig die Interessen Österreichs, der ÖVP und auch des Sebastian Kurz zu verfolgen. Im Gegensatz zu früheren Wahlkämpfen wurde Merkel auch nie mehr als Gastrednerin der ÖVP nach Österreich geholt – auch dann nicht, als die schwarz-blaue Koalition im Mai 2019 rund um die Ibiza-Affäre platzte, wobei zwei linke deutsche Medien eine erfolgreiche, aber miese Rolle spielten.

Auch wenn sich die Konflikte von 2015/2016 gelegt haben, ist Kurz kein enger Freund mehr mit Merkel geworden. Aber man hat sich in den letzten Jahren miteinander arrangiert. Sitzt man doch gemeinsam im Europäischen Rat. Auf europäischer Ebene ist nur ein wirklicher Konflikt zwischen Merkel und Kurz aufgepoppt. Das war 2020 der Widerstand der »sparsamen Vier«-Länder gegen die von Merkel und dem französischen Präsidenten Macron vereinbarte 750 Milliarden Euro schwere »Corona«-Kreditaufnahme durch die EU zugunsten vor allem der Mittelmeerländer. Kurz, die Niederlande und skandinavische Länder konnten nur noch kosmetische Abmilderungen dieses Tabubruchs durchsetzen.

Dabei hatten sie eigentlich nur den in der Griechenland-Krise gerade von Deutschland durchgesetzten Standpunkt vertreten, der allen Ländern, die den »Europäischen Stabilitätsmechanismus« (ESM) beanspruchten, strenge Auflagen abzwingt. Merkel änderte diese Linie, ignorierte den innerdeutschen Widerstand. Dieser blieb wie bei all ihren politischen Linksverschiebungen irrelevant. Und dadurch kommen nun Italien, Spanien & Co ohne Auflagen und Sanierungsverpflichtungen zu frischem Geld.

Kurz hat erkannt: (Fast) Allein gegen den Rest Europas zu stehen ist zwar ehrenvoll, aber für einen Kleinstaat in der Mitte Europas eine unmögliche Strategie. Seit dem Ausscheiden der Briten ist die deutsch-französische Dominanz in der EU so überwältigend stark, dagegen gibt es keine wirkliche Chance. Vor allem, wenn sich dieses Diktat gleichzeitig mit den Interessen der schuldenfreudigen Mittelmeerstaaten verbinden kann und in diesem Fall auch noch mit den osteuropäischen EU-Staaten, die von diesem kreditfinanzierten Großfonds ja auch stark profitieren.

Ein kluger Denker im Umkreis um Sebastian Kurz hat im Privatgespräch dessen Rolle mit dem deutschen Verfassungsgericht verglichen. Auch dieses ärgert sich regelmäßig über Beschlüsse von EU und EZB, die immer intensiver die Staatsfinanzierung der Schuldenstaaten der Euro-Notenpresse anvertraut haben. Karlsruhe hat viel getadelt, aber dann doch nie den Mut oder Willen gehabt, ein deutliches Stoppschild zu setzen.

So sind sich auch Kurz und Merkel zwar in vielem uneinig, aber am Ende gibt Kurz doch immer nach. Denn: Er weiß, dass am österreichischen Wesen Europa nicht genesen wird: weder bei der von Merkel immer wieder betriebenen Annäherung an die Türkei noch beim Kurs gegenüber Großbritannien noch eben beim Kampf gegen Schuldenpolitik und Staatsfinanzierung durch EU und EZB. Kurz weiß, dass man in der EU Partner braucht, dass aber dennoch keine Allianz stark genug ist, um sich gegen die deutsch-französische Achse durchzusetzen. Kurz hat (resignierend) erkannt, dass er Maßnahmen der EU gegen die illegale Migration und für mehr Abschiebungen mit Sicherheit nicht gegen Deutschland, sondern nur mit diesem erreichen kann.

Und Kurz hat auch mit Erstaunen das Verhalten Markus Söders registrieren müssen, der zuerst ganz die Karte »Kurz gegen Merkel« gespielt hat (die CSU lud 2017 demonstrativ »lieber einen Bundeskanzler als eine Bundeskanzlerin« zum Wahlkampf ein), der sich dann aber in entlarvender Selbstdemütigung in der Hoffnung auf die Kanzlerkandidatur zum servilen Merkel-Bewunderer gewandelt und plötzlich Seitenhiebe gegen Österreich machte.

Die Abhängigkeit von Deutschland bleibt

Kurz hat zwar immer wieder Sympathien für die mittelosteuropäischen Nachbarn und die Balkanstaaten anklingen lassen, aber er hat nie den nötigen Mumm gehabt, um sich wirklich etwa den Visegrád-Vier anzuschließen und so einen EU-internen Block à la Benelux oder Skandinavien zu bilden – wobei ja auch in der Visegrád-Gruppe nicht gerade ganz ideale Partner zu finden sind. Und Kurz weiß schließlich auch um die direkte wirtschaftliche Abhängigkeit Österreichs von Deutschland. Viele Industriebetriebe, nicht zuletzt die Zulieferer zu den deutschen Autokonzernen, wie auch große Teile des westösterreichischen Tourismus sind komplett nach Deutschland orientiert.

Aus all diesen Gründen ist er zum Ende der Merkel-Jahre zunehmend vorsichtiger geworden und nicht mehr in eine direkte und für ihn chancenarme Konfrontation mit der Berliner Kanzlerin gegangen. Dennoch bleibt es mehr als signifikant, dass Kurz bei einem Besuch in Berlin 2020 – der in Zeiten von Corona ja eine absolute Seltenheit geworden ist – viele andere Politiker, aber nicht Merkel getroffen hat.

Merkel ist quer durch die österreichischen Parteien am Ende ihrer Amtszeit zu einer Frau geworden, mit deren Migrationspolitik man lieber nicht direkt assoziiert werden möchte – auch wenn Rot und Grün im Grund für eine sehr ähnliche Politik stehen. Aber mit Merkel ist in Österreich nichts mehr zu gewinnen. Um es deutlich zu formulieren: Merkel ist in Österreich von der »Mutti« Germaniae zur Minusfrau geworden.

CHRISTOPHER CALDWELL

Ungleiche Paare

Bush, Obama, Trump und Biden: Merkels Verhältnis
zu den amerikanischen Präsidenten

Angela Merkels politischer Charakter, ihre Vorsicht, ihr Zögern, Abwarten, ihre Geduld, ihr Talent zur sorgfältigen Vorbereitung, ihre Fähigkeit, Fallen für Gegner zu legen – all das ist den meisten Amerikanern weitgehend unbekannt und unsichtbar. Mit vier amerikanischen Präsidenten hatte sie in ihren 16 Jahren als Kanzlerin zu tun. Die an internationalen Beziehungen und Außenpolitik nur wenig interessierte amerikanische Öffentlichkeit hat von Merkel immer nur dann Notiz genommen, wenn es in Krisen Momente mutiger Tatkraft oder der spontanen Improvisation gab. Das hatte einen verwirrenden Effekt, hat vielleicht ein verzerrtes Bild erzeugt.

Neben George W. Bush erschien sie wie eine NATO-unterstützende Neokonservative, neben Barack Obama erschien sie wie eine »Globalbürgerin«, und neben dem einwanderungskritischen Donald Trump erschien sie – mit ihrer Politik der Grenzöffnung und unbegrenzten Migrantenaufnahme – wie ein Symbol deutscher nationaler »Selbstabschaffung«. In den Trump-Jahren hat sich ein Graben aufgetan und es herrschte viel Misstrauen, zwischen Merkel und der deutschen Politik auf der einen Seite und den oberen Etagen der amerikanischen Politik auf der anderen Seite. Die Wiedereroberung des Weißen Hauses durch die Demokraten und Joe Biden, Obamas ehemaligen Vizepräsidenten, hat bislang erstaunlich wenig von diesem gegenseitigen Vertrauensverlust repariert.

Die genannten vier amerikanischen Präsidenten waren beziehungsweise sind alle sehr talentierte, geschickte Politiker und – in unterschiedlichen Graden – Volksverführer, aber keiner verfügte über eine so klare analytische Intelligenz wie Merkel. Die allermeisten amerikanischen Journalisten, die sich mit ihr beschäftigen, haben eine hohe Meinung von Merkel, ihre analytische Intelligenz wird zu einer Kardinaltugend erklärt. Nach der Trump-Wahl ergingen sich einige Blätter in allergrößten, verzweifelten Lobpreisungen Merkels: Sie sei nun die »letzte Verteidigerin des liberalen Westens«, schrieb die *New York Times* im November 2016. Die *Washington Post* nannte sie »die führende Globalistin der Welt«. Falls dem so ist, dann muss man einen perversen Effekt konstatieren, denn die (negative) Wahrnehmung von Merkels Politik durch viele Wähler in den Vereinigten Staaten war ein wichtiger Faktor, der mitverantwortlich war, den anti-globalistischen Backlash hervorzurufen.

Merkel und die »Bush-Krieger«

Die Beziehung Angela Merkels zu den Vereinigten Staaten war niemals eine »special relationship«, wie sie einige andere europäische Politiker pflegen oder sich einbilden zu pflegen. Deutsche Kanzler sind entweder pro-amerikanisch oder anti-amerikanisch oder indifferent. Einige zeigten Zuneigung, gar Liebe zur angelsächsischen Welt und ihrer Zivilisation (beispielsweise Helmut Schmidt), andere gingen demonstrativ auf Distanz, etwa Gerhard Schröder, der im Wahlkampf im August 2002 durch seine Absage an Bushs Militärpläne im Irak punktete und später von einem eigenen »deutschen Weg« sprach, während Merkel sich den Kriegsplänen gegenüber eher aufgeschlossen zeigte.

Merkel blieb aber in ihrem Bekenntnis (oder besser gesagt ihrer Behauptung) einer besonderen Zuneigung zu den Vereinigten Staaten eher oberflächlich, dem »Land der unbegrenzten Möglichkeiten«, wie sie 2009 in ihrer Rede vor dem amerikanischen Kongress erklärte. Über die Zeit ihrer Jugend in der DDR sagte sie:»Ich habe mich, wie viele andere Teenager auch, begeistert für Jeans einer bestimmten Marke, die es in der DDR nicht gab und die mir meine Tante aus dem Westen regelmäßig geschickt hat.« Ihre Wertschätzung, gar Begeisterung galt also eher der Mode. Oder sie war eher touristisch als politisch-weltanschaulich motiviert:»Niemals werden wir den ersten Blick auf den Pazifischen Ozean vergessen. Es war einfach grandios«, erzählte Merkel über ein Reiseerlebnis an der amerikanischen Westküste.

Merkels Beziehung zu den Vereinigten Staaten hatte, wie gesagt, nichts von einer»special relationship«, aber sie brachte ihr in einem kritischen Moment ihrer politischen Karriere ein spezielles Problem ein. Ihre Befürwortung des Irak-Kriegs hat ihr bei nicht wenigen deutschen Wählern geschadet – die öffentliche Meinung war leidenschaftlich gegen die Clique der»Bush-Krieger« (so das *Spiegel*-Titelblatt seinerzeit) eingestellt. Andererseits hat ihr diese Haltung in Washington genützt.

Nach dem formellen Ende des Kalten Krieges hatten sich die meisten europäischen Staaten den internationalen westlichen Institutionen wie der NATO entwöhnt und emotional entfernt, mit denen sie zuvor engstens verbunden waren. Mit dem Aufstieg Trumps sind selbst die Vereinigten Staaten schwankend geworden in Bezug auf die NATO. Trump hat sie als»obsolete« bezeichnet, womit wohl reform- oder überholungsbedürftig gemeint war (nicht»überholt«, wie es einige deutsche Zeitungen übersetzten). Die in der DDR aufgewachsene Merkel war nach der»Wende« 1990 quasi über Nacht zu einer Atlantikerin geworden, ihr erster Kontakt mit der westlichen Militärallianz kam aber in einer Phase des Umbruchs. Als sie sich (nach einem erfolglosen Umweg) der erfolgreichen CDU anschloss, kam sie in die Parteienfamilie, die sich zur NATO und zur transatlantischen Partnerschaft bekannte. Merkel bekannte sich also ebenfalls dazu, auch wenn ihr wohl das tiefere Verständnis fehlte. Ebenso erging es ihr vor dem Irak-Krieg Ende 2002, Anfang 2003, auf den George W. Bush zusteuerte.

Damit trat sie auch erstmals ins politische Bewusstsein vieler Amerikaner. Am 20. März 2003, als sich viele in Washington konsterniert über Kanzler Schröders ablehnende Entscheidung gaben, veröffentlichte die damals der großen Mehrheit der Amerikaner kaum bekannte deutsche Oppositionsführerin Dr. Merkel einen Gastkommentar in der *Washington Post*, in dem sie die Argumente für einen Irak-Krieg leidenschaftlich verteidigte. Zu dieser Zeit, anderthalb Jahre nach den 9/11-Terroranschlägen, verlangte die Mehrheit der Amerikaner eine Art amerikanischen Vergeltungsschlag im Nahen Osten.

Indem Merkel sich auf die Seite von Bushs Plänen stellte, gewann sie augenblicklich ein scharfes Profil und mehr Prominenz in den politischen Kreisen Amerikas. Bush schloss sie seitdem für immer in sein Herz. Zwei Jahre später, bei einem Gipfeltreffen in St. Petersburg, zuckte sie allerdings zurück, als Bush in einer besonders peinlichen Aktion (seiner an peinlichen Momenten reichen Präsidentschaft) ihr eine Rückenmassage spendieren wollte. Dennoch soll der Draht zwischen Merkel und Bush immer sehr eng gewesen sein. Einer ihrer Berater sagte Ende 2007 der *Washington Post*, Bush und Merkel stünden in derart permanentem Kontakt, dass man »kaum noch all ihre Telefongespräche, Videokonferenzen und persönlichen Treffen nachhalten kann«.

Der Irak-Krieg hat – neben anderen großen Schäden und Opfern – auch eine Menge Karrieren und Reputationen ruiniert. Angela Merkels Ruf im politischen Washington der Bush-Regierung wurde durch ihn erst gemacht. Sie hatte damals Glück. 2003 war es noch zu früh, um mit Sicherheit zu wissen, dass der Krieg ein Debakel werden würde. 2005, beim nächsten deutschen Bundestagswahlkampf, war er schon offenkundig ein Debakel. Bush erwartete nicht, dass sie ihre Kanzlerambitionen mit einem Bekenntnis pro Irak-Krieg in dieselbe Tonne treten wollte, in die er seine Präsidentschaft gerade versenkte. Merkel wurde in Kriegsfragen zurückhaltender, was auch mit der pazifistischen Grundhaltung vieler Deutscher zusammenhängt. Als Kanzlerin reduzierte sie die Stärke der Bundeswehreinheiten in Afghanistan, wofür Bush ihr keinen Preis abverlangte. Ihr verbales Irak-Engagement zu seinen Gunsten zahlte sich außerordentlich gut

aus: Er verehrte sie dafür, als sei sie ein großes reales Risiko eingegangen, und verlangte von ihr nichts weiter.

Merkel und der »Messias« Obama

Merkel hatte noch keine wirklich konsistente Vorstellung von der
Welt und der Weltordnung, bevor Barack Obama an die Macht kam.
Seitdem wurden ihre Ansichten zunehmend seinen ähnlich. Der in
Deutschland von den Massen schon im Wahlkampf in Berlin fast wie
ein politischer Messias gefeierte erste schwarze Präsident begeister-
te auch sie. Sie bildeten ein Paar, ein Tandem, das glaubte, eine neue
Weltordnung aufbauen zu können, so wie Reagan und Thatcher ein
solches weltpolitisches Paar waren, oder Mitterrand und Kohl gemeinsam Europa gestalteten. Die Partnerschaft Obama-Merkel brachte zwar kein großes konkretes Projekt hervor, sie führte zu keinem
konkreten Abkommen oder einer neuen Institution, aber sie gab fast
eine Dekade lang den Ton vor für die Welt – vor allem in Fragen der
Klimaschutzpolitik und in der Methode des Multilateralismus.

Obama nannte Merkel über Jahre seinen »engsten Partner« (so hatte
er zuvor allerdings auch schon mal Recep Tayyip Erdoğan bezeichnet).
Merkel duzte Obama in ihren Gesprächen – sie sprach überwiegend
Deutsch, denn ihr Englisch ist, anders als ihr Russisch, nicht verhand-
lungssicher. Bei seiner Abschiedstour in Berlin, nach der Trump-Wahl,
sagte Obama, er würde Merkel wählen, wäre er in Deutschland wahlberechtigt. Obama verlieh Merkel die »Presidential Medal of Free-
dom«, die höchste zivile Auszeichnung der Vereinigten Staaten. Sein
letztes außenpolitisches Telefongespräch aus dem Weißen Haus Mitte
Januar 2017 führte er mit seiner Freundin Angela in Berlin. Und er ließ
ihr Mobiltelefon abhören – jahrelang. »Das geht gar nicht«, beschwerte
sich Merkel, weitere Konsequenzen zog sie nicht.

Obwohl die Beziehungen zwischen den beiden eng waren, sollte man sie auch nicht übermäßig hoch hängen. In Washington sah
man während und auch nach der Finanz- und Wirtschaftskrise die
Deutschen auf keinem guten Kurs. Obamas wichtigste Wirtschafts-

berater, hauptsächlich Ex-Investmentbanker, die seine großen key-nesianischen Konjunkturstimuli ausarbeiteten, waren verärgert, dass Berlin nicht ebenfalls große Ausgabenpakete auf den Weg brachte. Die Deutschen würden Trittbrettfahrer der defizitfinanzierten amerikanischen Nachfrageprogramme. Finanzminister Tim Geithner war nach dem Finanzcrash immer wieder in Europa und drängte zu mehr staatlichen Aktionen. Die großen deutschen Export- und Leistungsbilanzüberschüsse waren schon zur Zeit der Obama-Regierung vielen ein Dorn im Auge. Regierungsberater attackierten die deutsche Handelsüberschusspolitik als »merkantilistisch«. Und ein Problem waren auch die diversen Geheimdienstaffären. Das schon erwähnte Abhören von Telefonen, das Bezahlen des BND-Mitarbeiters Markus R. für Dokumente, die angebliche BND-Auftragsspionage in europäischen Konzernen – all das hat die amerikanisch-deutschen Beziehungen belastet.

Was Obama an Merkel und was Merkel an Obama gefiel, war teils persönliche Anziehung. Ein berühmtes Foto, entstanden am Rande des G-7-Treffens im Juni 2015 auf Schloss Elmau in den bayerischen Bergen, zeigt Merkel angeregt gestikulierend: Ganz begeistert streckte die Kanzlerin die Arme in ihrem roten Blazer aus, blickte zum amerikanischen Präsidenten, der lässig vor ihr auf einer Holzbank sitzt, die Arme auf die Lehne gestützt. Was für eine Szene. »Soo groß« ist ihre Freundschaft, spekulierten viele Journalisten. Auf ihrer gemeinsamen Pressekonferenz zur Hannover Messe im April 2016 antwortete Merkel auf die Frage eines Reporters nach ihrem schönsten gemeinsamen Moment, sie sei »völlig außerstande, heute hier eine Bilanz zu ziehen«. Sie blieb verschwiegen, zurückhaltend. Das scheint Obama besonders an ihr geschätzt zu haben. Obama und Merkel waren politische und weltanschauliche Seelenverwandte. Was Obama nicht mochte, wie die *Washington Post* schrieb, waren Alliierte, die sich zu sehr an ihn klammerten oder öffentlich eine Show machten. Er schätzte es, dass Merkel – anders als etwa Nicolas Sarkozy – nicht darauf drängte, dass sie das politische Rampenlicht teilten.

Über die persönliche Zuneigung hinaus gab es tatsächlich auch eine ideologische Nähe. Obamas Leitprinzip waren die Menschenrechte – weltweit. Diese Menschenrechtsdoktrin kollidierte mit dem Prinzip der Souveränität anderer Staaten: Wenn sie Menschenrechte verletzten, dann sollten die Vereinigten Staaten eingreifen. Auch die deutsche Außenpolitik orientiert sich an der Menschenrechtsdoktrin. Nationalstaatliche Souveränität hat die Bundesrepublik in den gut sieben Jahrzehnten ihres Bestehens stets nur eingeschränkt gekannt, sie ist eingebunden durch internationale Verträge und supranationale Institutionen. Insofern hat sich die Bundesrepublik leichter als andere Staaten in eine multilaterale, postnationale Ordnung unter amerikanischer Führung eingefügt. Merkel ist – anders als Schröder – eine Kanzlerin, der die post-souveräne amerikanisch-imperiale Weltordnung nicht als Zumutung, sondern als normaler Zustand erscheint.

Obama hat das erkannt und Merkel auf der »richtigen Seite der Geschichte« verortet – eine Phrase, die er oft im Mund führte, aber deren Anspruch und Anmaßung innerhalb eines geschichtsphilosophischen Konzepts er wohl selbst nicht ganz verstand. Die richtige und die falsche Seite der Geschichte: Er meinte sie zu kennen, und Merkel stand fast immer auch auf der richtigen (amerikanischen) Seite.

Einmal aber nicht. Es war ein seltener, vielleicht der weiseste außenpolitische Moment ihrer Kanzlerschaft, als sie einmal die andere Seite wählte und sich die Bundesrepublik im Jahr 2011 nicht an dem amerikanisch-britisch-französischen Bombardement Libyens beteiligte, das den Diktator Muammar al-Gaddafi beseitefegte. Die *New York Times* und einige andere Blätter nannten die deutsche Position »peinlich«, Senator McCain zeigte sich alarmiert. Aber letztlich lagen sie falsch. Denn nach dem Sturz Gaddafis versank das Land in Chaos und Bürgerkrieg, und im libyschen Vakuum konnten sich IS-nahe Kräfte festsetzen; zudem öffnete der zerfallende Staat ein Tor für die Massenmigration von Afrikanern über die Mittelmeerroute, was Europa 2015 destabilisierte. Der Libyen-Krieg hat sowohl für die nordafrikanisch-arabische Region wie auch für Europa sicherheitspolitisch schädliche Folgen gehabt.

2015 zeigte sich Merkel als Menschenrechtspolitikerin. Ihre faktische Einladung an Hunderttausende Syrer und andere Flüchtlinge und Migranten, nach Deutschland zu kommen, war einerseits großzügig, eine große Geste, ja moralisch grandios – gleichzeitig aber auch eigensinnig, unabgesprochen mit den anderen Partnern, daher rücksichtslos, denn auch andere Länder mussten die Folgen der durch die Willkommenspolitik in Gang gesetzten Massenmigration mitertragen. In Amerika erschien es so, dass die Deutschen nun vollends zu »Gutmenschen« mutiert seien, die ohne Ansehen ihrer eigenen Interessen und der Konsequenzen für ihren eigenen Sozialstaat massenhaft Fremde einlüden. Henry Kissinger bemerkte trocken, dass so ein Verhalten – eine Öffnung für eine unkontrollierte und ungesteuerte Massenmigration – in der bisherigen Staatengeschichte noch nicht vorgekommen sei.

Merkel und der Trumpler

Im amerikanischen Präsidentschaftswahlkampf 2016 (und auch beim Brexit-Referendum) hat die merkelsche Willkommenspolitik als negativer Faktor eine wichtige Rolle gespielt und einen unerwarteten politisch-emotionalen Backlash ausgelöst. Die Trump-Wahl ist indirekt auch eine Folge davon. Trump hat Merkel im Wahlkampf als abschreckendes Beispiel herausgestellt und damit für seine einwanderungsrestriktive Politik geworben. »Hillary Clinton will Amerikas Angela Merkel sein«, mit diesem Ausruf in seiner wohl stärksten Rede seiner Wahlkampagne am 15. August 2016 brachte er die Menge zum Toben. Clinton werde wie Merkel das Land mit Fremden fluten – auch wenn das mal wieder eine polemisch starke Überzeichnung der Realität war, es war wirkungsvoll. Merkel war – bei dem knappen Wahlausgang in Amerika – wohl eine (ungewollte) Wahlhelferin für Trump. Ihre Politik hat seine indirekt beflügelt. »Ich denke«, sagte der Brexit-Trommler Nigel Farage in einem Interview einen Tag vor der Amtseinführung des neuen Präsidenten, »Trumps Politik wurde in vielerlei Hinsicht dadurch geformt, was Merkel getan hat.«

Nun musste Merkel mit dem neuen amerikanischen Präsidenten klarkommen, der laut der apokalyptischen *Spiegel*-Titelgeschichte »das Ende der Welt, wie wir sie kennen« bringen sollte. Die Unterschiede zwischen beiden waren eklatant: Trump dachte unilateral, isolationistisch, war populistisch; Merkel stand für die multilaterale, globalistische Position, war eine Anti-Populistin. Etwas überheblich klang es aber, als die deutsche Kanzlerin meinte, den neuen Präsidenten der Vereinigten Staaten von Amerika noch vor seiner Amtseinführung an eine gemeinsame Wertebasis erinnern zu müssen: »Demokratie, Freiheit, Respekt vor dem Recht und der Würde des Menschen, unabhängig von Herkunft, Hautfarbe, Religion, Geschlecht, sexueller Orientierung oder politischer Einstellung.« Natürlich fragten sich da manche, was mit diesen Werten ist, wenn die deutsche Regierung die Milliarden-Waffenverkäufe an Saudi-Arabien, wahrlich kein Menschenrechte-Vorzeigeland, genehmigt.

Als Trump einen zeitlich befristeten Einreisestopp für Bürger aus sieben überwiegend muslimischen Ländern hauptsächlich des Nahen Ostens verhängte, nannte Merkel das »ungerechtfertigt«. Dass Trump die Grenze zu Mexiko mit einer Mauer gegen illegale Einreisende befestigen wollte, missfiel ihr ebenfalls. Die Merkel-Obama-Position ist offenkundig, dass staatliche Grenzen irgendwie inhärent ungerechtfertigt und überholte Relikte einer vor-globalen Welt seien. Merkel war aber nicht die »Anführerin der freien Welt«, wie einige halluzinierten, sondern höchstens eine wichtige Vertreterin einer Art von gemanagtem politischen Transnationalismus. Unter amerikanischen und anderen Eliten, sowohl akademischen als auch bürokratisch-technokratischen, ist diese Position sehr angesagt. In der breiten, einfacheren Bevölkerungsmasse ist sie, wie die Trump-Wahl zeigt, nicht so stark vertreten.

Die linksliberale Presse in Amerika hoffte insgeheim, dass es schon beim ersten Zusammentreffen von Trump und Merkel in Washington Ende März 2017 zu einer Konfrontation, einem öffentlichen Clash kommen würde. Das ist nicht geschehen. Es war kein Zusammenprall »freie Welt« versus »autoritärer Populismus«. Das Treffen lief weitgehend harmonisch ab, Merkel hatte damit einen recht guten Start mit Trump.

Bei zwei Themen gab es Dauerstreit in der Trump-Merkel-Beziehung. Zum einen ging es um sicherheitspolitisches Engagement. Trump hat die NATO nicht für »obsolet« im Sinne von überholt erklärt, aber er glaubte, die Kosten und der Nutzen der Allianz müssten besser ausbalanciert werden. Er forderte, dass die anderen NATO-Mitglieder sich an das eigene Versprechen halten sollten, 2 Prozent ihrer Wirtschaftsleistung für Verteidigungsausgaben aufzubringen. Der deutsche Wert war in der Kanzlerschaft von Merkel von 1,3 Prozent im Jahr 2005 auf aktuell 1,2 Prozent gesunken. Merkel hat eingestanden, dass es hier etwas zu tun gibt. Allerdings wollten Merkel und ihre Verteidigungsministerinnen von der Leyen und Kramp-Karrenbauer eine breitere, »moderne« Konzeption von Sicherheitspolitik, worin auch Ausgaben von Entwicklungshilfe und Flüchtlingshilfe enthalten sein sollten. Der Zustand der Bundeswehr, deren materielle Ausrüstung von vielen als marode angesehen wird, hat sich unter von der Leyen und später AKK keineswegs substanziell gebessert.

Ein zweites Streitthema war die Handelspolitik. Die deutschen Leistungsbilanzüberschüsse empfanden schon die Wirtschaftsfachleute der Obama-Regierung als zu hoch, unter Trump verschärfte sich der Ton. Sein Handelsberater Peter Navarro warf Deutschland vor, den Außenwert des Euro zu manipulieren, um so andere Länder durch Vorteile beim Export auszunutzen – die deutsche Regierung und Notenbankfachleute haben das als absurd zurückgewiesen.

Schon bald nach Beginn der Trump-Regierung wurde offenkundig, dass er zu faul und zu sprunghaft war, die Versprechen und Themen seines Wahlkampfs dauerhaft zu verfolgen. Thema NATO-Beiträge: Die deutschen Militärausgaben stiegen zwar, aber nur sehr wenig – und sie bleiben mit derzeit etwa 1,3 Prozent des BIP weit unter dem NATO-Ziel von 2 Prozent. Auch am sehr großen deutschen Leistungsbilanzüberschuss änderte sich nichts. Umgekehrt weitete sich das amerikanische Handelsdefizit gegenüber Deutschland aus und liegt 2021 wieder da, wo es zuletzt 2014 war. Trump schenkte dem nur noch wenig Beachtung, er war vollauf mit der Abwehr des Amtsenthebungsverfahrens und anderer Skandale beschäftigt.

Merkel hatte im Umgang mit Trump eine ungewöhnliche Dynamik. Von allen europäischen Staats- und Regierungschefs der späten Hoch-Zeit von Trump erging es dem Briten Boris Johnson und dem Franzosen Emmanuel Macron am besten, sie erwiesen Trump genug zeremonielle Ehrerbietung, um seine Sympathie und seine Nachsicht zu gewinnen, wenn sie in praktischen politischen Fragen auseinanderlagen. Merkel scheute einen solchen Ansatz im Umgang mit dem Populisten im Weißen Haus. Sie scheute das Risiko von zu viel Kontakten. Stattdessen wählte sie eine ganz andere Strategie und fror die deutsch-amerikanischen Kontakte auf höchster Ebene weitgehend ein. Die deutsch-amerikanischen Beziehungen in den Jahren 2016 bis 2020 waren so distanziert wie nie seit dem Zerwürfnis von Schröder und Bush über den Irak-Krieg 2002/2003.

Abgesehen von der ganz großen Politik gab es auch eine deutsch-amerikanische Erfolgsgeschichte in den Trump-Jahren, an der beide Regierungschefs beteiligt waren: Die Entwicklung und Produktion des Corona-Impfstoffs von Biontech-Pfizer. Er kam Ende 2020 nur minimal zu spät, um die amerikanische Präsidentschaftswahl zu beeinflussen und um Trump zu helfen. Merkel konnte in der ersten Corona-Welle im Frühjahr und Frühsommer 2020 einen Erfolg verbuchen. Deutschland kam mit relativ wenigen Opfern durch die erste Phase der Pandemie, und der Wirtschaftseinbruch blieb geringer als in den meisten westlichen Ländern. Diese (vorläufige) Corona-Bilanz war für manche amerikanischen Kommentatoren wieder Anlass, die Vision von Merkel als geeigneter »Anführerin der freien Welt« neu zu beleben.

Happy End mit Biden?

Merkel gehörte zu den ersten bedeutenden Staats- und Regierungschefs, die Joe Biden zu seinem Sieg bei der Präsidentschaftswahl gratulierten. Aber trotz einer gewissen Wiederannäherung bleibt doch eine Distanz zwischen den beiden Ländern, ihrem Politikstil und ihren weltpolitischen Ansichten sichtbar. Damit wird offenkundig, was vielen Beobachtern schon länger klar war: Trump war ein Symptom, nicht die Ursache der erheblichen Dysfunktion der amerikanischen Politik und des transatlantischen Verhältnisses. Diese wird nicht so schnell verschwinden.

Als Twitter das Konto des abgewählten Ex-Präsidenten Trump mit rund 90 Millionen Followern sperrte, gehörte Merkel zu den wichtigsten Stimmen (neben dem russischen Dissidenten Alexei Nawalny), die dies kritisierten. Merkel ließ über ihren Regierungssprecher ausrichten, dass eine solche Zensur »problematisch« sei. Problematisch fand Merkel auch, als Präsident Biden im Frühsommer 2021 signalisierte, dass er Entwicklungsländern erlauben würde, den Patentschutz für Corona-Impfstoffe zu brechen. Merkel warnte hier vor »ernsten Komplikationen«, wenn Patente nicht mehr gelten würden. Das würde es im Übrigen auch gegenüber China schwerer machen, auf geistigem Eigentumsschutz zu beharren. Vielleicht hat die scheidende Kanzlerin sich hier, in dieser Frage sowie in einigen anderen, tatsächlich als »Führerin der freien Welt« erwiesen.

Aber aus einer amerikanischen Perspektive war das nicht die wirklich wichtige Sache der 16 Jahre Merkels im Kanzleramt. Sie zog dort ein kurz nach einer Kanzlerschaft (Gerhard Schröders) und einem Ereignis (dem Irak-Krieg), die fundamental die deutsch-amerikanische Beziehung infrage gestellt hatten. In ihren 16 Jahren im Kanzleramt hatte Merkel mit vier Präsidenten im Weißen Haus zu tun. Ihre Methode war das Gegenteil von Schröders Ansatz. Sie hat offene Konflikte mit Washington zu vermeiden versucht, hat nicht das Misstrauen des State Departments erregt, hat keine Ankündigungen über Ambitionen Deutschlands in der Welt gemacht. Sie ist Schritt für Schritt vorgegangen und hat damit die transatlantischen Beziehungen neu adjustiert. Ihre Jahre an der Macht haben Deutschland bestimmt nicht zum Anführer der freien Welt gemacht. Aber sie haben das Land doch weiter weggeführt von seiner Rolle während des Kalten Krieges, als es einfach dem Anführer der freien Welt nachfolgte.

ERICH VAD

Angela Merkel und das Dilemma deutscher Sicherheitspolitik

Zwischen Pazifismus und maroder Bundeswehr

In den frühen Morgenstunden des 6. April 2009 fliegen zwei CH-53-Hubschrauber der Bundeswehr im Tiefflug, nur ein paar Meter über dem Grund, von Usbekistan aus über die afghanische Grenze nach Kunduz. Bordtüren und Verladerampe sind offen, Maschinengewehre mit Gefechtsmunition im Anschlag. In der ersten Maschine sitzt neben mir die Bundeskanzlerin. Aus Sicherheitsgründen weiß niemand von der Reise. Aufgrund der aktuellen Gefährdungslage hatten das Verteidigungsministerium und auch die Sicherheitsdienste von der Reise abgeraten. Kunduz ist zum heißen Pflaster geworden. Erstmals seit 1945 kämpfen und fallen hier deutsche Soldaten. Angela Merkel will sich selbst vor Ort ein Bild von der Lage machen. Während des Anflugs auf das Feldlager Kunduz ertönt plötzlich ein Alarmsignal, die Bordelektronik hatte Lichtreflexe aufgenommen. Es knallt, die Maschinen werden erschüttert, rauchende Täuschkörper werden ausgestoßen und die Hubschrauber gehen in ein waghalsiges Ausweichmanöver über. Im Moment ist nicht klar, ob wir beschossen werden oder nicht. Merkel bleibt vollkommen ruhig und gefasst. Wir landen schließlich in Kunduz und das Programm beginnt. Unmittelbar nach dem Weiterflug wird das deutsche Feldlager Kunduz von Taliban mit Raketen beschossen.

Bei einem späteren Besuch in Afghanistan fliegen die Bundeskanzlerin und ich nach Mazar-e Scharif. Dort empfängt uns der mächtige Gouverneur Atta in seinem pompösen Palast. Draußen ist plötzlich eine laute Explosion zu hören. Die deutschen und afghanischen Sicherheitsleute raten dazu, den Besuch abzubrechen und die Kanzlerin in das sichere Camp zu bringen. Aber die Kanzlerin besteht darauf, den Besuch im Stadtzentrum fortzuführen. Später sagt sie mir zur Erklärung, wer Tapferkeit fordere, müsse selbst mit gutem Beispiel vorangehen. Es ist noch mal alles gut gegangen, wie auch bei der ersten Afghanistanreise der Bundeskanzlerin am 4. November 2007, als ein Selbstmordattentäter am Flughafen rechtzeitig gestellt und einen Tag vorher eine Straßenbombe gefunden wird.

Der Afghanistaneinsatz als Politikum

In der Nacht vom 3. auf den 4. September 2009 befiehlt der deutsche Kommandeur in Kunduz einen Luftangriff auf zwei von Taliban entführte Tanklastwagen voll Treibstoff. Er lässt sie zerstören, damit sie nicht als fahrende Bomben gegen deutsche Soldaten eingesetzt werden können. Ein damals wahrscheinliches Szenario. Etwa hundert Afghanen, die um die Fahrzeuge stehen, kommen bei dem nächtlichen Luftangriff um.

Das alles passiert gut drei Wochen vor der Bundestagswahl. Der Afghanistaneinsatz der Bundeswehr wird zum riskanten Politikum für die Bundeskanzlerin. Kurz darauf gibt sie die erste Regierungserklärung zu Afghanistan ab und bekennt sich zur Notwendigkeit des deutschen Engagements. Gleichzeitig bringt sie erste Abzugsüberlegungen ins Spiel, was auch der bevorstehenden Wahl und dem zu erwartenden Ende der Koalition mit der SPD geschuldet ist. Diese greift das Thema »Luftangriff bei Kunduz« prompt nach der Bundestagswahl lautstark auf. Es gibt einen Untersuchungsausschuss und ein riesiges Medienspektakel. Eine typisch deutsche Debatte über das Bombardement zweier entführter Tanklastzüge in Afghanistan bricht los.

ERICH VAD

Viele Medien und die politische Opposition, die – zumindest die SPD – kurz vorher noch für den Afghanistan-Einsatz in der Regierungsverantwortung stand, behandeln das Thema so, als sei dies ein außer Kontrolle geratener Polizeieinsatz in Deutschland, nicht eine militärische Operation in unübersichtlicher Lage in Afghanistan gewesen. Der *Spiegel* spricht von einem »deutschen Verbrechen« und stellt damit suggestiv den Bundeswehreinsatz bei Kunduz in die Nähe historischer Verbrechen – eine beliebte Verurteilungsform in Deutschland. Militärische Rahmenbedingungen und Besonderheiten des Einsatzes in Afghanistan werden größtenteils ausgeblendet. Am Ende fordert die emotionsgeladene, von alten Vorurteilen gegen die Bundeswehr getragene Debatte einfach nur politische »Bauernopfer«: Der damalige, seit 2005 amtierende Verteidigungsminister Franz Josef Jung (CDU), Generalinspekteur Wolfgang Schneiderhan und Staatssekretär Peter Wichert müssen ihre Ämter Ende 2009 aufgeben.

Eine marode Armee

Seit fast 16 Jahren tragen Bundesverteidigungsminister aus den Reihen der CDU/CSU die Verantwortung für die Bundeswehr. Die Bilanz ist ernüchternd: Überbordende Bürokratie, mangelhafte Einsatzfähigkeit, gravierende Materialprobleme, ein verschleppendes Beschaffungswesen, fehlende Attraktivität und massive Personalprobleme – über 20.000 Dienstposten sind weiterhin unbesetzt – listete der letzte Bericht des Wehrbeauftragten Hans-Peter Bartels 2020 auf. Es fehlt nicht an guten Absichtserklärungen und den noch unter Verteidigungsministerin Ursula von der Leyen eingeleiteten personellen und materiellen »Trendwenden«. Bei näherem Hinsehen erweisen sie sich schnell als Potemkinsche Dörfer, denn die »Trendwenden« von der Leyens sind in keiner Weise finanziell, materiell und personell abgesichert, wie der Wehrbeauftragte richtig bemerkt. Da helfen auch keine geschönten Statistiken und verbale Vernebelungen.

Als die deutsche Bundesregierung Ende 2015 beschließt, mit Tornado-Aufklärungsflugzeugen den internationalen Luftkrieg gegen die Terrororganisation »Islamischer Staat« zu unterstützen, sind nur etwa ein Drittel der deutschen Flugzeuge einsatzbereit. Auch bei den Eurofightern der Luftwaffe sieht es nicht gut aus: Von den 109 Maschinen sind nur 42 einsatzbereit. Bei den veralteten Transportflugzeugen Transall ist die Lage nicht viel besser. Und bei den Transporthubschraubern vom Typ CH-53 sind von 83 Maschinen nur 16 für Einsatz, Ausbildung oder Übungen einsetzbar.

Nur ein Bruchteil des Geräts in Heer, Luftwaffe und Marine ist voll funktionsfähig und einsatzbereit. Beinahe die Hälfte der Bundeswehrliegenschaften weist erhebliche Mängel auf und ist nur eingeschränkt nutzbar, 10 Prozent überhaupt nicht. Wenn das Heer von heute noch maximal eine einsatzbereite, vollausgerüstete Brigade auf die Beine stellen kann, unsere Luftwaffe stellenweise nur rund ein Drittel ihrer Kampfflugzeuge startklar hat und die deutsche Marine die kleinste ihrer Geschichte ist, dann läuft sicherlich etwas falsch. Der Verfassungsauftrag der Bundeswehr ist so nicht leistbar.

Das ist kein Wunder, denn der Anteil der Verteidigungsausgaben am Bruttoinlandsprodukt (BIP) liegt im Jahr 2019 mit 1,3 Prozent auf einem historischen Tiefstand, noch immer unter dem Stand bei Dienstantritt der Bundeskanzlerin im Jahr 2005. Zwar steigt der Wehretat 2021 um 1,2 auf 46,8 Milliarden Euro. Die derzeitige mittelfristige Finanzplanung sieht jedoch lediglich einen Wehretat von circa 1,2 Prozent des BIP vor. Er bleibt weit entfernt von den der NATO zugesagten 2 Prozent, von dem in Berlin keiner mehr ernsthaft redet. Deutschland ist damit in der Ära Merkel seinen internationalen Versprechen nicht nachgekommen. Wir müssten zudem 20 Prozent des Etats investiv für neue Rüstungsgüter nutzen. Das haben wir – wie das bekannte 2-Prozent-Ziel für Verteidigungsausgaben – der NATO zugesagt.

Streitkräfte müssen einsatzbereit sein, sonst sind sie das Geld nicht wert, das man in sie steckt. Der langjährige Wehrbeauftragte Hans-Peter Bartels sprach in seinen Jahresberichten mehrfach von »organisierter Verantwortungslosigkeit« und einem »System der Verantwortungsdiffusion« im Wehrressort. Er hat recht. Es geht nicht nur um das fehlende Geld. Mit einem Verteidigungsetat von rund 47 Milliarden Euro liegt Deutschland immerhin auf Platz 7 der Weltrangliste. Doch die Bundeswehr kann nur mit äußerster Anstrengung ihre Auslandseinsätze leisten und fällt immer wieder mit peinlichen Pannenmeldungen über nicht einsatzbereite Waffensysteme auf. Allein am fehlenden Geld kann das nicht liegen.

Die materielle Einsatzbereitschaft der Bundeswehr hat sich in den letzten Jahren nicht wesentlich verbessert: Nur sehr wenige der Kampfhubschrauber Tiger, der Mehrzweckhubschrauber NH-90 und der total veralteten CH-53 sind einsatzbereit. Für die Pilotenausbildung muss die Bundeswehr in den Jahren 2021 bis 2024 sogar Hubschrauber beim ADAC anmieten. Von den 284 neu zugelieferten Puma-Schützenpanzern des Heeres rollt nicht mal ein Viertel. Von den veralteten Tornado-Kampfflugzeugen bleiben im Schnitt drei Viertel am Boden. Wegen der prekären personellen und materiellen Lage der Luftwaffe ist das mit unzähligen Pannen behaftete Transportflugzeug A400M der Luftwaffe nur die Hälfte der vorgesehenen Flugstunden in der Luft. Von den sechs der Marine noch verbliebenen U-Booten ist zeitweise kein einziges auslaufklar. Von den 15 größeren Kampfschiffen der Marine »auf dem Papier« sind dem Bericht des Wehrbeauftragten zufolge nur neun bedingt einsatzbereite Schiffe real vorhanden. Beinahe jeder zivile deutsche Motorbootverein oder Motorflug-Club hat einen besseren Klarstand!

Nach der Planung soll die Bundeswehr im Jahr 2031 über drei Divisionen und vier Task Forces der Luftwaffe verfügen – ein richtiges, aber kaum realisierbares Ziel angesichts der verfügbaren personellen, materiellen und finanziellen Ressourcen. Die größte Volkswirtschaft Europas scheint nicht einmal in der Lage zu sein, den Soldatinnen und Soldaten genügend Betten und Spinde bereitzustellen. Unsäglich lange Zeit vergeht, bis die Soldatinnen und Soldaten eine neue Winterkleidung, neue Skier, neue Unterwäsche, neue Stiefel, neue Zelte, neue Nachtsichtgeräte und so weiter bekommen, kritisierte der Wehrbeauftragte. Oft kaufen Soldatinnen und Soldaten ihre Ausrüstung lieber gleich selbst und bezahlen dafür aus eigener Tasche, weil sie nicht auf die Lieferung »von oben« warten wollen. Eine überall wuchernde Bürokratisierung schränkt die operative Flexibilität immer weiter ein.

Der strikte Prozessvollzug im Sinne einer Fehlervermeidungskultur gemäß Vorschriften und Erlassen, die in der Bundeswehr ganz Bibliotheken füllen könnten, ist wichtiger als die Einsatzbereitschaft. Es gibt zigtausend Vorschriften und Erlasse. Wer handelt, verstößt eigentlich immer gegen irgendeine Regel. Das minimiert Initiative, fördert Untätigkeit und ein weit verbreitetes Absicherungsdenken, vor allem bei den höheren Dienstgraden. Das gilt auch für die unkritisch übernommene und vonseiten der Spitzengeneralität gebilligte EU-Arbeitszeitrichtlinie unter Verteidigungsministerin von der Leyen. Sie umfasst Ausführungsbestimmungen auf mehr als 700 Seiten, deren Anwendung kaum ein Soldat versteht und die gleichzeitig das Personalproblem der Bundeswehr potenziert.

Der mangelhafte Zustand der Streitkräfte und dieser Umgang mit Steuergeldern, die in sie gesteckt werden, sind gleichermaßen skandalös. Aber niemand scheint sich groß dafür zu interessieren. Konsequenzen gibt es keine. Schnell geht man zur Tagespolitik über. Eigentlich besteht das Skandalöse darin, dass die jährlichen kritischen Berichte des Wehrbeauftragten keinen politischen Skandal in Deutschland auslösten und einfach hingenommen wurden.

Das Amt des Verteidigungsministers als Schleudersitz

Der Posten des Bundesverteidigungsministers in Berlin ist hochriskant. Oft ist er der »Buhmann« gewesen. Zwar gibt es eine vernetzte Sicherheitspolitik, aber verantwortlich, wenn etwas schiefgeht, ist immer der Verteidigungsminister. Nur er muss sich rechtfertigen, und nur er sitzt auf dem »Schleudersitz« der Republik. Nicht wenige sind in diesem Job politisch gestrandet. Insider wissen: In den Verteidigungsausschuss zieht es kaum einen jungen ambitionierten Bundestagsabgeordneten.

Im Jahr 1990 nach der Wiedervereinigung hatte die Bundeswehr fast 600.000 Soldaten, seitdem ist sie schrittweise drastisch verkleinert worden. Heute gehören ihr noch knapp 184.000 Soldatinnen und Soldaten an – so wenige wie nie zuvor. Nach den Reduzierungsbeschlüs-

sen und Standortschließungen der letzten Jahre, die schon unter den
SPD-Ministern Rudolf Scharping und Peter Struck begonnen wurden,
ist die Bundeswehr in vielen Wahlkreisen kaum noch präsent. Entsprechend ist das Interesse von Abgeordneten an dieser Institution wenig
ausgeprägt. Und sie wissen: Mit den harten, unbeliebten »facts and fi-
gures« der Sicherheits- und Verteidigungspolitik geht man hierzulande in den Umfragen schnell in den Keller und gewinnt keine Wahlen.
Dazu kommen fehlendes strategisches Denken bei unseren Eliten, kaum noch vorhandene Wehrbereitschaft und eher Duldung, Toleranz als Akzeptanz der Bundeswehr in der Gesellschaft. Nach Auffassung von Strategie- und Militärexperten wie Martin van Creveld ist
die Bundeswehr zu einer »seelenlosen Maschine« verkommen. Die
Medienberichterstattung ist in der Regel kritisch bis ablehnend der
Bundeswehr gegenüber.

Mit Äußerungen zu militärischen Fragen kann man als Politiker
schnell ins mediale Kreuzfeuer geraten. Als der damalige Bundespräsident Horst Köhler im Mai 2010 in einem Gespräch mit einem
Journalisten über den Einsatz der Bundeswehr in Afghanistan auf
die Bedeutung und den Schutz militärisch gesicherter Handels- und
Transportwege für eine Wirtschaftsmacht wie Deutschland hinweist –
eine Aussage, die im damaligen Weißbuch beinahe wörtlich zu finden
ist –, löst dies heftige mediale Kritik aus, die schließlich Ende Mai zu
Köhlers Rücktritt führt.

Ein wenig Glanz schien das Verteidigungsministerium durch
den schillernden Karl-Theodor zu Guttenberg (CSU) zu bekommen,
den jüngsten Minister auf der Hardthöhe, der von Oktober 2009 bis
März 2011 dort agierte, bevor er wegen der Plagiatsaffäre um seine
Doktorarbeit alle Ämter niederlegte. Guttenbergs bleibendes Erbe ist
die schnell durchgepeitschte Aussetzung, die faktische Abschaffung
der Wehrpflicht.

Thomas de Maizière (CDU), nur kurz von 2011 bis 2013 im Amt
des Verteidigungsministers, verkompliziert die Führungsstrukturen
im BMVg gegen jeden militärischen Sachverstand. Am Ende seiner
»Reformen« steht noch mehr ministerielle »Verantwortungsdiffusion« und Ineffizienz als zuvor. Die aus dem Ruder gelaufene Euro-

Hawk-Affäre kostet ihn fast den politischen Kopf. Dafür wird später zur politischen Entlastung seiner Amtsnachfolgerin sein langjähriger Vertrauter und Staatssekretär Stéphane Beemelmans gefeuert. Ursula von der Leyen (CDU), von Dezember 2013 bis 2019 Bundesverteidigungsministerin, hat schnell lernen und begreifen müssen, dass die Attraktivität einer Armee sich nicht in Einzelzimmern für die Soldaten, hohem Frauenanteil, Kita-Plätzen, Flachbildschirmen und Flatrates erschöpft. Ihr Handling der G-36-Affäre bleibt höchst fragwürdig: Aufgrund medialen und politischen Drucks lässt sie eine exzellente Waffe, die von Eliteeinheiten weltweit gerühmt wird und über die sich nie ein Soldat im Einsatz beklagt hat, einfach aus dem Verkehr ziehen und nimmt dabei hohe Kosten in Kauf. Auf eine Nachfolge des G36 kann die Bundeswehr noch lange warten. Auch die von ihr versprochenen sogenannten »Trendwenden« sind in der Sache zwar richtig, aber angesichts der mittelfristigen Finanzplanung regelrechte Luftbuchungen und ein zweifelhaftes Erbe ihrer über fünfjährigen Amtszeit. Man muss von der Leyen zugestehen, dass sie ihr Amt – politisch geschickt, wenn auch zuweilen militärisch fragwürdig – länger durchgehalten hat als die meisten ihrer Vorgänger, ausgenommen Volker Rühe. Dennoch schreibt der Militärhistoriker Sönke Neitzel 2017 von einer »Entfernung von der Truppe«, von gegenseitigem Misstrauen und Vertrauensverlust, nachdem von der Leyen nach der »Affäre Franco A.« wegen des Verdachts rechtsradikaler Sympathien sämtliche Stuben in allen Kasernen durchsuchen lässt. Der Misstrauensbeweis wirkt lange fort.

Ihre Nachfolgerin »AKK«, Annegret Kramp-Karrenbauer (CDU), versucht seit Juli 2019 den eingeschlagenen Kurs fortzuführen. Trotz zeitweise gestiegenen Wehretats wird die prekäre Lage der Bundeswehr und ihrer tatsächlichen Finanzausstattung immer offensichtlicher. Auch eine Verbesserung der Beschaffungsmaschinerie ist unter Kramp-Karrenbauer nicht erkennbar, die diesbezüglich ein schweres Erbe übernommen hat. Beim Thema Drohnenabwehr, die aus keinem militärischen Konflikt mehr wegzudenken ist, herrscht Stillstand, auch weil der Koalitionspartner politisch nicht mitzieht. Ihre Initiative »Einsatzbereitschaft« Anfang 2020 kommt nur dann zu positiven Effekten, wenn man sämtliche Lastwagen der Bundeswehr als Hauptwaffensysteme in die Statistik einrechnet – wieder ein Beispiel für die zweifelhafte Tendenz im BMVg zu geschönten Statistiken und Lageberichten. Die traurige Realität der mangelhaften materiellen Einsatzbereitschaft der Bundeswehr wird dadurch verschleiert. AKK scheint das Talent des politischen Nebelkerzenzündens und die bekannte mediale Vorwärtsstrategie ihrer Vorgängerin zu fehlen, was wiederum auch für sie spricht. Immerhin aktiviert AKK in der Corona-Pandemie 25.000 Soldatinnen und Soldaten im Rahmen der Amtshilfe, erfüllt 3.400 Amtshilfeersuchen an die Bundeswehr, was zu einer höheren Akzeptanz in der deutschen Bevölkerung führt.

Keiner der letzten Verteidigungsminister in der Ära Merkel hatte das Zeug dazu, die Streitkräfte einer der größten Wirtschaftsnationen der Erde nachhaltig zu formen. Sie hatten und haben mehr mit der Verteidigung ihres eigenen politischen Überlebens zu tun als mit der Sicherstellung der Verteidigungsbereitschaft Deutschlands. Das ist nur zum Teil persönliches Versagen. Es ist auch Konsequenz der faktischen deutschen Rahmenbedingungen des Berliner Politikbetriebs, der weitgehenden Gleichgültigkeit von Politik und Gesellschaft insgesamt gegenüber der Bundeswehr.

Reformen im Schnelldurchgang

Die Bundeswehrstrukturkommission unter Leitung von Frank-Jürgen Weise empfiehlt im Herbst 2010 die Aussetzung der Wehrpflicht. Der forsche damalige Verteidigungsminister Karl-Theodor zu Guttenberg (CSU) wird die Aussetzung, faktisch die Abschaffung der Wehrpflicht, im Schnelldurchgang durchexerzieren. Warnende Hinweise hinsichtlich der Folgen für die Verankerung der Bundeswehr in der Gesellschaft und die Nachwuchsgewinnung sind im politischen Berlin kaum zu hören. Es wird eine Bundeswehrreform »designed to cost« – also mit Ausrichtung auf eine Senkung der Kosten. Das ist folgerichtig, weil zu Guttenberg in der Tat für die Bundeswehr nicht genug Geld zur Verfügung hat und sich etwas einfallen lassen muss. Es gibt kaum noch Verteidiger des Wehrpflichtgedankens.

Allerdings ist die Wehrpflicht seit Jahrzehnten schon faktisch tot, die Wehrgerechtigkeit schon längst nicht mehr gegeben, weil nur noch ein Bruchteil der Wehrpflichtigen tatsächlich in den Streitkräften dient. Insofern ist der politische Vollzug der Aussetzung der Wehrpflicht eigentlich überfällig. Der Wehrpflichtgedanke scheint nicht mehr in ein Land zu passen, das der Wehrhaftigkeit längst abgeschworen hat.

Andere wichtige und gute Vorschläge der Weise-Strukturkommission werden vonseiten des Verteidigungsministeriums nur unzureichend umgesetzt. Der »Druck« aus dem Bundeskanzleramt reicht nicht aus. Die Kopflastigkeit der Bundeswehr bleibt weitgehend erhalten ebenso wie die schon seit Jahren beklagte übergroße Anzahl von Stäben, Ämtern und Kommandobehörden sowie zahlreiche unsinnige Doppelstrukturen. Die Zusammenfassung von Bundeswehrstandorten in wirtschaftlich effizienten Großstandorten, die Konzentration und das Zusammenlegen von Ausbildungseinrichtungen werden nur sehr eingeschränkt oder gar nicht erreicht. Faktisch wird die Bundeswehr ziemlich phantasielos, linear und querschnittlich in allen Bereichen gekürzt. Die Bundesmarine verfügt am Ende über gerade mal so viele Schiffe, wie die Niederlande im Einsatz haben. Bei den Kampfpanzern des Heeres wurde von mehr als 2.000 auf gut 200 Stück reduziert, eine Größenordnung, über die auch die Schweiz verfügt und die mühsam auf rund 300 korrigiert wurde.

Krieg oder Nicht-Krieg?

April 2010: In kurzer Abfolge kommen mehrere deutsche Soldaten bei Kämpfen in Afghanistan ums Leben. Derweil streitet man sich in der Bundesrepublik, ob es sich um Gefallene handelt oder nicht. Am Karfreitag 2010 fallen drei deutsche Soldaten in einem stundenlangen Feuergefecht mit Taliban-Kämpfern bei Kunduz. Eine Woche später findet eine Trauerfeier im norddeutschen Selsingen statt, ich fliege mit der Bundeskanzlerin dorthin. Berührt steht sie vor den aufgebahrten Särgen der gefallenen Fallschirmjäger.

Bewegend ist das Gespräch der Kanzlerin mit den Angehörigen, sie zeigt menschliche Empathie. Auf dem Rückflug reden wir über die Sinnhaftigkeit des Krieges und Einsatzes in Afghanistan. Der zieht sich jetzt schon über Jahre hin, länger als der Zweite Weltkrieg. Es wird deutlich, dass sie ihn zu einem erfolgreichen Ende führen will. Am nächsten Tag lassen wir uns vom Einsatzführungskommando in Potsdam über die Lage bei Kunduz und den stundenlangen Gefechtsverlauf unterrichten.

In einer generalstabsmäßigen Multimediashow wird minutiös der Hergang des Gefechts geschildert, als habe es sich um eine kriegsentscheidende, militärische Großoperation gehandelt. Am Ende die einfache, entwaffnende Frage der Kanzlerin, wie viele Taliban denn wohl in dem zehnstündigen Gefecht getötet wurden. Es ist bezeichnend und vielsagend, dass keiner der anwesenden Generale und Offiziere die Frage auch nur annähernd beantworten kann.

Im April 2010 gibt es abermals eine Regierungserklärung der Bundeskanzlerin zu Afghanistan, in der viel von Krieg und Tapferkeit die Rede ist, aber auch der Appell an die Abgeordneten ergeht, sich zu dem zu bekennen, was sie selbst beschlossen haben. Schließlich wird die Bundeswehr im Einsatz von der Mehrheit des Parlaments dazu autorisiert und legitimiert.

Im Dezember 2010 ist Angela Merkel wieder in Afghanistan und besucht die dort eingesetzten deutschen Soldaten. Verteidigungsminister zu Guttenberg hatte kurz vorher mit einem Tabu gebrochen, indem er mit Blick auf die Kämpfe bei Kunduz erstmalig von »Krieg« gesprochen hat. Ein wochenlanger semantischer Streit in Deutschland ist die Folge. Das pazifistische Grundgefühl, die eigentliche Staatsräson der Deutschen, ist berührt und herausgefordert.

Während zu Hause debattiert wird, ob der Afghanistaneinsatz überhaupt Krieg sei, kämpfen deutsche Soldaten bei Kunduz wie im Krieg und erleiden Verluste. Deutschland hat Gefallene, und viele tun sich schwer damit, das einzugestehen. Dennoch gilt es in dieser Frage das richtige Maß zu bewahren. Sicherlich kämpfen deutsche Soldaten im Raum Kunduz wie in einem klassischen Krieg, sie haben Verluste und haben sich tapfer geschlagen. Aber überwiegend ist die Bundeswehr im Norden Afghanistans in einem vergleichsweise ruhigen Umfeld tätig, was oft vonseiten der Alliierten kritisiert wird. Im August 2021 verlässt die Bundeswehr nach 20 Jahren Einsatz Afghanistan. Es ist der verlustreichste Einsatz ihrer Geschichte. Hat sich das Ganze gelohnt? Zwei Jahrzehnte Einsatz am Hindukusch, der mehr als 12 Milliarden Euro gekostet hat, mit rund 160.000 Soldaten und Soldatinnen, die ein Land verlassen, das in Bälde wieder in die Hände der Taliban fallen wird.

Merkel-Doktrin und Strukturpazifismus

Unzählige Debatten im Deutschen Bundestag, an denen ich mit der Bundeskanzlerin teilgenommen habe, belegen es: Die Welt und ihre internationalen strategischen Herausforderungen werden im politischen Berlin immer durch die innenpolitische Brille deutscher Befindlichkeiten und Binnenverhältnisse gesehen. Dem muss jede deutsche Regierung Rechnung tragen, ob sie will oder nicht.

In den Bundestagswahlkämpfen sowie in den anschließenden Koalitionsverhandlungen der Ära Merkel spielen sicherheitspolitische Überlegungen nur eine marginale Rolle. Es ist nicht zu übersehen: Deutschland definiert sich vorrangig als pazifistische Zivilmacht. Bei den Auslandseinsätzen der Bundeswehr gilt die politische Devise in Berlin: Dabei sein ist alles, am liebsten rein humanitär wie eine NGO, ohne konsequente Strategie oder das Befolgen nationaler Interessen, und vor allem kein Kampfauftrag! Das ist die rote Linie einer pazifistischen Zivilmacht. Darum geht es im Kern bei allen deutschen Auslandseinsätzen. Deshalb gibt es am Ende weder Sieg noch Niederlage. Es bleiben am Ende der Abzug, diplomatische Floskeln und die berechtige Frage nach der Sinnhaftigkeit des Einsatzes und des »Warum?« und »Wozu?« deutscher Streitkräfte.

Einmal versucht die Bundeskanzlerin einen Befreiungsschlag: In einer Rede im November 2011 in Berlin wirbt sie dafür, befreundete Länder, die in unserem Sinne politisch agieren oder agieren wollen, für ihre eigene Sicherheit mit Waffen, Ausrüstungsgütern und Ausbildungshilfe ausstatten zu können, um selbst nicht militärisch weltweit aktiv werden zu müssen. Diese sogenannte »Merkel-Doktrin« wird heftig in den Medien, Teilen der Regierung und des Parlaments angegriffen. Der *Spiegel* bildet Merkel auf der Titelseite in einem olivgrünen Kampfanzug ab. Soll sie einfach durchziehen? Es wird nichts daraus. Bei einem Besuch in Berlin hatte der damalige polnische Außenminister Radoslaw Sikorski 2011 gesagt: »Deutsche Macht fürchte ich heute weniger als deutsche Untätigkeit.« Sicherheitspolitische Untätigkeit herrschte über weite Strecken der Ära Merkel vor.

Während der Ukraine-und-Krim-Krise in den Jahren 2014/2015 ist es eine fundamentale Schwächung der westlichen, europäischen Verhandlungsposition, dass die deutsche Regierungspolitik ostentativ und von vornherein militärische Optionen, wie etwa eine Stationierung von Nato-Truppen in den osteuropäischen Mitgliedsländern, ausschließt.

Unverständlich und unrealistisch ist auch, den Vormarsch der Kämpfer des »Islamischen Staats« im Irak 2013/2014 mit den hierzulande üblichen Appellen an die Vernunft der Konfliktparteien, Entrüstungsbekundungen und Reisediplomatie etc. stoppen zu wollen. Angesichts des hohen innen- wie außenpolitischen Konsenses hinsichtlich der Gefährlichkeit der Terrororganisation »Islamischer Staat« war es unverständlich, dass sich der substanzielle deutsche militärische Beitrag zu ihrer Bekämpfung lediglich in Tank- und Aufklärungsflugzeugen erschöpfte. Dieser Beitrag hat – wie bei anderen Einsätzen auch – tendenziell eher symbolischen als faktischen Wert. Beim europäischen Werben für einen Anti-IS-Einsatz im Herbst 2015 versteckt sich Berlin regelrecht hinter Paris. Die Kanzlerin weiß, dass man mit Militäreinsätzen in schwieriges politisches Fahrwasser gerät – ein Armutszeugnis für eine Weltwirtschaftsmacht mit internationaler Verantwortung wie Deutschland.

Im aktuellen Weißbuch der Bundesregierung von 2016 ist von dem originären und zentralen Auftrag von Streitkräften, dem Kampfeinsatz, nicht die Rede. Das eigentliche Wofür, Wie, Warum und Wozu von Streitkräften kann man bestenfalls zwischen den Zeilen einer an der politischen Korrektheit orientierten Sprache erraten.

Verteidigerin der freien Welt?

Angesichts der eingeschränkten Handlungsfähigkeit Deutschlands in der Sicherheitspolitik, einer nur bedingt einsatzfähigen Bundeswehr und der nicht beantworteten Frage, wozu Deutschland über Streitkräfte verfügt, stellt sich die Frage: Konnte die deutsche Bundeskanzlerin wirklich »die letzte Verteidigerin der freien Welt« sein, wie die *New York Times* sie im November 2016 allen Ernstes nannte? Selbst wenn sie es gewollt hätte, sie konnte diese Rolle nicht übernehmen. Angela Merkel steckte wie jeder deutsche Regierungschef in der Zwickmühle der pazifistischen Leitkultur und einer strukturell sehr eingeschränkten Handlungsfähigkeit Deutschlands in der Sicherheitspolitik. Im Ergebnis ihrer 16-jährigen Regierungszeit konnte Angela Merkel an diesem Zustand nichts ändern. Ohne erheblichen Druck äußerer Umstände gibt es wohl auch keine Bereitschaft zu einer Revision der deutschen Sicherheitspolitik.

Deutschland hat in den 16 Jahren der Ära Merkel keine echte sicherheitspolitische Strategie entwickelt, es besitzt keine strategische Kultur wie unsere Bündnispartner. Im Grunde genommen wissen wir gar nicht, wofür die Bundeswehr da ist, warum und wozu wir Streitkräfte abseits humanitärer Aufgaben wirklich brauchen. Es herrscht Konzeptionslosigkeit ganz oben. Damit sind wir international weder berechenbar noch verlässlich, außer bei den üblichen folgenlosen Moralpredigten und Betroffenheitsritualen, in denen Deutschland Weltmeister ist. Wir haben militärisch nicht viel zu bieten. Deutschland ist eine Welthandelsmacht, dazu gehören stabile internationale Beziehungen, und trotz aller Mängel ist es ein Land, das Sehnsuchtsort vieler Menschen auf der Welt ist. Das gilt es zu bewahren. Und dazu gehören auch schlagkräftige, funktionsfähige Streitkräfte. Die große Frage ist, ob in der Post-Merkel-Ära die neue Regierung, wohl unter Einschluss der Grünen, die Herausforderungen besser anpackt. Man kann nur hoffen, dass Deutschland nicht von den Herausforderungen unserer Sicherheit überrollt wird.

Die Autoren

Norbert Bolz, geb. 1953 in Ludwigshafen, ist Philosoph, Medien- und Kommunikationstheoretiker. Er lehrte als Professor für Medienwissenschaft an der TU Berlin. Fast 30 Buchveröffentlichungen über Philosophie, Medientheorie und Design. Anfang 2017 veröffentlichte er sein Buch *Zurück zu Luther*, zuletzt erschien bei Matthes & Seitz *Avantgarde der Angst*.

Christopher Caldwell, geb. 1962 in Lynn (Massachusetts), Journalist und Publizist, war langjähriger Senior Editor der Zeitschrift *Weekly Standard* in Washington und ist jetzt Editor der *Claremont Review of Books*. Er schreibt zudem für die *Financial Times*, das *Wall Street Journal* und die *New York Times*. 2009 veröffentlichte er das Buch *Reflections on the Revolution in Europe: Immigration, Islam, and the West*, 2020 folgte der NYT-Bestseller *The Age of Entitlement: America Since the Sixties*.

Dominik Geppert, geb. 1970 in Freiburg (Breisgau), Professor für Geschichte des 19./20. Jahrhunderts an der Universität Potsdam, zuvor Professor in Bonn und Gastprofessor an der London School of Economics and Political Sciences. Veröffentlichungen zur deutschen und britischen Geschichte. Im Jahr 2003 erschien sein Buch *Maggie Thatchers Rosskur – ein Rezept für Deutschland?*, 2013 zur Euro-Krise das Buch *Ein Europa, das es nicht gibt*.

Anthony Glees, geb. 1948 in Oxford, ist Zeithistoriker und Politikprofessor. Er studierte in Oxford und Göttingen, lehrte in Warwick und an der Brunel University London. Seit 2008 ist er Professor an der University of Buckingham, wo er das Centre for Security and Intelligence Studies leitet. Über viele Jahre Gastkommentator für DeutschlandRadio und Deutschlandfunk sowie zahlreiche andere britische und internationale Medien. Autor mehrerer Bücher und zahlreicher Aufsätze über die Stasi, über Islamismus sowie Terrorismus.

Justus Haucap, geb. 1969 in Quakenbrück, ist Wettbewerbsökonom, Professor für VWL an der Universität Düsseldorf und Gründungsdirektor des Düsseldorf Institute for Competition Economics (DICE). Von 2008 bis 2012 war er Vorsitzender der Monopolkommission, welche die Bundesregierung in Fragen der Wettbewerbspolitik berät.

Boris Kálnoky, geb. 1961 in München, hat drei Jahrzehnte als Korrespondent für Osteuropa gearbeitet, vor allem für die Zeitung *Die Welt*, mit Sitz in Budapest und zwischenzeitlich Istanbul. Er schrieb zudem für die *Weltwoche* (Zürich) und die *Presse* (Wien). Seit 2020 ist er Leiter der Medienschule des Mathias Corvinus Collegiums (MCC) in Budapest, des größten multidisziplinären Fachkollegiums Ungarns.

Necla Kelek, geb. 1957 in Istanbul, kam 1966 nach Deutschland. Die promovierte Soziologin hat sich einen Namen als Islamkritikerin und Frauenrechtlerin gemacht. Bekannteste Werke sind ihr preisgekröntes Buch *Die fremde Braut* sowie *Die verlorenen Söhne*. 2012 erschien *Chaos der Kulturen: Die Debatte um Islam und Integration*, 2019 *Die unheilige Familie. Wie die islamische Tradition Frauen und Kinder entrechtet*. Zahlreiche Artikel in diversen Publikationen von *FAZ* und *Welt* bis *taz* und *Emma*.

Birgit Kelle, geb. 1975 in Heltau, Siebenbürgen, ist Journalistin und Autorin. Sie publiziert vor allem über familien-, frauen- und geschlechterpolitische Themen. Ihre Bücher wurden Bestseller, darunter die Feminismuskritik *Dann mach doch die Bluse zu – Ein Aufschrei gegen den Gleichheitswahn* und die Polemik *GenderGaga*. Regelmäßige Kolumnistin in *Welt* und *Focus*. 2017 erschien ihr Buch *Muttertier – Eine Ansage*, 2020 die Streitschrift *Noch Normal? Das lässt sich gendern!*

Alexander Kissler, geb. 1969 in Speyer, ist Journalist und Buchautor. Der promovierte Literaturwissenschaftler arbeitete als Theaterregisseur, war Mitarbeiter der *FAZ*, Redakteur bei der *Süddeutschen Zeitung* und dem Magazin *Focus* und 2013 bis 2020 Kulturressortleiter beim Magazin *Cicero*. Seit 2020 gehört er als politischer Redaktor dem Berliner Büro der *Neuen Zürcher Zeitung* an. Mehrere Buchveröffentlichungen, darunter *Keine Toleranz den Intoleranten* (2015), *Widerworte: Warum mit Phrasen Schluss sein muss* (2019) und bei HarperCollins *Die infantile Gesellschaft. Wege aus der selbstverschuldeten Unreife* (2020).

Daniel Koerfer, geb. 1955 in Bern, ist Historiker und arbeitet als Manager eines Immobilienunternehmens in Köln. Er lehrt als Honorarprofessor Zeitgeschichte an der Freien Universität Berlin. Koerfer hat über den politischen Kampf zwischen Ludwig Erhard und Konrad Adenauer geforscht, seine Studie *Kampf ums Kanzleramt* kam 2020 aktualisiert und erweitert heraus. Weitere Werke u.a.: *Hertha unter dem Hakenkreuz* und *Diplomatenjagd*.

Henning Klodt, geb. 1952 in Günnenfelde (Schleswig-Holstein), war bis 2017 Leiter des Zentrums Wirtschaftspolitik des Instituts für Weltwirtschaft (IfW) in Kiel und lehrte als VWL-Professor an der Kieler Universität. Er ist stellvertretender Vorsitzender des Wirtschaftspolitischen Ausschusses des deutschen Ökonomenverbands Verein für Socialpolitik.

Stefan Kooths, geb. 1969 in Mettmann, ist Ökonom und Konjunkturforscher. Er ist seit 2014 Konjunkturchef am Institut für Weltwirtschaft in Kiel und dort heute Direktor des Forschungszentrums Konjunktur und Wachstum. Zudem lehrt er als Professor für Volkswirtschaftslehre an der BSP Business School Berlin und ist Vorsitzender der Friedrich A. von Hayek-Gesellschaft.

David Marsh, geb. 1952 in Sussex, ist Journalist und Geldpolitik-Experte. Er arbeitete von 1978 bis 1995 als Europakorrespondent für die *Financial Times*. Marsh ist Chairman einer Londoner Investmentbank, Gastprofessor an zwei Universitäten, zudem seit 2010 Gründer und Geschäftsführer von OMFIF (Official Monetary and Financial Institutions Forum), einer aus London und Singapur auf den Feldern der Wirtschafts- und Finanzpolitik agierenden Denkfabrik. Mehrere Buchveröffentlichungen, vor allem über Deutschland, die Bundesbank und die Geschichte des Euro.

Wolfgang Ockenfels, geb. 1947 in Bad Honnef nahe Bonn, ist römisch-katholischer Geistlicher, Sozialethiker und Publizist. Der Dominikanerpater arbeitete als Journalist für den *Rheinischen Merkur*, wechselte dann an die Universität. Von 1985 bis 2015 war er Professor für Christliche Sozialwissenschaft an der Theologischen Fakultät Trier, zudem leitet er das Institut für Gesellschaftswissenschaften Walberberg in Bonn. Er ist seit fünf Jahrzehnten Mitglied der CDU. Mehrere Buchveröffentlichungen, darunter *Das hohle C: Wohin steuert die CDU?* (2009) sowie *Was kommt nach dem Kapitalismus* (2011).

Werner J. Patzelt, geb. 1953 in Passau, ist Politikwissenschaftler. Studium in München, Straßburg und Ann Arbour. Von 1991 bis zur Emeritierung war er Professor an der Technischen Universität Dresden. Er ist Mitglied der CDU. Aufsehen erregten seine Arbeiten zu Pegida und zur AfD, in denen er Fehler beim Umgang mit diesen rechtspopulistischen Bewegungen kritisierte und bei deren Fortsetzung einen Niedergang der Unionsparteien prognostizierte. 2020 erschien bei Nomos sein Einführungsbuch *Parlamentarismusforschung*.

Ralf Georg Reuth, geb. 1952 in Kronach (Oberfranken), ist promovierter Historiker und Journalist. Er arbeitete ein Jahrzehnt lang als politischer Korrespondent für die *Frankfurter Allgemeine Zeitung* in Berlin, dann als Chefkorrespondent für die *Welt am Sonntag*, wechselte zuletzt im Springer-Verlag in die Chefredaktion von *Bild*. Reuth schrieb mehrere Bücher über die Geschichte des Nationalsozialismus sowie über die Wende 1989/1990. Er ist Koautor von *Helmut Kohl. Ich wollte Deutschlands Einheit* und *Das erste Leben der Angela M.* über Merkels Zeit in der DDR.

Thilo Sarrazin, geb. 1945 in Gera, ist Publizist und ehemaliger SPD-Finanzpolitiker. Der promovierte Volkswirt war Mitarbeiter im Bundesfinanzministerium in Bonn, Staatssekretär in Rheinland-Pfalz, von 2002 bis 2009 Berliner Finanzsenator, anschließend bis Ende September 2010 Bundesbank-Vorstand. Zahlreiche Buchveröffentlichungen. 2010 publizierte er den Bestseller *Deutschland schafft sich ab*, der mehr als 1,5 Millionen Mal verkauft wurde. 2012 folgte *Europa braucht den Euro nicht*, 2014 *Der neue Tugendterror*, dann *Feindliche Übernahme; Wie der Islam den Fortschritt behindert und die Gesellschaft bedroht* (2018) und zuletzt *Der Staat an seinen Grenzen: Über Wirkung von Einwanderung in Geschichte und Gegenwart* (2020).

Rafael Seligmann, geb. 1947 in Tel Aviv-Jaffa, ist Historiker, Publizist und Schriftsteller. Er promovierte über Israels Sicherheitspolitik, war Referent für Außen- und Deutschlandpolitik der CDU und Redakteur der *Welt*, 2012 Gründungsherausgeber der *Jewish Voice from Germany*. Autor mehrerer Sachbücher und Romane, darunter *Der Musterjude* (1997), *Hitler. Die Deutschen und ihr Führer* (2004). Zuletzt erschien die Trilogie *Lauf, Ludwig, lauf. Zwischen Synagoge und Fußballplatz, Hannah und Ludwig. Heimatlos in Tel Aviv* und *Trau dir alles zu, Rafael* bei LangenMüller.

Joachim Steinhöfel, geb. 1962 in Hamburg, ist Jurist und Rechtsanwalt mit Schwerpunkt Wettbewerbs- und Medienrecht. Er wurde als Publizist, Werbefigur und Fernsehmoderator bekannt. Steinhöfel hat 2018 die erste je erlassene und inzwischen rechtskräftige einstweilige Verfügung gegen den Facebook-Konzern erwirkt, mit der Facebook die Löschung eines Inhalts und die Sperrung des Nutzers verboten wurden. Eine große Zahl von richtungsweisenden Verfahren gegen alle großen Sozialen Medien folgten, die fast alle gewonnen wurden.

Cora Stephan, geb. 1951 in Strang bei Bad Rothenfelde, ist Publizistin und Schriftstellerin. Die promovierte Politikwissenschaftlerin schreibt Essays, Kritiken und Kolumnen, unter anderem für den NDR. Sie veröffentlichte in der *NZZ* und hat neben mehreren Sachbüchern mehr als ein Dutzend Romane veröffentlicht. 2011 erschien *Angela Merkel. Ein Irrtum*, 2021 *Lob des Normalen*, sowie 2020 ihr zeithistorischer Roman *Margos Töchter*.

Roland Tichy, geb. 1955 in Bad Reichenhall, ist Publizist und Journalist. Er hat im Bundeskanzleramt gearbeitet, war Vizechef von *Capital*, Chefredakteur der Wirtschaftsmagazine *Impulse*, *Euro* sowie 2007 bis 2014 der *Wirtschaftswoche*. Von 2014 bis 2020 war er Vorsitzender der Ludwig-Erhard-Stiftung. Seit 2016 ist er Herausgeber des Blogs und Monatsmagazins *Tichys Einblick*. Seit 2021 hat er zudem eine Talkshow beim Sender TV.Berlin.

Andreas Unterberger, geb. 1949 in Wien, Journalist und Publizist. Der promovierte Jurist arbeitete mehr als 30 Jahre bei der Wiener Tageszeitung *Die Presse*, zuletzt von 1995 bis 2004 als Chefredakteur, von 2005 bis 2009 war er Chefredakteur der *Wiener Zeitung*. Autor mehrerer Bücher und Fachaufsätze, u.a. zur Zeitgeschichte und österreichischen Politik, ein Jahrzehnt Lehrbeauftragter im Bereich Politikwissenschaft an der Universität Wien. Seit 2009 betreibt er »Unterbergers Tagebuch« im Internet (www.andreas-unterberger.at), den heute meistgelesenen politischen Blog Österreichs.

Erich Vad, geb. 1957 in Arnsberg, ist Brigadegeneral a.D., promovierter Militärhistoriker, Publizist, Lehrbeauftragter an Universitäten im In- und Ausland und Unternehmensberater. Er war von 2006 bis 2013 Gruppenleiter in der Außen- und Sicherheitspolitischen Abteilung des Bundeskanzleramtes, Sekretär des Bundessicherheitsrates und einer der führenden Sicherheitspolitikberater Angela Merkels.

Michael Wolffsohn, geb. 1947 in Tel Aviv, ist Historiker und Publizist. Von 1981 bis 2002 lehrte er als Professor für Neuere Geschichte an der Universität der Bundeswehr in München. Er ist Autor zahlreicher Bücher über zeithistorische und politische Themen. Zuletzt erschienen *Zivilcourage: Wie der Staat seine Bürger im Stich lässt* (2016), *Deutschjüdische Glückskinder. Eine Weltgeschichte meiner Familie* (2017), *Tacheles: Im Kampf um die Fakten in Geschichte und Politik* (2020) sowie sein Jugendbuch *Wir waren Glückskinder – trotz allem* (2021).

Über den Herausgeber

Dr. Philip Plickert, geboren 1979, hat sich einen Namen als Wirtschaftsjournalist gemacht. Seit 2007 arbeitet er als Redakteur bei der *Frankfurter Allgemeinen Zeitung*, seit 2019 ist er Korrespondent der Wirtschaftsredaktion für Großbritannien und Irland mit Sitz in London. Er studierte VWL, Wirtschaftsgeschichte und Geschichte an der Universität München und an der London School of Economics. 2007 Promotion in Tübingen. Stipendiat der Hanns-Seidel-Stiftung. Für seine journalistischen Beiträge erhielt er den Ludwig-Erhard-Förderpreis für Wirtschaftspublizistik und den Bruckhaus-Förderpreis der Schleyer-Stiftung. Plickert unterrichtete als Lehrbeauftragter an den Universitäten Frankfurt und Siegen, hält Vorträge, etwa bei der Adenauer-Stiftung, und hat mehrere Bücher geschrieben. Er ist verheiratet und hat drei Söhne.

Ich bin nicht grün

Nena Schink

Wenn es nach Statistiken geht, müsste Nena Schink die Grünen wählen. Sie ist jung, weiblich, urban, studiert und zudem noch Journalistin. Weit gefehlt! Nena Schink hat große Angst vor dem roten Wolf im grünen Schafspelz. Sie machte ihrem Ärger in der TV-Sendung *Maischberger* Luft, warnte vor der Kanzlerkandidatin Annalena Baerbock und vor grün-rot-rot. Wenn das einträte, könne Deutschland sich als Industrienation »einsargen lassen«. Die Wirtschaftsjournalistin trifft einen Nerv, über Nacht gehen ihre Statements viral, sie werden millionenfach in den sozialen Medien angesehen, geteilt und verschickt.

Ich bin nicht grün ist die Fortführung dieses Auftritts. Spiegel-Bestseller-Autorin Nena Schink entlarvt das hoch gelobte grüne Lebensgefühl ihrer Generation und stellt klar, dass der Zeitgeist eben nicht nur grün ist. Sie räumt auf mit dem weiterverbreiteten Vorurteil, dass nur die Grünen die Umwelt schützen können und hält ein flammendes Plädoyer für die Freiheit. Denn diese ist nicht selbstverständlich.

240 Seiten | Softcover | 18,00 € (D) | 18,50 € (A) | ISBN 978-3-95972-519-4

Von der Idee, konservativ zu sein

Roger Scruton

Wir leben in einer Zeit, in der es als Makel angesehen wird, konservativ zu sein. Bestenfalls wird der Konservatismus als eine angestaubte Nostalgie belächelt. Die Bannerträger des Zeitgeistes verstehen unter Freiheit die Zerstörung aller in der Geschichte gewachsenen Gemeinschaften, aller kulturellen und institutionellen Bindungen. Konservative jedoch halten dagegen. Sie glauben daran, dass es viel Gutes in unseren Gesellschaften gibt und das zu bewahren sich lohnen würde. Denn es ist zwar einfach, etwas zu zerstören, aber ist das, was an die Stelle des Zerstörten tritt, tatsächlich immer auch das Bessere?
Roger Scruton, Philosoph und einer der einflussreichsten konservativen Intellektuellen der Gegenwart, führt in diesem faktenreichen, dennoch persönlichen und humorvollen Buch aus, wie man auch gegen die herrschenden Auffassungen der modernen Gesellschaft konservativ denken und handeln kann.

288 Seiten | Hardcover | 22,99 € (D) | 23,70 € (A) | ISBN 978-3-95972-272-8

Sozialismus

Kristian Niemietz

Es gibt wohl kaum ein schillernderes Phänomen als den Sozialismus. In den letzten 100 Jahren gab es mehr als zwei Dutzend Versuche, eine sozialistische Gesellschaft aufzubauen, von der ehemaligen Sowjetunion über Kuba und Nordkorea bis hin zu Venezuela – alle waren früher oder später zum Scheitern verurteilt. Wie kann eine Idee, die sich so oft, in so vielen unterschiedlichen Varianten und Kontexten als unrealisierbar herausgestellt hat, nach wie vor so populär sein? Der Autor zeigt an wichtigen historischen Beispielen diese Kluft zwischen dem idealen Konzept einer besseren Gesellschaft und dem real existierenden Sozialismus auf.

320 Seiten | Hardcover | 22,99 € (D) | 23,70 € (A) | ISBN 978-3-95972-440-1

Sanierungsfall Berlin

Marcel Luthe

Berlin ist nicht irgendeine Stadt, sondern als Hauptstadt immer wieder Gast auf der Weltbühne. Skandale und Pannen wie rund um den Flughafen BER, der angebliche Kampf gegen die organisierte Clan-Kriminalität oder der Skandal um Anis Amri sind daher besonders peinlich, prägen sie doch das internationale Bild Deutschlands.

Als eines der bekanntesten Mitglieder des Berliner Landesparlaments deckt Marcel Luthe praktisch wöchentlich Missstände in der Hauptstadt auf, über die selbst international berichtet wird. Sein Bericht über den desolaten Zustand unserer Hauptstadt ist ein faszinierendes und erschütterndes Zeugnis täglich scheiternder Politik.

304 Seiten | Hardcover | 19,99 € (D) | 20,60 € (A) | ISBN 978-3-95972-446-3